入門講義

戦後
国際政治史

INTRODUCTION TO THE HISTORY OF
INTERNATIONAL POLITICS SINCE 1945

森 聡・福田 円 編著

慶應義塾大学出版会

はじめに

　本書は、第二次世界大戦後から最近に至る国際政治史の流れを大きくつかみたいという一般読者や初学者のための入門書である。

　第二次世界大戦の終結からまもなく 80 年が経とうとしているが、この間に「戦後世界」はめまぐるしく変化してきた。第二次世界大戦後には、当初戦勝国の協調を前提とした国際連合の下でひとつの世界がめざされた。しかし、まもなくアメリカとソ連という 2 つの超大国は対立しあうようになった。アメリカを頂点とする西側陣営とソ連を頂点とする東側陣営という 2 つの世界が出現し、軍事力・経済力・イデオロギーをめぐるグローバルな勢力争いである冷戦が、その後 40 年あまりにわたって東西陣営間で繰り広げられることとなった。1960 年代半ばから 70 年代末にかけて一時的に緊張緩和をみたものの、冷戦下の国際政治は、第三世界をも舞台として、ときに核戦争の危機もはらむ緊張に満ちたものとなった。同時に、二極構造で始まった冷戦下の世界は、東西陣営の内部でアメリカとソ連の地位が相対的に低下していったことで、多極的な様相を帯びていった。

　やがて 1980 年代末に冷戦が終結を迎えると、アメリカを頂点とする単極構造の世界が出現し、ヒト・モノ・カネ・情報が世界を行きかうグローバル化が進展した。さまざまな分断を抱えた世界は、自由主義的民主主義や法の支配という共通の価値のもとにやがてひとつの世界に統合されてゆくであろうという希望すら語られるようになった。しかし実際には、冷戦後の世界では多くの民族問題が噴出した。アメリカが主導するグローバルな秩序への批判や反発は、さまざまな場所で、さまざまな形を取りながら、強まっていた。2001 年のアメリカ同時多発テロ事件をきっかけに、アメリカがアフガニスタンとイラクで戦争を始め、それが行き詰まってくると、アメリカの指導力にかげりがみえ始めた。2008 年のグローバル金融危機をきっかけに、「一強」といわれたアメリカが主導する国際秩序の揺らぎがますます鮮明になり、アメリカと中国・ロシアとの対立が深まるなかで、世界は多極的な構造に移行し始めている。国際秩序は流動化し、コロナ禍の襲来によってその先行きは不透明さを増している。

　今日の国際政治がいかに作られてきたかを理解するためには、こうした戦後国際政治の大きな変化を捉えて、その構造とプロセス、そしてなにより文脈を把握することが大切であり、そこに国際政治史を学ぶ意義があるといえよう。もちろん、世界のあらゆる出来事やその詳細を網羅することはできないが、注目する主体、時期区分、地域などから切り口を作って焦点を当てる対象を限定すれば、戦後国際政治の大きな流れがより理解しやすくなる。そして、現代の国際社会で起きているさまざまな問題の起源や背景について考えをめぐらせることもできるだろう。

本書の特徴と使い方

　このような問題意識から編まれた本書が、どのような性格と特徴をもつ入門書であるのかを、以下で簡単に説明したい。

　まず本書は、主権国家間の関係に焦点を当てる。したがって、外交や危機、戦争など、国家間関係を中心に国際政治の流れを追う。国家内部の政治情勢や、政府内の政策上の路線対立なども必要に応じて取り上げた。アメリカやソ連、中国といった大国については、可能な範囲で、それぞれの国の指導者や政権が、どのような世界観の下で戦略を組み立てたり、外交を繰り広げたのかを解説するようにした。また、国によっては選挙や革命、クーデタなどの政変がどのようにその後の国際関係に影響したのかといったことにも触れている。他方で、企業やNGO など主権国家以外の主体については、一部の国際テロ組織を除いて、本書では取り上げていない。多国籍企業や NGO の活動は重要だが、本書の主役ではないので、こうした非国家主体による各種の越境的な活動の歴史に関心のある読者は、他の専門書などで必要な知識を補完していただきたい。

　時期区分についてもさまざまなものがありうるが、本書は次のような区分に応じて章立てを行った。第 1 章から第 3 章までは冷戦の時期を対象とし、第 4 章と第 5 章は冷戦が終結した後の時期を扱う。
　第 1 章は、第二次世界大戦終結から 1960 年代半ばまでの期間を取り上げる。この時期に米ソ対立が激化し、西側陣営と東側陣営が形成され、各地で危機が頻発した。各陣営の内部では統合が進んだり、亀裂が生まれたりする時期でもあっ

た。

　第2章は、1960年代半ばから1979年までの期間を扱う。いわゆる緊張緩和（デタント）と呼ばれたこの時期は、米ソの軍備管理交渉が進んだが、第三世界での米ソ間の競争は続いた。デタントは1970年代半ば以降破綻していくが、その後の米ソ対立の再燃を決定的にする1979年12月のソ連によるアフガニスタン侵攻までを区切りとした。

　第3章は、1980年代の「新冷戦」下の国際政治を取り上げる。この時期には、米ソが再び対立を深めて一時軍拡競争に走るが、1980年代半ばから関係を改善し、冷戦の終結へと向かう。この間、ヨーロッパには東欧革命やドイツ統一といった劇的な変化が訪れ、アジアでは地域経済協力や民主化が部分的に進展したが、中東はイラン・イラク戦争やレバノン内戦などの紛争にさいなまれた。

　第4章は、冷戦終結から2008年までの期間を扱う。冷戦が終わり、ソ連と東側陣営が解体したことによって、グローバル化が世界規模で進展する時代が到来するが、地域紛争や大規模な人権侵害、条約に反した核開発、そしてテロリズムなどが問題となった。「一強」といわれたアメリカは、アフガニスタンとイラクでの戦争に足を取られる一方、中国が台頭し、ロシアはNATOの東方拡大やアメリカの単独行動主義、カラー革命などに不満と不安を募らせていくことになる。

　第5章は、2008年以降の時期を取り上げる。この時期には、アメリカが長引く二つの戦争とグローバル金融・経済危機によって疲弊するなかで、それまでの国際秩序が動揺する動きが鮮明になっていった。ヨーロッパはユーロ危機や難民流入、イギリスのEU離脱、ウクライナ危機などに見舞われ、中東では「アラブの春」が起き、アジアでは中国が活発に影響力を拡大するなどした。そして2020年に新型コロナウイルス感染症が世界を席巻し、こうした国際秩序の動揺はいっそう加速した。

　ところで、戦後国際政治史が語られる際には、特定の主要な出来事に焦点が当てられるので、ある時期に取り上げられた国や地域が、次の時期では取り上げられず、さらにその次の時期で再び取り上げられるといったことが起きる結果、空白がどうしても生まれてしまう。本書は、主要な国・地域について、できるだけこうした空白が減るように、国や地域ごとに節を設けて、それぞれの地域における国際政治の連続と変化をできるだけ縦断的にたどれるようにした。そのため各章の第1節はアメリカとソ連（第1・2・3章）、もしくはアメリカ（第4・5章）、

第2節はヨーロッパ（第1・2・3章）、もしくはヨーロッパとロシア（第4・5章）、第3節は中東、第4節はアジア、第5節は日本、という構成としている。アフリカ地域と中南米地域については、これらの地域と関係する出来事を、可能な範囲で取り上げた。他方で、日本に焦点を当てる節を設け、激動する国際情勢に日本がどのように向き合ったかをたどれるようにした。

　このような構成としたので、特定の国・地域の国際政治の流れをおさえたい読者や特定の国際問題の背景を理解したい読者には、各節を縦に読んでいただくと理解が深まるはずである。また、ある節で取り上げられている出来事の背景や詳細が、他の節でも書かれている事項については、カッコ内に参照先の節と項目番号を記載したので、参照していただきたい。各時代の大きな出来事は、複数の節で言及されているが、それぞれの節の視点から同じ出来事を捉えているので、地域によって同じ出来事が異なる意味をもっていたことも理解していただけるだろう。

　なお、各章と各節の冒頭に、該当する時期の概要と、大きなテーマについて考えるための「問い」を設けた。特定の問題意識をもって歴史の流れを追いたい読者は、これらの「問い」を意識しながら読み進めていただきたい。そこで頭をよぎる自分なりの「問い」が出てくれば、それを書きとめて、改めて読み直すと新たな発見があるかもしれない。その答えが本書で見つからない場合には、末尾の参考文献リストを参照して専門書を手に取れば、新たな地平が開けてくるはずだ。

　以上のような本書の仕掛けを活用すれば、たとえば、冷戦期に米ソ関係が各地域にいかなる影響を及ぼし、逆に各地域の国際関係が米ソ関係にいかなる影響をもたらしていたか、あるいは、冷戦終結後の世界で、ある地域での出来事がアメリカを媒介して他の地域にどのような作用を及ぼしていたのか、などといったさまざまな問いに考えをめぐらせて、現代の国際政治がどのようにして作られてきたかを理解できるはずである。

　本書が、一人でも多くの読者に戦後国際政治史に関する理解と興味を深めていただけるきっかけとなれば、執筆者陣としては望外の喜びである。

編者

目 次

はじめに　i

第1章　東西対立の激化──第二次世界大戦の終結から 1960 年代半ばまで　1

Ⅰ　アメリカ・ソ連　1　／1　アメリカの戦後構想と国際制度の構築／2　ソ連の戦後構想／3　アメリカの対ソ不信の高まり／4　トルーマン政権による初期封じ込め戦略／5　トルーマン・ドクトリンとマーシャル・プラン／6　ソ連による東欧支配の強化／7　中ソ同盟の結成／8　トルーマン政権の封じ込め戦略の変質／9　朝鮮戦争／10　アイゼンハワー政権による封じ込めと巻き返し／11　スターリンの死と平和共存路線への転換／12　西側における同盟の結成／13　第三世界へのソ連の進出／14　ケネディ・ジョンソン政権の柔軟反応戦略／15　ベルリン、ラオス、キューバでの危機から米ソ緊張緩和へ／まとめ

Ⅱ　ヨーロッパ　18　／1　戦後処理をめぐる大国間の対立／2　「鉄のカーテン」演説とヨーロッパ冷戦の幕開け／3　ドイツ分断の進行と東西分断の組織化／4　ヨーロッパ統合と「二重の封じ込め」／5　スターリンの死と東欧諸国の動揺／6　第 2 次ベルリン危機と「ベルリンの壁」の建設／まとめ

Ⅲ　中東　27　／1　中東における国家システムの生成／2　パレスチナ問題とイスラエルの建国／3　アメリカの中東への関与のはじまりと米英関係／4　アメリカの「西側統合政策」／5　ナセルの登場と第 2 次中東戦争／6　アラブ内冷戦のはじまり／7　アメリカのオフショア・バランシング政策／8　一国ナショナリズムの時代／まとめ

Ⅳ　アジア　36　／1　アジア諸国の独立／2　朝鮮戦争／3　ジュネーヴ会議とバンドン会議／4　台湾海峡危機／5　中印国境紛争／まとめ

Ⅴ　日本　45　／1　日本の敗戦と米ソの動き／2　平和主義の方針化／3　米ソ対立の激化／4　講和のあり方／5　ソ連との交渉の難航／6　外交三原則とアジア／7　日米安保条約の改正／8　自由主義陣営の一員という立場の明確化／まとめ

〈コラム〉ヨシフ・スターリン　3／ハリー・S・トルーマン　6／蔣介石と毛沢東　8／ドワイト・D・アイゼンハワー　11／ジャン・モネ　22／コンラート・アデナウアー　25／ガマール・アブドゥル＝ナセル　32／ホー・チ・ミン　41／周恩来　43／講和問題　48／吉田茂　49／55 年体制　50／岸信介　52

第2章 緊張の緩和──1960年代から1979年まで　57

I　アメリカ・ソ連　57　／1　キューバ危機後の米ソ関係／2　米ソの核戦力／3　ベトナム戦争をめぐる米ソ中の関係／4　中ソ関係の悪化／5　ニクソン・キッシンジャーの外交構想／6　ニクソン・ドクトリンと「ベトナム化」政策／7　ブレトンウッズ体制の放棄／8　アメリカの対中接近／9　米ソによる軍備管理外交／10　アメリカによるベトナムからの撤退と和平／11　ヨーロッパのデタントと米ソ／12　ウォーターゲート事件とデタントへの反発の高まり／13　第三世界での米ソの競争／14　カーター政権の人権外交と対ソ外交／15　米中による国交正常化／まとめ

II　ヨーロッパ　70　／1　米ソ接近への警戒と同盟の信頼性の危機／2　ド・ゴールの挑戦と超国家主義的な統合の試練／3　多極化と同盟の再定義／4　ブラントの東方政策とデタントの進展／5　東欧とソ連のブレジネフ・ドクトリン／6　ハーグ首脳会議／7　ニクソン・ショックと石油危機／8　仏独主導による統合再活性化の試み／9　ユーロ・ペシミズム／10　人権外交への対応／11　NATOの「二重決定」／まとめ

III　中東　80　／1　第3次中東戦争／2　パレスチナ人組織の浮上／3　超大国の中東政策／4　第4次中東戦争／5　石油会社と産油国の攻防／6　中東和平プロセス(1)──段階的和平の模索／7　中東和平プロセス(2)──包括的和平の構想と帰結／まとめ

IV　アジア　89　／1　中国による核実験の成功と文化大革命／2　ベトナム戦争とアジア／3　ASEANの発足／4　米中接近と中国の国連加盟／5　米中接近の衝撃／6　中国とアジア太平洋諸国の関係正常化／7　米中国交正常化／8　中越戦争／まとめ

V　日本　97　／1　日本の「先進国」入り／2　韓国との国交の実現／3　アジアにおける日本の地域的役割の拡大／4　沖縄からの核兵器の撤去と「韓国条項」・「台湾条項」／5　2つの「ニクソン・ショック」／6　中国との国交正常化／7　ソ連の懸念／8　石油危機と日本／9　アジア諸国との関係悪化／10　「全方位平和外交」／11　中ソ対立と日本／まとめ

〈コラム〉レオニード・ブレジネフ　58／リチャード・ニクソン＆ヘンリー・キッシンジャー　62／金・ドル本位制　63／ジミー・カーター　68／シャルル・ド・ゴール　72／ヴィリー・ブラント　74／「一つの中国」政策と「一つの中国」原則　94／日韓基本条約　99／佐藤栄作　101／「反覇権条項」　106

第3章　新たな緊張と冷戦の終結——1980年代　113

Ⅰ　アメリカ・ソ連　114　／1　デタントの終焉と「新冷戦」の幕開け／2　レーガンの戦略／3　アメリカによる軍拡路線の追求／4　「レーガン・ドクトリン」と第三世界／5　ゴルバチョフの「新思考外交」／6　レーガンとゴルバチョフによる軍縮外交／7　アメリカの貿易赤字と通商外交の展開／8　社会主義ブロックの崩壊／9　天安門事件と東欧革命、そしてドイツ統一／10　ソ連のアジア太平洋政策の新展開／11　ソ連の解体とCIS発足／まとめ

Ⅱ　ヨーロッパ　125　／1　「新冷戦」とデタントの維持／2　新自由主義の台頭／3　米欧対立の激化／4　単一欧州議定書の採択／5　「汎ヨーロッパ・ピクニック」から「ベルリンの壁」の崩壊へ／6　コールの「10項目提案」と東欧の民主化／7　多国間の枠組みのなかでのドイツ統一／まとめ

Ⅲ　中東　133　／1　イラン・イスラーム革命の背景／2　イスラーム革命の展開と対外政策／3　アフガニスタン内戦とソ連のアフガニスタン侵攻／4　イラン・イラク戦争の背景／5　イラン・イラク戦争の国際関係／6　レバノン内戦の背景と構造／7　レバノン内戦の泥沼化／まとめ

Ⅳ　アジア　142　／1　NIES、ASEAN5の経済成長／2　中国の改革開放／3　フィリピン・韓国・台湾の民主化／4　天安門事件／5　冷戦終結とアジア／まとめ

Ⅴ　日本　150　／1　イラン・イスラーム革命と第2次石油危機／2　「9条＝安保体制」のジレンマ／3　ソ連との対決姿勢／4　首脳外交の活発化／5　戦後40周年／6　円高と新自由主義／7　日ソの対話の進展と停滞／8　激動の1989年と日本の政治腐敗／まとめ

〈コラム〉ロナルド・レーガン　116／ミハイル・ゴルバチョフ　119／マーガレット・サッチャー　126／ヘルムート・コール　131／イスラーム主義　135／サッダーム・フセイン　138／開発独裁　144／鄧小平　146／中曽根康弘　153

第4章　グローバル化の進展——1990年から2008年まで　163

Ⅰ　アメリカ　163　／1　湾岸戦争と「新世界秩序」／2　クリントン政権による「関与と拡大」／3　対露外交の展開／4　対中外交の展開／5　内戦と「破綻国家」への対応／6　G・W・ブッシュ政権と対中・対露関係／7　アメリカ同時多発テロ事件

の発生とアフガニスタン戦争、そして「対テロ戦争」へ／8　「悪の枢軸」とイラク戦争／9　多国間制度・協定をめぐる外交／まとめ

Ⅱ　ヨーロッパ・ロシア　172　／1　ユーゴ内戦とデイトン合意／2　マーストリヒト条約とEUの誕生／3　コソヴォ紛争／4　コソヴォ紛争後のヨーロッパとロシアの安全保障／5　「テロとの戦い」とヨーロッパ諸国間の亀裂／6　ヨーロッパ懐疑主義とリスボン条約／7　ソ連解体後のロシア外交の課題／8　ロシアの大西洋主義とユーラシア主義／9　ロシアの対外的世界観としての「多極世界」／10　ロシアによる多極化外交／11　プーチン政権下のロシア外交／12　ロシアの対米不信と対中接近／まとめ

Ⅲ　中東　187　／1　湾岸危機の発生／2　湾岸戦争／3　アメリカのペルシャ湾政策の変化／4　覇権的政策の限界／5　中東和平プロセス再開の背景／6　和平の進展と限界／7　アメリカ同時多発テロとアフガニスタン戦争／8　イラク戦争／9　「民主化」と「対テロ戦争」／10　パレスチナ和平の行き詰まり／まとめ

Ⅳ　アジア　197　／1　カンボジア和平／2　ASEANを中心とした地域協力の進展／3　アジア通貨危機と地域協力の広域化／4　北朝鮮核危機／5　台湾海峡ミサイル危機／6　南シナ海における緊張／7　中国の台頭と中国脅威論／8　存在感を増すロシアとインド／まとめ

Ⅴ　日本　208　／1　湾岸戦争とPKO法の成立／2　北方領土に対するソ連（ロシア）の提案／3　金日成による国交正常化交渉の提案／4　「同盟漂流」／5　日米安保条約の再定義と米軍基地問題／6　「重層的アプローチ」の提起と日露首脳会談／7　金大中との「日韓パートナーシップ宣言」／8　アメリカ同時多発テロ事件と北朝鮮問題／9　イラク戦争と日本／10　日米同盟とアジア外交の共鳴という外交課題／まとめ

〈コラム〉ジョージ・W・ブッシュ　167／ウサーマ・ビン・ラーディン　169／EUの拡大　175／ボリス・エリツィン　182／李登輝　202／橋本龍太郎　214

第5章　揺らぐ国際秩序——2008年以降　223

Ⅰ　アメリカ　223　／1　グローバル金融・経済危機のアメリカ外交への影響／2　2つの戦争の終結とテロとの静かな闘い／3　「アラブの春」と内戦への対応／4　核軍縮と気候変動への取り組み／5　アジア太平洋への戦略シフトと対中関係／6　自由

貿易の推進／7　対露関係とウクライナ問題／8　イスラーム国に対する攻撃／9　北朝鮮とイランの核問題への対応／10　トランプの「アメリカ第一」主義／11　中国・ロシアとの「大国間競争」／12　北朝鮮危機と米朝首脳会談／13　自由貿易協定の見直しと管理貿易の追求／14　米中対立の深まり／15　ロシアとの関係／16　中東政策／17　新型コロナウイルス感染症の襲来と 2020 年大統領選挙／まとめ

Ⅱ　ヨーロッパ・ロシア　237　／1　ロシアのタンデム体制と国際環境の変化／2　ロシア・ジョージア戦争／3　ギリシャの経済危機からユーロ危機へ／4　ウクライナ危機と国際秩序への挑戦／5　シリア空爆からヨーロッパ難民問題へ／6　イギリスの EU 離脱問題／7　今後のヨーロッパと「新しいドイツ問題」？／8　ロシアの東方シフト／9　ロシアによるアメリカ大統領選介入とトランプ政権下の米露関係／10　コロナ禍でのロシアの憲法改正／11　新型コロナウイルス感染症とヨーロッパ／まとめ

Ⅲ　中東　250　／1　「アラブの春」／2　「アラブの春」の帰結／3　シリア内戦と「イスラーム国」の衝撃／4　宗派意識と国家／5　シリア内戦の展開と影響／6　イラン核合意／7　アメリカの中東からの軍事的撤退／8　中東と域外大国／9　新型コロナウイルス感染症の影響／まとめ

Ⅳ　アジア　262　／1　新たな米中関係の模索／2　中国の周辺外交と「一帯一路」構想／3　複雑化する中露・中印関係／4　南シナ海の緊張／5　北朝鮮情勢の混迷／6　台湾海峡情勢の複雑化／7　交錯する地域秩序／8　新型コロナウイルス流行と米中対立／まとめ

Ⅴ　日本　272　／1　リーマン・ショックと新自由主義的政策の見直し／2　民主党を中心とした政権の成立と対米関係の再検討／3　尖閣諸島問題／4　中国や韓国との関係の悪化／5　第 2 次安倍晋三政権の成立と官邸機能の強化／6　歴史認識問題と中韓との対立／7　安全保障法制と歴史認識問題／8　北方領土問題へのアプローチ／9　トランプ政権の成立と日本外交／10　新型コロナウイルス感染症問題／まとめ

〈コラム〉バラク・オバマ　224／ドナルド・J・トランプ　230／ウラジーミル・プーチン　238／習近平　263／北朝鮮の最高指導者　268／政治主導と外交　274／安倍晋三　277／安全保障に関連する法整備　278／日韓歴史認識問題の経緯　279

参考文献リスト　289
索　引　297

第1章　東西対立の激化
——第二次世界大戦の終結から 1960 年代半ばまで

　第二次世界大戦中、米英ソが中心となって大国間の協調を前提とした、国際連合を設立した。しかし、終戦を迎えると、米英とソ連は相互に不信を抱いて、対立を深めていく。アメリカとソ連の対立は、やがてヨーロッパや東アジア、中東などに広がり、両国は軍事・経済援助や工作活動などを駆使して影響力を競い合った。その結果、世界はアメリカが主導する西側陣営と、ソ連が主導する東側陣営に分断されていった。第二次世界大戦の終結から 1960 年代半ばまでの時期は、地域や国の分裂が進行し、さまざまな危機が発生することになる。日本の戦後外交は、この緊張に満ちた国際環境を前提として出発することになった。なぜ米ソは協調ではなく、競争と対立を選んだのだろうか。ヨーロッパやアジア、中東の各地域には、それぞれ固有の国際関係が存在していたが、それらは米ソの対立からどのような影響を受け、同時に米ソの対立にどのような影響を与えたのだろうか。そして日本は、いかにしてアメリカの占領から独立し、そしてアメリカとの安全保障関係を取り結んでいったのだろうか。

Ⅰ　アメリカ・ソ連

　アメリカが第二次世界大戦中に描いた戦後秩序構想は、国際連合と米英ソ中4大国による世界の分割管理を柱とするものだった。しかし、戦争が終わると、米ソは対立を深め、世界は西側陣営と東側陣営に分断されて冷戦に突入することになった。なぜ米ソは対立することになってしまったのだろうか。またアメリカとソ連が対立を深めていくにつれ、それはどこで、どのような危機を生み出したのだろうか。

1　アメリカの戦後構想と国際制度の構築
　アメリカのローズヴェルト大統領の戦後秩序構想は、大国間協調に支えられた

普遍的な国際機構を中核とするもので、アメリカ、イギリス、ソ連、中華民国が、国際連合を通して利害調整を図りながら国際秩序を維持するという、共通の目的に基づく協調が想定されていた。ローズヴェルトは熾烈な駆け引きをしながらソ連の指導者スターリンとイギリス首相チャーチルを説得して両国の同意をとりつけ、1945年4月から開催されたサンフランシスコ会議で**国連憲章**が採択され、51カ国が原加盟国となった。

　一方、戦後の国際経済秩序についてアメリカは、開放的で安定した資本主義経済のシステムこそが世界平和に必要であるという基本的な考え方に立って、自由貿易、投資機会の平等、安定した為替レートと国際金融の流動性の確保などを基礎とする国際経済秩序の実現をめざした。貿易については1947年10月に、関税を多国間交渉で引き下げるための「**関税と貿易に関する一般協定（GATT）**」が締結された。金融については、経常収支が悪化した国に融資するなどして為替相場を安定させるための**国際通貨基金**（IMF）と、戦争からの復興資金を融資するための国際復興開発銀行（世界銀行）の設立が国際的に合意され、いわゆるブレトンウッズ体制が成立した。各国の中央銀行が自国通貨の対ドル・レートを一定幅で固定させるように介入するという金・ドル本位制（金・ドル兌換制）を設けることも合意された。

2　ソ連の戦後構想

　世界初の社会主義国家として誕生したソ連は、資本主義経済システムを否定し、より平等で公正な社会の実現をめざしていた。その理想はのちに形骸化していくが、ソ連は自分たちの掲げる社会主義イデオロギーがより優れたものであり、これが将来資本主義にとって代わるだろうと確信していた。そして、それを先導することが自分たちの使命であるとも考えていた。

　それと同時に、スターリンは、安全保障に対する強い恐怖心をもっていた。地球の陸地面積の6分の1を占める広大な領土は防衛が困難であり、実際に、ロシア革命直後の列強諸国による侵略（日本のシベリア出兵）やナチス・ドイツによる奇襲攻撃を経験していた。スターリンは、ドイツが再び脅威となることを恐れ、自国領土の拡張と東欧諸国における親ソ政権の樹立が、国土の防衛に不可欠だと考えていた。第二次世界大戦後、ソ連は東欧地域を勢力圏に組み込み、社会主義ブロックを形成することになるが、その背景には、資本主義諸国とのイデオロギー上の対立に加えて、このような安全保障上の懸念もあった。

　また、アメリカの原爆開発によってスターリンの対米不信が強まったのも事実である。1945 年 7 月の**ポツダム会談**でトルーマンが「新兵器」の存在に言及した際に、スターリンはこの問題に関心がないそぶりをしたが、実際にはアメリカの核保有に強い警戒心を抱いた。そして、これに対抗するためには原爆開発と対日参戦を急がねばならないと決意したのである。

　ただし、アメリカを中心とする西側陣営との対立は、スターリンが当初から意図していたものではなかった。戦争中から、ソ連は領土拡張をめざすと同時に、英米両国との協調も志向していたのである。たとえば、ソ連はナチス・ドイツとの独ソ不可侵条約に基づき、1939 年から 41 年までにポーランドやバルト三国などに侵攻した。しかし、1941 年 6 月に独ソ戦が始まると、英米との大連合へと方針を転換し、イギリスに対して獲得領土の承認や勢力圏の設定をもちかけるようになった。これを受けてチャーチルは、1944 年 10 月に東欧諸国の支配権を英ソで分割することをスターリンに提案した（Ⅱ節 1）。さらに、1945 年 2 月の**ヤルタ会談**でも、スターリンはヨーロッパ諸国において自由選挙を実施するという「解放ヨーロッパの宣言」を支持しつつ、ドイツの共同管理やポーランド国境画定などについて英米首脳と合意した。また、イランやトルコなどの中東・地中海地域に対しても影響力を拡大しようとした。このようにスターリンは、英米両国と協調しながら、自らの領土や勢力圏を拡大するという政策を追求した。

★ヨシフ・ヴィッサリオノヴィチ・スターリン（1878-1953 年　※1879 年生誕説もある）

　ジョージアのゴリで生まれたスターリンは、神学校に進学するもマルクス主義に傾倒して革命家となり、レーニンの死後権力を掌握した。スターリンという名は本名ではなく「鋼鉄の人」という意味の通称である。大粛清や独ソ戦での勝利など「独裁者」としてのイメージが強い一方で、1941 年 6 月にドイツの急襲を受けた際には 1 週間別荘に引きこもり、軍の指揮を放棄した。

　実際に、1945 年の時点でソ連と英米との対立は決定的ではなかった。なぜなら、第二次世界大戦の最大の被害国であるソ連にとって、戦後復興は大きな課題であり、そのためには英米両国との協調が望ましかったからである。戦争によるソ連の人的損失は約 2,700 万人であり、総人口は戦前比で約 2,500 万人（約 13％）減少した。戦火と略奪によって、国富の約 3 割が失われたため、国家の再建は、

戦後ソ連にとって何より重要な問題だった。そのため、ソ連はアメリカの経済支援に期待しており、戦争中の協力関係を維持する必要があったのである。

　このように、勢力圏確保と英米両国との協調が同時に追求されるなかで、少なくとも 1944 年から 45 年の段階では、ソ連は東欧諸国の共産化を積極的に進めようと考えてはいなかった。たとえば、ソ連の元駐英大使マイスキーは当時、ヨーロッパ大陸が共産化するには 30 年から 50 年が必要であり、その間はソ連の立場を強化する上で英米との協力が不可欠だとしていた。実際、東欧諸国の選挙では共産党が苦戦していたため、共産党以外の勢力との連立も視野に入れた「国民戦線」戦略がとられた。また、1945 年にソ連はアメリカに信用供与を何度か打診していた。このようにスターリンは、戦争下の大連合が戦後も継続できると考えていたのである。

3　アメリカの対ソ不信の高まり

　ローズヴェルトも、大国間協調を前提にした戦後の国際秩序構想を描いていた。その構想を実現するために、戦時中からヤルタ（黒海を臨むクリミア半島南端の都市）での会談などを通じて、スターリンやチャーチルらと各国の占領統治、ポーランドやドイツの取り扱い、イランからの撤退、国連の創設などについて合意を積み上げていた。

　しかし、戦争が終わると、ソ連は戦時中の合意に反する態度を見せ始めた。たとえばソ連は、ポーランドでは選挙を実施せず、ドイツでは西側占領地域での賠償金を払うよう要求した。また、イランでは合意された期限までにソ連軍を撤退せずに、石油利権を手に入れようとイランを恫喝した。さらに、トルコに対してはダーダネルス海峡の共同防衛と国境地帯の割譲、イギリスとの関係断絶を強要しようとした。アメリカではローズヴェルトが 1945 年 4 月に死去し、トルーマン副大統領が大統領に昇格していたが、トルーマンはこうしたソ連の行動や国連での非協力的な態度をみて、ソ連が合意を反故にしていると理解し、不信感を強めていった。

　また、ソ連がこうした行動を重ねていた頃、イギリスの経済的な弱体化と、それにともなう地中海東部からの撤退や、インドにおける独立運動の高まり、中国での内戦の展開、仏領インドシナとオランダ領東インド（現インドネシア）での反乱の勃発、パレスチナでのシオニストの要求とアラブ側の反発、ドイツと日本の経済的困窮、そしてフランスとイタリアにおける共産主義勢力の伸張など、国

際情勢は大きなうねりをみせており、アメリカ政府をますます不安にさせた。

　トルーマン政権は、これらの動きがソ連の差し金によるものではないと理解していたが、ソ連指導部がこうした情勢を利用して影響力を拡大しようとするだろうと考えた。すなわち、もし各地域で共産主義勢力が政府を支配するようになれば、各国の共産主義勢力がソ連共産党への忠誠を誓っているので、ソ連がそれらの国の資源を管理し支配することができるようになってしまう（マクマン 2018,36）。そうなれば、ソ連は武力侵攻をしなくてもユーラシア大陸の資源を手に入れ、アメリカによる資源の調達を阻むことができるようになることを、アメリカ政府は危惧したのだった（Leffler 1994, 25–26）。

4　トルーマン政権による初期封じ込め戦略

　ソ連の行動に対する警戒が高まり、国際情勢の変化のリスクが増しているとの見方が広がっていくなか、モスクワのアメリカ大使館で臨時代理大使だったケナンは、1946 年 2 月にモスクワからワシントンに、のちにアメリカ外交史に残る重要な電報を送った。このなかでケナンは、ソ連の行動原理について次のように説明した。ソ連指導部は、西側への強烈な不信感を抱き、国内の独裁体制と暴力的な統治手法を正当化するためにマルクス主義の教義を利用している。しかし、ソ連は西側世界に対して弱体で、力の論理には非常に敏感なので、強力な抵抗にあえば自制する。また、ヨーロッパ諸国を含む多くの国々は、戦争で疲弊して苦難に打ちひしがれているので、アメリカはソ連に先んじてそれらの国に援助を提供しなければならない。つまりケナンは、政治と経済に力点を置いた**封じ込め**（ソ連の拡張を抑えるため、長期的にソ連圏の周辺国を支援することによりソ連支配の自壊を忍耐強く待つという考え方に立った戦略）の必要性を主張したのだった。

　この長文電報は、アメリカ政府内で広く読まれ、その後ミスター X という匿名の著者の論文「ソ連の行動の源泉」として、世界的に有名な外交論壇誌『フォーリン・アフェアーズ』に掲載され、大きな注目を集めた。また、1946 年 3 月には、米ミズーリ州フルトンを訪れた前イギリス首相チャーチルは、講演で「バルト海のステッテンからアドリア海のトリエステまで、ヨーロッパ大陸に**鉄のカーテン**が降ろされた」と述べて、東欧諸国に対するソ連の統制強化を批判した（フルトン演説）。1946 年 6 月には原子力の国際管理についていわゆるバルーク案が国連原子力委員会で提示され、国際協調が遠のいていった。

　また、トルーマン政権内では、中長期的な対ソ政策の方針をとりまとめた報告

書「アメリカとソ連の関係」が、1946年9月に大統領に提出され、それは次のような考え方と方針を示した。アメリカの対ソ政策の最大の目標は、ソ連に戦争不可避論を放棄させ、国際協力システムへの参加がソ連の利益となることを理解させることにある。しかし、アメリカが安易に妥協すれば、ソ連はそれを弱さの表れと誤解しかねない。したがって、アメリカはソ連の強硬姿勢に対抗しなければならず、そのためには核兵器を含む強力な軍事力を整備するとともに、ソ連の勢力圏に入っていないすべての国に対して、寛大な経済援助や政治的支援を行うべきである。この報告書には、アメリカの対ソ封じ込め戦略の骨格となる考え方が表れていた。

★ハリー・S・トルーマン（1884-1972年）

　　高校卒業後に仕事を転々とし、第一次世界大戦で従軍した後に、ミズーリ州ジャクソン郡の地区判事から連邦議会上院議員を経てローズヴェルト政権の副大統領となる。ローズヴェルトが病死し、外交経験がないまま大統領に昇格した。白黒をはっきりさせる性格だったといわれ、ソ連に対して厳しい姿勢で臨んだが、アメリカ国内でのいわゆる「赤狩り」からは距離を置いた。

5　トルーマン・ドクトリンとマーシャル・プラン

　トルーマンは、対ソ封じ込め政策を進めていくにあたって、アメリカ国内で支持をとりつけるため、1947年3月に連邦議会上下両院合同会議で演説を行った。この演説は、内乱で混迷を深めるギリシャとトルコを援助するための法案可決を訴える演説だったが、のちに**トルーマン・ドクトリン**として知られるようになる歴史的な演説となった。トルーマンは、世界が自由な世界と自由が抑圧される世界の2つに分かれつつあり、「武装した少数者または外部からの圧迫による征服に抵抗している自由な人々を支援することが、アメリカの政策でなければならない」と訴え、危機感を強めた連邦議員らはこの法案を可決した。こうしてギリシャに対する3億ドルの経済・軍事援助と、トルコに対する1億ドルの軍事援助が決定されたのに続き、トルーマン政権は、1947年6月には**マーシャル・プラン**として知られるようになる、対ヨーロッパ大規模経済援助プログラムを発表した。

　また、ドイツは、その将来の大国化を抑制するために米英仏ソが分割占領していたが、1947年1月に米英が占領区域を統合した。その後1948年8月には、フランスの占領区域も統合して復興が進められることになった（のちの西ドイツ地

域）（II節3）。さらに、アジアでも、日本における占領政策や経済政策を見直し、日本に東南アジアの資源を提供して復興させる方針が定められた（V節3）。アメリカは、共産主義の勢力伸長を抑えるという観点から、自国の強みであった経済力を活用して対抗策を次々と打ち出していったのである。なお、中国では蔣介石率いる国民党と毛沢東率いる共産党との間で内戦が発生しており、トルーマン政権は蔣介石を支援していたが、1947年から内戦が激化し、1948年には共産党軍が勝利を決定づけつつあった（IV節1）。このほかアメリカは、1947年9月に南北のアメリカ大陸諸国と米州相互防衛条約（リオ条約）を締結した。

6　ソ連による東欧支配の強化

　アメリカがトルコやギリシャを援助し、さらにトルーマン・ドクトリンとマーシャル・プランを発表すると、ソ連が期待していた米英との協調路線は行き詰まり、ヨーロッパにおける東西の分断が明確になっていった。マーシャル・プランは、表向きはソ連や東欧諸国の参加を排除しておらず、ソ連政府内にもこれに参加すべきだという意見もあった。しかし、マーシャル・プランはアメリカが自らの経済力を利用してソ連の国際的影響力を弱めようとするものであるとみたスターリンは、最終的には参加拒否を決定し、東欧諸国にもそれを強要した。

　これを機に、ソ連はヨーロッパの共産主義勢力を結集するために東欧諸国に対する支配を強めた。スターリンは、マーシャル・プランに対抗するためには、自陣営を強化する必要があると考えた。1947年9月には**コミンフォルム**（共産党情報局）を設立し、ソ連はヨーロッパ諸国の共産党に対するイデオロギー統制を強化し、政治的にも介入の度合いを強めた。また、1949年1月には、マーシャル・プランに対抗するために、ルーマニア、ハンガリー、ブルガリア、ポーランド、チェコスロヴァキアを招集して、**コメコン**（経済相互援助会議）を設立した。このように、アメリカからの経済支援が望めなくなると、ソ連は戦後復興を進めるために、ドイツで占領していた区域（のちの東ドイツ）から賠償を厳しく取り立て、東欧諸国を経済的に利用しようとし始めた。そして、ソ連による東欧諸国への政治的・経済的な統制が強まると、ヨーロッパの経済的分断も進んでいった。

　また、東欧諸国では、共産党が権力を独占していった。ただし、権力奪取におけるソ連の関与の度合いは、決して一様ではなかった。ポーランドやルーマニアでは、ソ連の強い介入のもとで共産党の権力独占が進められたのに対して、ユーゴスラヴィアやアルバニアでは、早い段階から共産党がソ連を頼らずに権力を掌

握した。また、チェコスロヴァキアでは、1948 年 2 月にクーデタが発生し、共産党が権力を奪取したが、その 2 年前に実施された自由選挙では、すでに共産党が有権者の約 4 割の支持を得ており、ソ連があまり介入しない形での「ソヴィエト化」が進んでいた。

さらに、米英仏の占領地域における通貨改革に反発したソ連は 1948 年 6 月に、西ベルリン（東ドイツ領内にあるベルリンは東西に分割して管理されていた）と西ドイツをつなぐ陸路を封鎖したため、西ベルリンへの食糧や燃料・電気などの供給がとだえた。西側は大空輸作戦を実施してこれらの物資を西ベルリンに運び対抗したため、結局ソ連主導の封鎖策は失敗に終わった。その結果、1949 年にドイツ連邦共和国（西ドイツ）とドイツ民主共和国（東ドイツ）という 2 つのドイツ国家が成立して、東西分断が一層顕著になった。

このように、第二次世界大戦後のソ連の対外戦略は、ソ連にとって望ましい結果と望ましくない結果の双方をもたらした。ソ連の領土拡張と東欧に対する支配が成立する過程で、西側との直接的な衝突が起こらなかったことは望ましい結果だった。他方、西側との直接的な軍事衝突を避けたいと考えていたスターリンにとって、西側諸国が NATO を結成し、ソ連を敵視する同盟関係を構築したことは、望ましくない結果だったといえる（Pechatnov 2010, 111）。

7　中ソ同盟の結成

英米両国と協力しつつ、ほかの諸国に社会主義を強要しないというソ連の戦後直後の対外戦略は、東アジアにもあてはまった。ソ連は、イデオロギーよりも自国の経済復興や地政学的な利益を重視したが、そのためには、アジアにおけるソ連の立場をできる限り強化しなければならなかった。そこでスターリンは、前述のヤルタ会談で、ソ連による対日参戦と引き替えに、千島列島・南樺太の領有、

★蔣介石（1887-1975 年）と毛沢東（1893-1976 年）

蔣介石は 1887 年に浙江省の商家に、毛沢東は 1893 年に湖南省の裕福な農家に生まれた。彼らの青年期は清朝末期の激動のなかにあり、蔣介石は中国国民党、毛沢東は中国共産党の一員として中国革命に身を投じ、革命の過程で各党内のリーダーとしての地位をそれぞれ築いた。国民党と共産党は反目と協力を繰り返し、1949 年に国共内戦に敗れた蔣介石は中華民国政府を率いて台湾へ退却、共産党は中華人民共和国政府を樹立し、毛沢東はその主席となった。

東清鉄道と旅順・大連に対する権利、外モンゴルの現状維持を英米に要求し、受け入れさせた。そして、1945 年 8 月に対日参戦し、占領地域を確保することで、ソ連は東アジアの国際秩序形成にも関与する姿勢を示した。

　中国では、スターリンは共産党ではなく国民党の蔣介石を交渉相手に選び、1945 年 8 月に中ソ友好同盟条約を締結した。これは、イデオロギーよりもヤルタ協定で獲得した権益確保を重視したことの表れであった。また、ソ連は国共内戦への介入には慎重な姿勢を貫いた。中国共産党が内戦で優位に立っても、しばらくはこの条約を維持し、ヤルタ協定で獲得した権益を失わないように注意した。毛沢東を信頼しておらず、アメリカの軍事介入を警戒するスターリンは、中国にどのように対応すべきか、判断しかねていた。

　しかし、1949 年 10 月に中華人民共和国が成立すると、スターリンは中国共産党との関係強化に動き、1950 年 2 月には中ソ友好同盟相互援助条約を締結した。この新条約は、かつての敵国である日本の復活阻止という旧同盟条約の内容を維持しながら、冷戦の新たな敵であるアメリカにも向き合えるよう設計されたものだった。ヨーロッパでは、ソ連共産党が東欧諸国の共産党を支配する構図が生まれていたが、東アジアでは、ソ連共産党と中国共産党が権力を分有する関係が作られた（下斗米 2004, 48–54；松村 2012）。

8　トルーマン政権の封じ込め戦略の変質

　1948 年 2 月にチェコスロヴァキアで政変が起こり、同年 6 月に第 1 次ベルリン危機が発生すると、米ソ関係は緊張を一層増した。1949 年 4 月には、アメリカとカナダおよび西欧 10 カ国は**北大西洋条約**を締結して、集団防衛体制の基盤を整えた（Ⅱ節 3）。そして、この年には 2 つの重大な事件が起きることになる。8 月にソ連が初の原爆実験に成功し、10 月 1 日に中華人民共和国が樹立し、アメリカ政府だけでなく世界に衝撃が走った。

　こうした事態を受け、アメリカの国務・国防両省は包括的な戦略文書（NSC 68）を策定した。この頃になるとトルーマン政権は、アメリカの安全は、単にアメリカの国力の大きさによって保障されるわけではなく、諸外国が、アメリカに西側陣営を防衛する意思と能力があると思うかどうかが重要だと考えるようになり、アメリカの信頼性を重視するようになっていた。また、ソ連に優る軍事力を確保しなければならないという、封じ込めの軍事化ともいえる考え方が支持を広げた。ケナンの初期封じ込め政策は、重要地域に焦点を絞って、経済的・政治

的・心理的な手段で封じ込めを実施すべきという考え方に立っていたが、NSC 68 は、あらゆる地域でアメリカの信頼性が問われているので、軍事的な手段も重視すべきという考え方に立っていたのである。

9 朝鮮戦争

　朝鮮半島は、1945 年 8 月に北緯 38 度線での南北分割占領に米ソが合意し、ソ連の関与の下で朝鮮民主主義人民共和国（北朝鮮）の建国が進んだ。しかしスターリンは、朝鮮半島でも社会主義化を強要することでアメリカと対立するような状況は回避したいと考えていた。また、そもそも北朝鮮の指導者となった金日成（キム・イルソン）の下で、この国に社会主義や人民民主主義が成立するとも考えていなかった。そのため、金日成がモスクワに出向いて朝鮮半島の武力統一への支援を求めても、スターリンはアメリカの軍事介入を懸念してこの要請を拒否した。

　しかし、西側諸国との関係が悪化するなかで、1949 年 8 月のソ連による原爆実験成功、10 月の中華人民共和国の成立、そして 1950 年 2 月の中ソ同盟成立を経て、アメリカの軍事介入に対する立場は弱まっていると、スターリンは認識を改めた。1950 年 4 月に金日成がモスクワを訪問すると、スターリンは毛沢東の同意を得ることを条件に、南進統一、すなわち韓国への武力侵攻を了承した。金日成は毛沢東の同意を取りつけると、1950 年 6 月に韓国を攻撃して**朝鮮戦争**が勃発し、アジアにおける冷戦は熱戦と化したのだった（IV節 2）。

　朝鮮戦争が勃発すると、ワシントンでは NSC 68 で示されていた見通しや政策路線が正しいとの理解が広がり、トルーマンは同文書を正式に承認した。当初トルーマンは、1951 年度の国防予算の上限を 135 億ドルに設定していたが、最終的に連邦議会が承認した国防支出額は 482 億ドル（257% 増）へと激増し、封じ込め政策は名実ともに軍事化されたのだった（Gaddis 2005, 111）。またアメリカは、ソ連が今後西欧でも攻勢に出る可能性を警戒して、西欧諸国による軍備増強も求めていくことになった。さらに、中ソ同盟の締結と朝鮮戦争の勃発を受け、アメリカは対日講和条約の締結に動き、1951 年 9 月に連合国 48 カ国と日本との間で**サンフランシスコ講和条約**が締結された（V節 4）。

10 アイゼンハワー政権による封じ込めと巻き返し

　1953 年 1 月に発足したアイゼンハワー共和党政権は、引き続き共産主義イデオロギーの脅威を重視した。国務長官ダレスは、ソ連共産主義は世界中に同種の

政治システムを拡散させ、単一のイデオロギーに満たされた世界を生み出すことを目的としており、そのためにプロパガンダや政府転覆、限定戦争といった手段を駆使して他の諸国の共産化を慎重に進め、やがてアメリカの同盟国を包囲することによって、最終的に屈伏または転覆させようともくろんでいるとみていた。

★ドワイト・デイヴィッド・アイゼンハワー（1890-1969 年）

　ウェストポイント陸軍士官学校出身で、第二次世界大戦中にノルマンディ上陸作戦の最高司令官となり、戦争の英雄として全国的な知名度を上げた。戦後にNATO 軍初代最高司令官に就き、輝かしい軍歴を経て大統領に選出される。在任当時の評価は必ずしも高くなかったが、その後政府文書が公開されると、舞台裏で静かにリーダーシップを発揮した指導者として再評価が進んだ。

　一方、アイゼンハワー本人は、朝鮮戦争と NSC 68 によってひたすら国防費を拡大していけば、要塞国家と化してしまうことを懸念していた。財政保守主義の立場からも新たな戦略を模索すべきだと考えたアイゼンハワーは、多額の人件費を要する通常戦力と比べてコストの低い核戦力を重視し、海外に駐留する米地上軍を削減するとともに、アメリカの同盟システムを拡充し、諜報機関による秘密工作を積極的に活用するという、いわゆる**ニュールック戦略**を採用した。

　核戦力については、アメリカが自国にとって死活的な利益を守るためであれば、核兵器の使用も辞さずに大量報復するとの態度をとることによって、敵の攻撃を抑止する戦略を打ち出した。こうしてアメリカは、大都市を壊滅させるほどの威力をもつ戦略核兵器に加え、戦場で戦況を打開するために敵部隊を攻撃する戦術核兵器の運用も重視していくことになる。

　また、アイゼンハワー政権はこうした戦略とあわせて、同盟国に通常戦力の増強を求めた。ヨーロッパでは、ヨーロッパ防衛共同体（EDC）の構想があったが、1954 年 8 月にフランス議会が EDC 条約の批准を拒否したため実現しなかった。だがその一方でイギリスが外交を展開して、1954 年 10 月のパリ NATO 理事会では、西ドイツの再軍備と NATO 加盟について関係国の合意が形成された。その結果、西ドイツは NATO への加盟を通じて再軍備を実現することになった（II 節 4）。この時期、アジアでは第 1 次台湾海峡危機が発生した（IV 節 4）。

　こうした状況下で、1957 年 10 月にソ連が史上初の**人工衛星スプートニク 1 号**を打ち上げ、翌月には犬を乗せたスプートニク 2 号を打ち上げると、この 2 年前

に人工衛星を打ち上げると宣言していたアメリカは、大きな衝撃を受けた。アメリカも 1958 年 1 月にはエクスプローラー 1 号を打ち上げたが、科学技術でアメリカがソ連に後れているとの印象が広がった。焦燥感を強めたアメリカ政府は、高等研究計画局 ARPA（のちの国防高等研究計画局 DARPA）を設置して、ソ連との科学技術競争に本腰を入れた。

　さらにアメリカでは、ミサイル分野の競争でもアメリカはソ連に後れをとっているのではないかとする、**ミサイル・ギャップ論争**に火が点いた。実際には、ミサイル分野でアメリカはソ連をはるかにリードしていたが、アイゼンハワーはあえてその事実を公表せず、大陸間弾道ミサイル（ICBM）の実験とその地下サイロ化や、原子力潜水艦の開発を静かに進めた。

　やがてアイゼンハワーは、核軍拡は米ソ双方の自滅を招くという危惧を強め、軍縮交渉に強い関心をもつようになり、ソ連に対して軍縮提案をもちかけた。しかし、交渉の途中でソ連に対する提案の内容を次々と変更するなど、米ソ間の対話を迷走させ、成果を上げずじまいに終わった。

11　スターリンの死と平和共存路線への転換

　1953 年 3 月にスターリンが死去すると、ソ連の政策は大きく変化した。1953 年 6 月に東ドイツのベルリンで暴動が起きるなど、ソ連と東欧諸国との間の経済問題も看過できないものになっていたため、新たに首相となったマレンコフは、スターリンが主導してきた軍事や重工業優先の政策を転換すべきだと主張した。また、スターリンの外交は、アメリカの軍拡、NATO 創設、西ドイツの再軍備などを招き、ソ連の安全保障上の脅威を高めていた。こうしたなか、マレンコフは 1953 年 7 月に朝鮮戦争の休戦協定を締結させたのを皮切りに、東西間の問題を武力ではなく、外交的な手段によって解決しようとする「平和共存」を新たな外交路線として打ち出した。

　このような政策転換のもうひとつの背景に、ソ連が核戦力の強化に成功したということがあった。ソ連は 1949 年 8 月に核実験に成功し、1953 年 8 月には水爆保有を公表していた。マレンコフは、米ソ両国が核兵器を保有したことで、米ソ間の戦争は「世界文明の滅亡」を意味すると考えた。彼は新指導部内の権力闘争に敗れて 1955 年 2 月に首相辞任に追い込まれるが、「平和共存」路線はフルシチョフに引き継がれた。フルシチョフは、当初この路線を批判していたが、権力闘争に勝利して実権を握ると、自らの主張を変えたのである。

　「平和共存」政策は、西側諸国との経済的結びつきを強め、経済発展に必要な投資を呼び込もうとするものだったが、西側陣営の切り崩しを意図したものでもあった。1955 年にソ連は、中立化を条件にオーストリアと平和条約を締結し、日本および西ドイツとも、同じような狙いの下で国交正常化交渉を行った。さらにソ連は米英仏とジュネーヴで 4 カ国首脳会談を行い、ヨーロッパの現状を武力によって変更する意図をもたないことを暗黙裡に確認した。

　ただし、こうした一連の外交攻勢は、米ソ関係を劇的に好転させるようなものではなかった。フルシチョフは資本主義に対する社会主義の勝利を疑っておらず、東側陣営内部での統合を軍事面および経済面で強化していく取り組みを進めた。軍事的には、西ドイツの再軍備と NATO 加盟に対抗するために、1955 年にソ連はワルシャワ条約機構を設立して東欧諸国を結束させた。これにより、軍事同盟によるヨーロッパの分断は公式のものとなった。また、ソ連は 1948 年以来コミンフォルムから除名されていたユーゴスラヴィアとも和解した。先に述べた ICBM の開発や人工衛星スプートニクの打ち上げもこうした政策の一環だといえる。このように、東西両陣営の「平和共存」を進めつつも、ソ連は東側の軍事同盟の強化と自国の軍事力強化に力を注いだ。

　フルシチョフは、経済面でも体制間競争での勝利を確信し、社会主義陣営全体の経済発展をめざした。ソ連国内と同様東欧諸国においても、従来の重工業偏重の政策が改められ、消費財の生産増大や農業への投資拡大などが行われた。しかし、ソ連の天然資源に対する東欧諸国の需要が急速に拡大すると、フルシチョフは東欧への資源供給拡大に消極的になり、代わりにコメコン域内における分業体制を強化することで、東側陣営における経済分野での結束を図った（藤沢 2019）。

　しかし、**フルシチョフによるスターリン批判**は、東側陣営の結束が危ういものであることを露呈した。1956 年 2 月の第 20 回ソ連共産党大会においてフルシチョフは、スターリンによる犯罪行為を暴露し、スターリンに対する個人崇拝を批判する秘密報告を行った。スターリン批判に対しては、ソヴィエト体制を否定し、その安定を揺るがしかねないとして、指導部のなかにも反対する声があった。しかし、この時期多くの政治犯が釈放されるようになり、それまでの大規模な抑圧を隠し続けることが困難になっていた。そのためフルシチョフは、スターリン時代からの転換を示すことで、現政権の正統性を示す必要があると考えた。しかし実際には、この秘密報告が国外に広まると、ソ連共産党の正統性は大きく損なわれた。1956 年にはポーランドとハンガリーで大規模な反政府運動が起き、ソ連

図1-1　アメリカの主な同盟条約（調印した年）

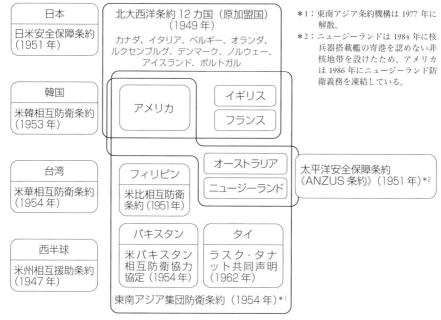

出所：実教出版編修部編『新政治・経済資料　三訂版』（実教出版社、2019年）183頁をもとに作成

はハンガリーには軍事介入することになった。また、毛沢東はソ連共産党を「修正主義」と批判し、これ以降、中ソは対立を深めていった。

1.2　西側における同盟の結成

　アメリカ政府は、同盟国における米軍基地は、アメリカの戦略空軍部隊（敵地に核爆弾を投下する爆撃機の部隊）の前線基地として機能するだけでなく、敵による局地的な侵略に対して米軍兵力を急派する拠点として機能するので、同盟は敵に対する抑止力をもたらすものとして重視していた。アメリカにとっての同盟国とは、地域に応じてさまざまな戦略的な意義をもっていたが、敵を抑止しアメリカを守る手段であった。

　すでにトルーマン政権が1947年にリオ条約（1948年発効）、1949年に北大西洋条約（同年発効）、1951年には太平洋安全保障（ANZUS）条約（1952年発効）、日米安全保障条約（1952年発効）、米比相互防衛条約（1952年発効）などに調印し、アメリカは41カ国と同盟を締結していた。アイゼンハワー政権はさらに、1953年に米韓相互防衛条約（1954年発効）、1954年に東南アジア集団防衛（マニラ）条

約（1955 年発効）や米華相互防衛条約（1955 年発効）に調印して、同盟網の拡大を進めていった。中東に関しては、イギリスが 1955 年にトルコ、イラク、パキスタン、イランを加盟国とするバグダード条約を締結し、アメリカは 1957 年 1 月にアイゼンハワー・ドクトリンを発表するなどした（Ⅲ節 7）。

13　第三世界へのソ連の進出

　スターリンの死後、ソ連は**第三世界**への関与を強めていった。第三世界では、反植民地主義や反帝国主義の立場からナショナリズムが高揚し、「非同盟主義」の運動も活発になっていた。フルシチョフは、国家建設に奮闘する第三世界の指導者にとってソ連型の経済モデルは魅力的なはずであり、このような国々との関係構築が、ソ連の国際的立場の強化に役立つだけでなく、ゆくゆくは国際的な社会主義共同体の発展にもつながると考えたのである。したがって、ソ連は「世界革命の指導者」や「反帝国主義」という立場から、第三世界の指導者たちとの関係を深めていった（ウェスタッド 2010, 71–77）。

　フルシチョフは、まずアジア諸国との関係強化に乗り出した。初めての外遊先として、ブルガーニン第一副首相兼国防相とともに中国を訪問し、その後インド、ミャンマー、アフガニスタンを歴訪した。また、非同盟主義を唱える**バンドン会議**（第 1 回アジア・アフリカ会議）に対しても支持を表明した。1950 年代後半以降、ソ連は中国、インドなどに長期借款や技術支援を行い、二国間の貿易協定などを締結した。こうした軍事的、経済的援助は、東側の軍事同盟から切り離されたものだったので、非同盟諸国にとっても魅力的だった。アラブ諸国も、影響力拡大を狙うソ連にとって重要なターゲットになった。

14　ケネディ・ジョンソン政権の柔軟反応戦略

　1961 年 1 月に発足したケネディ米政権は、世界規模でソ連と影響力を競う状況に直面することになった。ケネディ政権は、アメリカが既存の東西間のパワーバランスを維持する意思を表明している以上、それが西側に不利な方向に変化していくのを見逃せば、敵だけではなく味方からも、アメリカが西側を防衛する意思と能力がないのではないかと疑われると考え、アメリカの**信頼性**を重視した。

　ケネディ政権は、ソ連による第三世界への進出を警戒した。とくに 1961 年 1 月のフルシチョフの演説に注目し、ソ連が第三世界における反植民地主義や革命運動を積極的に取り込んで支配するため、いわゆる国民解放戦争を支援する可能

性に注目した。ソ連による第三世界への進出が活発になれば、アメリカが自国の信頼性を守るために関与する地域も、ヨーロッパからアジア、アフリカ、ラテンアメリカへと広がる。そうなれば、脅威となる敵の手段も、核戦力や通常戦力を用いた直接侵略から、ゲリラ戦や反乱、政府転覆活動などを駆使した間接侵略へと変質していくとみられた。こうした多様な形をとる新たな脅威に効果的に対抗できるかどうかがアメリカの信頼性に大きく影響すると考えられたのである。ケネディ政権は、敵の攻勢に効果的に対処するためには、核戦力だけではなく、それ以外のさまざまなレベルで対抗する必要があると考えた。そのため、通常戦力や非正規戦力、さらには非軍事的な手段も活用して変幻自在に対抗していく**柔軟反応戦略**を採用した。

こうした取り組みの有効性を問う試金石となったのが、**ベトナム戦争**だった（2 章IV節 2）。ケネディは、南ベトナムに軍事顧問団を派遣し、反乱鎮圧の作戦を実施することから始めた。次のジョンソン政権は北ベトナムへの空爆（北爆）を常態化するとともに、大規模地上軍を派遣して本格介入に踏み切った。アメリカが 1960 年代から 70 年代初めにかけて、多大な犠牲とコストを払ってベトナムに武力介入した背景には、アメリカが反共産主義の南ベトナム政府を守ることができなければ、同盟国を守るというアメリカの約束に対する信頼が失われ、ほかの諸国の親米政権も、国内の共産主義勢力と妥協したり、最悪の場合には東側陣営に寝返ったりするのではないかと危惧したからだった。こうしたことから、ケネディ政権とジョンソン政権は、反乱や政府転覆活動を支援する間接侵略に対抗できるような非正規戦力の整備も進めた。米軍内に特殊部隊を創設したり、反乱鎮圧のためのドクトリンの開発と導入を重視した。

また、ケネディ政権は発展途上国を中心とする世界各地で、共産主義の魅力を低下させるために、さまざまな非軍事的な手段を動員する取り組みも進めた。たとえば、1961 年 3 月に発表された「進歩のための同盟」プログラムは、とくに土地改革や税体系改革などの実施を条件に、ラテンアメリカ諸国に対して 10 年間で総額 200 億ドルの援助を供与するものだった。このほかにもアメリカ人ボランティアからなる「平和部隊」を途上国に派遣して、小規模な保健・教育・農業プロジェクトを実施させたり、米国際開発庁（USAID）を設置して、対外援助の重点を軍事から経済に転換したりした。

その一方で、ケネディ・ジョンソン両政権は、核戦争のリスクを抑えるために、核兵器への依存度を低下させたいと考えた。そこで、限定された規模の侵略に対

抗できるような通常戦力を整備する方針をとるとともに、NATO 諸国に対しても通常戦力の強化を要請した。しかし、NATO 諸国は通常戦力の整備に消極的で、アメリカと軋轢が生じた。というのも、西ドイツのような NATO 諸国は、自ら通常戦力を整備すれば、自国領土ひいては西ヨーロッパが長引く通常戦で焦土と化すことを恐れており、アメリカによる緒戦の核攻撃で速やかにソ連軍部隊を叩いて進軍を食い止めることを望んでいたからである。しかし、ソ連が ICBM で米本土を核攻撃できる時代に入ったことで、そもそもアメリカが自国の主要都市の安全を犠牲にしてまで西欧諸国を核兵器で守るのかという疑念が生じ、いわゆる「デカップリング（切り離し）」（2 章 II 節 11）の問題が浮上した。イギリスやフランスは独自の核戦力をもったが、アメリカは他の西欧諸国による核保有に反対した。

15　ベルリン、ラオス、キューバでの危機から米ソ緊張緩和へ

　ケネディ・ジョンソン政権は、柔軟反応によって共産主義の脅威に対抗しようとしたが、1960 年代初めには世界各地で危機が立て続けに起こった。1961 年 6 月にはウィーンでケネディとフルシチョフは会談をもったが、関係改善には至らなかった。1958 年から 1961 年 8 月にかけて第 2 次ベルリン危機が発生して、ベルリンでは東西を分ける壁が建設された（II 節 6）。また、1961 年から 62 年にかけて、ラオスでは共産主義ゲリラ組織パテト・ラオが攻勢を強めてラオス危機が発生したが、1962 年 7 月のジュネーヴ合意でラオス中立化という外交的解決をみた。

　1962 年 10 月には、ソ連がキューバに秘密裏に核ミサイルを配備しようとしていることが発覚して**キューバ危機**が起こった。フルシチョフは、キューバ革命で生まれた社会主義政権を守り、社会主義の盟主としてのソ連の立場を第三世界に誇示するとともに、アメリカ本土の目と鼻の先にミサイルを配備することで、アメリカとの核戦力の不均衡を改善できると考えていたが、結果的に核戦争の寸前にまで追い込まれた（ギャディス 2004, 425–429）。いずれの危機においても、アメリカ政府はこうした危機が第三次世界大戦へとエスカレートするのを防ぎつつ、当初よりも不利な立場に立たされないような解決策を模索し、最終的にはソ連との交渉で事態を収束させたのだった。

まとめ

　アメリカとソ連が対立を深めていった背景には、資本主義と社会主義というイデオロギー上の違いに加えて、戦後にスターリンが自らの独裁体制の安定を求め

て行動し、それが戦時中の合意に基づいてアメリカが描いた戦後構想に真っ向から反することになったという事情があった。米ソは、相互不信を高めていくなかで、それぞれ西側陣営と東側陣営を形成したため世界は分断され、冷戦に突入した。米ソ対立は、朝鮮戦争をきっかけに軍事的色彩を濃くし、2つの超大国は自らの威信をかけた勢力争いを本格化させた。このため、ヨーロッパとアジア、そして第三世界での紛争に米ソが関与し、危機が頻発するようになった。核軍拡を背景にした緊張は、キューバ危機でひとつの頂点を迎え、それ以降、米ソは全面核戦争の回避という点で一致し、緊張緩和を模索するようになった。

II　ヨーロッパ

　第二次世界大戦で廃墟となったヨーロッパは、東西対立が激しくなるなかでいかなるプロセスを経て分断されていくことになったのだろうか。そして「鉄のカーテン」によるヨーロッパの分断はどのように事実上固定化していき、またそれにともなっていかなる問題が浮上するのだろうか。

1　戦後処理をめぐる大国間の対立

　第二次世界大戦の中心的な舞台となったヨーロッパは、廃墟のなかから戦後の再出発を図ることになった。すでに大戦中から戦後処理や戦後の新たな国際秩序をめぐって連合国の指導者の間でさまざまな会談が重ねられていた。こうした流れのなかで、ヨーロッパに代わって議論の主導権を握ったのはアメリカやソ連であった。1945年2月の**ヤルタ会談**で、ナチス・ドイツに勝利を収めつつあったイギリスの首相チャーチルの頭にあったのは、大戦では「大同盟」を結んだものの新たな脅威として認識されつつあったソ連に、いかに相対するかという問題だった。

　ヤルタ会談ではさまざまなテーマが話し合われたが、ヨーロッパの戦後処理に関連してまず注目されたのが**ポーランド**問題である。ポーランドは、18世紀後半の3度にわたる分割によって国家自体が消滅した後、第一次世界大戦後に独立を回復したが、第二次世界大戦中にドイツとソ連に攻め込まれ、再び領土を失っていた。ヤルタでは、ドイツを打ち負かした後、ポーランド国家再生を主導すべきなのは、ロンドンに脱出していた亡命政権か、あるいはソ連の支援を受け抵抗活動を続けていたルブリン政権かが議論された。それぞれを代弁するチャーチル

とスターリンが鋭く対立するなか、アメリカのローズヴェルト大統領が間に入り、ポーランドが解放された後に自由選挙を行うことで一応の合意をみたものの、このことはのちに火種を残すことになった。

　また、戦後ドイツをどう処遇するかをめぐる問題も紛糾した。ドイツを弱体化させるという点で米英ソは一致していた。熾烈な独ソ戦の傷を負うソ連はとりわけ厳しく賠償を取り立てるべきだと主張したが、ここでもイギリスが反発した。チャーチルは、第一次世界大戦後のヴェルサイユ条約でドイツに過酷な賠償を課したことへの反省から、生産財や原料といった現物での取り立てすら要求するスターリンを非難した。最終的に、ドイツを米英仏ソの 4 カ国が**分割占領**することになり、各国占領軍最高司令官から構成される連合国管理理事会が全体にかかわる事項にあたることになった。しかしこの連合国管理理事会は、後述するように東西対立が激化すると機能不全に陥り、事実上の散会に追い込まれることになる。

　このようにヤルタでは英ソ対立が際立っていたが、両者が冷徹に勢力分割に合意したのが**バルカン問題**だった。チャーチルは、すでに 1944 年 10 月にスターリンと会談した際に、東欧やバルカン地域をドイツから解放した後に英ソ間で勢力圏の分割を図るパーセンテージ協定を提案した。その内容は、ルーマニア、ブルガリア、ハンガリーではソ連が 90、75、50% の支配権を、ギリシャではイギリスが 90% の支配権をそれぞれもつというように、小国を勢力圏に分割しながら大国間で勢力均衡を図るというものだった。その一方で、ヤルタ会談で英ソとアメリカは、「解放ヨーロッパに関する宣言」を発表し、解放されたヨーロッパ各国で、民主的な手続きに従って樹立される新たな代表政府を支持する立場を明らかにした。

　ヤルタ会談の後、1945 年 4 月にヒトラーが自殺し、翌 5 月にドイツが降伏して、ヨーロッパにおける第二次世界大戦は幕を下ろした。ソ連は着々と東欧で勢力を拡大し、とりわけそれはポーランドで顕著だった。スターリンはヤルタでの約束を守らず、ロンドンから帰国したポーランド亡命政府の要人らを逮捕し、ソ連の後押しする共産主義者を中心とした国づくりを進めようとした。さらにソ連軍によって解放された後のブルガリア、ルーマニア、ハンガリーでも、ソ連は高圧的な態度をとって、米英の不信感をあおった。

　1945 年 7 月には、ベルリン郊外のポツダムで米英ソの首脳会談が行われた。会談途中でチャーチルが本国で行われた総選挙に敗れたため、労働党の新首相アトリーが入れ替わって参加したが、ヤルタで先送りされていた主要な問題に関す

る合意は困難になっていた。たとえばドイツの戦後処理については、米英仏ソの4カ国による分割占領状態が続いていた。4カ国は将来ドイツが統一されたら平和条約を結んで東部国境を画定するという方針を確認したものの、統一の具体的計画については事実上棚上げにしたままだった。

2 「鉄のカーテン」演説とヨーロッパ冷戦の幕開け

ポツダム会談後の米英とソ連との関係は、悪化の一途を辿った。スターリンは東欧で共産主義者を中心とした政権を成立させるために圧力を強めており、これを警戒したイギリスの前首相チャーチルは、1946年3月に「鉄のカーテン」演説を行った（I 節 4）。チャーチルの狙いは、戦後ヨーロッパへの関与に消極的な態度をみせるアメリカに対して、ソ連による支配拡大の脅威が増していると説き、ソ連に対抗するためにも結束を強めることにあった。共産主義は東欧だけでなく、経済的苦境に苦しむフランスやイタリアなどでも無視できないほどに勢力を広げており、またイギリスにとって戦略的に重要な地中海・中東地域でもその影響力を拡大しようとしていた。一方戦後の経済状況の悪化に苦しむイギリスは、混乱の続くギリシャやトルコを支援する余力を失いつつあり、両国の反共勢力への支援をアメリカにもちかけていた。

こうした状況を受けて発表されたのが、I 節で述べたトルーマン・ドクトリンとマーシャル・プランである。なかでもマーシャル・プランは、ヨーロッパ諸国に大規模な経済復興支援を行うことで共産主義勢力の拡大を防ぐことに主眼が置かれた。アメリカはマーシャル・プランへの参加を、西欧諸国だけでなくソ連や東欧諸国にも呼びかけたが、ソ連はこれを拒否し、東欧諸国にも圧力をかけて参加見送りを強要した。1948年2月には連立政権が成立していたチェコスロヴァキアにおいて、共産党がクーデタを起こし、ヨーロッパでの東西対立はいよいよ決定的になっていった。

3 ドイツ分断の進行と東西分断の組織化

ヨーロッパにおける東西対立は、戦勝国によって分割占領されていたドイツの管理をめぐっても現れた。ドイツでは、戦争末期に東部ドイツ領や占領地から多くのドイツ系住民が流入して混乱していたが、経済復興を優先したい米英と、ドイツ復興を警戒する仏ソが対立していたことから、経済復興は遅々として進まなかった。米英はそれぞれ占領していた地区をひとつに統合して経済復興を急いで

いたが、チェコスロヴァキアでのクーデタなどによって東西の緊張が高まると、1948 年 6 月には米英仏とベネルクス三国の間で、米英にフランスを含む西側 3 国の占領地区を統合して西側地区にドイツ政府を設置することで合意に至った。そして復興を妨げる原因のひとつだったインフレを鎮静化させるために、西側地区で通貨改革が断行されたのである。これに対抗すべく、ソ連は同年 6 月 24 日にベルリンの西側占領地区を封鎖し、西側による通貨改革と西側ドイツ国家の成立を阻止しようとした。ソ連占領地区に囲まれた「陸の孤島」状態の西ベルリン地区の封鎖というソ連の強硬措置に対して、米英は 200 万人の西ベルリン市民のために物資や燃料などを空輸する「ベルリン空輸作戦（「空の架け橋」作戦）」を実行した。この米英による圧倒的な物量支援を前に、1949 年 5 月にソ連は封鎖を解除せざるをえなくなった。このベルリン封鎖から解除までのプロセスはドイツ分断を決定的にし、同年 9 月にはドイツ連邦共和国（西ドイツ）が、10 月にはソ連の占領地区にドイツ民主共和国（東ドイツ）がそれぞれ成立したのである（I 節 6）。

　この**ドイツ分断**に象徴されるように、1940 年代末頃には、ヨーロッパは米ソによる東西対立の舞台となった。西欧諸国にとっては、ソ連に対する安全保障をいかに確保するか、そのために米欧間の結びつきをいかに強めるかが重要な課題となった。すでに 1947 年 3 月に英仏はドイツを主な仮想敵国とするダンケルク条約を締結していたが、1948 年 3 月にはベネルクス三国を加えた相互安全保障条約であるブリュッセル条約を結び、これをもとに続く 1949 年 4 月には、さらに前述のように、イタリア、デンマーク、ノルウェー、ポルトガル、カナダ、そしてアメリカを加えた NATO を設立した。一方ソ連は、1947 年 9 月にヨーロッパ各国の共産党の連携のための組織であるコミンフォルムを、1949 年 1 月にはコメコンを発足させた（I 節 6）。なお、自力で祖国を解放したという自負が強かったユーゴスラヴィアは自立を重んじたため、コミンフォルムから「右翼的、民族主義的偏向」を犯しているとして 1948 年 6 月に追放されたが、スターリンの死後、1955 年 3 月に関係を修復した。

4　ヨーロッパ統合と「二重の封じ込め」

　ドイツの分断が既成事実化していくなかで、西欧諸国は西ドイツを含む経済統合に向けて第一歩を踏み出していった。当初は、マーシャル・プランの受け入れ機関であった欧州経済協力機構（OEEC）の枠内で英仏が主導してヨーロッパ統

合を進めようとして頓挫した。しかし、その後「ヨーロッパ統合の父」とも称される、フランスの計画庁長官だったモネの構想に基づき、1950年5月に**シューマン・プラン**が発表された。それは、仏独の石炭鉄鋼を、ベネルクス三国とイタリアの6カ国で共同管理するための共同体の発足である。この**欧州石炭鉄鉱共同体（ECSC）**は、フランス主導の下で西ドイツの平等な参加を認める一方、ドイツの鉄鋼業をヨーロッパの枠内でコントロールするというものであった。これは、「フランスの安全保障への脅威を和らげ、結果として独仏の平和共存と規模の経済を実現し、アメリカの納税者および冷戦遂行上の利益に合致するよう設計された」、多次元方程式の「魔法のような解」であった（遠藤 2013, 71）。

　しかし1950年6月に朝鮮戦争が勃発すると、その影響は、経済面だけでなく政治・安全保障面におけるヨーロッパ統合にも及んだ。ここで中心的な問題となったのは、**西ドイツの再軍備**だった。アメリカでは、西欧防衛を強化するために西ドイツの再軍備を求める声が高まっていたが、2度の世界大戦で国土を侵略されたフランスでは、とくに強い抵抗があった。そこでモネは、仏首相プレヴァンに働きかけ、1950年10月にシューマン・プランと同様に連邦主義的な「ヨーロッパ軍」を成立させ、その管理下でのみドイツの再軍備を容認するという「プレヴァン・プラン」が発表された。1951年4月にシューマン・プランをもとにECSC条約が調印され、さらに1952年5月にはプレヴァン・プランを受けた欧州防衛共同体（EDC）条約が調印された。1952年8月にはECSCが設立され、その中核的機関である「高等機関（High Authority）」の初代委員長になったモネは、仏独の死活的利益だった石炭と鉄鋼について、「ドイツでもフランスでもなく、ヨーロッパのものだ」と連邦主義的なヨーロッパ統合の成果を誇ったのである（遠藤編 2014, 142）。

★ジャン・オメール・マリ・ガブリエル・モネ（1888-1979年）

　コニャック商人の家庭に生まれ実業家となり、国際連盟事務次長も務めるなど幅広く活躍したモネは、持ち前のフットワークを活かして戦後ヨーロッパの復興と統合に尽力した。モネが活躍できたのは、ヨーロッパにとっての対米関係の重要性を深く理解していたからであることも見逃せない。モネは、ECSC最高機関の初代委員長を退任した後も、ヨーロッパ合衆国行動委員会を組織して、ヨーロッパ統合を支える人的ネットワークを築き上げるなど活躍を続けた。

　だが、ここで国家の上に立つ組織を整備しようとするヨーロッパ統合の超国家主義的な取り組みは、試練を迎える。1954 年 8 月にフランス議会が EDC 条約の批准を拒否したのである。この困難の打開に動いたイギリスのイーデン外相は、集団防衛体制を確立するための外交を展開し、同年 10 月のパリ NATO 理事会で、西ドイツの再軍備と NATO への加盟を認める関係国の合意を導いた。こうして西ドイツは主権をほぼ回復し、アメリカも参加する NATO への加盟を通じて再軍備を実現した。同時に、ヨーロッパにおける西側の防衛体制が崩壊する危機も回避された。

　西ドイツは、核・生物・化学兵器（ABC 兵器）の製造放棄を宣言する一方で、米軍などによる西ドイツ国内への核兵器の持ち込みを認めた。また NATO 軍の前方展開を軸とした大規模な兵力の展開も可能になった。さらには、駐留軍が非常事態時には西ドイツに介入する権限も、西ドイツの立法府がこうした事態に対処する適切な準備を行うまでという条件で残されることになった（その後 1968 年 5 月の西ドイツの非常事態法で一部修正された）。

　このように NATO を軸とした安全保障体制は、対外的な脅威であるソ連だけでなく、潜在的な脅威になりうる西ドイツも対象とした「二重の封じ込め」と称されることもある（Hanrieder 1989）。前述のように、NATO に対抗するようにソ連は、1955 年 5 月にワルシャワ条約機構を設立した。ここにヨーロッパ分断を土台とした冷戦秩序は軍事的に組織化されたのであった（I 節 11）。

　モネの構想した超国家主義的な統合は大きな困難に直面したものの、アメリカを含む NATO に安全保障分野を当面の間任せることで、経済分野に専念し進展をみることになる。1955 年 6 月にイタリアのメッシーナで ECSC の 6 カ国は、ヨーロッパでの「共同市場」と原子力エネルギー分野の統合について合意した。1957 年 3 月に調印されたローマ条約に基づいて、1958 年 1 月に**欧州経済共同体（EEC）**と欧州原子力共同体（EURATOM）が発足した。EEC や EURATOM が設立された背景には、フランスの思惑があった。フランスは、西ドイツの独自の原子力エネルギー開発を警戒する一方で、スエズ危機を通じて米英両国に対する信頼を失い、西ドイツとの関係を強めていたのである。なおイギリスは、「共同市場」のような超国家主義的な統合を警戒していたため、「自由貿易地域」構想を追求しており、結果的に EEC に参加しなかった他の諸国と 7 カ国で欧州自由貿易連合（EFTA）を結成することになった。

　一方でイギリスやフランスは、広大な植民地が独立をめざしていることにどの

図1-2　アフリカの植民地独立

※ 国名の下の数字は独立した年。

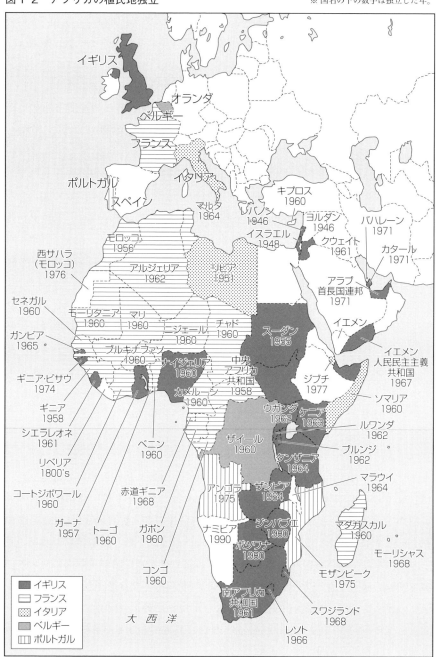

凡例:
- イギリス
- フランス
- イタリア
- ベルギー
- ポルトガル

出所：ウェスタッド、O・A（佐々木雄太監訳、小川浩之・益田実・三須拓也・三宅康之・山本健訳）『グローバル冷戦史―第三世界への介入と現代世界の形成』名古屋大学出版会、2010年、95頁をもとに作成

ように対応するのかという課題に苦しんでいた。ここで注目されるのは、この脱植民地化の流れが東西冷戦の論理と絡み合うなかで、英仏など西欧の旧宗主国とアメリカの対立する場面がみられたことである。たとえばアフリカのモロッコやチュニジアでは、西側陣営の影響力の維持・拡大を図るために脱植民地化に積極的なアメリカは、旧宗主国フランスとしばしば衝突した（池田2013）。

17カ国もの独立国が誕生した1960年が「**アフリカの年**」と呼ばれるように、1950年代後半から60年代前半にかけて脱植民地化が加速していった。宗主国フランスとの激しい独立戦争が展開されたアルジェリアや、イギリスからの独立後もしばらく現地の白人支配層による人種差別政策がとられたローデシア（のちのジンバブエ）、ベルギーからの独立後に政府と分離派が激しく対立し、国連を巻き込みながら米ソ代理戦争の舞台にもなったコンゴなど、それらの動きは一様ではなかった。脱植民地化の波がアフリカに押し寄せるなかで、イギリスはコモンウェルスの枠組みを通じて独立した国々との関係維持を図る一方で、EECへの加盟申請へと舵を切ることになる。

5 スターリンの死と東欧諸国の動揺

西欧においては経済分野ではEEC、軍事安全保障分野ではNATOを軸に、組織化が進められたが、それはソ連や東欧諸国に大きな脅威を与えた。スターリンは、東欧諸国で統制を強化する一方、とりわけ西ドイツが西側陣営に深く組み込まれていくことを憂慮していた。1952年3月には米英仏に対して、占領軍の撤退や、どの軍事同盟にも属さない統一ドイツの実現に向けての平和条約を呼びかけている。これらの提案は、のちに「スターリン・ノート」と呼ばれるようになる覚書で示されたが、西側3カ国は、ソ連の影響力拡大を恐れる西ドイツの初代首相アデナウアーの強い働きかけもあって、この覚書を拒絶した。

★コンラート・ヘルマン・ヨーゼフ・アデナウアー（1876–1967年）

　アデナウアーは帝政末期の1917年からヒトラーが政権を獲得する1933年までケルン市長を務めた後、ナチ時代にその座を追われ一時は収容所にも送られた。第二次世界大戦後にカトリック勢力とプロテスタント勢力を結集したキリスト教民主同盟（CDU）の結党に尽力し、73歳でドイツ連邦共和国の初代首相に就任した。アデナウアーは、西ドイツ外交において西側統合路線の礎を築き上げた。

　しかし 1953 年 3 月にスターリンが死去すると、同年 6 月に東ドイツでは労働
ノルマの引き上げなどに反発した市民が蜂起し、介入したソ連軍によって鎮圧さ
れる事件が起きる。さらに 1956 年 2 月にフルシチョフがスターリン批判を行う
と、それまで「スターリン化」を主導してきた東欧諸国の政府の正統性に対する
疑問が強まった。ハンガリーでは駐留するソ連軍の撤退や報道・言論の自由など
を求める反政府運動が活発化し、新たに首相になったナジが、ワルシャワ条約機
構からの脱退と中立化を宣言したが、ソ連の軍事介入によって弾圧された。これ
とは対照的に、同じく民衆による暴動が起こるなど政府への不満が強まっていた
ポーランドでは、新指導者のゴムウカがワルシャワを訪問したフルシチョフに軍
事同盟から離脱しないことなどを約束したため、ハンガリーで起きたような悲劇
を避けることができた。このように東欧諸国では政治動乱が起きたものの、それ
らの国をソ連の支配から「解放」するために西側諸国が具体的な行動を起こすこ
とはなく、ソ連による東欧支配が事実上容認されることになったのである。

6　第 2 次ベルリン危機と「ベルリンの壁」の建設

　1955 年 5 月には、スイスのジュネーヴで米英仏ソの 4 カ国首脳会談が戦後初
めて行われた。このように冷戦の「雪解け」を演出しながら、ヨーロッパの東西
分断を土台とした「平和共存」を推し進めようとするフルシチョフにとって、ベ
ルリン問題は頭痛の種であった。東西ドイツの成立後も、西ベルリンは東ドイツ
領内に浮かぶ「陸の孤島」である状況に変わりはなかった。西側が戦後復興から
高度経済成長期を迎えると、西ベルリンは、「資本主義のショーウインドー」と
して経済の停滞に苦しむ東ドイツ市民を惹きつけた。この時期は東西ベルリン間
の人の往来は比較的自由だったため、東側の人々は西ベルリンを通じて西側に脱
出するようになり、その数は増加していった。

　こうした市民の「足による投票」を放置すれば東ドイツが崩壊すると危惧した
フルシチョフは、1958 年 11 月に東ドイツとの単独の平和条約締結や西ベルリン
からの占領軍の撤退などを内容とする最後通牒を西側に通告し、いわゆる**第 2
次ベルリン危機**が発生した。当初 6 カ月を期限とした交渉は延長されたが、1961
年 6 月の米ソ首脳会談後、米ソ間の緊張がさらに高まると、東ドイツからの脱出
者が激増した。そこで東ドイツ指導部は東西ベルリン間の境界を閉鎖することを
決断し、ソ連の同意の下で同年 8 月に壁の建設に踏み切ったのである。この「**ベ
ルリンの壁**」建設という非人道的な行動を西側は激しく非難したが、結局それを

阻止できなかった。この西側同盟国の対応に西ドイツでは失望の声が上がり、対米依存の見直しを求める動きも模索されるようになる。

まとめ

　第二次世界大戦後に「鉄のカーテン」によって東西に分断されたヨーロッパでは、冷戦の最前線として対立が激化していった。西側ではアメリカを含む軍事同盟の構築や経済分野を中心とした西欧諸国間の統合が始まり、東側ではソ連を頂点とする階層的な秩序の形成が進んだ。しかし米ソ間の緊張が「ベルリンの壁」の建設後に緩和し始め、互いの勢力圏を事実上黙認するようになると、西側同盟内ではアメリカへの過度の依存に対する見直しを求める動きが目立つようになり、やがて西欧諸国からの**デタント**（緊張緩和）の試みが生まれてくることになる。

Ⅲ　中東

　現代の中東における国家システムは、第一次世界大戦の終結以降に出現した。第二次世界大戦後の東西冷戦は、中東にも一定の影響をもたらした。同時に、とりわけ冷戦前半期は、中東各国でナショナリズムが高揚した時期でもあった。中東の諸国家は、いかにして形成され、それらの間にはどのような相違があったのだろうか。アメリカとソ連は中東にどのように関与して、両超大国の中東政策はどのように展開したのだろうか。そして、中東諸国のナショナリズムは、どのような性格を有し、域内政治や中東域外の大国との関係にいかなる影響を及ぼしたのだろうか。

1　中東における国家システムの生成

　中東の大部分は、20 世紀初頭にはオスマン帝国とカージャール朝イランの領域であった。現代の国家群が出現したのは第一次世界大戦後のことである。

　イラク、ヨルダン、シリア、レバノンは、第一次世界大戦後に英仏が旧オスマン帝国領に設定した委任統治領に起源をもつ。イラクとトランスヨルダン（第 1 次中東戦争後にヨルダン川西岸を併合して国名をヨルダンとした）は、イギリスがイスラーム世界の名門ハーシム家を国王とする君主国家として構築し、シリアとレバノンは、フランスが共和政国家として構築した。これら 4 カ国は、オスマン帝国時代の行政区を恣意的に結合することで形成された人工的な植民地国家だった

ため、独立後も国民意識や国民国家としての凝集力が弱体であった。

　これに対してエジプトは、形式上はオスマン朝の領域にとどまっていたが、19世紀前半からムハンマド・アリー朝のもとで実質的な独立を実現していた。また、サウジアラビアは、18世紀のワッハーブ王国（第1次サウード王国）に起源を有し、王家であるサウード家が征服によって領土を拡大した結果、1932年に今日の王国が成立した。

　一方、アラブ地域を喪失したオスマン帝国は、祖国解放戦争と1922–23年の革命を経て、アナトリア半島を領土とするトルコ共和国となった。イランでは、カージャール朝が弱体化し、これに代わって1925年にパフラヴィー朝が成立した。

　新たな国家群が出現した後も、20世紀前半の中東では、イギリスが広大な非公式帝国を維持し、地域全体に圧倒的な影響力を保持していた。イギリスは、のちにクウェイト、アラブ首長国連邦（UAE）、バハレーン、カタル、オマーン、南イエメンとして独立する地域の首長たちとの間に19世紀に締結した保護条約（アデンのみ直轄植民地）を維持していた。また、イギリスはエジプト、イラク、トランスヨルダンとの間にイギリスの優越的地位を盛り込んだ二国間条約を締結し、これら諸国に軍を駐留させていた。第二次世界大戦中、イギリスは軍事力を背景に、エジプトとイラクの反英的な政権を交代させ、シリアとレバノンを占領してドイツの影響力を排除し、イランをソ連と共同占領してドイツに接近しつつあった国王レザー・シャーを退位させた。

　戦後もイギリスは中東の非公式帝国を維持する方針を取ったが、中東諸国では、イギリスの影響力を排除して、国家あるいは民族としての自律性や尊厳を回復しようとする、あるいは新たに獲得しようとするナショナリズムが高まった。1946年から48年にかけて、イギリスは既存の二国間条約を改定することによって非公式帝国の制度的な基盤を維持しようとしたが、エジプトとイラクでは反英的ナショナリズムの高まりにより条約改定を阻まれ、改定が実現したのはトランスヨルダンのみであった。1951年には、イランのモサッデク政権がイギリス籍の石油会社の国有化を断行し、エジプト政府がイギリスとの二国間条約を一方的に破棄した。イギリスの影響力の縮小と後退、そして反英感情を触媒として高まったナショナリズムが、冷戦前半期の中東域内政治の基調のひとつとなる。

2　パレスチナ問題とイスラエルの建国

　現代の中東は、パレスチナ問題という深刻な域内対立を抱え込んでいる。パレ

図 1-3　中東の域内諸国（2002 年）　　　　　　　　　　※（ ）内は独立年

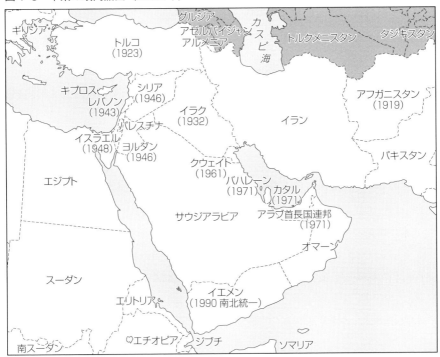

スチナへのユダヤ人の入植（アリヤー）は、19 世紀から進行していたが、パレスチナがイギリスの委任統治領となった第一次世界大戦後、とりわけドイツでナチスが政権を獲得した後に急増した。入植者の増加に伴ってユダヤ人が保有する土地や農地が拡大し、彼らを脅威とみなすようになったパレスチナのアラブ人（以下、パレスチナ人）との間で対立が深まった。このようにして生じたパレスチナ問題は、アラブ民族全体の問題と位置づけられるようになり、アラブの連帯や統一を呼号する汎アラブ主義を拡大させる触媒ともなった。

　第二次世界大戦後、ユダヤ人とパレスチナ人の対立を調停することを断念したイギリス政府は、**パレスチナ問題**の解決を国連に付託した。1947 年 9 月に国連総会は、パレスチナを分割してユダヤ人国家とパレスチナ人国家を建国することを骨子とするパレスチナ分割決議を採択した。イギリスは、パレスチナの内戦状態を収拾することなく、1948 年 5 月に委任統治を終了して軍を撤収した。この直後にユダヤ人はイスラエルの建国を宣言したが、これを認めようとしない周辺アラブ諸国がイスラエルに宣戦布告し、**第 1 次中東戦争**が勃発した。

　しかし、数では優るアラブ側は、各国の思惑が入り乱れて後退を重ねた。1949年2月に停戦協定が締結されるまでに、イスラエルは、エジプト占領下のガザ地区とトランスヨルダン占領下のヨルダン川西岸を除く旧パレスチナ委任統治領全域を占領していた。この時の停戦ラインが、国際社会では事実上のイスラエル国境と認識されることとなる。この間に70万人以上のパレスチナ人がイスラエル占領地域から流出して難民化し、**パレスチナ難民**と呼ばれるようになった。

3　アメリカの中東への関与のはじまりと米英関係

　第二次世界大戦後の米ソ対立の影響は、中東にも及んだ。中東で米ソ対立の最初の焦点となったのは、ソ連と国境を接するイランとトルコであった。ソ連は、大戦中にイギリスとともにイランを共同占領（途中からアメリカも参加）していたが、連合国間の合意に反して戦後もイラン北部の占領を継続し、アゼルバイジャンなどにおける左派分離主義政権を支持しつつ、イランに石油利権を要求した。ソ連に対する不信感を強めつつあったアメリカのトルーマン政権は、ソ連に強く抗議した。イラン政府の巧みな外交もあって、1946年5月にソ連軍は撤退し、年末までにイラン政府は国内の分離主義政権を打倒した。

　これと並行して、ソ連は大戦中からボスポラス・ダーダネルス海峡にソ連の軍事基地を建設することを認めるよう、トルコ政府に要求していた。トルーマン政権は、ソ連の圧力に抵抗していたトルコを全面的に支持する姿勢を示し、まもなくソ連は要求を事実上取り下げた。

　これらの危機に際して共闘したアメリカとイギリスは、中東へのソ連の影響力の拡大を阻止するという目標を共有するようになった。そのようななか、財政的な苦境にあったイギリス政府は、トルコとギリシャに対する援助を継続できないと判断し、その肩代わりをアメリカ政府に要請した。トルーマン政権は1947年3月にトルーマン・ドクトリンを発表して、連邦議会から必要な支出への支持を取りつけ、両国への援助に乗り出した。

　しかし、アメリカは中東における責任を無制限に引き受けようとしたわけではなかった。安全保障関連の財政支出に厳しい上限を設定したトルーマン政権は、中東における軍事的な責任を担うことを拒否し、イギリスに対して、非公式帝国を中東諸国との対等なパートナーシップに基づく同盟関係に転換することによって、引き続き中東を防衛する軍事的な責任を担うよう求めた。これに対してイギリスは、中東における自らの非公式帝国を維持するためには、アメリカが軍事的

責任の分担をはじめとするイギリスへの支援を強化すべきであると主張した。

4　アメリカの「西側統合政策」

　1950 年 6 月に朝鮮戦争が勃発したのち、アメリカの安全保障関連支出は大幅に増大した（Ⅰ節 9）が、すでに西欧や東アジアにおける軍事的責任を引き受けていたアメリカは、中東における軍事的責任を回避する姿勢をとり続けた。そのかわりにアメリカは、中東全域を西側陣営に政治的に取り込み、将来的には中東版 NATO のような地域的同盟システムを構築するという野心的な目標を追求するようになった。このような地域的政策を、ここでは「西側統合政策」と呼ぶこととする。

　中東全域を西側陣営に取り込むためには、域内諸国に関係するさまざまな対立や紛争を解決する必要がある、とアメリカは判断した。それゆえトルーマン政権は、イギリスとエジプトおよびイランとの間の紛争解決を差し迫った課題と位置づけ、双方に妥協を促す圧力を強化するとともに、中東諸国からの協力を獲得するために、積極的に軍事・経済援助を活用する姿勢をとった。

　西側統合政策は、アイゼンハワー政権にも引き継がれた。アイゼンハワー政権は、中東地域の北部では親西側的な諸国に中東版 NATO の核となるような組織を構築するよう働きかける一方、南部ではまず英・エジプト紛争とアラブ・イスラエル紛争を解決したうえで、エジプトを含むアラブ諸国を中東版 NATO に組み込んでいくという構想の下に、西側統合政策を進めようとした。

　北部諸国を組織化する取り組みは順調に進んだ。イランのモサッデク政権は石油問題での譲歩を拒み、西側との連携に関心を示さなかったため、アメリカは 1953 年に非合法介入によってモサッデク政権を打倒し、親米的な国王モハンマド・レザー・パフラヴィー（パーレビ国王）を中心とする体制の樹立を支援した。また、パキスタンとイラクに軍事援助を提供し、これら親西側諸国間の連携を促した。これらの結果、1955 年にトルコ、イラク、パキスタン、イラン、イギリスを加盟国とする**バグダード条約**が成立し、北部諸国の組織化は完了した。

　しかし、アメリカ自身は、バグダード条約に参加しなかった。それは、エジプトの指導者ナースィル（以下ナセル）がイラクの主導するバグダード条約に敵対的な姿勢を示したためである。アメリカ政府は、南部における西側統合政策を前進させるためにはアラブ・イスラエル和平の実現が不可欠であると考え、そのためにはアラブの大国エジプトで強力な指導力を発揮しつつあったナセルとの協力

関係を発展させていく必要があると判断したのである。

★ガマール・アブドゥル＝ナセル（ジャマール・アブドゥン＝ナースィル）（1918–70年）

> 中堅・若手将校の秘密結社である自由将校団の中心人物として、1952年のエジプト革命を主導した。革命後、ナジーブ大統領との権力闘争に勝利して、1954年に実権を掌握した。1956年から70年に死去するまで、大統領として汎アラブ主義を唱道し、広くアラブ世界にカリスマ的な影響力を及ぼした。また、積極的中立主義を追求し、ネルー、チトー、周恩来らと並んで非同盟運動でも活躍した。

5　ナセルの登場と第2次中東戦争

　ナセルは、1954年7月に英・エジプト条約に合意し、イギリスとの長年にわたる紛争を平和裡に解決していた。この条約は、1882年以来エジプトに駐留していた英軍の完全撤退を定めたものの、有事にイギリスがエジプトの基地を使用することを認めるなど、イギリスや西側陣営の主張にも配慮するものであったため、エジプト国民には不評であった。アメリカのアイゼンハワー政権は、国内の権力闘争を戦いながら親西側的な条約を締結したナセルの指導力を高く評価し、ナセルであれば、イスラエルとの和平も進めることができると期待した。しかしナセルは、アラブ内政治の主導権獲得をめざし、イラクの主導するバグダード条約に敵対姿勢をとった。これはアメリカにとって予想外の展開であった。そこでアメリカは、バグダード条約の外にとどまりながら、エジプトとイラクを両極とするアラブ内対立を抑制しつつ、ナセルにイスラエルとの和平を働きかけることによって西側統合政策を前進させようとしたのである。

　一方、ナセルは、対イスラエル軍備のためだけでなく、軍と一般国民の支持を確保するためにも、軍事援助を必要としていた。しかしアメリカは、ナセルがイスラエルとの和平を進めるまでは軍事援助を提供しないという姿勢をとった。このためナセルはソ連に接近し、1955年にソ連（形式上はチェコスロヴァキア）からきわめて有利な条件で武器を購入することに成功した。ナセルは、東西両陣営の中間に立って米ソ双方から最大限の支援を獲得しようとする積極的な中立主義を採用したのである。

　これと前後して、ナセルはアラブ世界の統一を呼びかける汎アラブ主義を声高

に唱え始めた。汎アラブ主義と積極的中立主義は、エジプト国内だけでなく、広くアラブ世界でナセルの声望を大いに高め、その権力基盤を強化した。アメリカは、ナセルにイスラエルとの和平を進めさせるために、アスワン・ハイ・ダム建設のための大規模な経済援助を提示したが、ナセルにとって、イスラエルとの和平を受け入れることは、ようやく獲得した自らの権力基盤を放棄することを意味した。ナセルが積極的中立主義も対イスラエル強硬姿勢も改めようとしないことにいら立ったアメリカは、1956 年 7 月にハイ・ダム建設援助を取り下げ、ナセルに圧力を加えようとした。ナセルはこれに対抗して、英仏資本によって経営されていたスエズ運河を国有化した。この結果、エジプトと英仏の間に生じた紛争が**スエズ危機**である。

　1956 年 10 月、イギリスとフランスはイスラエルと共謀してエジプトに侵攻した（**第 2 次中東戦争**）。スエズ運河国有化に加えて、ナセルによる中東・北アフリカの反植民地闘争への支援にいら立っていた英仏両国と、ソ連製兵器によって軍備を拡張しつつあったエジプトに脅威を感じていたイスラエルは、ナセル打倒で利害が一致したのである。しかし、アイゼンハワー政権は、3 カ国に軍事行動を停止するよう要求し、経済的・外交的な圧力を加えた。ソ連も、ハンガリーへの軍事介入が一段落した後、英・仏・イスラエルに軍事行動の停止を要求した。3 カ国は国際的な圧力に屈し、まもなく軍事行動を停止した。旧植民地大国とイスラエルの侵略に屈しなかったナセルの声望は高まり、ナセルの唱える汎アラブ主義はアラブ世界の指導的な理念とみなされるようになった。

6　アラブ内冷戦のはじまり

　アラブ世界では、既存の政治体制の変革をもくろむさまざまな勢力の活動が活発化したが、それらのなかで最も重要だったのは、ナセルの成功に刺激を受けた少壮軍人たちであった。1957 年後半、シリアでは、共産党と連携する左派軍人の政治的影響力が強まり、それを制御できなくなったシリア政府は、エジプトとの合邦を求めた。ナセルは合邦に消極的だったが、汎アラブ主義を標榜する以上、これを受け入れないわけにはいかなかった。1958 年 2 月、エジプトとシリアは合邦してアラブ連合共和国（UAR）を樹立した。

　1958 年 7 月、イラクでは、エジプトに範を取る自由将校団が、革命によって王政を打倒して共和政を樹立した。しかし、まもなく革命政権内では、エジプトとの合邦を求める「ナセル主義者」と、イラクの独立を維持してイラク固有の利

益を最優先しようとする一国主義ナショナリストとの間で対立が発生し、後者の
カースィムが権力闘争に勝利した。カースィム政権のイラクとナセル政権のエジ
プトの対立は、「アラブ内冷戦」とも呼ばれるアラブ諸国間の抗争の起点となっ
た。まもなく UAR 内部でも、シリア地域でエジプトによる支配への反発が強ま
り、1961 年 9 月のシリア軍人によるクーデタを経て、シリアが UAR から離脱し、
UAR は崩壊した。

7　アメリカのオフショア・バランシング政策

　第 2 次中東戦争後の 1957 年初め、アメリカは、西側統合政策の新たな枠組み
として、アイゼンハワー・ドクトリンを発表した（ I 節 12）。これは、共産主義
に対抗する姿勢を明確にした中東・北アフリカ諸国に援助を提供し、共産主義勢
力の侵略から防衛することを約束するものだった。しかし、すでにバグダード条
約に加盟していた親西側諸国以外にアイゼンハワー・ドクトリンを支持した国は
ほとんどなかった。このような状況を受けて、アメリカ政府は西側統合政策を断
念することになった。

　1958 年 7 月のイラク革命直後、体制の危機を訴えたレバノンとヨルダンの指
導者の支援要請を受けて、アメリカはレバノンに、イギリスはヨルダンに、それ
ぞれ軍隊を派遣した。しかし、これらは長期的な戦略に基づく派兵ではなく、両
国の情勢が安定したと判断されると、米英両国は短期間のうちに撤兵した。

　こののち、アイゼンハワー政権は、アラブ内冷戦という域内政治の展開を踏ま
えた、新たな地域的政策を採用した。アメリカの新たな地域的政策は、域内政治
への直接的な関与や責任負担をできるだけ避けながら、特定の国に軍事・経済援
助などの支援を行うことによって、アメリカや西側陣営にとって好ましい情勢を
中東域内に創出することをめざすものであった。アメリカ自身は中東域外（オフ
ショア）にとどまりながら、域内の勢力関係を操作する（バランシング）ことを
めざす政策であることから、これを「**オフショア・バランシング政策**」と呼ぶ。
オフショア・バランシング政策は、中東域内に反米・反西側国家が存在すること
を受け入れ、域内の政治的対立を積極的に利用しようとする点で、中東全域を西
側陣営に統合するために域内対立を抑制しようとした西側統合政策とは対照的で
あった。

　これ以降、冷戦終結に至るまで、オフショア・バランシング政策は、アメリカ
の中東政策の基本的な枠組みとなる。オフショア・バランシング政策では、アメ

リカや西側陣営の利益を中東域内（オンショア）で増進させるように行動する代理勢力が必要であった。アメリカにとって、当面の最も重要な代理勢力は、ペルシャ湾南岸からアラビア半島南東部にかけての帯状の地域になお非公式帝国を保持していたイギリスであった。

8　一国ナショナリズムの時代

　1963 年 2 月にイラクで、3 月にシリアで、それぞれの国のナセル主義者とバアス党が連携してクーデタを起こし、権力を掌握した。汎アラブ主義勢力が政府を率いることになったエジプト・シリア・イラクの 3 カ国は、1963 年 4 月に合邦に向けた基本合意を締結した。

　しかし、ナセル主義者とバアス党の連携も、汎アラブ主義的な統一への動きも、きわめて短命だった。シリアでは、まもなくバアス党勢力がナセル主義者を政権から排除し、シリアは合邦合意から離脱した。その後、シリアのバアス党内では古参幹部と軍人グループの間の対立が続き、1966 年 2 月に軍人グループがクーデタによって古参幹部を排除して権力を掌握した。イラクでは、反対にナセル主義者がシリアの影響力が拡大するのを阻止するためにバアス党を政権から排除し、ナセル主義者の政権が誕生したものの、エジプトとの合邦協議は進まなかった。1968 年 7 月にはイラクのバアス党軍人たちが、クーデタによりナセル主義者の政権を打倒し、権力を奪取した。このようにしてシリアとイラクでは、その後長期にわたって存続することとなるバアス党の支配体制が出現した。

　バアス党は、もともとは改革主義的な知識人の汎アラブ主義政党で、各国のバアス党組織は、アラブ世界全体を対象とする超国家的なバアス党の地域支部という位置づけであった。しかし、軍人たちが党の権力を握る過程で、国際的な視野をもつ古参幹部たちが失脚し、1966 年頃までに各国のバアス党地域支部は、それぞれの国で事実上の一国政党となった。シリアとイラクのバアス党は、汎アラブ主義のレトリックによって自らの権力を国民に対して正当化しながら、それぞれ自国の利益を追求した。じつのところ、汎アラブ主義は、ナセルが高唱し始めたときから、国内外において政治的支持を集め、アラブ内政治において自国の正当性を主張するためのレトリックとして利用されていた。つまり、政治指導者たちが唱える汎アラブ主義は、もともと一国ナショナリズムを支える手段という性質を強く帯びていたのである。

　中東諸国では、上からの強権的な国民国家建設が進んだ。シリアとイラクで権

力を握ったバアス党の軍人たちは、軍と治安組織を権力の拠り所として、肥大化した国家機構と党組織によって国民に利益を分配するとともに、国民を監視する支配体制を構築した。しかしながら、バアス党政権のみが例外というわけではなかった。強権的な上からの国家建設という点では、「アラブ社会主義」と銘打った独自の社会主義的改革と並行して政治的な統制を強化したナセルのエジプトも、シャーが独裁的体制を確立し「**白色革命**」の名の下に農地改革や経済の近代化を推進しながら秘密警察による監視を強化したイランも、同様であった。中東の多くの国において、一国ナショナリズムは、上からの強権的な国民国家建設と一体となって展開したのである。

まとめ

　中東にとっての冷戦前半期は、それぞれの国が自国の利益や自律性の追求を最優先する一国ナショナリズムに基づく国民国家建設の時代だった。指導者たちが、外部からの干渉や域外大国による新たな支配を拒否し、それを実現できるような強力な国家の建設をめざした点で、イランや革命前のイラクのような親西側諸国も、中立主義を追求したエジプトも、革命後のイラクやUAR離脱後のシリアのような親ソ諸国も、大きな違いはなかった。対立しあうアラブ諸国の指導者たちが標榜した汎アラブ主義すらも、一国ナショナリズムの手段であった。そして、中東諸国の指導者たちは、自国の利益を増進させるためにグローバルな冷戦構造を利用しようとした。実のところ、その点では、バグダード条約に参加した親西側的な指導者たちと、積極的中立主義を採用したナセル、ソ連に接近したカースィムやバアス党の指導者たちとの間に、さほど大きな違いはなかったのである。

　一国ナショナリズムを政策や行動の規範とする域内政治のダイナミズムのゆえに、アメリカの西側統合政策は挫折し、アラブ内冷戦はグローバルな東西冷戦とほとんど無関係に進行することとなった。中東域内政治のダイナミクスは、グローバルな冷戦が中東に浸透するのを阻んだのである。

Ⅳ　アジア

　第二次世界大戦後の北東アジアでは、日本が撤退した後の権力の空白をめぐり、現地の指導者や彼らに影響力を及ぼす大国間の駆け引きが激しくなった。東南アジアでは、多くの地域が再びヨーロッパの宗主国の統治下に入り、そこから改め

て独立を獲得していった。この地域でも次第に顕在化した米ソ冷戦という国際秩
序のなかで、独立を獲得したアジア諸国はどのような性格をもつようになったの
だろうか。

1　アジア諸国の独立

　日本の降伏後、日本が支配していた地域のうち、朝鮮半島では、北緯 38 度線
の北側をソ連が、南側をアメリカが占領し、日本軍の武装解除を進めた。また、
中国（満洲、香港、マカオを除く）、台湾、ベトナム北部については、中華民国国
民政府（以下、中華民国政府）が日本軍の武装解除や戦犯の処遇にあたった。そ
して東南アジアでは、欧米の宗主国の軍隊がそれぞれの植民地において日本軍の
武装解除や戦犯処理などを行った。日本の降伏後、各地域で独立国家が誕生する
までの過程をみてみよう。

〈朝鮮半島〉

　終戦後、日本統治時代に抵抗運動を続けていた朝鮮民族運動の指導者たちは、
ソウルで「朝鮮人民共和国」の樹立を宣言したが、米ソはこれを承認せず、北緯
38 度線を境に、北側をソ連、南側をアメリカが分割占領することで合意した。
北朝鮮では、ソ連の支援を受けた金日成が比較的早い段階で権力を掌握し、民族
運動の各派閥を金日成が束ねる体制ができた。南朝鮮では、朝鮮共産党を中心と
する左派の優位を、米軍政の支援を受けた右派勢力が奪うなかで、李承晩の権力
が確立していった。

　1945 年 12 月に米英ソ外相会議で締結されたモスクワ協定は、米ソ共同委員会
を設置して南北朝鮮に単一の臨時政府を樹立し、同委員会が臨時政府と協力して
朝鮮半島の信託統治を行い、5 年後に完全独立を実現するとしていた。しかし、
この信託統治案への反対は南北双方で根強く、米ソ共同委員会は難航した。また、
米ソ対立も次第に深刻化し、1947 年秋の国連総会で、アメリカは朝鮮問題を協
議事項とするよう提訴し、総会は国連臨時朝鮮委員会の監視下での総選挙実施を
決定した。しかし、ソ連の反対によって総選挙は南だけの単独選挙となり、1948
年 8 月 15 日に大韓民国が創設された。その後、北でも独自の選挙が行われ、9
月 9 日に朝鮮民主主義人民共和国が誕生した。

図 1-4 現在のアジア

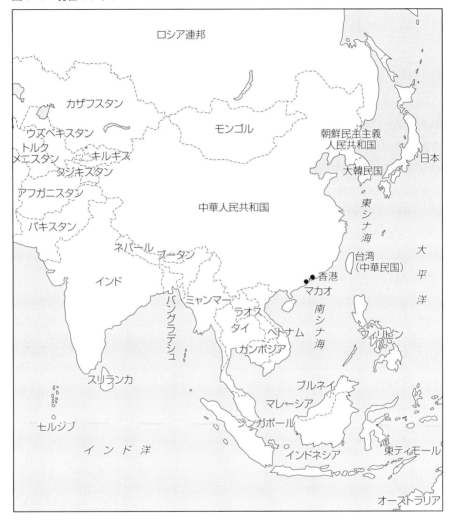

〈中国・香港・台湾〉

　中国大陸では、中華民国政府を率いる国民党に共産党が挑戦するかたちで、日本撤退後の権力の空白をめぐる争いが生じた。アメリカの調停の下、両党は1945年10月10日に「双十協定」を結んで内戦を回避し、政治協商会議を開いて憲法を制定することで合意した。しかし、さらに踏み込んだ協議をするために開かれた1946年1月の政治協商会議で、両党の主張の違いは浮き彫りとなり、

各地での軍事対立も深刻化した。そして、同年夏には内戦が本格的に再開した。

　中国内戦の情勢は、開戦当初は国民党が優勢だったが、次第に共産党優勢へと逆転していった。その背景には、抗日戦争で疲弊した国民党に対し、中国東北部に先に入って力を蓄えた共産党の勢いが勝ったこと、抗日戦争での協力を通じて国民党のなかにも一定程度共産主義が浸透していたこと、国民党に対するアメリカの支援よりも共産党に対するソ連の支援が勝ったことなど、複合的な要因があった。共産党は 1947 年 5 月頃から攻勢へと転じ、1948 年後半の「三大戦役（遼瀋、淮海、平津）」に勝利して、北平（現北京）に無血入城した。その後も、共産党は長江を渡り、南京、上海、福州などを占領し、1949 年 10 月 1 日には毛沢東が**中華人民共和国中央人民政府の設立**を宣言した。中華民国政府は広州、重慶、成都を経て、同年 12 月に台北へ首都を移転した。

　香港ではイギリスの統治が回復した。英領香港の大部分を占める新界は、戦前に中国が列強に許した租借地のうち、第二次世界大戦後も存続する唯一の例となった。また、1930 年代に 100 万人を超えた香港の人口は、1941 年以後の日本占領期に 60 万人まで減少した。ところが、国共内戦の結果、中国本土の人々が押し寄せ、1951 年の香港の人口は 240 万人に達した。さらに、中華人民共和国の成立により、香港をとりまく政治的環境も大きく変化した。共産党の理念からすれば、香港は旧社会の象徴だったが、中国政府は香港の国際金融都市としての利用価値などを考慮して、現状維持を容認した。そのため、イギリスはアメリカとは異なり、中華人民共和国を承認し、香港を植民地として維持した。

　台湾では、中華民国政府が日本統治時代の統治機関や財産を接収した。台湾の人々は祖国への「光復（主権の回復、植民地支配からの解放）」を当初は歓迎したが、やがて政府による強権的な接収や統治に失望した。1947 年 2 月には、台北市内の街頭で省公売局職員が闇タバコ売りを殴打したことから民衆と衝突し、**二・二八事件**が勃発した。これに対し、蔣介石は中国大陸から援軍を派遣し、民衆を徹底的に弾圧した。この事件を境に、台湾では第二次世界大戦後に台湾へ渡った外省人とそれ以前から台湾に住む本省人の間の溝は決定的なものとなった。そして、中華民国政府の台湾移転後には、外省人が本省人を支配する構造がさらに明確となり、「白色テロ」と呼ばれる反体制派への政治的弾圧が公然と行われた。

〈東南アジア〉

　東南アジア諸国にも独立の機運が訪れた。しかし、日本が進出する以前の宗主国の態度はそれぞれ異なり、各国の脱植民地化の道のりを左右した。アメリカとイギリスは植民地の独立を認めたため、米領フィリピン、英領ビルマ（現ミャンマー）、英領マラヤは宗主国との交渉を経て、平和裡に独立を達成した。しかし、フランスとオランダは植民地の独立を認めず、仏領インドシナ（ベトナム、ラオス、カンボジア）と蘭領インド（インドネシア）では、独立戦争が起きた。

　ベトナムでは、この独立戦争が分断国家を生んだ。1945 年 9 月、ベトナムのハノイではホー・チ・ミンがベトナム民主共和国（北ベトナム）の独立を宣言した。ベトナム民主共和国は宗主国だったフランス政府との交渉を通して独立を模索し、フランス連合内の一独立国となることで合意した。しかし、フランスは、ベトナム 3 地域（北部、中部、南部）とラオス、カンボジアという植民地時代の行政区分を温存してインドシナ連邦を形成し、ベトナム民主共和国の勢力を北部に限定して、「自治領」の地位に封じ込めようとしていた。

　これに対し、ホー・チ・ミンはベトナム全土の完全独立を要求し、1946 年 7 月にフォンテンブローで対仏交渉に臨んだ。その交渉が決裂し、同年 12 月にフランス軍がハノイ総攻撃を開始すると、ホー・チ・ミンは全国抗戦を宣言し、**第 1 次インドシナ戦争**が勃発した。戦闘は長期化し、この間にフランスはベトナム民族の「正統な」政府として、グエン朝最後の皇帝を国家元首兼首相とするベトナム国（南ベトナム）を成立させた。また、ラオスとカンボジアでも、フランスが支持する王国政府と抵抗勢力の対立が高まった。そして、1950 年には中国とソ連が北ベトナムを、アメリカやイギリスが南ベトナムをそれぞれ承認し、軍事的にも支援したことから、第 1 次インドシナ戦争はアジア冷戦と結合し、戦闘は激しさを増した。

　インドシナ半島全土に及んだ戦闘では、ラオスの防衛が戦局を決める要となった。1953 年 11 月にベトナム北部山岳地帯の盆地ディエンビエンフーを占領したフランス軍は、ここをラオス防衛の拠点とするため要塞化し、大軍を配置した。しかし、1954 年に入ると北ベトナム軍はディエンビエンフーを包囲して一斉攻撃を開始、同年 5 月にフランス軍は降伏した。フランス降伏の翌日から、**ジュネーヴ会議**においてインドシナ和平に関する交渉が始まった。ベトナムでは北緯 17 度線を停戦ラインとする分割統治を行い、2 年以内に総選挙を行うという和平案は、ホー・チ・ミンにとっては大きな譲歩だったが、中国とソ連に説得されて

これを受け入れた。ところが、南ベトナムは平和協定への調印を拒否、アメリカも最終宣言に署名せず、ジュネーヴ和平協定は実効性に乏しいものとなった。

★ホー・チ・ミン（1890-1969 年）

　フランス領インドシナ中部で儒学者の子として生まれる。船員としてフランスやフランス領植民地などで遊学中にロシア革命に影響され、1920 年代はパリで政治活動に参加し、民族自決を唱える共産主義者となった。その後、中国革命に感化され、1930 年に香港でベトナム共産党を設立し、1941 年に帰国を果たしベトナム独立同盟を結成した。ベトナム独立に生涯を捧げ、第 2 次インドシナ戦争のさなかの 1969 年に死去した。

〈南アジア〉

　イギリスの植民地だったインドは、1947 年にヒンズー教徒を中心とするインドと、イスラーム教徒を中心とするパキスタンに分離して独立した。イギリス統治領からムスリムが多く住む地域を分離し、2 つの国家を作ることが正式に決定したのは独立直前であり、領土や国民をいかに分割するかという問題は、独立後に持ち越された。そうした問題の象徴が**カシミール問題**だった。インド、パキスタンおよび中国に挟まれたカシミールは、住民の大多数がムスリムでありながら、ヒンズーの藩王が支配する藩王国だった。インドとパキスタンの双方がこの地域を統合しようとしたことから、同年 10 月に**第 1 次印パ戦争**（インド・パキスタン戦争）が勃発した。国連は停戦を求めたが、1948 年末まで戦闘は継続し、その後も国連インド・パキスタン軍事監視団が停戦監視を行ったが、和平は結ばれず、1965 年 8 月には**第 2 次印パ戦争**が勃発した。

2　朝鮮戦争

　このように、アジアではたとえ独立しても、分断や係争中の領土を抱える諸国が多かった。朝鮮半島では、1948 年に樹立された南北の政府が互いに祖国統一を掲げ、北緯 38 度線付近での武力衝突が絶えなかった。そして、こうした文脈のなかで、1950 年 6 月に北朝鮮が行った奇襲攻撃を直接の契機として、**朝鮮戦争**が勃発した。北朝鮮による攻撃の背景には、中華人民共和国の成立やソ連の原爆保有などにより、共産主義陣営が優勢に立ったという判断の下、スターリンが金日成の支援要請を承認し、さらには毛沢東からも支援の約束を取りつけたとい

う経緯があった。

1949年7月、毛沢東は論文「人民民主独裁を論ず」を発表し、「向ソ一辺倒」、すなわちソ連と同陣営を貫き、ユーゴスラヴィアのようにはならないことを示した。その上で、毛沢東は国家成立直後の重要な時期であったにもかかわらず、1949年12月から約2カ月間にわたりソ連を訪れ、中ソ友好同盟相互援助条約の交渉にあたった。この頃から、中ソ間では中国がアジアの国際共産主義運動を主導するという役割分担がなされるようになったと考えられる。そのため、金日成から祖国統一のための戦争への援助を繰り返し要請されたスターリンは、「毛沢東が反対しなければ反対しない」との意向を示し、毛沢東も金日成からの援助要請に反対することはできなかった。

1950年6月25日に全面攻撃を開始した北朝鮮軍は、韓国軍を釜山周辺の地域に追い込んだ。これに対し、アメリカは国連安保理決議を取りつけて、カナダなど16カ国とともに国連軍を組織して参戦した。国連軍は9月に仁川上陸作戦を成功させると、北緯38度線を越えて敗走する北朝鮮軍を追撃し、中朝国境地域である鴨緑江付近に迫った。10月下旬には中国人民義勇軍が鴨緑江を渡って参戦し、国連軍は後退を迫られた。その後、1951年春から戦線は北緯38度線付近で膠着状態となり、同年7月から休戦交渉が始まった。しかし、休戦交渉が長期化する間にも戦闘は続き、スターリン死後の1953年7月にようやく休戦協定が結ばれた。ところが、休戦協定締結後、1954年に開催されたジュネーヴ会議での交渉は決裂し、和平は結ばれなかった。

朝鮮戦争は、南北両政府の正統性をかけた内戦を発端としていたが、米中が参戦し、戦闘が長期化したことによって、東アジアに冷戦体制が構築されるきっかけとなった。アメリカは朝鮮戦争が勃発すると、東アジア戦略を大きく転換した。アメリカは台湾海峡を「中立化」すると宣言し、台湾防衛への関与を明確にした。そして日本や東南アジア諸国との経済や安全保障上の協力を固めて共産主義の拡張を防止し、中国に対する封じ込め政策を強化した。これに対して、中国も「米帝国主義」への対抗姿勢を鮮明にし、国内においても「抗米援朝」キャンペーンを展開した。また、朝鮮戦争を通じてアメリカによる核の威嚇にさらされた中国は、核保有の願望を強めていった。

3　ジュネーヴ会議とバンドン会議

朝鮮戦争は、アジアに冷戦を波及させた一方で、国際社会全体においては局地

戦争が第三次世界大戦へと拡大するかもしれないという懸念をもたらし、ヨーロッパを中心に両陣営が「平和共存」を模索する潮流を生み出した。1954 年の朝鮮半島とインドシナ和平に関するジュネーヴ会議において、米ソ英中 4 カ国の首脳会談が実現したことは、アジアの紛争地域にも「平和共存」の局面が訪れたことを示した。中国もソ連の「平和共存」に歩調を合わせるよう求められたが、朝鮮半島および台湾海峡においてアメリカと直接的に対峙する中国にとって、アメリカとの「平和共存」を実現できる可能性は低かったため、まずは第三世界、そして日本や西欧諸国との関係改善を模索した。

　中国がはじめに着手したのは、第三世界において大きな存在感をもつインドやビルマへの接近であった。中国の周恩来首相は 1954 年 6 月にインドのネルー首相やビルマのウー・ヌ首相と会談し、領土・主権の尊重、相互不可侵、内政不干渉などからなる平和共存 5 原則を確認した。この平和共存 5 原則を基礎として、翌 1955 年 4 月にインドネシアのバンドンで開催されたのが、**第 1 回アジア・アフリカ会議（バンドン会議）**である。この会議は、インド、パキスタン、インドネシア、ビルマ、セイロン（現スリランカ）から構成されるコロンボ・グループが呼びかけ、アジア・アフリカ地域の 29 カ国が参加し、平和共存 5 原則を発展させたバンドン 10 原則に合意した。この原則には、植民地支配への反対に加え、アジア・アフリカ諸国が求める国際秩序の方向性も示されていた。

★周恩来（1898-1976 年）

　江蘇省の官僚の家に生まれた周恩来は、日本留学期にマルクス主義に触れ、その後フランス留学中に中国共産党フランス支部を組織した。1920 年代に帰国し、中国共産党内で毛沢東の権力掌握を助ける役割を担った。中華人民共和国の成立後、1976 年に死去するまで総理（首相）の地位にあり、1958 年までは外交部長（外相）も兼任した。中国の外交政策を主導し、世界各国の首脳と渡り合う外交家としての評価も高かった。

　しかし、バンドンに集まったアジア・アフリカ諸国は、実際には（1）日本やフィリピンなど西側陣営に属する諸国、（2）インドネシアやエジプトなど非同盟主義を謳う諸国、そして（3）中国や北ベトナムなどの社会主義諸国、という 3 つのグループに分かれていた。こうした立場の違いは、植民地の解放や集団防衛など重要な論点をめぐり、鋭い対立となって現れた。また、他のアジア・アフリ

カ諸国と国境紛争を抱えている国家もあり、領土保全や内政不干渉の原則を実現することは難しかった。

4　台湾海峡危機

　中国にとって、中華民国政府が退却した台湾を「解放」することは国家の完成にとって不可欠の課題だった。しかし、朝鮮戦争参戦中はこの課題を棚上げにせざるをえず、休戦後も海空軍力の不足やアメリカの台湾防衛への関与継続などの問題があった。そこで、毛沢東は中華民国国軍が占領する福建省沿岸部の金門島を砲撃し、さらに浙江省沿岸部の一江山島や大陳列島などを攻撃した。こうした一連の軍事行動によって 1954 年 9 月から 55 年 4 月にかけて起きたのが、**第 1 次台湾海峡危機**だった。この危機の過程で、アメリカは中華民国政府と米華相互防衛条約を締結する一方で、浙江省沿岸部の島嶼を放棄し、台湾防衛に専念するよう促した。

　第 1 次台湾海峡危機後、中国は「台湾解放」を「長期的な課題」と位置づけ、アメリカとの大使級会談に応じるなど、交渉や宣伝によってアメリカの台湾介入が不当だと訴える方針に転じた。ところが、1958 年 8 月に毛沢東は再び金門島を砲撃し、**第 2 次台湾海峡危機**を起こした。この背後には、米華相互防衛条約での防衛義務が曖昧な金門・馬祖に対するアメリカの姿勢を試そうという思惑のほか、米中大使級会談の膠着状態を打開することや、中国流の農工業集団化である**「大躍進政策」**への大衆動員に「台湾解放」のスローガンを利用しようとしたことなど、複合的な動機があった。台湾海峡危機が勃発すると、アメリカではソ連との核戦争の引き金となりかねない金門・馬祖の放棄も議論されたが、蔣介石は中国大陸を取り戻す「大陸反攻」の前哨基地である諸島の保持を主張し、譲らなかった。ただし、蔣介石による中国大陸への反撃は、アメリカによって慎重に抑制された。

5　中印国境紛争

　バンドン会議でともに「平和共存」を謳った中国とインドの間にも、1950 年代末には亀裂が生じた。両国の間には、およそ 3,500 キロメートルの未画定の国境線があり、国境地域のほぼ全域がヒマラヤ山脈などの山岳地帯である。こうした国境線が未画定の地域にチベットが位置したため、チベット問題が中国とインドの紛争の直接的な契機となった。インドは独立後、英植民地政府の政策を継承

し、チベットに中国の宗主権を認めつつも、その自治が保持されることを望んだ。しかし、中国は 1950 年にチベットを完全な主権下に置くことをめざし、軍隊を進駐させた。1954 年 6 月の周恩来とネルーの会談では、両国間の国境問題を棚上げにする一方で、国境貿易やチベットへの巡礼に関する協定を締結した。このとき、インドはチベットにおける諸権益を放棄したが、1959 年 3 月にチベットで中国統治に反対する民衆の蜂起が起きると、ダライ・ラマの亡命を受け入れた。これを理由に中印間の国境紛争は再燃し、1962 年 10 月には軍事衝突に至った。

まとめ

　上記のように、第二次世界大戦終結後のアジアにおいては、それまでは欧米列強の植民地であった諸国の独立と、新たな国際秩序である米ソ冷戦体制の波及が並行して進んだ。その結果、独立した諸国は自由資本主義陣営と社会主義陣営のどちらに与するかという選択を迫られたり、国内における独立や国家建設をめぐる議論が冷戦イデオロギーと結びついた結果、分断国家となったりした。また、冷戦は第二次世界大戦後のアジア諸国間の和解を大きく遅らせることにもなったのである。

V　日本

　敗戦後の日本では、「平和国家」が標語となり、1947 年には平和主義を基調とする新しい憲法が施行された。しかし、その後の日本は米ソの対立を背景に、西側陣営諸国とのみ講和条約を結んで主権を回復した。その半面、ソ連、中華人民共和国、南北朝鮮などとは国交を結ばなかった。また、日本は講和条約とは別に、米軍駐屯の継続を認める**日米安全保障条約**を結んだ。

　このように、日本の主権回復は冷戦と密接に関係しながら実現した。東西対立が激化するなか、戦後の日本はいかにして再出発を果たしたのだろうか。本節では、これまでの節で取り上げてきた各地域の政治状況を踏まえながら、日本が再び国際社会に復帰していく過程をみていきたい。

1　日本の敗戦と米ソの動き

　第二次世界大戦において日本は、日独伊三国同盟条約などに基づき戦線を拡大し、ドイツなどとともに国際秩序の再編を求めた。しかし、各国が国際秩序の原

則として支持したのは、米英が 1941 年 8 月に発表した**大西洋憲章**だった。日本による対米宣戦布告後、アメリカは大西洋憲章に基づく日本占領構想を準備しながら対日戦争を遂行した。また日本は独自にソ連と中立条約を結んでいたが、スターリンは 1943 年に開かれた**テヘラン会議**で、いずれ対日参戦する方針で米英首脳と話し合い、さらに 1945 年 2 月のヤルタ会談（I 節）では、ドイツの降伏から 2、3 カ月後にソ連が対日参戦することで合意した。このとき米英ソの 3 カ国首脳の間で、ソ連の参戦条件として、南樺太がソ連に返還され、千島列島がソ連に引き渡されることが決まった（ヤルタ協定）。

　ドイツ降伏から 3 カ月後の 8 月 9 日未明、ソ連は満洲に侵攻した。同日、米軍は広島市（8 月 6 日）に続いて長崎市にも**原子爆弾を投下**した。日本の軍部はなおも徹底抗戦を主張して本土決戦を求めたが、昭和天皇が戦争終結の判断を下し、日本は 8 月 14 日にポツダム宣言を受諾した。8 月 16 日、スターリンはトルーマンに書簡を送り、北海道の北半分と全千島列島をソ連に引き渡すように求めた。8 月 18 日、ソ連は千島列島への攻撃を開始し、9 月 5 日までに北方領土を占領した。すでに日本が 9 月 2 日に戦艦ミズーリ号で降伏文書に署名した後のことだった。

　トルーマンは、北海道の北半分を引き渡すようにというスターリンの要求を断った。こうしてイギリス連邦軍が日本の四国地方や中国地方などに進駐したが、対日占領政策は、アメリカを中心に実施された。他方でソ連は、旧満洲、樺太、千島にいた約 60 万人（厚生労働省発表は約 57 万 5,000 人）もの日本兵等をシベリアなどに連行して強制労働に従事させた（**シベリア抑留**）。その結果、6 万人以上ともいわれる人々が死亡し、いまだ身元不明の人々も数多くいる。

2　平和主義の方針化

　前述のように、終戦後の日本では、「平和国家」が標語となった。この言葉につながる考えは、すでに戦時中に連合国側が示していた。1943 年 10 月に開かれたモスクワ会議では、ハル国務長官（アメリカ）、モロトフ外相（ソ連）、イーデン外相（イギリス）が国際機構を創設することで合意したが、創設にあたっては「すべての平和愛好国家（all peace-loving states）」の対等な地位と主権を保全することが原則とされた。1945 年 7 月に発表されたポツダム宣言でも、平和的傾向をもつ日本政府の樹立が求められた。

　1945 年 8 月 15 日の玉音放送後、昭和天皇も 9 月 4 日の帝国議会の開院式で、

「平和國家ヲ確立シテ人類ノ文化ニ寄與セムコトヲ 冀 ヒ」と宣言した。さらに、幣原喜重郎首相が英文で起草した天皇の人間宣言（1946 年 1 月発表）でも、「官民挙げて平和主義に徹し」という考えが示された。天皇制の維持を求めた幣原首相は、同月 GHQ のマッカーサー司令官に、「戦争を世界中がしなくなる様になるには戦争を放棄するという事以外にない」という考えを伝えた。そして、2 月 3日に天皇制の維持と戦争放棄の両方を定めた**マッカーサー三原則**が作られ、GHQ はこの三原則に基づき憲法草案を作成して、日本政府に提示した。

　GHQ の憲法案を踏まえて幣原内閣は、1946 年 3 月に憲法改正草案を作成した。新憲法を審議するため設置された帝国憲法改正案委員小委員会では、各党の議員が、新憲法の条文に平和を愛好する言葉を入れることを求めた。それを受けて芦田均委員長が、「日本國民は、正義と秩序とを基調とする國際平和を誠実に希求し」という文言を提案し、ほぼそのまま新憲法の第 9 条第 1 項の文となった。このように、日本の非軍事化と、GHQ の五大改革指令に基づく日本の民主化が進むなか、平和主義もまた戦後の日本の目標とされたのである。

3　米ソ対立の激化

　しかし、新憲法で平和主義が定められようとしたまさにその頃、米英とソ連との間で緊張が生まれていた。日本が上記の憲法改正草案を作成した 1946 年 3 月には、チャーチルが「鉄のカーテン」演説（フルトン演説）を行っており、11 月3 日に日本国憲法が公布された 2 カ月後の 1947 年 1 月には、ソ連との対話に前向きだったバーンズ米国務長官が更迭された。そして 3 月にはトルーマン・ドクトリンが発表された。**日本国憲法**は 5 月 3 日に施行され、新聞は「恒久の平和日本に到来」と報じ、日本国民は祝賀ムードに活気づいた。しかし、翌 6 月にはマーシャル・プランが発表され、ソ連はこれに反発した。

　国際的な緊張が高まるなか、芦田均は 1947 年 9 月に米極東軍第 8 軍司令官のアイケルバーガーに覚書を提出し（「**芦田メモ**」といわれる）、有事に米軍が日本に駐留するという将来構想を示した。「芦田メモ」は、日本の要人が最初に示した米軍の日本駐留案だとされる。1948 年 1 月にはロイヤル米陸軍長官が演説で、対日政策を日本の経済復興優先の方向へ転換することを発表した。翌年以降、アメリカの軍事予算から占領地の経済復興のためのエロア（EROA）資金が、ガリオア（GARIOA）資金に追加する形で日本に支出された。1950 年 2 月にはソ連と中国が、日本やアメリカを仮想敵国とした中ソ友好同盟相互援助条約に調印し、

6月には朝鮮戦争が始まった（Ⅰ節9）。朝鮮戦争には、日本の海上保安庁の掃海部隊が機雷除去の任務にあたり、約8,000人ともいわれる日本人労働者が米軍の後方支援に加わるなど、相当数の日本人がかかわった。

4　講和のあり方

　このように、敗戦からわずか5年で、日本を取り巻く国際環境はがらりと変わった。東西対立が激化するなかで、日本は戦争当事国との講和のあり方を選択することになった。朝鮮戦争を遂行しながら、トルーマン大統領は1950年9月に日本との平和条約の条件を記した政策文書NSC60／1を承認した。

★講和問題

> 　占領が長引くなか、日本では戦争状態の終わらせ方、すなわち講和のあり方が政治的争点となった。東京と京都の学者を中心に結成された「平和問題談話会」は、日本の経済的自立にはアジア諸国、とくに中国との自由貿易が必要だとして、すべての交戦国と全面的に講和すべきだと主張した（全面講和）。吉田茂首相は、米ソ対立で国連の安全保障理事会が機能しないなか、アメリカを中心とする西側諸国のみと講和（片面講和）することが早期の主権回復の方法だと判断した。

　1951年1月から吉田茂首相らはアメリカのダレス特使（後の国務長官）と講和交渉を行ったが、ダレスは日本が軍備を進めることが「自由世界」への貢献だと主張した。しかし、吉田首相は再軍備は戦災からの復興の障害だと考えていったん拒否し、結局、5万人規模の再軍備の計画を示してアメリカと合意した。また、吉田は米軍の存在が日本の安全保障にとって有効だと考え、米軍の駐留の存続を認めた。

　1951年9月に開かれた**サンフランシスコ講和会議**には、52カ国の代表が参加した。中華民国政府と中華人民共和国については、どちらが正統な中国の政府か米英間で意見が一致せず（アメリカは中華民国政府の参加を、イギリスは中華人民共和国政府の参加を支持していた）、結局どちらも招かれなかった。独立を果たしたインド、ビルマ、およびユーゴスラヴィアも平和条約の規定などへの不満を理由に講和会議に参加しなかった。参加した52カ国のうち、ソ連、ポーランド、およびチェコスロヴァキアは、中国の不参加など講和のあり方に不満があり、署名を拒否した。35年にわたり日本の植民地だった韓国の李承晩大統領は、事前に

対日平和条約に参加したいとの意思を伝えたが、イギリスが反対したために条約への署名は実現しなかった。

　結局、対日平和条約には 49 カ国が署名した。同じ日、吉田首相は**日米安全保障条約**に一人で署名した。安全保障問題に関する大きな判断について、自ら責任を負ったのだった。

★吉田茂（1878-1967 年）

> 　「状況思考の達人」とも評される吉田は、戦前の外交官時代には、奉天総領事や天津総領事など中国、満洲で長く勤務した。その後、外務次官、駐英大使などを務め、親英米派の外交官として知られた。首相としての在職は 2,616 日に及ぶ。日本国憲法の公布・施行時の首相であり、さらに講和交渉を主導し、対日平和条約と日米安保条約にともに署名した、戦後の日本外交の再出発を担ったキーパーソンである。

　対日平和条約は 1952 年 4 月に発効し、日本は念願の主権を回復した。同じ日に日本は日華平和条約に署名し、同じ西側陣営である中華民国との間に国交を回復した。一方で、東側陣営の中華人民共和国とは貿易の拡大が望めない状態となり、産業界は不満を抱いた。また、アメリカが関与する形で、日本は韓国とも国交に向けた協議を開始した。しかし、韓国はいわゆる「李承晩ライン」を主張し、日本側でも韓国との協議には消極的な意見が強く、さらに「久保田発言」（久保田貫一首席代表が、日本の朝鮮統治は朝鮮自体にも恩恵を与えたなどと発言したこと）による感情的な対立もあって、国交協議は進まなかった。

5　ソ連との交渉の難航

　日本にとって、1945 年に設立された国際連合への加盟は、日本が戦前のように列国に伍するためには必要な条件だった。しかし、安保理の常任理事国であるソ連が反対したため、日本は国連に加盟できなかった。そのソ連は、1953 年 3 月にスターリンが死去すると「平和共存」路線へと政策を変え（Ⅰ節 11）、対日姿勢にも変化が生じた。1954 年 12 月に新しく鳩山一郎内閣が成立すると、ソ連は 1955 年 1 月に、日本に国交回復交渉を打診してきたのである。

　「自主外交」を掲げていた鳩山内閣は、1955 年 6 月にソ連との国交回復交渉を始めた。しかし、日ソは**北方領土問題**で対立した。日本は北方四島（国後、択捉、

歯舞、色丹）の返還を求めたが、ソ連は四島の問題はヤルタ協定とポツダム協定ですでに解決済みで、さらに日本は対日平和条約第2条で千島列島を放棄したと主張した。

これに対して日本は、（1）ソ連は対日平和条約に署名していないため、領土の問題については日本と個別に協議すべき、（2）日本はヤルタ協定の当時国ではないので、同協定に効力はない、（3）1943年12月に発表されたカイロ宣言は領土不拡大を謳っており、ポツダム宣言はカイロ宣言と整合的に解釈すべきである、（4）択捉島と国後島は千島列島に含まれていない、などと主張した。

ソ連は譲歩し、歯舞群島と色丹島を引き渡す案を示したが、日本政府内の判断は分かれた。さらにアメリカのダレス国務長官が、もし日本がソ連の提案を受け入れて千島列島と南樺太の主権をソ連に認めるのなら、アメリカは対日平和条約第26条に基づき沖縄の永久的所有権を主張できると言い出した。

米ソの間で苦しい立場に立った日本は、結局、西ドイツとソ連の国交回復の方法（アデナウアー方式）にならい、領土問題を棚上げにして国交を回復する方法を選んだ。1956年10月、鳩山首相はモスクワで**日ソ共同宣言**に署名した。共同宣言では、日ソの戦争状態が終了し、両国間の国交が回復されること（第1項、第2項）や、日本の国連への加入をソ連が支持すること（第4項）が定められた。そして、日ソの平和条約の締結に関する交渉を継続し、平和条約締結の後に、ソ連が歯舞諸島と色丹島を日本に引き渡すことが明記された（第9項）。

★ 55年体制

　鳩山政権がソ連との国交交渉を行っていた1955年10月、分裂していた右派社会党と左派社会党が統一した。これに危機感を抱いた与党・日本民主党も翌11月、対立していた自由党（緒方竹虎総裁）と合流し、自由民主党が生まれた。自民党と社会党の対立に特徴づけられる「55年体制」は、米ソ冷戦と密接に結びついていた。ソ連や中国は社会党の伸張に期待し、アメリカは自民党を支援した。また、どちらの党でも内部対立が激しかった。自民党では、旧自由党の議員たちが鳩山首相らの対ソ交渉を批判し、与党内の足並みを乱した。社会党でも、アメリカとの安全保障上の協力を肯定した右派グループが、ソ連を重視する左派グループと対立した。西尾末広ら右派グループは1960年に新たに民社党を結成し、社会党は再び分裂したのだった。

東西冷戦と、主権を回復して間もない時期の限られた国力という、日本にとっ

て難しい条件下の交渉だったが、日本はスターリン死後の国際政治の変化をとらえて、ソ連との戦争状態を終わらせたのだった。

6　外交三原則とアジア

　ソ連との国交が回復してから 2 カ月後の 1956 年 12 月、日本は宿願だった国連への加盟を果たした。翌年の 1957 年に、日本は初めて『外交青書』を刊行し、このなかで**外交三原則**を発表した。第 1 に掲げた原則は「国際連合中心」で、第 2 の原則は「自由主義諸国との協調」、そして、第 3 の原則が「アジアの一員としての立場の堅持」だった。

　外交三原則で掲げられたように、アジアの国々との関係構築は日本の重要課題だった。日本の役務による賠償に反発してサンフランシスコ講和会議に参加しなかったビルマは、1954 年 11 月に日本との平和条約、および賠償・経済協力協定に署名した。また 1955 年 4 月に開かれたバンドン会議（IV 節 3）には、日本から経済審議庁（後の経済企画庁）長官の高碕達之助や中曽根康弘らが参加し、周恩来やナセルと一堂に会する機会を得た。戦時中の被害が大きかったフィリピンとの賠償交渉は難航したが、1956 年 5 月に賠償協定を結んだ。

　1957 年には、岸信介首相が 5 月 20 日から 2 週間かけて東南アジア 6 カ国、11 月 18 日からは約 20 日間にわたり 9 カ国、合わせて 1 カ月以上かけて 15 カ国を訪問した。こうした日本のアジア外交は、西側陣営の強化をめざすアメリカとの役割分担という意味があった。その結果、国内では対立も生じた。たとえば日本は 1959 年 5 月に南ベトナムとの間の賠償協定に署名したが、社会党は、アメリカと関係の深い南ベトナムを支持した岸内閣の決定を批判した。

7　日米安保条約の改正

　外交三原則のなかの「自由主義諸国との協調」について、日本はとくにアメリカとの協力関係を重視した。しかし、1951 年に署名した日米安保条約では、アメリカが日本国内の基地を自由に使用できる規定になっており、在日米軍に対する批判は根強かった。米軍当局はニュールック戦略（I 節 10）を背景に沖縄に核兵器を貯蔵し、日本本土への持込みの可能性も探っていた。しかし、1954 年 3 月に日本の漁船の第五福竜丸がビキニ環礁で実施されたアメリカの水爆実験の放射性物質を浴びて被爆すると、核兵器に対する世論の反発はいっそう強まり、さらに 1957 年 1 月には「ジラード事件」（群馬県で米兵が日本人を射殺した事件）が起

こると、米軍に対する反発が激化した。ソ連がスプートニク1号の打上げに成功すると、米ソの核戦争に日本が巻き込まれるのではないかという懸念が強まった。

　反米感情の拡大を恐れたアメリカは、評判の悪い日米安保条約を改正して日米関係の安定化をめざした。1960年1月に署名した**新日米安保条約**では、アメリカによる日本防衛義務を明記して日本側の不満を解消し、内乱条項を撤廃した上で条約の期限も10年と明記し、日米の不平等が是正された。

　また、新日米安保条約の一部として「条約第六条の実施に関する交換公文」が交わされ、これにより長中距離ミサイルや核兵器の持ち込み、核基地の建設、および在日米軍が他国で戦闘作戦行動（出撃）を行う際には、アメリカが日本と事前に協議することが定められた。この**事前協議制度**によって、日本は陸上への米軍の核兵器の持込みに歯止めをかけた。

　しかし、国内では、岸首相が治安強化を図り警察官職務執行法の改正案を国会に出したことなどが強い反発を生んでおり、日米安保条約に対する反対運動である**安保闘争**が激化した。安保闘争の参加者に死者が出て事態は一層深刻化し、新日米安保条約が国会で自動承認された後、岸内閣は退陣した。

★岸信介（1896-1987年）

　岸信介は、戦前は商工官僚として満洲国の経営に携わった国家社会主義者で、東条英機内閣では商工大臣だった。1944年7月のサイパン島陥落後に東条内閣の倒閣運動に加わったが、敗戦後は日米開戦時の閣僚だったためA級戦犯容疑者となった。巣鴨プリズンから釈放された後は、革新的な立場を示して政治活動を再開したが、結局は自由党から出馬して保守派の政治家として復活した。首相期の岸は、安保改定と沖縄返還を実現した上で憲法改正を行い、NATOのような日米相互防衛条約を締結することで、アメリカの占領政策の軛（くびき）から脱したいと考えていた。

8　自由主義陣営の一員という立場の明確化

　ソ連は、日本との国交回復後も日本からの報復を警戒しており、新日米安保条約の成立に強く反発した。1960年1月、ソ連のグロムイコ外相は声明を発表し、新日米安保条約はソ連と中国に向けられたものだと批判した。さらにこの声明を通じてソ連は、日本から外国の軍隊（米軍）が撤退して、ソ連との間で平和条約が調印されなければ、歯舞群島と色丹島は引き渡さないと表明した。翌1961年、ソ連は北朝鮮との間に友好協力相互援助条約を結び、中国も北朝鮮との間で友好

協力相互援助条約を結んだ。1961 年にヨーロッパで東西両陣営の対立が激しくなるなか（II 節）、このように東アジアでも東西の政治的対立が際立つようになった。

　1960 年 7 月に成立した池田勇人内閣は、「**国民所得倍増計画**」を打ち出して、積極的な経済政策によって輸出振興を図る一方、西側陣営の一員という国際的立場を鮮明にした。池田首相は 1961 年 6 月に訪米し、ポトマック川でケネディ大統領とヨットの上で会談したが、これはアメリカとの関係の近さを示すことで日本が「自由世界（the Free World）」側に立っていることを象徴的に示す行動だった。また訪米中に池田とケネディは、自由主義陣営の強化という視点から、韓国との国交正常化を急ぐことで合意した。

　しかし、イギリスやフランスなどヨーロッパ各国にとって、日本の軽工業は警戒の対象であり、1961 年 9 月に OEEC（II 節 4）が改組されて OECD が発足した際に、日本は招致されなかった。日本はヨーロッパ諸国の差別的な対応に不満を抱いたが、アメリカが日本との間に日米貿易経済合同委員会を設置することで、日本の不満を和らげた。

まとめ

　敗戦後の日本では、「平和国家」が標語となったが、東西対立の激化によって、警戒の対象だった日本の国際的な位置が大きく変わった。朝鮮戦争が続くなか、日本は一転して戦勝国のアメリカとの協力関係を重視して主権を回復し、経済復興を進めた。その後の日本は、引き続き残された戦後処理や国権の回復の問題に取り組んだ。東西冷戦という状況ではあったが、日本は 1960 年代半ばまでにソ連との国交正常化、国連への加盟、東南アジア諸国に対する賠償問題の解決、アメリカとの安保条約改定を実現した。いずれも、日本の再興にとって重要な要素であった。

	米ソ	ヨーロッパ
1945 年	ヤルタ会談（2月）、サンフランシスコ会議で国連憲章採択（4月）、ポツダム会談（7月）、ソ連の対日参戦（8月）、中ソ友好同盟条約（8月）	
1946 年	ジョージ・ケナンX論文発表（2月）、国連原子力委員会でバルーク案提示（6月）	チャーチル「鉄のカーテン」演説（3月）
1947 年	トルーマンの対ソ封じ込め演説（3月）、英仏ダンケルク条約（3月）、マーシャル・プラン発表（6月）、コミンフォルム設立（9月）、関税と貿易に関する一般協定、（GATT）締結（10月）	
1948 年	チェコスロヴァキアで共産党クーデタ（2月）、ブリュッセル条約（3月）、米州機構設立（4月）、第1次ベルリン危機（6月〜49年5月）	
1949 年	コメコン発足（1月）、北大西洋条約調印（4月）	
	ソ連が初の原爆実験に成功（8月）	ドイツ連邦共和国成立（9月）、ドイツ民主共和国成立（10月）
1950 年	「赤狩り」の始まり（2月）、NSC68の大統領への提出（4月）	シューマン・プラン発表（5月）
	朝鮮戦争勃発（6月）	
	NATOへの米軍編入と西ドイツ再軍備（10月）、プレヴァン・プラン発表（10月）	
1951 年	米比相互防衛条約調印（8月）、ANZUS条約調印（9月）	ECSC条約調印（4月）
1952 年	米が水爆実験成功（11月）	EDC条約調印（5月）、ECSC設立（8月）
1953 年	アイゼンハワー政権発足（1月）、スターリン死去（3月）、ソ連水爆保有（8月）	東ベルリン暴動（6月）
1954 年	ダレスが大量報復戦略を発表（1月）、東南アジア集団防衛条約調印（9月）	フランス議会、EDC条約批准を拒否（8月）
1955 年	米英仏ソがジュネーヴ首脳会談（7月）	ワルシャワ条約機構設立（5月）、米英仏ソ4カ国首脳会談（5月）、欧州「共同市場」と原子力エネルギー分野の統合の合意（6月）
1956 年	ソ連共産党第20回党大会（2月）、ポーランド反政府運動（6月）、ハンガリー反政府運動（10月）	
1957 年	ソ連、人工衛星スプートニク（1号）打上げに成功（10月）	ローマ条約調印（3月）
1958 年	米、人工衛星エクスプローラー（1号）打上げに成功（1月）、ARPA設立（2月）	EEC、EURATOM発足（1月）、第2次ベルリン危機勃発（11月）
1959 年	キューバでカストロ政権成立（1月）、フルシチョフ訪米（9月）	
1960 年	偵察機U2撃墜事件（5月）	
1961 年	ピッグス湾事件（4月）、ウィーンで米ソ首脳会談（6月）	「ベルリンの壁」の建設開始（8月）

中東	アジア	日本
	ベトナム民主共和国の成立 (9月)、中国双十協定 (10月)	ポツダム宣言受諾 (8月)
ソ連軍、イランから撤退 (5月)	中国内戦の本格化 (6月)、第1次インドシナ戦争 (12月)	日本国憲法公布 (11月)
国連、パレスチナ分割決議 (9月)	台湾で二・二八事件勃発 (2月)、第1次印パ戦争 (10月)	日本国憲法施行 (5月)、芦田メモ (9月)
イスラエル独立、第1次中東戦争勃発 (5月)	大韓民国の成立 (8月)、朝鮮民主主義人民共和国の成立 (9月)	
第1次中東戦争停戦協定締結 (2月)		
	中華人民共和国の成立 (10月)	
	中ソ友好同盟相互援助条約締結 (2月)	平和問題談話会の講和についての声明 (1月)
朝鮮戦争勃発 (6月)		
	中国人民義勇軍の朝鮮戦争参戦 (10月)	米政府 NSC60／1 承認 (9月)
イランが石油国有化 (3月)		サンフランシスコ講和会議、日米安全保障条約署名 (9月)
		対日平和条約発効、日華平和条約署名 (4月)
イランでクーデタ (8月)	朝鮮戦争休戦協定締結 (7月)	
英・エジプト条約基本合意 (7月)	ジュネーヴ会議 (4月)、周恩来・ネルー会談 (6月)、第1次台湾海峡危機勃発 (9月)	日緬平和条約 (11月)、鳩山一郎内閣の成立 (12月)
バグダード条約成立 (2月) エジプト、ソ連から武器輸入 (9月)	バンドン会議 (4月)	日ソ国交回復交渉開始 (6月)
エジプト、スエズ運河国有化 (7月)、第2次中東戦争勃発 (10月)		日比賠償協定 (5月)、日ソ共同宣言署名 (10月)、日本の国連加盟 (12月)
アイゼンハワー・ドクトリン (1月)		岸首相東南アジア諸国歴訪 (5月、11月)
アラブ連合共和国樹立 (2月)、イラク革命 (7月)、米がレバノンに、英がヨルダンに各々出兵 (7月)	第2次台湾海峡危機 (8月)	
	チベット蜂起 (3月)	日・南越賠償協定 (5月)
		新日米安全保障条約署名 (1月)、池田勇人内閣発足 (7月)
シリア UAR 離脱 (9月)		

第2章　緊張の緩和
──1960年代から1979年まで

　キューバ危機を転機として、米ソ関係はデタント（緊張緩和）に向かう。1979年12月にソ連がアフガニスタンに侵攻し、いわゆる「新冷戦」が始まるが、それまでの期間、米ソ関係に加えて米中関係も改善する一方で、中ソ関係は悪化していった。ヨーロッパではドイツやベルリンをめぐる諸問題について、ソ連と欧米諸国が合意を形成し、ヨーロッパ統合も一定の前進をみせた。一方、中東では第3次中東戦争と第4次中東戦争が勃発し、米ソの利害対立はむしろ際立った。しかし、それでも域内政治の力学が働いて、アメリカの仲介により中東和平が部分的に進展をみせた。また、アジアでは、米中が接近するとともに、東南アジア諸国連合（ASEAN）が発足して、その後のアジアのめざましい経済発展を実現する環境が作られた。日本は、ベトナム戦争の終結や米中接近、変動相場制への移行、石油ショックといった国際情勢に翻弄されながらも、沖縄返還を実現し、先進国首脳会議（G7）に参加して、外交的地平を切り開いていった。
　なぜデタントが成立し、どのような原因でそれは崩れていったのだろうか。ヨーロッパとアジアの緊張緩和は、何が推進力になっていたのだろうか。中東には、なぜ米ソ・デタントの影響が及ばなかったのだろうか。この時期の日本外交は、何を目的として展開され、それはどの程度成功したといえるのだろうか。

I　アメリカ・ソ連

　キューバ危機を境に、米ソは核戦争を回避し、緊張を回避する外交を進めていったが、そのなかで何をめざしていたのだろうか。また、東側陣営内部における中ソ関係の悪化は、米ソや米中という東西の大国間関係にどのような変化をもたらしたのだろうか。やがてこの時期の緊張緩和は、米ソ関係の決裂によって終わりを迎えるが、なぜ米ソは再び対立に陥ってしまったのだろうか。

1　キューバ危機後の米ソ関係

　1962 年 10 月に起こった**キューバ危機**は、米ソの指導者に、危機が発生してそれが高じると実際に核戦争が発生するかもしれないという危機意識を植えつけた。これ以降、両国は緊張を緩和させる方向で外交を展開していく。1963 年 6 月にケネディは、アメリカン大学で「平和の戦略」と題した演説を行い、アメリカ国民に対して冷戦思考から脱却すべきだと訴えた。同年 8 月に米英ソは部分的核実験禁止条約（PTBT）を締結し、米ソは首脳間に直通回線を設けるホットライン協定に合意した。これらは核戦争を回避し、非軍事的手段で冷戦を遂行するというルールの明文化だった（佐々木卓也 2011, 110–111）。このようにソ連との緊張緩和に乗り出したケネディだったが、1963 年 11 月に凶弾に倒れる。副大統領ジョンソンが大統領に昇格して、1964 年 11 月の大統領選挙では共和党候補ゴールドウォーターに圧勝した。ジョンソンは対ソ関係を改善する路線を継承し、濃縮ウランの相互削減、民間航空路の開設、宇宙条約や核兵器不拡散条約（NPT）の締結など、ソ連との協力を重ねていった。

　一方のソ連では、1964 年 10 月にフルシチョフが失脚し、その後ブレジネフを指導者とする新たな体制が発足した。フルシチョフは「脱スターリン化」や「平和共存」で成果をあげた一方で、西側諸国と軍事的に衝突しかねない危機も引き起こしていた。繰り返される瀬戸際外交や国内での失政に政治局内では不満が高まり、最終的にフルシチョフは辞任に追い込まれたのである。ブレジネフは、前任者とは異なる調整型の指導者で、政治局内のコンセンサスを重視した。また、ブレジネフ自身は外交の経験や知識に乏しく、イデオロギーに対する関心も薄い指導者だった。そのため、国内政治でも対外政策でも安定を志向し、戦争を回避することを最大の目的とした。加えて、ソ連経済の停滞を克服するためには、シベリアの油田やガス田の開発およびパイプライン建設が必要だったが、その実現には西側の投資や技術が不可欠だという事情もあった。

★レオニード・イリイチ・ブレジネフ（1906-1982 年）

　1931 年に共産党員となったブレジネフは、第二次世界大戦（ロシアでは大祖国戦争と呼ばれる）に政治委員として参加した。最高指導者としての 18 年間は外交的成果も多く、国内的には安定の時代といわれた。その一方で、指導部の高齢化や汚職の蔓延を招いたことで、のちに「停滞の時代」と批判された。

2　米ソの核戦力

　ブレジネフは、国際関係の安定を通じて、西側諸国との貿易を拡大し、経済構造を軍需産業中心から消費財生産重視へと転換することは可能だと考えていた。しかし、ブレジネフが西側から投資や技術を引き込んでいく上で障害となったのが、アメリカに対する軍事的な劣勢だった。アメリカとの核戦力の均衡が実現しなければ、真の国際関係の安定は得られないというのがブレジネフの考えだった。そこで、1965年から70年の間に軍事費を4割増大させるなど、ブレジネフは軍拡路線を進め、1968年頃までに米ソ両国のICBMの戦力はほぼ均衡に達した（佐々木編 2017, 104）。米ソは互いに、相手から先制核攻撃を受けた場合でも、報復によって相手に耐えがたい損害を確実に与える能力を獲得した。相互確証破壊（MAD）と呼ばれる状態が米ソ間に作られた。

　1967年6月の米ニュージャージー州グラスボロでの会談で、ジョンソンはソ連首相コスイギンにベトナム戦争の和平への仲介役を期待すると伝え、同時に戦略兵器制限交渉（SALT）と弾道弾迎撃ミサイル（ABM）制限条約に関する協議をもちかけた。やがて1968年夏にソ連は、核兵器の制限に関する交渉に同意すると表明したが、ソ連が1968年8月にチェコスロヴァキアに軍事介入したため、西側は反発し、ジョンソンの訪ソとSALTの協議開始は実現せずに終わってしまった。

3　ベトナム戦争をめぐる米ソ中の関係

　ケネディ米政権は親米のゴ・ディン・ジェムを指導者とする南ベトナムに軍事顧問団を派遣するなどして、反政府勢力の鎮圧を支援していたが、1963年11月にジェムはクーデタで失脚し、南ベトナム政治は混迷を極めていった。やがて南ベトナムで南ベトナム民族解放戦線（NLF）という反政府勢力（アメリカでの俗称は「ベトコン」）が武装蜂起し、北ベトナムの支援を受けながら南ベトナム政府に対する攻撃を強め、北ベトナムも軍隊を南ベトナムに送り込むようになる。1964年8月には、ベトナム沖でアメリカの駆逐艦が北ベトナムの魚雷艇に攻撃されたとの報告がワシントンに届き（2回攻撃があったとされたが攻撃は1回のみだった）、連邦議会は大統領にあらゆる必要な措置をとる権限を与えると決議した（**トンキン湾決議**）。

　ジョンソンは、もし南ベトナムが共産化されてしまったら、親米政権を守るというアメリカの約束そのものが、南ベトナムだけでなく、ほかの国々からも疑わ

れてしまうことを危惧し、またアメリカ国内で自らの政治責任を追及されて、国内政策を進められなくなることを恐れた。退けないと判断したジョンソンは、1965 年 2 月から北ベトナムへの空爆（北爆）を開始し、その後南ベトナムに米地上軍を本格的に派遣した。1967 年には 54 万人もの米兵が南ベトナムで軍事作戦に従事したが、中ソから軍事・経済援助を受けていた北ベトナムは、武力による南北ベトナム統一を諦めずに戦い続けたため、ベトナム戦争は泥沼化していった（IV節 2）。

　ソ連は当初、北ベトナムに対し南ベトナムと戦争しないよう牽制しており、1964 年に北ベトナムから軍事支援の拡大を要請された際にもそれを拒否した。しかし、1965 年にアメリカの北爆が本格化すると、社会主義圏の盟主として北ベトナムへの支援拡大に踏み切った。ソ連がベトナム戦争に関与した背景には、当時深刻化していた**中ソ対立**もあった。中ソ関係は 1950 年代末から悪化しており、毛沢東の好戦的なアプローチは、「平和共存」政策を進めるフルシチョフにとって悩みの種だった。一方の毛沢東は、ソ連が核技術の提供を拒否したことをきっかけに、ソ連の中国への対応に不満をもつようになり、キューバ危機後に西側との協調姿勢をとったソ連をマルクス主義から逸脱した「修正主義者」だと批判するようになっていた。こうした背景もあり、ソ連と中国にとって、対北ベトナム援助とベトナム戦争は、競争の舞台と化したのだった。

4　中ソ関係の悪化

　中ソ対立は、1960 年代になると、公開の対立へと発展していた。1960 年 6 月にソ連が中国に派遣していた専門家を全員引き揚げたのを受け、1963 年 9 月から翌 64 年 7 月にかけて、中国は 9 本の対ソ批判論文を『人民日報』に発表し、ソ連共産党との間に全面的な論争を引き起こしていた。ブレジネフ体制になり、コスイギン首相は中ソ結束の再構築をめざしたが、この試みは失敗に終わった。

　そもそもソ連指導部内には自分たちが社会主義陣営の盟主であり、中国はソ連の弟分であるという認識が強く、和解に否定的な者もいた。1964 年 11 月に周恩来がモスクワを訪問した際に、会食の席で酔ったマリノフスキー国防相が「毛沢東を追放すべきだ」と発言した例は、ソ連側の中国に対する否定的な評価をあらわしていた。この種のソ連側の振る舞いもあって、中国指導部も対ソ不信を強めた。それでもコスイギンは 1965 年 2 月に中国を訪問して毛沢東と会談し、ベトナム戦争で「アメリカ帝国主義」に対抗するために中ソは団結すべきだと訴えた。

しかし、毛沢東は**修正主義**との戦いはやめないと応じ、アメリカとソ連双方に対抗すると表明した。その後もソ連は中国に対して、北ベトナムへの支援で協力することを提案したが、中国側に拒絶された。

　ソ連指導部は、中国で始まった**文化大革命**を当初あまり深刻にとらえていなかったが、反ソ的性格をもつこの運動に徐々に脅威を感じるようになった。そして、1967年2月には、東部国境の防衛力を強化することで中国を封じ込めるという方針を決定した。しかし、これは逆効果になり、中国側のソ連侵略に対する警戒心をさらに高めることになった。中ソは緊張に満ちた関係に入り、ついに1969年3月にウスリー川の中州**ダマンスキー島（珍宝島）で武力衝突**に至った。この社会主義国同士の衝突によって、ソ連指導部は中国脅威論を一層強め、アメリカとのデタントの必要性を認識するようになった。冷戦におけるイデオロギー対立という側面は後退し、ソ連指導部はより現実主義的観点から政策決定を行うようになった。

5　ニクソン・キッシンジャーの外交構想

　1960年代後半、アメリカの社会・経済・政治は混迷を深めつつあった。1968年の大統領選で選出されたニクソンは、ハーヴァード大学教授だったキッシンジャーを外交の司令塔役として国家安全保障担当大統領補佐官に任命し、アメリカの対外関係の再編を図る外交を展開した。キッシンジャーは、世界の一部の地域における失敗がアメリカに破滅をもたらすと考える歴代政権の世界観は不適切であるとみなしていた。また、イデオロギーがアメリカからかけ離れている国であっても生存、安全保障、友好的な国際環境、地政学的利益といった面でアメリカと利益を共有する可能性があると考えていた。米ソ関係におけるイデオロギー対立の意味合いを薄めるという考え方について、ニクソンはキッシンジャーと完全に一致していたわけではなかったが、こうした基本的な考え方に立って、ニクソン政権は次のような外交課題を定めた。すなわち、屈辱的と映らない形でベトナム戦争を終結させること、ソ連の軍拡を制約するような戦略兵器の制限に関する合意を実現すること、ベルリンにおける西側の恒久的権利をソ連に確認させること、そして第三世界で発生する危機を管理する手段を確保すること、である。

★リチャード・ミルハウス・ニクソン（1913-94 年）／ヘンリー・アルフレッ
　ド・キッシンジャー（1923 年-）

> 　ニクソンはカリフォルニア州選出の連邦議会下院議員から上院議員、アイゼンハ
> ワー政権の副大統領を経て、1960 年の大統領選でケネディに敗れるが、1968
> 年に当選を果たした。ウォーターゲート事件で弾劾訴追され、下院本会議での弾劾
> 決議を待たずに 1974 年 8 月に辞任した。ニクソンはいまのところ、自ら職を辞
> した唯一の大統領である。
> 　キッシンジャーはドイツ生まれのハーヴァード大学の国際政治学者で、ニクソン
> 政権で国家安全保障担当大統領補佐官に就き、1973 年に大統領補佐官のまま国
> 務長官に就いた。フォード政権では、国務長官としてデタント期のアメリカ外交で
> 重要な役割を果たした。ベトナム和平交渉をまとめた功績を称えられて 1973 年
> のノーベル平和賞を受賞した。

　また、これまでアメリカは、中ソ関係の悪化を本格的に利用してこなかったが、
キッシンジャーは、アメリカが中国とソ連双方との二国間関係を別個に改善すれ
ば、対中関係と対ソ関係それぞれにおける選択肢を増やすことができると考え、
三角外交の構想を描いた。とくに米中関係を改善させることができれば、もしソ
連がアメリカとの関係を悪化させればアメリカは中国と結託してソ連を包囲する、
とソ連側に思わせることができ、これを梃子にしてソ連から外交上の譲歩を引き
出せると計算した。またニクソンは、米中ソの均衡の上にアメリカの安全保障は
成り立つと考えていたので、1969 年にソ連がアメリカに対して、中国の核施設
を共同で攻撃する計画を持ちかけると、これを拒否した。

6　ニクソン・ドクトリンと「ベトナム化」政策

　ニクソンは、大統領に就任してから約半年後の 1969 年 7 月に、グアムで行っ
た記者懇談会で次のような方針を示し、アメリカの防衛コミットメントのあり方
についての見解を述べた。第 1 に、アメリカはすべての条約上の義務を維持する。
第 2 に、ほかの核兵器保有国が、アメリカの同盟国あるいはアメリカの安全保障
にとって死活的に重要な国家を脅かす場合には、アメリカは盾を提供する。第 3
に、ほかの形態の侵略については、アメリカは条約上の義務に基づいて同盟国の
支援要請に応じて軍事・経済援助を提供するが、直接脅威にさらされている国家
が自らの防衛のための兵力を確保する第一義的な責任を負うべきである（Litwak
1984, 122）。この考え方は、同年 11 月の国民向けの演説や、翌年 2 月の外交政策

演説でも示され、やがて「**ニクソン・ドクトリン**」と呼ばれることになった。

　ニクソン・ドクトリンは一般的な方針の形をとっていたが、それが南ベトナムからの米軍の段階的撤退を念頭に置いたものであることは明らかだった。ニクソン政権は、南ベトナム政府に自国を守る責任を自覚させ、戦争の負担を南ベトナムに移行させていく「ベトナム化」政策を進め、アメリカの軍事的負担を軽減しようとしたのだった。

7　ブレトンウッズ体制の放棄

　アメリカが負担を軽減しようとする政策は、金融分野でも現れた。アメリカの国際収支は、1950 年代末に赤字となり、1960 年代を通じて悪化していた。輸入や対外投資の拡大といった経済的な要因に加え、ベトナム戦争の戦費拡大や在外米軍による駐留先での支出といった戦略上の要因によって、ドルが海外に大量に流出するようになっていた。また、ジョンソン政権もニクソン政権も財政支出を拡大し、インフレ率が上昇していた。このような状況の下、アメリカは金とドルを交換することができなくなって、**ブレトンウッズ体制**を支えきれなくなるのではないかという見通しが蔓延するようになり、その結果、ドルの信認は低下し、大規模なドル売りが起こるようになっていた。

★金・ドル本位制

　ブレトンウッズ体制は、米ドルを基軸通貨とする固定相場制度で、第二次世界大戦後に設けられた。この制度では、各国は自国通貨と米ドルとの交換比率を固定して維持し、アメリカのみが 35 米ドルを金 1 オンスと交換する義務を負い、各国間の決済は米ドルで行われたため、金・ドル本位制ともいわれた。アメリカがドルを増発するなどしてドルの価値が低下していくと、ドルを売る投機が繰り返し発生し、1971 年 8 月 15 日にニクソンは金とドルの交換停止に踏み切った。ニクソン訪中の発表は「ニクソン・ショック」と呼ばれるが、金・ドル交換停止の発表も「ニクソン・ショック」と呼ばれる。

　1971 年 7 月には、アメリカが 20 世紀になって初めて輸入超過、すなわち貿易赤字になるとの見通しが示されたほか、アメリカの金準備高が 1938 年以来最低額を記録し、ドルのさらなる信認低下が決定的となった。こうした事態を受けて、ニクソンは経済担当閣僚らと協議し、1971 年 8 月にドルと金の交換を停止する

と発表し、世界に衝撃が走った。このときアメリカは、それまで西側の国際金融システムの基盤となっていた金・ドル本位制を支える負担を放棄したのだった。同年12月には、10カ国蔵相会議で、新たなドル交換レートを決めて、固定相場制を復活させるスミソニアン合意が結ばれたが、ドルは安定せず、1973年に各国は変動相場制に移行した。

8 アメリカの対中接近

　キッシンジャーはニクソンの指示の下、中国との秘密交渉を進め、1971年7月にニクソンは突如として訪中することを発表し、世界を驚かせた。1972年2月にニクソンは中国を訪問し、28日に「**上海コミュニケ**」として知られる米中共同声明を発表した。上海コミュニケは、アメリカと中国との間には社会制度と対外政策に本質的な違いがあることを認めつつも、あらゆる国が、各々の社会制度とは関係なく、主権と領土保全の尊重、他国に対する不可侵、他国の国内問題に対する不干渉、平等互恵、および平和共存の原則に基づいて国家間関係を処理すべきと謳った。アメリカは、イデオロギーの違いに基づいた対立と封じ込めというそれまでの対中政策の路線を転換し、中国との共存へと舵を切ったのだった（Ⅳ節4）。ただし、米中間には台湾問題という難題が横たわっていたため、米中による国交正常化は、1979年まで待たねばならなかった。

9 米ソによる軍備管理外交

　ニクソン政権が対ソ交渉で成果をあげたのは、戦略兵器の制限という軍備管理の分野だった。アメリカでは、連邦議会が国防予算を大幅に削減する傾向を強めていたほか、ソ連が軍備を増強した結果、米ソの相対的な軍事力の差は大幅に縮小したので、ニクソン政権はソ連に優位を与えないようにしたいと考えていた。他方、ソ連側も、軍備管理協定を実現すれば、核戦力の対米均等を固定化することができると考えていたため、米ソは**戦略兵器制限交渉**（SALT）を開始した。このときニクソンは、SALTで進展を得たいのであれば、ソ連は北ベトナムに対して、アメリカと外交的に和解するよう圧力をかけなければならないと要求した。

　長らくアメリカとの軍備競争を続けてきたソ連にとって、アメリカとの関係改善は容易ではなかった。また、長引くベトナム戦争によって、ソ連指導部内のアメリカに対する不信感も相変わらず強かった。しかし、中ソ関係の悪化や米ソ間の核戦力の均衡といった構造的変化がソ連指導部の姿勢に変化をもたらした。と

くに、1972 年 2 月のニクソン訪中が、米中接近によりソ連が孤立するのではないかという危機感をソ連指導部に抱かせた。軍部は西側諸国との関係改善に抵抗したが、ソ連指導部内では、軍拡競争を続けてもアメリカに対し優位に立つことはできないという認識が優勢となっていった。

　そのため、1972 年 4 月にはキッシンジャーが、次いで 5 月にはニクソンがモスクワを訪問し、核ミサイルなどの戦略兵器を制限する第 1 次 SALT 協定（**SALT I**）と、弾道弾迎撃ミサイル（ABM）の配備を制限する **ABM 条約**に調印した。SALT I は、大陸間弾道ミサイル（ICBM）の保有数と潜水艦発射弾道ミサイル（SLBM）の保有数について、米ソそれぞれに上限を設定する内容となった（ただし、個別目標誘導複数弾頭（MIRV）や長距離爆撃機は制限対象とされなかったため、実際に運搬可能な核弾頭数でアメリカは優位にあった）。また、ABM 条約では、戦略核ミサイルを迎撃するシステムを双方が意図的に制限することによって、米ソがともに相手の攻撃に対して脆弱な状態を作るという、相互確証破壊の状態を確立した。さらに、1973 年にはブレジネフが訪米し、米ソが互いに核戦争を防止するために最大限の努力を払うと定めた核戦争防止協定にも調印した。

10　アメリカによるベトナムからの撤退と和平

　ニクソン政権にとってベトナム戦争の終結は、きわめて優先度の高い課題であり、撤退の道筋をつけることは急務だったが、アメリカの威信をできるだけ傷つけないように、「名誉ある撤退」の実現をめざした。したがって、撤退が国内外の不和から生じた弱さだと誤解されないように、時としてアメリカ国内でも批判を招いたカンボジアへの空爆拡大など強硬な行動をとって、アメリカは望めば必要な行動をいつでもとれるというシグナルを発しようとした。米中関係が改善し、アメリカが撤退するのに必要な軍事行動の一時的な強化を、中国が容認する姿勢をとったことも、こうしたアプローチを可能にした。

　アメリカと北ベトナムとの交渉では、北ベトナムは南ベトナムのグエン・ヴァン・チュー政権に対する退陣要求を取り下げ、アメリカは南ベトナムからの北ベトナム軍を含むすべての外国軍の撤退要求を取り下げることで合意し、1973 年 1 月にパリ和平協定に調印した。米軍撤退後も北ベトナムは攻勢をゆるめず、フォード政権は再介入も検討したが、連邦議会がそれを許さなかったため、1975 年 4 月にサイゴンが陥落し、翌年 7 月に南北ベトナムはベトナム社会主義共和国として統一された（IV節 2）。

11 ヨーロッパのデタントと米ソ

　ソ連は、西欧諸国との関係を改善する外交も展開していた。それは、ひとつにはアメリカによる西欧支配に楔(くさび)を打ち込むことを意図したものだったが、もうひとつの背景として、自国の資源開発のために西欧諸国からの投資や技術を呼び込みたいという思惑や、アジアでは中国と対立していたのでヨーロッパでの緊張を緩和させたいという戦略的な判断もあった。ブレジネフは、社会主義経済の資本主義に対する優位性を誇示するというソ連建国以来の目標を事実上放棄し、西欧諸国への接近を進めていった。1970 年から 71 年にかけて、ブレジネフとポンピドゥー仏大統領は互いの国を訪問して関係を深めた。また、西ドイツとは 1970 年 8 月に、互いに武力行使を放棄し、東西ドイツ国境を不可侵として、ドイツ分断を事実上承認するモスクワ条約を締結した。さらに、1971 年 9 月には米英仏ソがベルリン問題に関する 4 カ国協定を締結し、西ベルリンの取り扱いを確認し 1972 年 12 月には東西ドイツ基本条約が結ばれるなど、ヨーロッパでもデタントが進んだ（II 節 4）。

　こうした一連のプロセスは、東西間の貿易を大幅に発展させ、人的交流の拡大も促進していくことになる。1972 年 5 月のモスクワ米ソ首脳会談の際に、ブレジネフとニクソンは、**欧州安全保障協力会議（CSCE）**の準備会合開催に合意した。そして、この CSCE での交渉は、1975 年 8 月のヘルシンキ最終文書の採択という成果を出した。ブレジネフは、戦後のヨーロッパ国境の現状維持、ヨーロッパの大国としてのソ連の地位の承認、西欧諸国との貿易拡大やヨーロッパ経済への統合を求めていたので、主権尊重や内政不干渉を定めた諸原則の採択は大きな成果となった。西側諸国はそれと引き換えに、合意文書に人権原則などを含めることを求め、ソ連はこれに応じた。このときソ連指導部は、人権原則を認めても内政不干渉原則が守られさえすれば、ソ連国内での統制は維持できると考えていた。その見込みは短期的には妥当だったが、やがて 1980 年代に、この人権原則は、ソ連国内や東欧諸国内の反体制派による政府批判を正当化する根拠となっていった。このほか東西両陣営の軍備削減交渉である相互均衡兵力削減（MBFR）交渉が行われ、それはやがて欧州通常戦力（CFE）削減交渉へと結びついたが、その成果は 1990 年まで待たねばならなかった。

12 ウォーターゲート事件とデタントへの反発の高まり

　アメリカ内では当初、ニクソンとキッシンジャーの外交が冷戦の緊張を大胆に

緩和させるものとして歓迎されていた。そうしたさなか、1972 年 6 月 17 日未明にワシントン DC の民主党全国委員会本部に侵入した 5 人の男が逮捕され、ニクソン大統領再選委員会の関係者による関与が発覚した。いわゆる**ウォーターゲート事件**の始まりである。当初ホワイトハウスは関与を否定したが、やがて大統領弾劾に向けた動きが本格化するに至り、追い込まれたニクソンは、弾劾決議が出る前の 1974 年 8 月に自ら辞職した。アメリカ国内では、大統領による行き過ぎた権力行使が問題とされるようになり、連邦議会の復権をめざす動きが活発化した。

　また、こうした動きと並行して、ソ連の抑圧的な国内体制を不問にして関係改善を図るデタント外交への不満も高まっていった。連邦議会では 1972 年から、ユダヤ系住民の出国制限が人権侵害にあたるとして経済制裁を科すジャクソン゠ヴァニク修正条項が審議され、1975 年 1 月に 1974 年通商法の改正案の一部として成立したが、反発したソ連は、アメリカとの通商条約を破棄した。アメリカ国内では反デタント勢力が存在感を高めていたため、フォード大統領は「デタント」という言葉を使用しなくなり、大枠で合意に至っていた SALT II も頓挫した。次にみる第三世界をめぐる対立もあって、1970 年代半ばから米ソのデタントは綻んでいくのである。

13　第三世界での米ソの競争

　デタントの進展は、ソ連に自国の安全確保と西側の資本や技術へのアクセスを提供した。ただし、アメリカとソ連との間には、デタントに対する認識に違いがあった。アメリカは既存の国際秩序がソ連の行動を拘束することを期待していたのに対し、ソ連にとってデタントとはアメリカとの対等な関係の樹立にすぎなかった（マクマン 2018, 190）。すなわち、依然として「管理された競争」としての冷戦は続いていた。

　実際、中東やアフリカで米ソが対立すると、ソ連は自らの力を誇示するような行動をとった。1973 年 10 月に**第 4 次中東戦争**が起きると（III 節 4）、ソ連は、ウォーターゲート事件でニクソンの政治的影響力が低下しているので、アメリカはイスラエル支持の姿勢を強めるだろうと考えた。そこで、米ソ合同の停戦監視部隊の派遣をアメリカに提案し、アメリカがこの提案を受け入れない場合には、ソ連が単独で介入すると警告した。1974 年 4 月に、ポルトガルの植民地支配が終了したアンゴラで内戦が起きると、ここでも米ソは互いに異なる勢力を支援して、

自国の影響力を誇示しようとした。さらに、1977年7月にソマリアとエチオピアとの間で武力紛争が生じると、アメリカはソマリアを、ソ連はエチオピアを支援するという構図が生まれた。このように、第三世界における勢力争いでも米ソのデタントは限界を露呈していた。

14　カーター政権の人権外交と対ソ外交

　1977年1月に大統領に就任したカーターは、ニクソン・フォード政権の没道徳主義的な対外政策との決別と、アメリカの対外政策における道義性や人権の再生を訴えて大統領選に勝利した。このためカーター政権は、国務省に人権人道問題局を設置して、公民権運動家を国務次官補に据えたり、対外援助額を相手国の人権状況と連動させようとするなどの政策を実施した。また、人権侵害国に是正措置を要求して圧力をかけたり、世界各国の人権問題について詳細な情報を収集してこれを毎年一斉に公表したりするなど、カーターは**人権外交**を積極的に推進しようとした。

★ジミー・カーター（1924年-）

> 　ジョージア州で食料品店を営む農家に生まれ、ジョージア工科大学を卒業後に、米海軍兵学校に入学し、潜水艦での勤務を経たのちに原子力潜水艦の開発に携わった。1966年にジョージア州上院議員に選出され、1971年から75年までジョージア州知事を務め、1976年の大統領選挙で福音派の支持などを獲得して勝利し、1977年から大統領を1期務めた。大統領退任後も外交活動にかかわり、1994年には核開発危機のさなか、北朝鮮の金日成と会談し、その後の枠組み合意への道を切り開くなどし、2002年にはノーベル平和賞を受賞した。

　しかし、人権外交をいざ実践すると、さまざまな問題が噴出した。カーター政権は、中国、イラン、フィリピンといった国々の人権問題の追及を控える一方で、ソ連、ブラジル、チリ、アルゼンチン、韓国に対しては人権状況の改善を求めて圧力をかけるなど、一貫性に欠ける外交で国内外から批判を浴びた。また、ソ連はカーター政権の人権外交を、ソ連の国内問題と協調外交を連動させる戦略への転換だと受け止めた。このため、SALT II交渉の妥結直前にカーター政権が人権に関する声明を出すと、ソ連側は反発して、協議が中断するという事態になった。ソ連指導部は、反体制派への弾圧を一層強めたため、カーターの人権外交は裏目

に出てしまった。

　また、ソ連はこの時期、ヨーロッパとアジアに SS-20 中距離弾道ミサイルを配備していたほか、アンゴラとエチオピアの社会主義政権を積極的に援助していたため、アメリカ国内では、**ソ連脅威論**が一層高まった。アメリカがベトナムで失敗したので、ソ連は第三世界に影響力を拡張する好機が生まれているとみてアフリカで攻勢をかけているのではないかという見方がアメリカで広がり、ソ連に対する批判が強まった。米ソのデタントは、いまや風前の灯火となっていたのである。

15　米中による国交正常化

　アメリカで対ソ批判が強まり、米ソ関係が悪化していくのと並行して、中ソ関係も悪化していた。1978 年にはソ連が支援するベトナムが、中国が支援するカンボジアに侵攻し、中国は中ソ友好同盟相互援助条約を破棄すると表明した。

　こうして米ソ関係と中ソ関係が悪化した結果、アメリカと中国は、対ソ連携と経済面での相互利益の追求という思惑が一致し、外交関係の正常化へ向けた交渉を開始し、その結果、米中は 1978 年 12 月に共同声明を発表した。この共同声明では、両国が 1979 年 1 月に外交関係を樹立し、アメリカが中華人民共和国政府を中国の唯一の合法な政府として承認し、台湾とは文化・通商など非政府分野の関係を継続することなどが謳われた（IV 節 7）。アメリカと台湾が断交するのと同時に、米華相互防衛条約も失効することになったが、米連邦議会は、1979 年 4 月に**台湾関係法**を制定して、アメリカが引き続き台湾に武器を提供することや、台湾への武力行使に対して適切な行動をとりうることなどを定めた。台湾問題はその後も米中間の棘として残るが、米中が外交関係を正常化させたことにより、米中ソという大国間関係において、米中が連携してソ連に対抗するという構図が鮮明になったのだった。

まとめ

　アメリカは、軍拡競争に歯止めをかけ、ベトナムから撤退したいという思惑などから、ソ連や中国との関係改善に動き、大国間関係は緊張緩和に向かった。また戦争で疲弊し経済が停滞していたアメリカは、同盟国を防衛する方針をニクソン・ドクトリンで再定義するとともに、金・ドル本位制を廃止するなど、戦後の安全保障体制や国際金融システムにかかわるアメリカの負担を軽減するための政

策も展開した。しかし、対ソ関係を安定させるデタント外交に対して、アメリカ国内から批判が湧き起こるようになった。また、第三世界における米ソの競争も激化した。さらにアメリカの人権外交に対してソ連が反発を強め、米ソ関係は徐々に緊張を増していき、1979年12月のソ連のアフガニスタン侵攻によって米ソのデタントは終わりを迎えたのだった（3章I節1）。核戦争を回避するという思惑から始まった米ソ協調は、利益の一致した軍備管理面で一定の成果をあげたが、人権問題や地政学的な競争などが原因で破綻することになった。

II　ヨーロッパ

　ヨーロッパにおいては東西分断が固定化していく一方で、多極化も進んでいた。ヨーロッパではいかなる背景からデタントを求める声が広まり、やがてそのデタントを主導する動きがみられるようになったのだろうか。そして1970年代に入り国際経済秩序が動揺すると、西欧で進められていたヨーロッパ統合はどのように変容し、さらに米ソ関係が悪化の兆しをみせると、ヨーロッパはいかなる問題に直面することになったのだろうか。

1　米ソ接近への警戒と同盟の信頼性の危機

　1960年代前半の「ベルリンの壁」建設やキューバ・ミサイル危機を経て、軍備管理を軸とした米ソ間の緊張緩和の動きが顕著になると、西欧諸国では米ソがヨーロッパの頭越しに接近するのではないかという警戒が一層強まった。とりわけ西側の安全保障に関して、すでに1950年代から浮上していたのが同盟の信頼性の問題だった。NATOにおいてはアメリカがソ連に対抗する核戦力の大部分を提供しているものの、はたしてアメリカは、ソ連から核兵器で報復されるリスクを覚悟してまで「**核の傘**」で西欧の同盟国を守るのかということが問題となったのである。このいわゆる「拡大抑止」の信頼性と呼ばれる問題に関してとくに敏感だったのは西ドイツだった。西ドイツにおいて、アメリカへの信頼性に疑問をもつ立場からすれば、核武装の可能性すら視野に入っていたのである。

　こうした同盟国の不安を緩和するために推進されたのが、NATOの核戦力の運用に西ドイツを含む同盟国が参加することを認める多角的核戦力（MLF）構想だった。ただやはり「ドイツ人が核の引き金に指をかける」ことに対する警戒は根強く、代替策として核戦略を策定する「核計画グループ」に関与させる枠組みを

作る案が検討され、協議を経た後に合意された。さらに、1968 年 7 月の核兵器不拡散条約（NPT）によって、米英仏ソ中という核兵器保有国を除くすべての NPT 加盟国の核武装を禁じることで、西ドイツ核武装の懸念はひとまず鎮静化に向かった。

2　ド・ゴールの挑戦と超国家主義的な統合の試練

　この西側での同盟の信頼性をめぐる動きと関連して、1960 年代前半のヨーロッパで焦点となったのは、それまでの冷戦秩序やヨーロッパ統合に対するフランス大統領ド・ゴールによる挑戦である。1950 年代を通じて、アメリカとソ連による「冷戦秩序」が「55 年体制」（石井 2000）とも呼ばれる安定化に向かい、また当初は石炭・鉄鋼分野から出発することになったヨーロッパ統合が農業を中心に経済分野全般にわたって進展をみせた。1958 年に政権に復帰したドゴールは、「ベルリンの壁」の建設やキューバ・ミサイル危機を経て米ソによる共同支配体制が進むなかで、埋没しつつあったフランスの地位向上をめざして、これらに挑戦するようになった。

　とはいえ、ド・ゴールは当初からアメリカに対する対抗姿勢を鮮明にしていたわけではない。たとえば政権復帰直後から要求していた NATO の改革に関して、米英仏で同盟の核戦略を策定する「三頭制」を提案し、アメリカを含む NATO の枠内でフランスの影響力を拡大しようとした（川嶋 2007, 32-36）。またヨーロッパ統合に関しても、当初は仏独にベネルクス三国とイタリアを加えたメンバーで政治協力を推進しようとした。しかし、これは EEC の 6 カ国の政治協力が軍事安全保障分野にまで及ぶことを意味したため、NATO との関係が問題になるだけでなく、アメリカとの関係を重視し仏独主導のアプローチを警戒するオランダやベルギーから反発を受けた。こうしてド・ゴールのめざす西欧諸国による政治協力が行き詰まったことが、1963 年 1 月の西ドイツとの二国間での**友好協力条約（エリゼ条約）**につながったのである。

　これに対して西ドイツでは、対米関係を重視する「大西洋主義者（アトランティカー）」とフランスとの連携の強化を志向する「ゴーリスト」との間で論争が巻き起こっていた。分断国家として東西対立の最前線に位置し、アメリカからの安全保障に依存していた西ドイツでは、対米「自立」を鮮明にすることへの警戒が強かった。そのため、エリゼ条約の批准の際には前文に大西洋関係重視の文言を挿入したが、このことはド・ゴールを失望させた。一方でド・ゴールは、イギ

リスはアメリカが送り込む「トロイの木馬」であると揶揄し、ヨーロッパ統合へのシフトを志向するイギリスのEEC加盟申請を断固として拒否し続けた。

このようにド・ゴールは政治統合をめぐって挫折を味わったが、超国家主義的なヨーロッパ統合に対して「ノン」を叩きつけたのがいわゆる「空席危機」である。ローマ条約以降、EECの委員会が主導する形で、ヨーロッパ統合が超国家主義的かつ連邦主義的なアプローチで進められることに対する反発や、フランスが最も重視する政策のひとつであった共通農業政策（CAP）の財源問題での対立などを背景に、ド・ゴールはEEC組織からフランス代表を撤退させて、「空席危機」を引き起こした。結局、1966年1月の閣僚理事会で、いわゆる**ルクセンブルクの妥協**」が図られて、フランスはEEC側から財源問題に関しては全会一致で決定するという譲歩を引き出し、フランスの国益に反するような超国家主義的な統合に対する拒否権を確保したのだった。

★シャルル・ド・ゴール（1890–1970年）

　軍人としてドイツと戦い、フランスがドイツの占領下に入るとロンドンに亡命して亡命政府「自由フランス」を率いたド・ゴールは、1958年に第5共和制大統領に就任した。対米「自立」を掲げ、「ゴーリズム」とも称される積極的なフランス外交のひとつの路線を確立したともいわれるが、それはフランスの国益を重視した冷徹で現実的な判断に裏打ちされたものだった。

3　多極化と同盟の再定義

このようにアメリカを中心とした軍事同盟や超国家主義的なヨーロッパ統合に反発する一方で、ド・ゴールは東側諸国との関係改善に意欲をみせた。1965年6月にド・ゴールはモスクワを訪問し、ヨーロッパの安全保障問題を中心としたさまざまなテーマに関して、ソ連書記長ブレジネフらと会談を重ねた。ド・ゴールが唱えた「大西洋からウラルまで」のヨーロッパ構想はソ連を含んでおり、ヨーロッパの分断克服に向けた長期的な展望を内包するものであった。また、ド・ゴール政権は、東側陣営で自主路線を採用していたルーマニアなどの東欧諸国や中国にも接近を試みるなど、アメリカとは一線を画した独自の緊張緩和外交に取り組んだのである。

このようにド・ゴールの独自外交は、米ソ中心の二極構造による冷戦秩序に異議を唱えるものであり、その意味において多極化を促進すると同時に、東西のデ

タントに寄与するものだった。ただし、こうしたド・ゴールの動きは、西側軍事同盟たる NATO の存在意義を問い直す契機を生み出した。ド・ゴールは、緊張緩和が進むなかで NATO の果たす役割に疑問を呈し、1966 年 2 月にはフランス軍を NATO 軍指揮下から離脱させると発表した。折しも NATO が 1949 年の設立から 20 年を迎えようとしており、こうした国際情勢の変化のなかで、1967 年 12 月に発表されたのが「アルメル報告」である。アルメル報告は、東側諸国に対する軍事的な「抑止」と並んで「デタント」を目標に掲げることによって、西側同盟全体が東側諸国との対話を推進する姿勢を明らかにするものだった。

　こうしたヨーロッパにおける西側同盟の存在意義を見直す動きは、ベトナム戦争の泥沼に足をとられるアメリカで、ヨーロッパへの関与の縮小を叫ぶ声が高まっていたこととも連動していた。ド・ゴールの挑戦を受けつつ、西欧諸国は、限定的ながらも経済統合を進め、1967 年には EEC、ECSC、EURATOM の執行機関を融合させ新たに**欧州共同体（EC）**を発足させ、1968 年には関税同盟を完成させた。

　1960 年代後半には西ドイツなど西欧各国でもベトナム反戦運動が盛り上がりをみせ、またフランスでド・ゴール政権を揺るがした**「五月革命」**に代表される学生を中心とした異議申し立ての運動など、既存の体制や価値観に挑戦する、国境を越えた動きが活発化した。東欧でも、チェコスロヴァキアにおいて、新たな指導者ドプチェクの下で**「プラハの春」**と呼ばれる自由化を進める改革が試みられたが、これは後述するように 1968 年 8 月にソ連が率いるワルシャワ条約機構軍の侵攻によって粉砕された。これに対して西欧諸国は、自由化の弾圧に非難の声を上げたが、事実上これを甘受せざるをえず、ソ連の同意なしに東西関係を改善するのは不可能だという現実を露呈してしまうことになった。

4　ブラントの東方政策とデタントの進展

　ここで、デタント（緊張緩和）を進めるための新たな試みに乗り出したのは、東西対立の最前線に位置する西ドイツだった。1969 年 10 月に西ドイツの首相となったブラントは、ソ連・東欧諸国に武力不行使などを内容とする条約の締結を呼びかけた。「ベルリンの壁」建設後に滞っていた人的交流の再活性化をめざしていたブラントは、「ドイツに 2 つの国家」が存在することを初めて明言することで、それまで主権国家としての存在を否定してきた東ドイツを交渉相手として公に認めた。このことは、停滞していたソ連・東欧諸国との関係改善の突破口と

なった。ブラントの側近だったバールは、すでに 1963 年に、東側を恐れるのではなく東側に「接近」することで分断を克服するための長期的な「変化」を試みるという、「接近による変化」構想を提唱していた。バールは首相府次官として、新たに成立したブラント政権下で、ソ連との交渉に取り組み、1970 年 8 月にはモスクワ条約の調印という成果をあげた。続いてブラント政権は、ポーランド、東ドイツ、チェコスロヴァキアなどとも条約を締結し、とりわけ争点となったポーランドの西部国境であるオーデル・ナイセ線をはじめとした現存するヨーロッパの国境線を受け入れることで、東側諸国との関係を改善していった。一方で、ベルリン問題に権限を有する米英仏の西側 3 国にも働きかけ、ソ連も加えたベルリン問題に関する 4 カ国協定の成立にも尽力した。

　ここで特筆すべきなのは、この**ブラントの東方政策**が西側諸国との結束に反することなく、ソ連・東欧諸国の政治体制や国境線を受け入れることで関係を改善し東西間の緊張緩和に大きく貢献した点であろう。ブラント政権は、オーデル・ナイセ線を含む国境線を受け入れることで事実上喪失する旧ドイツ東部領からの「被追放民」らの激しい非難を浴びたが、1972 年 11 月の連邦議会選挙で勝利を収め、東方政策を進めるための国内政治基盤を確認することができた。さらには相互均衡兵力削減（MBFR）とヨーロッパ安全保障協力会議（CSCE）に向けた交渉も開始された。CSCE での協議が実を結んだ結果、東西ヨーロッパ諸国にアメリカとカナダを加えた 35 カ国が、現存する国境線の確認や経済協力、人権尊重や人的交流などを内容とする**ヘルシンキ最終文書**に調印した。このヘルシンキ最終文書は、「鉄のカーテン」で分断されていた東西ヨーロッパの交流の再活性化の足がかりを築いただけでなく、ソ連や東欧諸国内で政府に反対する勢力に、人権侵害を非難する根拠を与えるという重要な意義をもった。そしてこうしたヨーロッパにおける緊張緩和には、米ソ間のデタントを一定程度支える効果があった。

★ヴィリー・ブラント（1913-92 年）

　ナチ時代に亡命した経歴をもつブラントは、西ベルリン市長として「ベルリンの壁」の建設に立ち会った際に、西ドイツの安全保障がアメリカに依存しすぎていることが招く困難を痛感したとされる。西側同盟国との関係をおろそかにしないように細心の注意を払いつつ、西ドイツが緊張緩和に貢献すべく東方政策を進めた背景には、この経験の与えた影響が少なからずあったものと思われる。

5　東欧とソ連のブレジネフ・ドクトリン

　1960年代に入り、東欧では経済問題が原因となって、社会主義ブロックの一体性が揺らいだ。西欧ではEECなどによる経済統合が各国の経済成長を後押ししたが、**コメコン**は東欧に経済発展をもたらさなかった。コメコンは、そもそもソ連が自国の戦後復興のために東欧諸国の経済を利用する目的で設立されたが、徐々に東欧諸国がソ連から多額の経済支援を受けるようになり、東欧諸国がソ連に経済的に依存するようになっていた。

　ソ連は、東欧諸国が西側に接近することを警戒していたが、同時に東欧諸国を支えるために自国の負担が増大していくことに苛立ちを覚えていた。そこでフルシチョフは、域内分業によってコメコン諸国の経済統合を促すとともに、経済の合理化を図るという改革構想を提示した。しかし、農業国ルーマニアがフルシチョフの計画に公然と反対するなど、域内の対立が顕在化した。

　一方、東西陣営間の経済交流は盛んになり、1960年代には、社会主義陣営の域内貿易伸び率を東西陣営間の貿易伸び率が上回るほどになった。とくに、東欧諸国は不足する物資や最新テクノロジーを西側諸国から輸入するようになった。また、経済発展の遅れに苦しむ東欧諸国のなかには、市場経済的な要素を取り込む改革を実施する国もあった。そのなかで最も革新的な改革を進めたのがチェコスロヴァキアだった。チェコスロヴァキアでは、1963年に経済成長率がマイナス2.2％にまで低下したことで経済改革の機運が高まっていたが、1968年1月に党第一書記にドプチェクが選出されると、検閲が事実上消滅するなど政治状況も大きく変化した。同年4月には「行動綱領」が採択され、共産党への権力の独占的集中が見直されただけでなく、独立した社会組織が出現するなど、市民社会も発展した。このような一連の改革運動は、「プラハの春」と呼ばれた。

　ソ連や周辺の東欧諸国は、この改革運動が自国にも波及することを恐れた。ソ連、ポーランド、東ドイツ、ハンガリー、ブルガリアからなる「5カ国会議」は、ドプチェクに圧力をかけてこの「反革命」運動を止めようとした。当初ブレジネフは軍事介入に慎重だった。しかし、グロムイコ外相やアンドロポフKGB（国家保安委員会）議長などの介入派は、事態を放置すると1956年のハンガリー事件の再来になる危険性があることや、軍事介入しても西側諸国と戦争になる可能性は低いことなどを根拠に、ブレジネフを説得した。ドプチェクに対する政治的圧力が効果をあげなかったこともあり、最終的にブレジネフは介入派の主張を受け入れ、1968年8月に**ワルシャワ条約機構軍がチェコスロヴァキアに侵攻**し、プラ

ハを占領した。そして、社会主義陣営全体の安全が脅威にさらされた場合には、社会主義諸国の主権は制限されうるという**「ブレジネフ・ドクトリン」**によって、軍事介入を正当化したのである。

このようにソ連は、勢力圏の維持が困難になると考えた場合には軍事介入をしてでも秩序を維持しようとした。しかし、基本的には経済支援の供与によって、東欧諸国の政治的安定を達成することを優先していた。これに呼応する形で東欧諸国の指導部は、自国に有利な経済関係をソ連との間で巧みに構築していったのである（藤沢 2017）。

6　ハーグ首脳会議

西ドイツのブラント政権による東方政策の推進とデタントの促進は、西欧諸国間で進められていたヨーロッパ統合にも無視できない影響を与えた。1969 年 4 月にド・ゴール仏大統領が退陣した後、同年 12 月にオランダのハーグで開催された首脳会議では「完成・深化・拡大」が謳われた。フランスのポンピドゥー新大統領が期待したのは、イギリスの加盟を認めることで、積極外交を展開する西ドイツに対しヨーロッパ内のバランスをとることだった。こうして 1973 年 1 月にイギリスは、アイルランドとデンマークとともに加盟を実現し、EC の加盟国は 9 カ国となった（同じく EC 加盟条約に調印していたノルウェーは国民投票の結果加盟を見送った）。

こうした動きのなかでブラントも、東方政策に対する西側諸国の不安を緩和するため、西ドイツがヨーロッパ統合に一層深く関与する意思があることを示した。とりわけ通貨協力に関しては西ドイツの譲歩もあって合意に至り、1970 年 10 月には 10 年以内に経済通貨同盟（EMU）に至る段階的プラン（ウェルナー計画）が作成された。また、ハーグ首脳会議では、加盟国の外相の協議機関である欧州政治協力（EPC）も発足した。ここに超国家主義的で委員会主導の野心的な統合のアプローチが影を潜め、むしろ政府間主義的な合意の積み重ねによって統合を進展させる特徴をみることができる。

7　ニクソン・ショックと石油危機

しかしアメリカが金・ドル本位制を放棄する「ニクソン・ショック」がヨーロッパを駆けめぐり、ヨーロッパにおける通貨協力は当初掲げられた目標の見直しを迫られることになった。国際通貨体制が転機を迎えると同時に、ベトナムから

の撤退に目途がつくなかで、ニクソン政権下でこのとき国務長官に就任していた
キッシンジャーは、1973 年 5 月に「ヨーロッパの年」と題する演説を行った。
このなかでキッシンジャーは、米欧関係が新たな時代を迎えた 1973 年は「ヨー
ロッパの年」であると述べた上で、アメリカがもつグローバルな利害や責任と西
欧諸国の地域的な利害が必ずしも一致しないこと、貿易問題や通貨問題と軍事問
題などが相互にリンクしていることを強調し、アメリカが担ってきた軍事負担を
西欧側も担うべきだと主張したのである。

　この演説を受けて EC は、アメリカが在欧米軍の削減を圧力手段にして、経済
問題や防衛問題で譲歩を迫ってくるのではないかと警戒した。1973 年 9 月に
EPC がアメリカに提示した文書は、平等な関係に基づく米欧間の協力強化を謳
った上で、EC の「世界的役割」に言及した。これは、西欧諸国の役割をヨーロ
ッパ地域に限定されたものとしたキッシンジャーの主張を拒絶するものだった。
さらに同年 12 月の EC 首脳会議で採択されたヨーロッパ・アイデンティティ宣
言では、西欧諸国が「ひとつの声」でまとまることを目標に掲げたのである。

　ブレトンウッズ体制の崩壊によるヨーロッパ経済の動揺に追い打ちをかけたの
が、1973 年 10 月に起きた第 4 次中東戦争を契機とした**石油価格の上昇**である
（Ⅲ節 5）。これによって、ハーグ首脳会議で打ち出されたヨーロッパ統合のさら
なる前進のための経済的な前提条件が崩れ去り、加盟国は今後に向けた構想の再
検討を余儀なくされることとなった。1974 年 2 月には、アメリカ主導の下で、
ワシントンで石油消費国の結束を図るエネルギー会議が開催された。また、同年
6 月の NATO 閣僚理事会で調印された新大西洋憲章では、当初のキッシンジャー
の「ヨーロッパの年」演説の内容から後退しつつも、NATO の意義や米欧間の協
力関係の重要性が強調されるなど、アメリカの優位性があらためて確認されたの
である。

8　仏独主導による統合再活性化の試み

　こうした状況の打破に動いたのが、ジスカールデスタン仏大統領とシュミット
西独首相の仏独枢軸だった。石油危機のように西側先進国が新たに直面した課題
に共同で対処するために、両国はいくつかの重要な取り組みを進めた。まず英仏
独伊に加えて日米も参加する**先進国首脳会議（サミット）**の開催を実現した。ま
た、1974 年 12 月のパリでの EC 首脳会談では、首脳会議を制度化した**欧州理事
会**の創設や、欧州議会の直接選挙の実施、そして欧州地域開発基金の執行などを

決定した。

　さらに、ジスカールデスタンとシュミットは、1978年4月のコペンハーゲンの欧州理事会で、安定した通貨圏を新たに創設するための**欧州通貨制度（EMS）**構想を提唱した。EMSは、為替政策で足並みがそろわなかった西欧諸国を、ドルに対して一定の為替レートを維持する共同フロートで再び紲合させるものだった。さらにはドルの安定に関して積極的な対策をとらないアメリカの「ビナイン・ネグレクト（いんぎんな無視）」政策への対応という側面もあった。

　このように仏独がイニシアティブを発揮しようとする一方で、イギリスでは1974年2月に政権に返り咲いたウィルソン首相が、CAPの改革やEC予算における負担問題などを理由に加盟条約の見直しを要求した。1975年3月の第1回欧州理事会での合意後、イギリスは同年6月にEC加盟の是非に関する国民投票に踏み切ったが、結果は賛成67.2％、反対32.8％でEC残留を決定した。しかしその後もEMSには適用除外（オプト・アウト）が認められ、イギリスは参加を見送るなど、仏独主導のヨーロッパ統合に対して距離を置く態度をとったのである。

9　ユーロ・ペシミズム

　その後1970年代後半には、後の**ヨーロッパ統合**の進展を準備するさまざまな取り組みが進められた。たとえば、欧州司法裁判所が判例を積み重ね、ECの法秩序の整備などによって法律・行政のヨーロッパ化の足がかりを築いた。また、国内で活発化する過激派らのテロや越境する犯罪などに対処すべく、司法・警察関係当局の協力も端緒が開かれた。さらに、1979年6月には、初の欧州議会の直接選挙が行われた。

　この時期には、スペインとポルトガルで、長期にわたって続いた権威主義的な政治体制からの体制移行が紆余曲折がありながらも進み（ジャット2008下、78-97）、イタリアやフランスなどではソ連の路線とは距離を置いて存在感を発揮した「ユーロ・コミュニズム」が注目されるなど（ヴァイス2018、164-165）、西欧諸国内でも多様な動きがみられた。しかし、ECは経済成長率の鈍化、インフレ率や失業率の上昇、先端技術分野における遅れなどから停滞の時期を迎えたとされ、将来の見通しも立たないことから、「**欧州悲観主義（ユーロ・ペシミズム）**」が囁かれるまでになった。

10　人権外交への対応

　アメリカでカーター政権が誕生して、人権外交を繰り広げると、米欧関係に新たな軋みが生じた。デタントによってソ連・東欧諸国との経済関係や人的交流を深めていた西欧諸国にとって、カーターの人権外交は、ソ連・東欧諸国を批判するものだったため、悩みの種となった（Ⅰ節14）。1977年10月から78年3月にかけてベオグラードで開催されたCSCEの再検討会議では、ヘルシンキ最終文書の履行状況などが議題となったが、人権問題を重視するカーター政権は、ソ連・東欧諸国の履行状況を批判し、ソ連・東欧諸国との交流などを継続したい西欧諸国の立場との違いが鮮明になった。

　ソ連・東欧諸国では、たとえばモスクワの「ヘルシンキ・グループ」やチェコスロヴァキアの「憲章77」に代表されるように、ヘルシンキ最終文書の人権条項に基づく反体制運動が活発化しつつあった。西欧諸国としては、デタントを通じて東側の政権と良好な関係を維持し、離散家族問題などの人道問題の改善を図りたかったため、東側を痛烈に批判するカーターの人権外交に完全に同調できないというジレンマに苦しむことになった。

11　NATOの「二重決定」

　米欧間の齟齬は、中距離核戦力（INF）の配備をめぐっても浮き彫りになった。1977年にソ連が新型中距離弾道ミサイルSS-20の配備を開始すると、直接攻撃の対象となりうる西欧諸国は、同盟国アメリカが自国が反撃を受けるリスクを背負ってでも守ってくれるのか、そしてヨーロッパでの限定核戦争の危険性が高まったのではないかといった不安を募らせた。この「デカップリング（切り離し）」（SS-20配備によってアメリカと西ヨーロッパの切り離しを図るソ連の戦略）と呼ばれる同盟内の問題を受け、西ドイツのシュミット首相は、ソ連に対抗する「抑止力」を強化するため、NATOが新型中距離ミサイル「パーシングⅡ」と核兵器搭載可能な巡行ミサイルを西欧に配備するために尽力した。1979年12月に合意に至ったこの決定は、並行して進められていたソ連との軍備管理交渉が失敗した場合という条件を付けてミサイル配備を決定したために**「二重決定」**と呼ばれる。しかしこの「二重決定」は、ソ連の不信感を招くことになった。

まとめ

　1960年代に米ソ間でデタントが進んでいくなかで、西ドイツの東方政策にみ

られるように、西欧からもソ連や東欧諸国に接近を試みる動きが活発になった。東欧諸国はソ連への経済的依存を高めていったが、西側に向けて経済をより開放していく国も出てきた。ソ連がこれを武力で抑え込んで、ヨーロッパのデタントにも一時期緊張が走ったが、デタントはその後も進行した。1970 年代に入り国際経済秩序が動揺すると、安全保障の分野ではアメリカのヨーロッパへの関与を再確認する一方、ヨーロッパ統合の再活性化を準備する動きもみられた。しかし1970 年代後半に入り、米ソ関係の雲行きが怪しくなってくると、西欧諸国はアメリカとの同盟関係とデタントのジレンマに直面することになったのだった。

III　中東

　1960–70 年代には、アラブ・イスラエル関係の劇的な変容が、中東域内政治および中東諸国と域外大国との関係に変化をもたらす大きな原動力となった。第 3 次および第 4 次中東戦争は、どのような背景のもとに発生し、域内政治や域外大国の中東への関与にいかなる変化をもたらしたのだろうか。そして、第 4 次中東戦争後に始まった**中東和平プロセス**は、どのように進行し、どのような成果をもたらしたのか。さらに、第 4 次中東戦争は、石油をめぐるグローバルな秩序を大きく変化させる引き金ともなった。中東における動乱は、なぜ、そしてどのように、石油をめぐるグローバルな秩序を変容させ、その変容はどのようなインパクトをもったのであろうか。

1　第 3 次中東戦争

　1967 年 6 月に勃発した第 3 次中東戦争の原因は、アラブ世界の指導権をめぐるアラブ内冷戦と、周辺アラブ諸国に対する軍事的優位を築こうとするイスラエルの思惑にあった。

　1962 年にイエメン（1918–90 年に存在した北イエメン。現イエメン共和国の北西部）で革命が起こり、革命勢力が樹立したイエメン・アラブ共和国と残存した王党派との間の内戦に発展した。UAR の解体後、アラブの盟主としての地位を維持することに腐心していたナセルが共和国政府を支援し、王党派はサウジアラビアの支援を受けたため、イエメン内戦はエジプトとサウジアラビアの代理戦争の様相を呈した。

　アラブ世界では、サウジアラビアやヨルダンなど穏健派アラブ諸国と、ナセル

との間の対立が深まった。一方、パレスチナ人のなかからは武力によるパレスチナ解放をめざす急進的武装組織が出現した。ナセルを含むアラブ諸国の指導者たちは、既存の国家の枠組みに収まらないパレスチナ人の運動を実質的に抑制しようとしていたが、シリアのバアス党政権はパレスチナ人武装勢力を支援する姿勢を示した。このことからシリア・イスラエル間で軍事的緊張が高まったため、1966 年 11 月にナセルは、シリアを抑制することを視野に入れつつ、エジプト・シリア相互防衛条約を締結した。

　一方、イスラエル政府内では、周辺アラブ諸国の軍事的脅威を先制攻撃によって除去するべきだと主張する強硬派の発言力が強まった。その結果、イスラエルはヨルダンに対して、越境攻撃などの軍事的挑発を行うようになった。ナセルは挑発に応じない姿勢をとったが、サウジアラビアやヨルダンなどは、ナセルがアラブの大義に背いているとして批判した。これに対応するためにナセルは、1967 年 5 月、第 2 次中東戦争以来シナイ半島に駐留していた国連緊急軍の撤退を要求して、シナイ半島にエジプト軍を配備し、イスラエルと紅海を結ぶ航路にあたるチラン海峡を封鎖した。軍事的緊張の高まりに際し、ソ連がエジプトに自制を強く求めたのに対して、アメリカのイスラエルに対する自制要求は曖昧だった。

　1967 年 6 月 5 日、イスラエルは先制攻撃によって周辺アラブ諸国の空軍力を地上で破壊し、**第 3 次中東戦争**が勃発した。イスラエルはその後、停戦が成立するまでの 6 日間のうちに、エジプトからシナイ半島とガザ地区を、ヨルダンから東エルサレムを含むヨルダン川西岸を、シリアからゴラン高原を、それぞれ奪い取って占領下に置いた。この戦争の結果、新たに 30 万人あまりのパレスチナ難民が発生した。

2　パレスチナ人組織の浮上

　アラブ諸国は、イスラエルとの対決姿勢を強めた。1967 年 8-9 月にハルトゥームで開催されたアラブ首脳会議は、「イスラエルを承認せず、交渉せず、平和条約を締結せず」という「3 つのノー」の原則、およびパレスチナ人の権利を尊重するとの原則で合意した。

　一方、国連安全保障理事会は 1967 年 11 月に、「イスラエル軍の占領地からの撤退」を条件に、アラブ・イスラエル間の和平を推進することを骨子とする安保理決議 242 号を全会一致で採択した。この**「領土と平和の交換」**原則は、その後の中東和平プロセスの基本原則となるが、イスラエルが撤退すべき「領土」の範

囲は意図的に曖昧にされていた。これ以降、領土問題は、パレスチナ難民の帰還権およびエルサレムの帰属の問題と並び、パレスチナ問題をめぐる最大の争点となっていく。

　第3次中東戦争後のアラブ世界にみられた最大の変化は、パレスチナ人が既存のアラブ国家から独立した政治主体として登場したことだった。1964年1月のアラブ連盟首脳会議で設立された**パレスチナ解放機構（PLO）**は、もともとはアラブ諸国がパレスチナ人の行動に枠をはめることを目的とする組織だった。しかし第3次中東戦争後、アラファートが率いるファタハや、極左のパレスチナ解放人民戦線（PFLP）など、パレスチナ人武装組織が活動を活発化させ、これらの組織がPLOの指導権を奪っていった。1968年にPLOは武装闘争によるパレスチナ全土の解放を綱領に掲げるようになり、翌1969年には、アラファートがPLO執行委員会議長に就任した。アラブ諸国は、公式にはパレスチナ人を支持する立場を維持したものの、パレスチナ人武装組織が拠点を置くイスラエル周辺のアラブ諸国にとって、これらの組織は自国をイスラエルからの報復攻撃にさらす厄介な存在であった。

　ヨルダンでは、パレスチナ人武装組織の支配地域がヨルダン政府の支配の及ばない国家内国家の様相を呈し、しかもそのなかからヨルダン王政の打倒を叫ぶ勢力が現れるなど、ヨルダン国家の存続を脅かす存在となっていた。1970年9月、PFLPによる旅客機ハイジャック事件を機に、ヨルダンのフサイン国王はパレスチナ人武装勢力の制圧に乗りだした。**「黒い九月」**と呼ばれる短期の内戦を経て、PLOはヨルダンを追われてレバノンの首都ベイルートに拠点を移し、パレスチナ人武装闘争の拠点もレバノンに移動した。

　一方、シリアでは、1970年11月に現実的な対外政策方針を主張するバアス党穏健派のハーフェズ・アサドが、パレスチナ人武装組織を支援するバアス党左派政権をクーデタで排除して権力を掌握した。アサド政権は、イスラエルに対する強硬姿勢を維持しつつ、自国内のパレスチナ人の活動を政府の統制下に置いた。ヨルダンとシリアの行動は、自国の主権を貫徹し、パレスチナ人の活動によって自国の国益が侵害されることを拒否した点で共通していた。

3　超大国の中東政策

　ソ連は1950年代半ば以降、フルシチョフの指導の下、第三世界のナショナリスト政権に積極的に援助を提供することによって、世界的な影響力拡大をめざし

ていた。ソ連は、1954 年にシリアに武器供給を行ったのを皮切りに、1955 年に
エジプト、1958 年革命後のイラクへと武器供給先を拡大し、これら 3 カ国を中
心に経済援助や開発援助も提供した。

　しかしながら、ソ連とこれらアラブ諸国との関係は、当面は同盟関係にまで発
展しなかった。ソ連は、中東への政治的影響力の拡大をめざす一方で、中東の域
内対立やアメリカとの直接対決に巻き込まれることを回避しようとしていた。ソ
連にとっては、アラブ・イスラエル間に戦争には至らない程度の緊張状態を持続
させ、アラブ諸国のソ連への依存を増大させるのが、最も好都合であった。それ
ゆえソ連は、アラブ諸国によるイスラエル攻撃を誘発しかねない最新の攻撃兵器
の供給を差し控え、軍事顧問団の派遣以上に踏み込んでアラブ諸国との軍事的協
力関係を深化させることにも慎重だった。アラブ諸国は、こうしたソ連の独善的
な姿勢に不満を募らせるようになった。

　1960 年代に入ると、ソ連は地中海における海軍展開能力の獲得をめざすよう
になり、そのための海・空軍基地の使用権を親ソ的なアラブ諸国に求めるように
なった。アラブ諸国側は、対外的な自律性を失うことを恐れ、ソ連への軍事的権
利の付与を拒んだ。しかし、寛大な条件で援助を提供していたフルシチョフとは
異なり、ブレジネフは、武器供給の見返りとして、基地使用権などの軍事的権利
を強く要求した。その結果、1960 年代半ば以降、エジプトとシリアは、ソ連に
対するさまざまな軍事的権利の付与を余儀なくされていった。

　第 3 次中東戦争は、米ソと中東諸国との関係にも変化を及ぼした。アメリカ
のジョンソン政権は、イスラエルの軍事的優位を維持することによって中東戦争
の再発を防ぎうるという計算の下、イスラエルを新たな代理勢力とみなすように
なった。それゆえアメリカ政府は、イスラエルに占領地からの無条件撤退を求め
ることなく、「領土と平和の交換」原則を盛り込んだ国連安保理決議 242 号の成
立を主導するとともに、最新兵器を含む対イスラエル軍事援助を拡大したのであ
る。

　一方、第 3 次中東戦争によって軍が壊滅したエジプトとシリアは、ソ連に全面
的に依存して軍を再建せざるをえなかった。ソ連は、これをアラブ世界への影響
力拡大と軍事的権利獲得の好機とみて、1971 年 5 月にエジプトと友好協力条約
を、シリアとは、1971 年にタルトゥース港をソ連海軍の使用に供する協定、つ
いで 1980 年 10 月に友好協力条約を、それぞれ締結した。この間の 1972 年 4 月、
ソ連はイラクとも友好協力条約を締結した。

4　第4次中東戦争

　1970年9月にナセルが急死した後、エジプト大統領に就任したサーダートは、シナイ半島の回復を対外政策上の最優先目標に据え、ナセル時代とは大きく異なる外交を展開した。サーダートは、イスラエルの圧倒的な軍事的優位が自明視されている限り現状を変更することは不可能であり、こうした状況を変化させるためには、再びイスラエルと戦争をしなければならないと判断していた。

　まずサーダートはアメリカへの接近を試みたが、代理勢力であるイスラエルの軍事的優位を強化する方針をジョンソン政権から引き継いでいたニクソン政権は、サーダートに冷淡な態度をとった。そこでサーダートは、ソ連からの武器供給を加速させることを目論んだ。サーダートは、ソ連からの武器供給の遅延を不服として、エジプトに滞在していたソ連人技術者を放逐した。エジプトへの影響力を失うことを恐れたソ連は、武器供給を拡大することをサーダートに約束した。

　ソ連の支援によって軍事力を再建したエジプトとシリアは、1973年10月6日にイスラエルへの攻撃を開始し、**第4次中東戦争**が勃発した。緒戦では、奇襲に成功したアラブ側が優勢であった。しかし、サーダートは対イスラエル交渉のための外交カードを獲得することを目標にしていたため、スエズ運河東岸を制圧したところで進軍を停止した。これは、シリアを犠牲にしてエジプトの国益を追求しようとする行動であった。シリアのアサドは、サーダートに進軍の再開を要求したが、サーダートは動こうとしなかった。その結果イスラエルは、まずシリア戦線に戦力を集中して、シリアがいったん奪還していたゴラン高原を再び奪い返し、その後スエズ運河西岸にも進軍して、シナイ半島のエジプト軍を包囲する態勢を構築していった。

　この間に、ソ連はエジプトとシリアに、アメリカはイスラエルに、それぞれ大規模な武器供給を行った。イスラエルが軍事的優位を獲得した後、停戦を求める国連安保理決議338号が採択された。しかし、イスラエルがなお軍事行動を継続したため、エジプトは米ソに介入を要請し、ソ連はこれに応じる姿勢を示した。ソ連軍の中東派遣を阻止したいニクソン政権は、世界的な核警戒レベルを引き上げることで、ソ連の介入を抑止した。イスラエルは、圧倒的な軍事的優位を確保した後に軍事行動を停止し、1973年10月25日にようやく停戦が実現した。

5　石油会社と産油国の攻防

　第4次中東戦争は、石油価格の上昇という形で、世界経済にも大きな影響を及

ぼした。この変化を理解するためには、まず第二次世界大戦後に出現していた国際石油産業の構造を理解する必要がある。

　第二次世界大戦後、先進国を中心に一次エネルギーの石油への転換が進み、新たな石油需要の相当部分を中東が引き受けたため、中東は世界最大の石油生産地域となった。中東の石油生産の大部分を掌握するメジャーズと呼ばれる 8 大石油会社は、世界各地に生産拠点を確保し、会社間の相互依存的なネットワークによって世界的な石油生産を調整するメカニズムを発展させた。1950-60 年代を通じて、原油価格（公示価格）は 1 バレルあたり約 1.8 ドルの水準で安定し、安価な石油は西欧や日本の高度経済成長を支えた。

　石油会社は、産油国と石油利権協定を結び、この協定で定められた利益折半原則、すなわち石油から生じる利益を石油会社と産油国が半分ずつ分け合う方式に基づいて、石油生産を行っていた。1950 年代前半に利益折半原則が導入された当初、産油国の石油収入はそれ以前よりも大幅に増えたが、やがて産油諸国は、石油価格や利益率のみならず、自国の石油生産量や油田開発の決定権まで石油会社側が握る体制に不満を強めていった。そこで産油諸国は、石油の価格と生産量の決定権を石油会社から奪還することをめざして、1960 年 9 月に**石油輸出国機構（OPEC）**を結成した。しかし、世界的な石油の供給能力が需要を上回っていた 1960 年代には、石油会社による国際石油産業の支配は揺るがなかった。

　1970 年代に入ると、世界的な需要の増大が供給の拡大を上回るようになり、石油の需給関係は急速に逼迫した。この結果、産油国の石油会社に対する立場は飛躍的に強まった。1969 年 9 月の革命でカッザーフィー（以下カダフィー）が権力を握ったリビアは、石油会社に圧力を加え、1970 年 9 月に石油価格の引き上げを勝ち取った。また、翌 1971 年には、産油諸国は石油会社との集団交渉を通じてテヘラン協定およびトリポリ協定を締結し、石油価格の引き上げと産油国の利益率の引き上げを勝ち取った。

　こうして産油国が国際石油産業における発言権を強めていくなかで、第 4 次中東戦争が発生した。戦争の勃発を受けて、OPEC 加盟の中東諸国は、石油価格の一方的な引き上げを発表した。**アラブ石油輸出国機構（OAPEC）**は、エジプトとシリアを側面支援する立場から、石油生産の段階的な縮小と、アメリカをはじめとするイスラエル支援国に対する石油禁輸措置を決定した。このような動きの背景には、エジプトとシリアの指導者の交代によりアラブ内冷戦が終息していたという事情もあった。これらの結果、禁輸措置が解かれる 1974 年春までに、石

油価格は 1 バレル約 11.65 ドルにまで上昇した。石油価格の大幅な上昇は、西側先進国の高度経済成長を終わらせる決定的な一撃となった。

　1973 年以降、OPEC は市場占有率の上昇を背景に、石油の生産量と価格の事実上の決定権を掌握した。また、産油諸国は、石油会社に付与していた**石油利権の国有化**も進めていった。左派が政権を握っていたイラクやリビアは早期に国有化を断行したが、第 4 次中東戦争と OAPEC の石油戦略の成功は、ペルシャ湾岸の君主国をも完全な国有化に向かわせた。1980 年にサウジアラビアが国有化を完了して、中東の石油利権はすべて国有化された。

6　中東和平プロセス（1）——段階的和平の模索

　第 4 次中東戦争が終結すると、アメリカは、アラブ・イスラエル間の和平を主導するようになった。キッシンジャー国務長官は、紛争全体を一挙に解決するような包括的和平ではなく、二国間の段階的（ステップ・バイ・ステップ）和平を仲介するアプローチを採用した。段階的アプローチの方が、より現実的であるだけではなく、ソ連の和平プロセスへの介入を防ぎつつ、アメリカが援助等を活用してすべての当事国に影響力を行使できると考えたからである。

　キッシンジャーは、第 4 次中東戦争停戦直後の 1973 年 12 月に、国連事務総長が主催し米ソを共同議長とする多国間の和平会議であるジュネーヴ会議を開催したが、二国間の和平交渉への国際的な承認を取りつけると、まもなく会議を休会とした。和平プロセスへの国際的な承認を確保したキッシンジャーは、エジプト・シリア・イスラエルを行き来するシャトル外交により、当事国間の妥協点を探り、1974 年 1 月にエジプト・イスラエル第 1 次兵力引き離し（シナイ I）協定、同年 5 月にシリア・イスラエル間の兵力引き離し協定を実現した。こうした展開を受けて、アラブ産油国は石油禁輸措置を解除し、アメリカは第 3 次中東戦争以来断絶していたエジプトやシリアとの国交を回復した。

　キッシンジャーは、フォード政権でも引き続き段階的和平を模索したが、和平外交をめぐる環境は厳しくなっていった。1974 年 10 月にラバトで開催されたアラブ首脳会議が、PLO をパレスチナ人の唯一の代表とみなすと決定したため、対イスラエル穏健派のヨルダン政府を当事国としてパレスチナ和平を進めるというアメリカの思惑は外れた。国連安保理決議 242 号を受け入れぬ限り PLO とは交渉しないとの立場をイスラエルがとっていたために、パレスチナ和平を進める可能性は当面失われることとなったのである。一方、シリアは、ゴラン高原から

のイスラエルの無条件撤退を求める姿勢を崩さず、ジュネーヴ会議を再開して多国間の和平交渉を進めることをソ連などとともに要求した。

　こうしたなか、シナイ半島の回復を悲願とするサーダートだけが、二国間和平の推進に前向きな姿勢を維持していた。キッシンジャーは、1975年9月にエジプト・イスラエル間の第2次兵力引き離し（シナイⅡ）協定を実現したが、合意に至る過程で、アメリカはイスラエルから小さな譲歩を引き出すたびに、その見返りとしてイスラエルへの軍事援助の増額などに同意することを迫られた。この間にサーダートは、親米路線を明確にしながら、国内の経済的自由化（インフィターハ）を進め、1976年3月にはソ連との友好協力条約を破棄した。アメリカは、エジプトに経済・軍事援助を提供することで報いたが、イスラエルからさらなる譲歩を引き出すのは困難だった。段階的和平方式は、行き詰まりを迎えていた。

7　中東和平プロセス（2）──包括的和平の構想と帰結

　アメリカのカーター政権は、パレスチナを含む包括的和平をめざした。カーター政権は、包括的な多国間和平を進める手始めとして、ジュネーヴ会議の再開をめざしていたソ連と共同声明を発した。

　しかし、サーダートは、交渉方式が二国間から多国間に移れば、自国の利益を柔軟に追求できなくなると考えていた。一方、イスラエルで初めて政権を握った右派政党リクードのベギン首相も、多国間協議の場でシリアやパレスチナの占領地からの撤退を迫られることを懸念していた。このように多国間和平に反対する点で利害が一致したエジプトとイスラエルは、極秘に二国間の予備交渉を開始した。1977年11月に、サーダートがエルサレムを訪問してイスラエル議会で和平を呼びかけるという思い切った行動に出ると、イスラエル側もサーダートの呼びかけに応じる姿勢をみせた。エジプト・イスラエル間の二国間交渉が和平プロセスの焦点となり、カーター政権が進めようとしていた多国間アプローチは、事実上棚上げにされていった。

　この後、エジプト・イスラエル二国間交渉が停滞したのを受け、カーターは1978年9月にサーダートとベギンをキャンプ・デイヴィッドの大統領山荘に招き、直接交渉を主催した。2週間あまりにわたる首脳間の直接交渉を経て、「エジプト・イスラエル平和条約締結の枠組み」と、主としてパレスチナ和平に関する「中東和平の枠組み」という2つの文書からなる、通称「**キャンプ・デイヴィッド合意**」が成立した。1979年3月にエジプトとイスラエルは平和条約を締結

し、シナイ半島はエジプトに返還された。しかしその後、ベギンがパレスチナ和平を事実上拒否したことから、「中東和平の枠組み」に関する合意は死文化した。シナイ半島の回復という悲願を達成したサーダートは、これを黙認した。

　最大のアラブ国家エジプトがイスラエルとの平和条約を締結したことにより、国家間戦争としての中東戦争が再発する可能性は大きく低下した。アラブ諸国は、エジプトの対イスラエル単独和平を背信行為とみなし、エジプトをアラブ連盟から除名した。一方、アメリカ政府は、エジプトを新たな代理勢力と位置づけるようになり、エジプトへの軍事・経済援助を大幅に拡大した。これ以降、イスラエルとエジプトは、アメリカの援助の最大の受益国となっていった。アメリカ・エジプト・イスラエル間の事実上の三角同盟は、アメリカの中東政策の新たな柱となったのである。

まとめ

　1960–70年代にかけて、米ソがいずれも中東への援助を拡大し、親米諸国と親ソ諸国の境界が明確になったことに着目するなら、中東にもグローバルな冷戦が浸透してきたようにみえる。しかし、中東の国際関係に、東西デタントの影響はみられなかった。第4次中東戦争終盤にアメリカが核警戒レベルを引き上げてソ連の介入を抑止したことや、エジプトのサーダート政権が同盟のパートナーをソ連からアメリカに鞍替えしたことは、現状を固定する方向で安定化を図ろうとするデタントの潮流に逆行していた。また、OPECに参加する産油諸国（中東以外の国も含む）が、政治的に米ソのいずれに近いかにかかわらず、石油価格の引き上げで一致し、西側先進諸国に経済的打撃を与える形でそれを実現したことも、冷戦のダイナミクスとは異なる動きであった。

　このように全体を見渡すならば、中東へのグローバルな冷戦の影響は依然として限定的であり、中東の国際関係においては、引き続き域内政治のダイナミクスが支配的な要因であり続けたとみることができる。そして、中東和平プロセスへの関与や援助政策にみられるように、超大国は域内政治のダイナミクスを大きく変容させることはできず、むしろそれを利用することによって中東における影響力を確保しようとしたのである。

IV　アジア

　1960年代に入ると、東アジアの冷戦構造は溶解しはじめた。その最も大きな要因は、中国とソ連の対立が深まったことにある。大国である米ソの両方と対立することを恐れた中国は、「中間地帯」と位置づけた日本や西欧諸国への接近を図り、アジア・アフリカ・ラテンアメリカ諸国への支援を強化して、ついにはアメリカと和解した。このようななかで、地域の国際秩序はどのように変化していったのだろうか。

1　中国による核実験の成功と文化大革命

　中ソ対立（Ⅰ節4）では、イデオロギー問題や国際共産主義運動の主導権争いに加え、核兵器をめぐる戦争と平和の問題が主要な争点となった。フルシチョフは、東西間の戦争は核戦争へと発展せざるをえず、人類を滅ぼす核戦争は回避すべきだと主張した。これに対して毛沢東は、帝国主義と階級が存在する限り、戦争は不可避だと主張した。第2次台湾海峡危機などで毛沢東の急進的な対外路線を目の当たりにしたフルシチョフは、1959年6月に中国に対して新国防技術協定の破棄を通告し、中国の核開発への支援を停止した。

　ソ連からの支援が停止しても、中国は核保有を諦めなかった。むしろ、中ソ対立が深刻化するなかで、ソ連の核の傘に頼らず、米ソ両大国と対峙するために、中国は核保有を急いだ。中国指導部は独力で核・ミサイル開発を進めることを決意し、PTBT締結など米英ソを中心とする核軍備管理強化の動きを、激しく批判した。そして、中国は1964年10月に新疆ウイグル自治区の実験場で、**最初の原爆実験**を成功させた。中国が米英ソ仏に続く世界で5番目の核保有国となったことは、国際社会に大きな衝撃を与えた。

　1964年1月に発表された**中仏国交正常化**は、この原爆実験成功と並ぶ「外交上の核爆発」と位置づけられた。1963年頃から毛沢東は「2つの中間地帯」という国際情勢観を打ち出し、「第1の中間地帯」であるアジア、アフリカ、ラテンアメリカ諸国との関係を梃子に、「第2の中間地帯」である西欧諸国、日本、カナダなどに接近し、米ソの「覇権主義」に対抗すべきだと主張していた。1960年に米英ソに次ぐ4番目の核保有国となり、米ソ二極体制に対して異議を唱えていたド・ゴールが率いるフランスは、中国にとって魅力的な接近対象だった。そして、中仏国交正常化は実際に西側陣営の団結を揺るがし、まさに「2つの中間

地帯」論に基づく外交の典型例となった。その一方で国交正常化を急ぐあまり、水面下で台湾問題について少なからぬ譲歩をしたという側面もあった。

中仏国交正常化と同時期に、中国は新たに独立したアフリカ諸国からの政府承認を勝ち取り、日本やイタリアなどの西側諸国にも経済関係を梃子に接近した。また、核保有国となった中国と外交関係を樹立し、国連を中心とする国際レジームに参加させるべきだという主張が、西側陣営においても強まった。このように、「2つの中間地帯」論に基づく外交は着々と進んでいくかにみえたが、1966年から本格的に展開された**文化大革命**の下で、中国外交は停滞した。文化大革命は、大躍進政策の失敗により国内で権威を失った毛沢東が、巻き返しのために行った政治運動だった。しかし、内政上の政治的動員が対外政策にも波及し、在外公館を含む中国の外交機関は機能不全となり、アジア諸国の反政府武装勢力を支援する「造反外交」が行われるなど、中国の対外関係を悪化させた。

2 ベトナム戦争とアジア

1965年に米軍による北爆が本格化し、南ベトナムへの地上軍投入も始まると、北ベトナム軍と民族解放戦線は徹底抗戦の姿勢を貫き、ベトナム戦争は長期化した（I節）。中国は北ベトナムへの派兵を決定したが、大使級会談などを通じてアメリカにその意図を伝達し、米中双方は互いに交戦していないという立場をとった。他方で、ブレジネフ体制となったソ連は、アジアにおける国際共産主義運動の盟主としての立場を中国から取り戻そうと、北ベトナムへの支援を拡大した。北ベトナムは中ソ双方からそれぞれ支援を受けながら、徹底抗戦を続けたのだった。

1968年1月の北ベトナム軍と民族解放戦線による一斉蜂起（テト攻勢）によって、ジョンソン政権は和平交渉の提案へと追い込まれ、5月からパリで和平交渉が始まった。その後、1969年1月にニクソン政権が発足すると、同政権は戦争からの脱却を図りつつも、ラオスやカンボジアに戦線を拡大し、北爆の本格的再開にも踏み切った。ニクソン政権は北爆と同時にソ連や中国との関係を改善することで、北ベトナムに外交的圧力がかかることを期待した。しかし、南ベトナム政権とその軍事的基盤が弱体であることに変わりはなく、1973年1月に締結された**パリ和平協定**では、南ベトナムへの北ベトナム軍の駐留を黙認したまま、米軍は撤退した。その後、1974年末に共産軍の大攻勢により南ベトナムが崩壊の危機に追い込まれたとき、米議会はフォード政権によるベトナム再介入を認めず、

1975 年 4 月に南ベトナムの首都サイゴン（現ホーチミン・シティ）は陥落した。ベトナム労働党は 1976 年 7 月、ベトナム社会主義共和国の成立を宣言した。

　ベトナム戦争は、西側陣営に属するアジア諸国にも大きな影響を及ぼした。アメリカがアジアの同盟国に長期戦への協力を求め、同盟国同士の和解や団結をうながしたためである。とりわけ韓国は 1965 年以降、最も多い時期で約 5 万の兵をベトナムへ派遣した。また、長期にわたり国交正常化交渉が難航していた日本と韓国は、1965 年 6 月に日韓基本条約を締結し、両国はともに「ベトナム特需」の恩恵をうけ、高度経済成長を遂げた。同様に台湾の中華民国政府もこの時期、ベトナム戦争への協力や、韓国・南ベトナムなどとの反共連合形成を模索した。しかし、アメリカは中国を刺激することを考慮して、台湾からの派兵は軍事顧問団のみに限り、反共連合の形成にも冷淡であった。

3　ASEAN の発足

　ベトナム戦争は東南アジア地域の秩序にも大きな影響を与えた。インドシナ半島で大国間関係を背景とする戦争が泥沼化する様子を目の当たりにした東南アジア諸国は、連携してその発言権を確保するために地域機構の創設に動いた。1967 年 8 月、インドネシア、マレーシア、フィリピン、シンガポール、タイの 5 カ国を原加盟国とする**東南アジア諸国連合（ASEAN）**が発足した。タイの首都バンコクで開催された設立会議において、5 カ国の外相は ASEAN 設立宣言に署名した。

　1960 年代の前半、ASEAN 原加盟国の 5 カ国は、反共産主義という点以外では共通項が少なかった。1963 年にマラヤ連邦がシンガポール、北ボルネオ、サワラクを統合してマレーシアを成立させると、インドネシアはこれをイギリスによる新植民地主義だと批判し、マレーシアとの対立姿勢を鮮明にした。また、多くの国が隣国との領土問題やエスニック・グループの帰属をめぐる問題を抱えていた。しかし、1965 年にインドネシアでクーデタ（**九・三〇事件**）が起き、スカルノからスハルトへと政治の主導権が移ると、スハルトはマレーシアとの対立を解消した。また、タイはサバ州の帰属をめぐるフィリピンとマレーシアの紛争において仲介役を務め、地域和解のための集団行動をうながした。さらに、1965 年にマレーシアから分離独立したシンガポールにとっても、地域協力機構への参加は自国の安全性を高めるうえで好都合であった。こうして、1966 年から 67 年の間に、5 カ国による ASEAN 設立の環境が急速に整った。

　初期の ASEAN 協力は、ベトナム戦争とそれを取り巻く大国間関係の影響を受けざるをえなかった。インドシナ半島において北ベトナム軍と民族解放戦線の攻勢が強まる一方で、1968 年 1 月にイギリスがスエズ以東からの軍撤退を予告し、1969 年 7 月にアメリカのアジアへの軍事的関与を見直すグアム・ドクトリンが公表されるなど、かつての植民地宗主国がアジアから退いていく傾向が次第に明らかになった。すると、ASEAN 諸国の間では、中立化を標榜することで東西対立の影響から逃れ、域内の安全を確保すべきだという議論が起き、1971 年 11 月に ASEAN は東南アジア平和・自由・中立地帯宣言（ZOPFAN 宣言）を発表した。このように ASEAN が中立化構想を対外的に示したことで、東南アジアの反共諸国と中国・ソ連との交渉が可能となった。

　ASEAN の地域協力はベトナム和平以降に本格的な進展をみた。1976 年 2 月には ASEAN 初の首脳会議が開催され、ASEAN の目的に政治協力を含むことで合意した。また、1979 年からは ASEAN 外相会議の後に、域外対話国と ASEAN の外相による拡大外相会議が開催されることが慣例となった。その後、1970 年代末から 80 年代前半にかけて、ベトナムのカンボジア侵攻や中越戦争への対応をめぐり、ASEAN 諸国は足並みをそろえられず、また本来の目的だった経済協力も進まないまま、協力関係は低迷期に入った。しかし、1980 年代後半以降にアジア諸国が経済発展すると、ASEAN 協力は再び脚光を浴びた。

4　米中接近と中国の国連加盟

　1960 年代を通して**中ソ対立**は深刻化し（I 節 4）、1969 年 3 月には、中ソ国境のダマンスキー島（珍宝島）で、双方の国境警備隊による武力衝突が起きた。その後も、中国の西部国境地域において武力衝突が頻発し、同年夏には中ソ間での核戦争勃発が懸念されるほどに軍事的緊張が高まった。1969 年 9 月にホー・チ・ミンが死去した際、その葬儀に列席した周恩来とコスイギンとの間で衝突防止に関する合意がなされたが、翌 10 月から始まった中ソ間の国境交渉は 1980 年代まで妥結せず、軍事的緊張も緩和しなかった。中国はソ連をアメリカと同等か、時にはそれ以上の「主要敵」だとみなすようになった。

　1969 年 3 月の中ソ国境紛争後、毛沢東は文化大革命のなかで下放（政治的な理由により地方へ出向させること）していた元帥たちを北京に呼び戻し、国際情勢の研究を命じた。この研究会が出した結論は、アメリカとの対立よりもソ連との対立の方が深刻であるため、2 つの大国と同時に対峙することは避け、アメリカと

の接近を模索すべきというものであったといわれる。また、1969年4月に開催された中国共産党第9回党大会では、文化大革命により召還していた各国大使のうち、14カ国の大使を再び派遣することを決定し、文革外交の収拾を図った。さらに、こうした在外公館の機能回復と並行して、中国はカナダ、イタリア、ベルギーなど、文化大革命以降中断していた西側諸国への接近も再開し、1970年にこれらを含む5カ国と外交関係を樹立した。

　同じ頃、アメリカのニクソン政権内部では、キッシンジャーを中心に、対中接近の可能性が検討されていた（I節5）。米中は1950年代から続いた大使級会談、パキスタンやルーマニアなど複数の外交ルート、中国がアメリカの卓球選手団を招待した「ピンポン外交」などを通じて、双方の意思を確認した。さらに、キッシンジャーの秘密訪中を経て、1971年7月15日にニクソン大統領は、中国訪問について中国政府と合意に達したことを発表した。

　ニクソン訪中の発表は、対中封じ込めを基調としてきたアメリカのアジア戦略の大転換を意味し、国連中国代表権をめぐる西側諸国の協調行動をも揺るがした。1971年10月の国連総会において、中華民国政府の代表権剝奪には総会の3分の2の可決が必要だとするアメリカや日本の提案は、反対や棄権へと転じた西側諸国が複数出たことにより否決された。そのため、中華人民共和国政府の招請と中華民国政府の追放を訴えるアルバニア案が可決される前に、中華民国代表はその後の議事への不参加を表明し、議場から退出した。こうして、安全保障理事会常任理事国でもある中国の国連代表権は、中華民国政府から中華人民共和国政府の手へと移った。

　1972年2月に訪中したニクソンは、周恩来や毛沢東と会談を行い、**上海コミュニケ**に署名した。このとき、ニクソン・キッシンジャーと毛沢東・周恩来は広範な国際問題について意見交換を行った。ソ連に対する脅威認識は両者を接近させた主な要因だったが、アメリカは対中和解をソ連とのデタントの梃子として位置づけていたのに対し、中国はアメリカと連携してソ連に対抗することを想定していた。また、日米安全保障条約の存続は中国が最も懸念する問題だったが、キッシンジャーは日米同盟には日本の軍事大国化を封じ込める「瓶の蓋」の役割があると主張して、これをかわした。さらに、米中間の最大の争点である台湾問題については、アメリカは「台湾海峡の両側のすべての中国人が、中国はただ一つであり、台湾は中国の一部分であると主張していることを認識している」とした上で、問題の平和的解決への関心を表明し、台湾からの段階的な米軍撤退を約束

するにとどめた。それでも米中和解が可能となったのは、双方が台湾問題以外の戦略的利益を優先したからだろう。

★「一つの中国」政策と「一つの中国」原則

　上海コミュニケでは、本文に示したアメリカの台湾問題に関する立場とともに、「中華人民共和国政府は中国の唯一の合法政府であり、台湾は中国の一省」だという中国の立場も併記された。また、米中国交正常化の際にも、アメリカはこの上海コミュニケのいわば両論併記を踏襲した上で、「一つの中国」政策をとることにした。しかし、今日の中国政府は「台湾は中華人民共和国の領土の不可分の一部」であることが、アメリカや国際社会が認めた「一つの中国」原則だと主張している。このようにアメリカの「一つの中国」政策と中国が主張する「一つの中国」原則の間には、微妙だが根本的な立場の違いが横たわっている。

5　米中接近の衝撃

　1960年代を通じて、アジア・太平洋地域の諸国に対するアメリカの経済援助は増大し、アメリカとこれらの地域の貿易・投資関係も飛躍的に拡大した。とくに東アジアでは、1960年代に高度経済成長を遂げた日本は、アメリカとともにこの地域の経済成長を牽引する存在となっており、韓国、台湾、香港、シンガポールなどは1970年代の段階ですでに **NICs（新興工業国）** とみなされていた。また、韓国、台湾、シンガポール、フィリピン、タイ、インドネシアなどの権威主義体制にとって、アメリカの支援の下で経済発展をめざすことは、統治の正統性の重要な源泉になりつつあった（3章IV節コラム「開発独裁」を参照）。そのため、これらの東アジア諸国は米中接近に大きな衝撃を受けた。

　米中接近の衝撃を最も強く受けたのは台湾の中華民国政府だろう。ニクソンの訪中発表と前後して、中華民国政府は国連からの退出を余儀なくされ、友邦であった西側諸国や近隣諸国との外交関係を次々と失った。そして国際的な孤立は、少数派である外省人エリートによる専制を許してきた本省人（1章IV）が体制批判を強めるきっかけを作った。このとき、中華民国政府は蒋介石から息子の蒋経国へと権力が移行する過渡期を迎えていた。蒋経国は「中国」としての正統性にこだわる外交方針を継続しながらも、中華民国体制が台湾で存続する方策を模索し、重化学工業化を加速させるための十大建設など、経済政策に力を入れた。

　朝鮮半島では、ニクソン訪中が発表された翌月から、韓国と北朝鮮の赤十字社

を通じた接触が始まった。また、翌 1972 年 5 月から 6 月にかけて、両国間では首脳レベルの会談が行われ、同年 7 月に南北共同声明が発表された。この声明は、祖国統一は武力行使によらず平和的に行うこと、南北赤十字会談や南北調節委員会などの南北交流を進めることなど、7 項目にわたる祖国統一の原則を謳った。ところが、韓国の朴正煕政権は、祖国統一のためには体制強化が必要だという論理で戒厳令体制（維新体制）へと移行し、さらなる権力集中の下で重化学工業化を推進しようとした。これに対し、北朝鮮でも金日成が独裁体制を強化した結果、1970 年代の後半に入ると、南北対話はほぼ中断した。

6　中国とアジア太平洋諸国の関係正常化

　日本もまた、米中接近による衝撃を受けた。戦後の日本には、中国との早期関係正常化を望む声も少なくなかったが、日本政府はアメリカの歴代政権が進めてきた対中封じ込め政策と足並みをそろえてきた。そのため、ニクソン訪中が発表されると、佐藤政権はさまざまなルートを使って中国側との接触を試みたが（V節）、中国側は佐藤の次の政権と交渉を進める方針だった。1972 年 7 月に田中角栄政権が発足し、田中が初閣議後の記者会見で**日中国交正常化**を急ぐと発言すると、周恩来はただちにこれを歓迎する声明を発表し、田中は 9 月 25 日に訪中した。日中間の最大の争点も台湾問題だった。日中共同声明において、「台湾は中国の一部分」だという中国の主張に対し、日本は「十分理解し、尊重し、ポツダム宣言第 8 項に基づく立場を堅持する」という表現をとることで、ようやく交渉が妥結した。

　日中共同声明発表後の記者会見において、日本政府は中華民国政府との日華平和条約が「存続の意義を失い、失効した」との見解を示した。これ以降、日本と台湾の関係は、非政府間の実務的な関係に限定された。日本と台湾との間では、交流協会（日本側）と亜東関係協会（台湾側）が実務関係を担う窓口機関として設置された。それまでは、フランスやカナダなど中華民国政府と断交した西側諸国の場合、通信社や貿易センターなどが実質的な窓口機関の役割を果たす前例しかなく、断交後の窓口機関が正式に設置された事例は初めてだった。

　米中接近と日中国交正常化がアジア太平洋地域の諸国に与えた影響は大きかった。日本に続き、オーストラリア、ニュージーランド、マレーシア、フィリピン、タイなどが中国政府と外交関係を樹立し、中華民国政府と断交した。これらの諸国は、欧米諸国よりも台湾との関係が緊密であり、華僑・華人も多かったことか

ら、日本のように、台湾との間に窓口機関を設置するなどして、実務関係を維持
しようとした。そのため、台湾は外交関係を失ったという意味ではアジア太平洋
地域において孤立したが、経済関係や人の移動を中心とする周辺諸国との実質的
な関係は保たれた。

7　米中国交正常化

　1979 年 1 月 1 日の**米中国交正常化**は、こうした中国・台湾をめぐる国際関係
転換の山場だった。1972 年の米中接近以降、アメリカは台湾からの米軍撤退を
漸次進め、それと並行して台湾の自主防衛能力の整備を援助した。中華民国政府
は米中国交正常化を少しでも遅らせ、その間に米政府との断交によって受けるで
あろう衝撃を軽減し、断交後に備えて体制を強化しようとした。それでも、1978
年 12 月に国交正常化に先立って米中共同声明が発表されると、体制は大きく揺
らいだ。アメリカは中華民国政府と断交し、これに伴い米華相互防衛条約も失効
し、台湾には大使館に代わり経済文化代表処が置かれることとなった。米中国交
正常化を背景に、中国は台湾に対して「平和統一」を呼びかけ、経済関係や人的
往来の開放により、国際的に孤立した台湾を取り込もうとした。

　1979 年 4 月、米華断交に反対した米連邦議会は、台湾関係法を成立させ、ア
メリカは台湾防衛のための兵器提供を継続することや、台湾への武力行使に対し
て適切な行動をとりうることなどを定めた。その後、中国からの抗議を受けて、
レーガン政権は 1982 年 8 月に中国との間で台湾への武器輸出に関するコミュニ
ケを発表したが、このコミュニケにおいても、アメリカが武器輸出を停止する時
期やそれまで継続する武器輸出の規模についての明確な合意には至らなかった。
今日に至るまで**アメリカの対台湾武器輸出**は継続しており、そのたびに中国は抗
議を行っている。

8　中越戦争

　米中接近後、中国はベトナムへの関与を次第に縮小し、1975 年に対ベトナム
無償経済援助を打ち切り、1977 年には借款供与も停止した。その結果、ベトナ
ムのソ連に対する依存は強まり、1978 年にベトナムはコメコンに加盟し、ソ越
友好協力条約も締結された。また、終戦後にベトナムで民族主義が高揚したこと
により、多くの華僑・華人が帰国を余儀なくされたことや、南シナ海の西沙・南
沙諸島をめぐる領有権争いが激化したことも、中国とベトナムの関係を悪化させ

た。

　1978 年末、ベトナムはカンボジアに侵攻し、中国が支援していたポル・ポト派の民主カンボジア政府を崩壊させた。これを受けて、鄧小平はベトナムの懲罰を掲げた武力攻撃を発動した。**中国のベトナム侵攻**は 1979 年 2 月 17 日に始まり、3 月 3 日までに中国との国境地帯に位置する北部 5 省都を制圧した。しかし、ベトナム軍に決定的な打撃を与えられず、後退したベトナム軍部隊にカンボジアで展開していた部隊が合流する準備が整うと、中国人民解放軍は懲罰目的の達成を宣言し、ベトナムから撤退した。

　この中越戦争における双方の死傷者数や戦闘の成果に関しては、両国の主張が異なっている。またこの戦争は、軍事的にみると、中国の惨敗であったことが明らかであり、とくに中国側の戦争発動の意図や目的、政策決定過程などについては、いまだに明らかになっていない。中越戦争のプロセスは、中国国内における鄧小平の権力掌握と密接にかかわっていた可能性があるともいわれる。実のところ、中越戦争では人民解放軍のあらゆる問題が露呈しており、このことは、後の鄧小平による軍事改革の出発点となった。

まとめ

　このように、地域の冷戦構造が多極化するなかで、東西両陣営に分断されていたアジア諸国は冷戦構造を超えて交渉し、第二次世界大戦後に積み残していた和解を行い、実質的な協力関係を構築するようになった。とくに中国はこの時期に多くの西側諸国や周辺諸国との関係を正常化し、改革開放への転換を可能とする国際環境をつくりあげた。しかし、中国がソ連の脅威に対抗するために、他の諸国との関係改善を急いだ側面があったことは否めず、個別の諸問題を積み残したまま、多くの国々と二国間関係をスタートさせることとなった。

V　日本

　米ソのデタントと多極化が進むなか、日本はどのような外交を展開したのだろうか。西側陣営としての立場を鮮明にしていた日本は、アメリカや英仏独をはじめとする資本主義諸国への輸出振興を推し進め、1968 年には国民総生産（GNP）が西側陣営でアメリカに次いで 2 位となった。**高度経済成長**の勢いを背景に、日本は 100 万人近くの人々が暮らす沖縄の返還という大交渉にのぞむことになる。

　一方でデタントを背景に、日本は二大社会主義国であるソ連や中国との関係改善を求めたが、その取り組みはいかなる結果に至ったのだろうか。以下では、アメリカ、ソ連、中国という日本との間に大きな戦後処理問題を抱えた国々の相互関係の推移を踏まえながら、デタント期の日本外交をみていきたい。

1　日本の「先進国」入り

　中国とソ連の対立を背景に（I 節 4、IV 節 1）、キューバ危機収束後の 1962 年 11 月、高碕達之助元通産大臣・経済企画庁長官は中国共産党の廖 承 志との間で日中の民間貿易を拡大させることで合意した。日中が交わした覚書では、日本は 1963 年から 5 年間にわたって中国に鋼材、化学肥料、農薬、農業機械などを輸出し、中国からは石炭、鉄鋼石、大豆、トウモロコシなどを輸入することが記された。この貿易は、廖と高碕の頭文字をとって **LT 貿易** と呼ばれた。

　また日本はアメリカだけでなくヨーロッパ諸国への輸出振興を進めたいと考えたが、イギリスやフランスは繊維製品など日本の軽工業製品の輸出の拡大を警戒しており、**GATT35 条**を援用して日本からの輸入を制限していた。これを貿易差別だととらえた日本は、経済的孤立を避けるため、ヨーロッパ各国に対して GATT35 条援用の撤回を求めた。その結果日本は 1962 年 11 月に日英通商航海条約に署名し、イギリスは日本に対する GATT35 条の援用を撤回した。その後フランスなど他の欧米諸国も日本に対する経済差別をやめた。

　さらに日本は「先進国」入りを実現するため、関税・貿易・為替の面で条件を整えていった。日本は 1963 年に GATT12 条国（締約国が、自国の対外資金状況や国際収支を擁護するため、輸入を許可する商品の数量や価額を制限できる）から 11 条国（国際収支上の理由により輸入制限を行うことなどができない）へ移行し、1964 年 4 月には IMF14 条国から IMF8 条国へと移行した。その結果、同月に日本は **OECD に加盟**することができた。IMF8 条国への移行と OECD 加盟によって、日本は「先進国」とみなされるようになった。当時の OECD は「NATO の経済版」ともいわれ、自由主義陣営の国際機構という性格が強かった。日本にとって OECD への加盟は、アメリカを経由せずにヨーロッパ諸国と関係をつくる機会となった。そして同年 10 月には、戦災からの復興を象徴する **東京オリンピック** が行われた。

2　韓国との国交の実現

　すでにアメリカは日韓の国交実現の仲介に乗り出していたが（1章Ⅴ節4）、1961年に政権を握った朴正煕らも、北朝鮮に対抗するためには日本の経済協力が必要だと考えていた。1962年11月、大平正芳外相と韓国の金鐘泌国家中央情報部長は、韓国の請求権の問題について合意に至った。その内容は、日本政府が無償で3億ドル、有償（貸付）で2億ドルを韓国に支払い、さらに1億ドル以上の民間投資を韓国に行うというもので、これにより日韓の国交の可能性が開いた。

　1965年2月、椎名悦三郎が現職の外相として初めて韓国を訪問し、2月20日の共同声明で、「過去のある期間に両国民間に不幸な関係があった」、「このような過去の関係は遺憾であって、深く反省している」と謝罪の意思を発表した。同月、日本と韓国は**日韓基本条約**に仮調印し、1965年6月に同条約に正式に署名して国交を樹立した。自由主義陣営の強化という側面もあり実現した日韓の国交だったが、国会では社会党や共産党が、韓国の政権が軍事政権である点などを理由に日韓基本条約に反対した。

★日韓基本条約

　日韓基本条約の締結交渉では、歴史認識が争点となった。1910年8月に署名された日韓併合条約について、日本は不当ではあるが合法的だったと解釈した。しかし、韓国は同条約は不当であるだけでなく、無効だと主張した。その結果、日韓基本条約の第2条は、日韓併合条約などは「もはや無効であることが確認される」という、両国のそれぞれの立場を反映した文言となった。他方、1962年の大平・金会談に基づいて作られた請求権・経済協力協定の第2条では、日韓両締約国およびその国民の間の請求権に関する問題が「完全かつ最終的に解決されたこと」が確認された。しかし、2012年5月に韓国の大法院は個人請求権は消滅していないと判断し、現在に至るまで歴史認識をめぐる問題は解決していない。

3　アジアにおける日本の地域的役割の拡大

　この頃の日本は、沖縄返還、中国との国交正常化、北方領土の返還といった未解決の外交問題を抱えていた。しかし、中国では1966年に文化大革命が起こり、日本と対話ができる状態ではなかった。また、ソ連は北方領土返還の条件として日本からの外国軍隊（米軍）の撤退を求めており（1章Ⅴ節5）、首脳会談が開催できる環境にもなかった。こうしたなか日本は、約94万人（1966年当時）の人々が暮らす沖縄の返還をめざした。

　1950 年代の大量報復戦略を背景に、アメリカは沖縄の米軍基地に核兵器を貯蔵していたが、その後沖縄はベトナム戦争の補給・出撃の拠点にもなった。1965 年には、沖縄から出撃した爆撃機 B52 がサイゴン南東のベトコンの拠点を爆撃した。ベトナム戦争中にもかかわらず、佐藤栄作首相は同年 8 月に沖縄を訪問し、那覇の飛行場で「沖縄の祖国復帰が実現しない限り、わが国にとって『戦後』が終わっていない」と演説し、周囲を驚かせた。

　また、高度成長を背景に政治経済上の力を強めた日本は 1966 年 4 月に東南アジア開発閣僚会議を開催し、翌年 9・10 月には佐藤首相が東南アジア諸国を歴訪した。このとき佐藤は戦争中の南ベトナムも訪問して国会で批判されたが、日本が東南アジア諸国との関係を強め経済協力を拡大することは、財政悪化に苦しむアメリカに対する発言力を強める意図があった。アメリカの社会・経済全般は疲弊し、米ドルの信用も低下しており（Ⅰ節7）、アメリカは西ドイツだけでなく日本に対しても、国際収支の是正や西側陣営内での負担の分担を期待していた。

　アメリカの覇権にかげりが生じるなか、佐藤首相は 1967 年 11 月にジョンソン大統領と会談し、沖縄の返還を要求した。ジョンソンは、イギリスのポンド危機など国際通貨問題を切実に訴えながら、日本にアジア諸国への経済支援を求めた。このとき佐藤首相は、日本が東南アジア支援を行う姿勢を示す代りに、1970 年までに沖縄返還の合意をめざすという点でジョンソンの理解を得た。このとき発表された日米共同声明には、「両三年内」（1970 年までを意味する）に沖縄返還の時期について合意するという佐藤首相の考えが盛り込まれた。

4　沖縄からの核兵器の撤去と「韓国条項」・「台湾条項」

　沖縄・小笠原返還に向けて、日本が政策として表明したのが非核三原則（「持たず、作らず、持ち込まさず〔持ち込ませず〕」）だった。1967 年 12 月から 1968 年 1 月にかけて、佐藤首相は国会で**非核三原則**を発表した。その上で日本はアメリカと沖縄返還交渉を行った。沖縄には北京を射程に入れたメース B 巡航ミサイルをはじめ、核榴弾砲、核地雷、核弾頭を積載できる地対空ミサイルなど、東側陣営に対抗するための多様な核兵器が貯蔵・配備されていた。日本は非核三原則に基づき沖縄からの核兵器の撤去を求めたが、アメリカは核兵器の存置を求めた。さらにアメリカは日米安保条約、とくに**事前協議制度**（1 章Ⅴ節7）を沖縄に適用することに反対した。

　1969 年 11 月の佐藤首相とニクソン大統領の会談後、日米共同声明が発表され

た。このなかで 1972 年に沖縄を日本に返還し、かつ、沖縄の核兵器を撤去して、日米安保条約を変更せずに本土並みに沖縄にも適用するという **「核抜き・本土並み」** 返還の方針が日米の合意事項として示された。ただし、佐藤とニクソンは別途、非公表文書（佐藤・ニクソン合意議事録）を作成し、このなかで緊急時には米軍が沖縄に核兵器を持ち込むことを認めた。

　また日米共同声明では、「韓国の安全は日本自身の安全にとつて緊要である」（**韓国条項**）、「台湾地域における平和と安全の維持も日本の安全にとつてきわめて重要な要素である」（**台湾条項**）という表現で、有事の際に在日米軍が韓国や台湾で戦闘作戦行動をとることを認めるという日本の意思が、示された。このように日米共同声明によって、日本は朝鮮半島や台湾海峡の安全保障についてアメリカと責任を共有することを公にしたのだった。ソ連や中国は、『プラウダ』や『人民日報』など報道機関を通じて日米共同声明を批判した。

　沖縄返還の際に非核政策を掲げた日本だったが、1968 年 7 月から署名の開放が始まっていた核兵器不拡散条約（NPT）にはすぐには署名しなかった。核武装国が核を独占しているにもかかわらず、核未保有国に一方的に核武装を禁じるという条約内容に対する不満も政府・与党内にあったためである。また、政府内には、非核政策は自国の選択として行うものであり、他国から強制されるものではないという批判の声もあった。

　NPT の発効を翌月に控えた 1970 年 2 月に、日本はようやく NPT に署名した（批准は 1976 年 6 月）。その後、1971 年 11 月には衆議院で非核三原則と沖縄の基地の縮小に関する決議が可決され、それと引き換えに沖縄返還を法的に定める **沖縄返還協定** が承認された。同協定の批准式ののち、沖縄は終戦から 27 年目となる 1972 年 5 月に、ようやく日本に復帰した。

★佐藤栄作（1901-75 年）

　鉄道省の官僚だった佐藤は、戦時中は大阪鉄道局長などを務め、戦後は運輸次官を経て政界入りした。吉田茂と行動をともにし、岸内閣期には兄である岸信介を大蔵大臣として支えた。その政治スタイルは「慎重居士」「待ちの政治」などと評される。だが沖縄返還交渉の際には、佐藤は米軍当局の反対が予想された沖縄からの核兵器の撤去の方針を国会で表明するなど、むしろ先手をとる形で外交判断を下した。1971 年 7 月のニクソン訪中声明後は、バックチャネルも使って周恩来への接触を試み、訪中の可能性を探り続けた。

5　2つの「ニクソン・ショック」

　ニクソン・ドクトリン（Ⅰ節6）を背景に、アメリカは1970年に在日米軍の約3分の1を削減する方針を決定した。また1971年7月のニクソン訪中声明には、中ソ関係の悪化を利用してソ連の譲歩を引き出したいアメリカの思惑があったが（Ⅰ節8）、台湾の中華民国と国交を維持してきた日本からすれば、アメリカの裏切りに等しかった。同年10月の国連総会で中国の代表権に関する投票が行われた際には、日本は蔣介石がかつてソ連の対日占領に反対した経緯などを重視して中華民国を支持した。一方で佐藤首相は密かに首相秘書官に指示して、江鬮真比古という人物のバックチャネルを通じて中国共産党と接触を図り、やはり台湾問題が日中国交正常化の最大の争点であることを把握していた。

　1971年8月にニクソンが発表したドルと金の交換停止も、日本に衝撃を与えた（Ⅰ節7）。それまで日本は1ドル360円で固定された為替相場に基づいて輸出振興を行ってきたが、同年12月に日本を含む10カ国の蔵相（現在の財務大臣）が集まり結ばれたスミソニアン合意では、日本円の対ドル・レートを16.88％切り上げて1ドル＝308円の為替レートとすることとされた。だがこの決定も市場に支持されず、結局、1973年2月に日本は変動相場制へと移行した。

6　中国との国交正常化

　アメリカの対中接近に対して、日本は不満と対米不信感を抱いたが、デタントや米中接近は、日本が東側陣営の国との関係を改善する環境を生み出した。1972年2月、日本は東側陣営に属していたモンゴルとの国交を樹立した。また同年7月の与党自民党の総裁選では、北京との国交樹立の意思を示した田中角栄が親台湾派の福田赳夫を破り、田中内閣が成立した。

　ソ連との緊張を背景に、周恩来首相も日本との国交に関心を抱いていた。すでに周恩来は日本に対し、(1) 中華人民共和国政府は中国人民を代表する唯一の合法政府であり、「二つの中国」と「一つの中国、一つの台湾」に断固反対する、(2) 台湾は中国の一省であり、中国領土の不可分の一部であって、台湾問題は中国の内政問題である、(3)「日台条約」は不法であり、破棄されなければならない、という「復交三原則」を伝えていた。その一方で中国は、日米安保条約については条件をつけず、賠償請求権も放棄することを示唆した。

　1972年9月、北京での交渉ののち、田中角栄、大平正芳、周恩来、姫鵬飛が日中共同声明に署名し、日中の国交が樹立された（Ⅳ節6）。共同声明では、日本

が過去の戦争を通じて中国国民に重大な損害を与えたことについて「責任を痛感
し、深く反省する」ことや、日本が上記の「復交三原則」を十分理解する立場に
立つことが示された。また中国が戦争賠償の請求を放棄することが発表された。
こうして日本は、アメリカより先に**中国との国交正常化**を果たした。日中共同声
明の発表によって、日華平和条約（1 章 V 節 4）は存在の意義を失い終了したが、
日本は台湾との民間貿易を含めた実務関係を維持した。また 1973 年 1 月にパリ
和平協定が署名されると、日本は同年 9 月に北ベトナムとの国交を樹立した。

7　ソ連の懸念

　中国と対立していたソ連は、1971 年の米中接近や 1972 年のニクソン訪中が対
ソ包囲網の形成につながるのを防ぐため、ニクソン訪中の前月の 1 月にグロムイ
コ外相が訪日して日本との平和条約交渉の再開について合意した。日本は、平和
条約交渉とシベリア資源開発を提示することで**北方領土問題**の進展を図ったので
ある。さらに 1973 年 10 月にブレジネフ書記長が田中首相をモスクワに招待し、
17 年ぶりに日ソ首脳会談が行われた。田中はヤクーチャ、沿海州、サハリンの
ガス田の開発や、シベリアの森林開発（木材）に対する関心を伝え、ブレジネフ
も木材やサケ・マスの増殖での日本との協力の可能性を説いた。田中はとくに北
方領土問題の進展を求めており、日本側の議事録によれば、田中はブレジネフに
対して、四島問題を繰り返し取り上げた。会談後の日ソ共同声明では、「第二次
大戦の時からの未解決の諸問題を解決して平和条約を締結すること」が日ソの真
の善隣友好関係の確立に寄与すると発表されたが、実際の首脳会談ではこの「未
解決の諸問題」に「四つの島」（北方領土）が入ることが確認されていた。ただ
し、ブレジネフは日本側の交渉の進め方に反感を抱いたとされる。

8　石油危機と日本

　第 4 次中東戦争が起こった 1973 年 10 月に、ペルシャ湾岸 6 カ国が原油価格の
21％ 引き上げを宣言すると、国際石油資本も原油価格の引き上げを日本に通告
し、**石油危機**と呼ばれる事態に至った（III 節 5）。石油メジャーのエクソン社やシ
ェル社などは、原油価格の引き上げや石油割当の削減を実施することとし、三菱
商事、三井物産、伊藤忠などが販売原油の 26％ 値上げの通告を受けた。すでに
日本国内では生活物資の値上がりが問題となっていたが、石油危機が重なって円
安が進み、「狂乱物価」といわれるインフレ状況になった。

　日本への最大の石油供給国だったサウジアラビアは、日本を友好国に分類せず、イスラエルとの断交を日本に求めた。一方、キッシンジャー米国務長官が来日してアメリカに同調するよう要請したが、田中首相は政策の修正もやむをえないと説明し、日米に溝が生じた。11月にOAPECは石油生産を一律25%削減することを決定し、12月にはさらに5%削減することが決まったが、日本はこの削減対象国から免除されなかった。

　この決定を受けて同年11月、日本は第3次中東戦争（1967年）の占領地からのイスラエル軍の撤退を求めることなどを内容とした新たな中東政策を発表した。12月には三木武夫副首相ら使節団が中東8カ国を20日間かけて訪問し、50回近くの会議を行った。三木はサウジアラビアのリヤドで「正義はアラブにある」と述べ、イスラエル軍の撤退を求めた。同月、**OAPEC石油相会議**が日本を友好国に認定したことが発表された。石油危機は、中東諸国にとって石油が政治的手段であることを日本が痛感する機会となった。1974年に日本の経済成長率はマイナスを記録し、日本の高度経済成長は1973年に終わったとされる。

9　アジア諸国との関係悪化

　資源外交を重視した田中首相は、1974年1月に東南アジア5カ国を11日間にわたり歴訪した。しかし、タイやインドネシアで激しい反対デモが起こった。バンコクでは田中が宿泊しているホテル前に群衆が集まり、「田中帰れ」と叫んだ。田中がタイの首相官邸で学生代表と面会すると、学生は日本が公害を「輸出」していることや、バンコクのテレビが日本製品の広告ばかり放映して悪影響を及ぼしていると訴えた。

　さらにジャカルタでは、田中が滞在したムルデカ宮殿をデモ隊と群衆が取り囲み、田中一行は外に出ることができなかった。さらに日系企業が焼き討ちにあい、日本大使館の国旗が引きずり下ろされた。東南アジアの人々からの「経済侵略」だという批判を前に、日本は東南アジア政策を再検討する必要に迫られた。

　日韓関係についても、1973年8月に新民党の金大中が、滞在中の東京のホテルで韓国の中央情報部（KCIA）によって拉致される事件が起こった。日本の主権が侵害されたとして世論は反発し、金鍾泌首相が来日して陳謝した。1974年8月には、在日韓国人が朴正煕大統領を襲撃して夫人の陸英修が死亡する事態となり、韓国内で反日デモが起こった。

10 「全方位平和外交」

　1975 年 6 月、先進国首脳会議（G7）が初めて開かれ（II 節）、三木武夫首相が参加して、エネルギー問題など国際経済をめぐる問題が討議された。1976 年に成立した福田赳夫内閣は新たに「全方位平和外交」を掲げ、ODA を 5 年間で倍増する政策を発表し、さらに ASEAN の設立から 10 周年となる 1977 年 8 月には、東南アジア各国を訪問した。福田は、3 年前に反日デモが起こったインドネシアでも歓迎され、最後に訪れたフィリピンのマニラで、(1) 日本が平和に徹し軍事大国にならず、東南アジアひいては世界の平和と繁栄に貢献すること、(2) 東南アジアの国々との間に、政治、経済、社会、文化など広範な分野において、「真の友人として心と心のふれあう相互信頼関係」を築くこと、(3)「対等な協力者」の立場に立って、ASEAN およびその加盟国の連帯と強靭性（resilience）強化の自主的努力に協力し、東南アジア全域にわたる平和と繁栄の構築に寄与すること、などを表明した。この演説は「**福田ドクトリン**」と呼ばれるようになった。

11 中ソ対立と日本

　デタントは、日本にとってソ連と中国との関係をともに進展させるチャンスだったが、1970 年代後半になると、対中関係と対ソ関係は対照的な状況となった。1976 年にソ連軍の戦闘機ミグ 25 が函館に着陸してパイロットがアメリカへの亡命を求め、その後アメリカへ出国した。この事件で日ソ関係は冷え込み、さらにソ連が新しく 200 海里漁業水域を設定した際に、北方領土を囲む領海線を基線として決定したことに日本は反発した。日本はソ連と協定を結び、ソ連の法律の下で日本漁船が操業するものの、そのことが領土問題についての日本の立場を害さないことを確保するための留保条項を入れた。さらに日本は、200 海里について北方領土を日本領と明示した国内法を制定し、これに基づく漁業協定をソ連と締結した。

　他方、ソ連と対立していた中国は、アメリカと外交関係の正常化へ向けた交渉を進めた（I 節 15）。さらに中越関係も緊張するなか、中国はソ連とベトナムの協力が進むのを警戒し、ソ連を牽制するため日本との関係に着目した。アメリカも、ソ連の第三世界への進出に対抗するため中国との提携を図っており、日中の友好に前向きだった。

　こうした国際的背景のなかで、停滞していた日中平和友好条約交渉が進展した。日本は処理の難しかった「**反覇権条項**」について、反ソ的な表現を抑えて中国と

合意し、1978 年 8 月に**日中平和友好条約**に署名した。中国に対抗してソ連は、日本に日ソ善隣友好協力条約を提案したが、ソ連の条約案は北方領土問題を軽視した内容で、日本が前向きに検討することはなかった。日米中の連携を警戒したソ連は、北方領土に正規軍を展開するようになった。

中国が革命路線から改革開放路線へと転換するなか、大平正芳首相は 1979 年 12 月に訪中し、アンタイド方式（借款による物資などの調達に購入先や用途などの条件をつけない方式）を原則とした**中国への借款供与**を決定した。日本は、中国の改革開放が東アジアの安定に寄与すると認識していた。とくに大平には、日中国交正常化のときに中国が賠償を放棄した経緯を踏まえて、円借款を供与したいという考えがあった。

アジアにおいて、中国はソ連の脅威に対抗するため、諸外国との関係改善を進めていた（IV節 6）。日中関係の進展も、この中国外交の文脈のなかでとらえることができる。逆にいえば、中国の日本重視の姿勢は中ソ対立を背景としたものであり、日中関係の進展の結果、日本とソ連との関係は冷え込んだ。この意味で、1970 年代後半に日本とアジア諸国との関係が改善したことと、ソ連との関係の後退は、パラレルの関係にあったのである。

★「反覇権条項」

　1972 年 9 月の日中共同声明の第 7 項では、「覇権を確立しようとする他のいかなる国あるいは国の集団による試みにも反対する」という文言が盛り込まれた。これは反覇権条項と呼ばれ、中国が当時対立していたソ連を念頭に置いたものだった。日本はこのとき台湾の法的問題の解決を優先したため、この反覇権条項を認めたが、対ソ外交にとっての障害となった。そのため日本は日中相互友好条約交渉では、中国の提案を拒否し、反覇権条項は引き継がれたものの（第 2 条）、この条項とは別に留保条項を要求した。その結果、第 4 条で「この条約は、第三国との関係に関する各締約国の立場に影響を及ぼすものではない」という文言が入った。

まとめ

　高度経済成長を背景に、日本は日米間の最大の戦後処理問題だった沖縄返還を実現し、その過程で非核三原則を打ち出した。さらに米ソなど核保有国の核不拡散政策を受け入れ、**核兵器不拡散条約（NPT）**への署名と批准を行った。またアジアでは各国の和解と協力関係の構築が進んでいたが、日本も「福田ドクトリ

ン」を発表して東南アジア諸国との関係構築を進め、外交的地平を拡大させた。

　ただし、二大社会主義国であるソ連と中国との関係は、デタント期に対照的に推移した。中ソ対立を背景とした 1971 年の米中接近を契機に、日本は 1972 年 9 月に中国と国交を樹立し、さらに 1978 年には日中平和友好条約を締結し、中国への円借款を決定した。これに対して、ソ連は日米中の包囲網が形成されるのではないかと不信を抱き、1970 年代末には日本との関係が冷え込んだ。デタントが終わる 1970 年代後半に、ソ連がヨーロッパ・中東・アジアの各地域で警戒と不信感をもち、アメリカとも相互不信に陥っていたといえる。

　こうしてソ連との北方領土問題の解決や平和条約の締結に向けた国際環境が整わないまま、1979 年 12 月のソ連のアフガニスタン侵攻によって、デタントは終焉を迎えることになる。

	米ソ	ヨーロッパ
1962 年	キューバ・ミサイル危機（10 月）	
1963 年	ホットライン協定（6 月）、部分的核実験禁止条約締結（8 月）、ケネディ暗殺（11 月）	エリゼ条約調印（1 月）
1964 年	ソ連でブレジネフ体制発足（10 月）、米議会がトンキン湾決議可決（8 月）	
1965 年	米、北ベトナムへの爆撃開始（2 月）	ド・ゴールのモスクワ訪問（6 月）
1966 年	核兵器の宇宙配備を禁止する国連総会決議（12 月）	
1967 年	米グラスボロで米ソ首脳会談（6 月）	EC 発足（7 月）
1968 年	プラハの春（8 月）	
	NPT 署名開放（7 月）	
1969 年	米グアム・ドクトリン（7 月）、米ソ戦略兵器制限交渉開始（10 月）	ブラント政権の「東方政策」開始（10 月）
1970 年	モスクワ条約（8 月）	
1971 年	ニクソン訪中発表（5 月）、ドル・金の交換停止発表（8 月）、スミソニアン合意（12 月）	ベルリン 4 カ国協定の仮調印（9 月）
1972 年	SALT と ABM 条約に調印（5 月）、ウォーターゲート事件発覚（6 月）	東西ドイツ基本条約（12 月）
1973 年	パリ和平協定（1 月）、イギリスの EC 加盟（1 月）、ブレジネフ訪米（6 月）、固定相場制から変動相場制へ移行（2 月）、パリで EC 首脳会議（12 月）	
1974 年	ニクソン辞職（8 月）	新大西洋憲章調印（6 月）
1975 年	米議会でジャクソン＝ヴァニク修正条項成立（1 月）、米ソ通商条約破棄（1 月）、先進国首脳会議（6 月）	CSCE ヘルシンキ最終文書（8 月）
1976 年	米大統領選でカーター選出（11 月）	
1977 年	米カーター政権発足（1 月）、パナマ運河返還条約調印（9 月）	ベオグラードで CSCE 再検討会議開始（10 月）

中東	アジア	日本
イエメン革命（9 月）	中印国境紛争（10 月）	
イラクでクーデタ（2 月）、シリアでクーデタ（3 月）、エジプト・シリア・イラクの合邦基本合意（4 月）	中ソ論争の表面化（9 月）	
PLO 設立（1 月）	中仏国交正常化（1 月）、トンキン湾事件（8 月）、中国初の核実験に成功（10 月）	OECD 加盟（4 月）、東京オリンピック（10 月）
	北爆開始（2 月）、九・三〇事件（9 月）	日韓国交正常化（6 月）
シリアでクーデタ（2 月）、エジプト・シリア相互防衛条約（11 月）	中国で文化大革命開始	東南アジア開発閣僚会議（4 月）
第 3 次中東戦争（6 月）、国連安保理決議 242 号成立（11 月）	東南アジア諸国連合発足（8 月）	佐藤首相東南アジア歴訪（9 月、10 月）
イラクでクーデタ（7 月）	テト攻勢（1 月）、英スエズ以東撤退発表（1 月）	
アラファート、PLO 議長就任（2 月）、リビア革命（9 月）	中ソ国境紛争（3 月）	沖縄返還合意（11 月）
ヨルダン「黒い九月」（9 月）、ナセル死去（9 月）、シリア、アサド政権成立（11 月）		NPT 署名（2 月）
テヘラン協定（2 月）、トリポリ協定（3 月）、エジプト・ソ連友好協力条約（5 月）	国連中国代表権の交替（10 月）、ASEAN の ZOPFAN 宣言（11 月）	
	ニクソン訪中「上海コミュニケ」（2 月）、南北朝鮮共同声明（7 月）	日・モンゴル外交関係樹立（2 月）、沖縄の施政権返還（5 月）、日中国交正常化（9 月）
第 4 次中東戦争（10 月）		日越外交関係樹立（9 月）、日ソ共同声明（10 月）
シナイ I 協定（1 月）、シリア・イスラエル兵力引き離し協定（5 月）		
レバノン内戦はじまる（4 月）、シナイ II 協定（9 月）	サイゴン陥落（4 月）	宮澤外相訪ソ（1 月）
	ASEAN 初の首脳会議（2 月）、ベトナム社会主義共和国成立（7 月）	
		福田ドクトリン（8 月）

	米ソ	ヨーロッパ
1978 年	カーター、キャンプ・デイヴィッド合意を仲介（9 月）	コペンハーゲン欧州理事会（4 月）

中東	アジア	日本
イスラエル、レバノン侵攻（リタニ川作戦）（3 月）、アフガニスタン民主共和国成立（4 月）	ベトナムのカンボジア侵攻（12 月）	日中平和友好条約署名（8 月）

第3章　新たな緊張と冷戦の終結
——1980年代

　米ソ間のデタント（緊張緩和）は、1970年代からほころび始めていたが、1979年12月のソ連によるアフガニスタン侵攻によって完全に終止符が打たれた。米ソ対立が再び激化し、いわゆる「新冷戦」の火ぶたが切って落とされたが、1980年代半ば以降、米ソ両国は協調を模索するようになり、冷戦は終結した。ヨーロッパでは、地域諸国がデタントを維持しようと努力したため、対米関係がきしんだが、やがて1989年に東欧諸国で一斉に民主化の動きが広がり、東西ドイツが統一されて、新しいヨーロッパが立ち現れた。中東では、イランでイスラーム革命が起こり、イラン・イラク戦争が勃発したほか、レバノン内戦も長引き、地域内外の国々が複雑に入り乱れて紛争に関与する状況が続いた。

　アジアでは、中国が諸外国との協調的な関係を広げていく改革開放を進め、地域的な経済協力や一部の国の漸進的な民主化も進展をみせ、中ソ対立も収束に向かったが、中国は1989年6月の天安門事件をめぐる対応で国際的に孤立することになった。この時期の日本は、アメリカとの防衛協力を進めながら貿易不均衡問題を改善し、アジア諸国に対しては軍事大国化しないという安心を供与する外交を展開した。同時にソ連が核ミサイルを極東に配備しようとすると、二国間や多国間の首脳外交を活発に展開して対応し、空前のバブル経済のなか、冷戦の終結を迎えることになった。

　ヨーロッパ、中東、アジアといった地域でデタント期に築き上げられた国際関係は、米ソ対立の再燃によってどのような影響を受けたのだろうか。この時期の米ソ関係や各地域の国際政治、そして日本外交において、政治指導者の果たした役割とはどのようなものだったのだろうか。米ソが冷戦を終結させたことによって、地域の国際関係にいかなる影響が及んだのだろうか。

I　アメリカ・ソ連

　ソ連によるアフガニスタン侵攻をきっかけに、米ソは再び厳しい対立の局面に突入した。それにもかかわらず、なぜ10年足らずでこの「新冷戦」は終結したのだろうか。40年以上も相互に不信を抱いていた米ソが、冷戦を終わらせ、冷戦後の世界で協力関係を築こうとする方針へと移行することができたのはなぜだったのか。その過程で重要な意味をもった出来事とは何だったのだろうか。

1　デタントの終焉と「新冷戦」の幕開け

　イランでは、親米の国王（シャー）モハンマド・レザー・パフラヴィー（パーレビ国王）の圧政に抗議する運動が1978年から激化したため、カーター米大統領は国王を支持しようとしたが、1979年1月に国王は亡命を余儀なくされた。翌2月に宗教指導者ホメイニーが帰国して4月にイスラーム共和国が樹立され、この一連の事件は**イラン革命**として世界の注目を集めた。さらに同年11月には、シャーを受け入れたアメリカに反発するデモがテヘランで起こり、過激派の学生らがアメリカ大使館を占拠して、大使館員66人を人質にとる事件が発生した。カーターは、米軍特殊部隊による人質救出作戦を実施したが、部隊が砂嵐に巻き込まれて作戦が失敗したため、内外で厳しい非難にさらされた（III節2）。また、1979年7月には、ニカラグアに左派のサンディニスタ政権が登場した。アメリカは、これらの事件がソ連の画策によるものではないことは理解していたが、アメリカの威信が失墜しているとの印象が拡大することを恐れた。

　こうした危機的な状況が生じていたさなかの1979年12月に、**ソ連がアフガニスタンに侵攻**した。アフガニスタンでは、1978年4月にアフガニスタン人民民主党（PDPA）がクーデタで社会主義政権を樹立し、ソ連は経済・軍事援助を提供してこの政権を支えようとしていた。しかし、政権はなかなか安定せず、やがて内戦状態に陥った。ソ連指導部は当初、軍事介入は行わないという決定を下していた。ところが、クーデタ後に実権を握ったアミーンが内戦を収束させる力をもたず、かつアメリカと接触していると考えたソ連は、1979年12月に軍事介入を決定した（III節3）。

　ソ連にとってアフガニスタンは戦略的に重要な国だった。アフガニスタンは、アメリカの影響下にあるイランやパキスタンとソ連との間に位置し、ソ連南部国境の緩衝地帯となる存在だったからである。さらにこの時期の米中接近によって、

アフガニスタンを失うことは受け入れがたいものとみなされた（Zubok 2010, 102–103）。したがって、このアフガニスタン侵攻は、ソ連指導部にとっては、アミーンがアメリカになびくのを防ぐという、防衛的な意図の下にとられた政策だった。

　しかし、西側はそれをソ連によるペルシャ湾進出の布石という攻撃的な意図の表れだとみなした。カーターは 1980 年 1 月の一般教書演説において、ソ連にアフガニスタンからの即時撤退を要求し、ペルシャ湾岸地域を世界の石油供給量の 3 分の 2 を産出する戦略的に重要な地域と位置づけた。その上でペルシャ湾地域を管理下に置こうとする外部からのあらゆる試みは、アメリカの死活的に重要な利益に対する攻撃とみなし、軍事力を含むあらゆる手段で対応するとの立場を表明した（カーター・ドクトリン）。米ソ関係は一気に緊張し、カーター政権は対ソ強硬路線で結束し、ここにいわゆる「**新冷戦**」の幕が切って落とされた。続くレーガン政権はさらに、ソ連に抵抗する勢力ムジャーヒディーンの支援に極秘裏に乗り出すことになる。

　ソ連のアフガニスタン侵攻によって米ソ関係が一気に悪化したため、1979 年 6 月に調印されていた SALT II 協定は、米連邦議会での批准審議が棚上げされることになった。こうしてデタントに終止符が打たれ、その後に現れた米ソの厳しい対立状況は、「新冷戦」と呼ばれるようになった。

2　レーガンの戦略

　1980 年 11 月に大統領に選出されたレーガンは、それまでの緊張緩和路線を放棄し、強いアメリカをめざす姿勢を打ち出した。レーガンは 1983 年 3 月の福音派教会全国集会で行った演説で、ソ連を「悪の帝国」と呼び、神の存在を否定する共産主義を邪悪な思想と指弾するなど、政権第 1 期目にはソ連に対して強硬な姿勢をとった。レーガン政権の戦略は、アメリカの強みを活かしてソ連の弱点を突くことにより、ソ連の旧いシステムを崩壊に追い込むという発想に立っていた。レーガンは、ソ連が富を消費者の豊かさのためではなく、国防目的の兵器に偏って費やしていることや、国民の人権を尊重できないことをソ連の重大な弱点とみなし、こうしたソ連のシステムの歪みに働きかけて、それを破綻させるための競争をしかける戦略を構想したのである（Leffler 2007, 346–347）。当時は、ソ連が強大化しているという印象が一般的で、崩壊が間近に迫っているとの観測はほとんどなかったため、ソ連崩壊をめざすレーガンの発想は大胆なものだった。

　こうした見方に立って、1982 年 5 月に、ソ連が経済的欠陥ゆえの困難に直面

し、ソ連と同盟国の内部に将来的な自由化とナショナリズムを望む傾向が生まれるようしむけるべきだ、という指示を政権内に出した（Gaddis 2005, 355）。また、1983年1月に策定された対ソ戦略は、あらゆる国際的な問題について、持続可能なかたちでソ連と効果的に競争することによって、まずソ連の拡張主義を封じ込め、やがて巻き返す動きに打って出ることを示した。このような方針に沿って、レーガン政権は核戦力と通常戦力の拡充、新たな戦争計画の策定、対ソ経済制裁、人権外交による積極攻勢、東欧諸国やアフガニスタンにおける反ソ抵抗運動への支援、アンゴラ、エチオピア、ニカラグアの反政府勢力に対する支援、政府高官による演説やプロパガンダを通じた心理戦など、実に多様な政策手段を繰り出していくことになった（Gaddis 2005, 356）。

★ロナルド・ウィルソン・レーガン（1911–2004年）

> ラジオのスポーツ・アナウンサーやハリウッド映画俳優、テレビショーの司会などを経て、カリフォルニア州知事を2期8年務めた。大統領選には1968年と1976年に出馬したが敗れ、1980年に当選を果たした。レーガンはもともとニューディール政策と民主党の支持者だったが、高い税率や大きな政府こそが経済と個人の自由に悪影響をもたらしていると考えるようになり、50歳を過ぎてから共和党に転向した。

3 アメリカによる軍拡路線の追求

　新冷戦を象徴することになったのが、米ソの軍拡競争の再開だった。レーガンは、デタント期に締結された戦略兵器制限交渉（SALT）のような軍備管理は、核兵器の危険を固定させるものであり、そうした「恐怖の均衡」には否定的だった。また、アメリカが本気で核戦力を増強する気だと思わなければソ連は軍備削減交渉を重視しないだろうし、アメリカとの軍拡競争に勝てないと判断しない限り、検証可能なかたちで削減するための交渉に真剣に取り組むこともない、と考えていた（Gaddis 2005, 352）。このためレーガンは当初、軍備を増強し、アメリカが軍備面でソ連よりも優位に立ったうえで、有利な立場から軍備削減交渉に臨むという政策を追求した。こうした軍拡路線は、「力による平和」と名づけられた。

　ソ連は1976年頃から核弾頭を搭載した中距離弾道ミサイルや戦略爆撃機を配備し始め、いわゆる「ユーロミサイル危機」が発生していたが、NATOは1979年12月に「二重決定」を下していた（2章II節11）。レーガン政権はこれを踏ま

えて 1981 年 9 月に、ソ連との協議で「ゼロ・オプション」を提示した。ゼロ・オプションとは、ソ連が中距離弾道ミサイル SS–20 を全廃すれば、アメリカは配備予定となっている中距離核ミサイル（パーシング II 弾道ミサイルや巡航ミサイル）の NATO 諸国への配備を見送るという内容の提案である。

　また、レーガンは 1983 年 3 月に、米本土を核ミサイル攻撃から防衛するシステムを構築する**戦略防衛構想（SDI）**を発表した。これはソ連が最もアメリカに追いつきにくいと予想されたコンピューター技術を駆使したミサイル防衛システムを、大気圏外に配備するもので、別名「スターウォーズ計画」と呼ばれた。その狙いは、ソ連にアメリカとの戦略的な競争に勝てないと判断させることにあった。しかし、アメリカが強力な「盾」をもつことになれば、報復を恐れずにソ連を攻撃できるようになるため、ソ連は SDI に猛反発し、米ソ協議も中断した。

　ソ連は、このようなレーガンによる一連の対ソ強硬路線を強く警戒するようになり、1983 年 11 月に実施された NATO による大規模軍事演習「エイブル・アーチャー 1983」を本格的な攻撃の準備と誤解して、一触即発の事態が発生した。この意図せざる危機の発生を事後に知ったレーガンは、軍備削減交渉に前向きな姿勢を鮮明にするようになり、中断されていた米ソ協議も 1985 年 3 月に再開されることになる。

4　「レーガン・ドクトリン」と第三世界

　レーガン政権は、ソ連が第三世界や東欧で獲得した勢力圏の内部において、ナショナリズムを高揚させて、ソ連に抵抗・反発させるよう仕向ける巻き返しの政策を展開し、こうした取り組みは、**「レーガン・ドクトリン」**と呼ばれるようになった。1985 年 1 月の一般教書演説においてレーガンは、「民主主義を信奉するすべての同盟諸国を支援しなければなりません」と述べたうえで、アメリカは、「アフガニスタンからニカラグアに至るすべての大陸で、ソ連の後押しを受けた侵略に命を懸けて抵抗し、生まれながらにしてもっている権利のために戦っている人々の信頼を裏切ってはなりません」と訴えた。レーガン政権は、ソ連の国民解放戦争に対抗するため、アフガニスタン、アンゴラ、ニカラグアなど、社会主義政権が誕生した国々や、中南米・カリブ海諸国において巻き返し政策を追求した。

　カリブ海の島国グレナダでは、1979 年に独裁者ゲーリーを追い落としたビショップ率いる人民革命政府（PRG）が発足し、これをソ連とキューバが支援した

ため、アメリカは懸念を募らせていた。やがて軍司令官オースティンがクーデタを起こしてビショップを殺害したのを契機に、アメリカは、グレナダ在住のアメリカ市民の保護を名目に、1983 年 10 月に**グレナダ侵攻**に踏み切り、短期間の内に全土を制圧して、同年 12 月には撤退した。

　また、中米のニカラグアでは、親米体制を打倒し国有化などの急進的政策を推し進めていた左派のサンディニスタ政権は、ソ連やキューバから支援を受けていた。そこでニカラグアの隣国ホンデュラスで米軍事顧問団がサンディニスタ打倒をめざす武装集団コントラを訓練し、コントラがホンデュラスからニカラグアに侵入してはサンディニスタ政権を攻撃していた。1986 年 11 月には、アメリカからコントラへの資金が、イランへの不法な武器売却で得た収益によって賄われていることが発覚するという、いわゆる「**イラン・コントラ事件**」も発生した。

　さらに、アフガニスタンにはソ連が武力介入していたが、CIA は「自由の戦士（ムジャーヒディーン）」をパキスタンから支援した。やがてアメリカは、1986 年頃からスティンガー携行型地対空ミサイルをムジャーヒディーンに提供するようになった。このミサイルでソ連軍のヘリコプターが次々と撃墜されたため、アフガニスタンでソ連軍は劣勢に立たされるようになり、ソ連による介入は泥沼化していった。

5　ゴルバチョフの「新思考外交」

　ソ連は、「新冷戦」と呼ばれる状況に危機感を覚えていたが、指導者の交代が相次いだこともあり、有効な対抗策を打ち出せないままだった。以前から病気がちだったブレジネフが 1982 年 11 月に、後を継いだアンドロポフも 1984 年 2 月に、さらにその後任のチェルネンコも 1985 年 3 月に死去した。20 年近く続いたブレジネフ時代に、エリートの高齢化が進んでいたのである。さらに、ソ連の経済状況も深刻だった。1982 年以降原油価格が急落したことは大きなダメージとなり、軍事支出や社会主義諸国に対する支援が国内経済を逼迫させていた。後述するように、このような状況でソ連指導部は中国や日本との関係改善を模索するが、それらは成功しなかった。

　1985 年 3 月に、ソ連共産党書記長にゴルバチョフが就任して、ソ連は大きな転機を迎えることになる。それまでブレジネフ、アンドロポフ、チェルネンコと高齢の書記長が続いていたので、54 歳のゴルバチョフの書記長就任は画期的であり、ソ連指導部の世代交代が進んだ。ゴルバチョフは、自身と考えの近い人物

を側近に任命して権力基盤を固め、**ペレストロイカ（改革）**を推し進めた。ペレストロイカは当初、停滞する社会主義経済の活性化と国民の生活水準の向上を目的としていたが、こうした経済改革は官僚機構の抵抗にあったため、ゴルバチョフは政治改革にも取り組むようになった。また、外交面では、グルジア共和国第一書記で、ほとんど外交経験のなかったシェワルナゼを外相に据えて、「**新思考外交**」を展開した。

★ミハイル・セルゲーエヴィチ・ゴルバチョフ（1931 年–）

> 　モスクワ大学法学部卒業後、生まれ故郷のスタヴロポリ地方のエリート党官僚として出世したゴルバチョフは、冷戦終結の立役者として 1990 年にノーベル平和賞を受賞した。ただし、ロシア国内での評価はあまり高くない。ゴルバチョフ自身は最後まで停滞したソ連を「刷新」してその体制をなんとか維持しようと試みたが、一般的な評価としては、ソ連崩壊とその後の混乱を引き起こした人物とみなされている。

　ゴルバチョフの「新思考外交」のなかで最も重要だったのは、「階級的利益」や「イデオロギー闘争」ではなく、「全人類的利益」を追求するという考え方だった。これは、東西両陣営の対立という冷戦の基本構造からの脱却を意味した。軍事力の面で、ソ連はアメリカと対等である必要はなく、防衛に必要な「合理的十分性」にとどめればよいという理念を掲げた。ゴルバチョフはアメリカとの軍事競争をやめ、より安全な国際環境を実現することが、国内の改革を実行するのに役立つと考えたのである。

　このような「新思考外交」が打ち出されたのは、ゴルバチョフの個人的信条によるところが大きい。また、1986 年 4 月に起きた**チェルノブイリ原発事故**も、ゴルバチョフの核軍縮に対する信念を形成するのに影響したといわれる。ただし、ゴルバチョフは党書記長就任後すぐに外交政策を転換したわけではない。当初は東西対立を前提に、社会主義諸国が団結する必要があると考えていた。こうした考えに変化をもたらしたのは、ヤコヴレフ、チェルニャーエフ、シャフナザロフといった補佐官たちや、シェワルナゼ外相といった側近らであった。彼らは、ソ連の社会や外交は機能不全に陥っており、アメリカとの軍拡競争や東欧への軍の駐留はソ連や社会主義ブロック全体にとって大きな負担であると認識していた。そうした認識が徐々に共産党指導部のなかで共有されていったのである。

6 レーガンとゴルバチョフによる軍縮外交

　レーガンは、ゴルバチョフがそれまでのソ連の指導者とは異なることをいち早く見抜いたといわれる。レーガンはまずゴルバチョフに対し、核戦争の危険が高まりつつあり、危険低下を真剣に追求していることを訴えた。レーガンとゴルバチョフは、1985年11月にジュネーヴで、また1986年10月にはレイキャビクで首脳会談を行い、核廃絶について交渉した。このとき具体的な合意に至ったわけではなかったが、それでも両首脳の間には個人的な信頼関係が生まれたといわれる。そして、1987年12月のワシントン米ソ首脳会談では、ゴルバチョフがSDI放棄という従来の対米要求を取り下げ、**中距離核戦力（INF）全廃条約**に調印した（1988年6月発効）。INF全廃条約は、射程が500キロメートル（300マイル）から5,500キロメートル（3,400マイル）までの核および通常弾頭を搭載した地上発射型弾道ミサイルと巡航ミサイルを廃棄するという画期的なものだった。また、これと並行してレーガン政権はゴルバチョフに対して、経済改革を積極的に促した。

　アフガニスタン介入の泥沼化は長らくソ連指導部を悩ませていたが、ゴルバチョフはアフガニスタンからの撤退を決定し、1989年2月にそれを完了させた。また、1988年12月の国連演説では、「人類共通の利益」をソ連外交の基本原則として掲げるとともに、50万人の兵力削減や、東ドイツ、チェコスロヴァキア、ハンガリーからのソ連軍部隊の一方的な撤退も宣言した。このような譲歩は、ソ連の軍部からだけでなく、ソ連軍に依存している東欧指導者からも強い反発を招いた。しかし、ソ連国内の経済状況が悪化していたため、ゴルバチョフは、反発にあいながらも国防費の削減を進めていった。

　ソ連によるこうした戦争の脅威を取り除こうとする動きには、1989年1月に大統領に選出されたG・H・W・ブッシュも同調した。ブッシュは、同年5月に「いまや封じ込めを超え、90年代の新しい政策に向けて踏み出すときがきた……アメリカは単にソ連の拡張主義を封じ込めることよりもはるかに大きな目標をもとうとしています……我々の最終目標は、ソ連を世界秩序に迎え入れることにあるのです」と、米ソ関係を根本的に変質させる意向を表明した。また1989年1月に開催されたNATO首脳会議では、在欧米軍の20パーセント削減を提案していた。「新冷戦」は明らかに転機を迎え、米ソ対立の出口が見え始めたのである。

7　アメリカの貿易赤字と通商外交の展開

　レーガン政権は軍拡と減税を進めたため、巨額の財政赤字に直面することになった。1983 年には 2,000 億ドルにも達し、この財政赤字に対処するための高金利政策がとられたため、ドル高が進み、貿易赤字も膨らんでいった。財政赤字と貿易赤字という「双子の赤字」を抱え、連邦議会では保護主義が高まりをみせ、最大の貿易赤字国だった日本に対する批判が強まっていった。

　やがて財務長官ベーカーは、1985 年 9 月にニューヨークのプラザホテルで先進 5 カ国蔵相・中央銀行総裁会議（G5）を主催し、各国がドル高の是正を目的とした為替市場への介入で協調し、マクロ経済政策についても調整を図っていくことで合意した（**プラザ合意**）。また、1974 年**通商法の第 301 条**を根拠に、外国の不公正貿易慣行の是正を名目として諸外国の市場開放を迫り、アメリカ製品の輸出拡大を進めるという、圧力重視の通商外交を展開した。

8　社会主義ブロックの崩壊

　米ソ関係の改善と並行して、東欧諸国においても大きな変化が生じた。ソ連でペレストロイカが始まったことによって、指令経済の行き詰まりに直面していた東欧諸国でも、改革運動が活性化した。

　さらに決定的だったのは、ゴルバチョフが「ブレジネフ・ドクトリン」を放棄したことである。ゴルバチョフは共産党書記長就任当初は、東欧諸国に対してソ連モデルに追従することを求めていた。しかし 1 年ほど経つと、ゴルバチョフは東欧の共産党指導者たちに、ソ連と東欧の関係は今後平等の原則に基づくものとなり、彼らの権力維持のためにソ連が軍事侵攻することはもはやありえないと伝えた。ただし、ゴルバチョフは同時に、東欧諸国の改革の行方を制御し、社会主義陣営の協力体制を維持しようという考えももっていた。つまり、「ブレジネフ・ドクトリン」を放棄して、各国の「選択の自由」を容認しつつ、ソ連を中心とする社会主義陣営の秩序は維持したいというのが、ゴルバチョフの考えだった。

　しかし、東欧の政治変動は、ゴルバチョフの予想をはるかに上回る速度で進んだ。ポーランドでは、1980 年に 30 万人の労働者がストライキに参加するなど、経済状況の悪化に対する不満はすでに高まっていたが、ゴルバチョフの登場後**ポーランドの民主化運動**には一気に火がついた。1989 年 6 月に行われた選挙では、自由選挙枠のほとんどを、ワレサが率いる労働組合を基盤とした民主化勢力「連帯」の候補者が獲得して圧勝した。こうして、共産党系と非共産党系の連立政権

ができると、憲法改正が行われ、ポーランドの社会主義体制は崩壊した。

　次節で述べるように、これに続いてハンガリー、東ドイツ、チェコスロヴァキア、ルーマニアなどでも、次々と社会主義政権が倒れる**「東欧革命」**が起きた。改革に最も強硬に抵抗していた東ドイツのホーネッカー政権も、市民の抗議運動に抵抗しきれず、1989 年 11 月にはついに「ベルリンの壁」が崩壊した。

　ソ連は、こうした東欧の激変を黙認した。1956 年のハンガリー動乱や 1968 年のプラハの春の時とは異なり、民主化運動に直面しても、ゴルバチョフは軍事介入を行わなかったのである。そして「東欧革命」後、1990 年 3 月にハンガリー駐留ソ連軍完全撤退協定が調印されるなど、ソ連軍の撤退交渉が本格化した。実質的な存在意義を失ったワルシャワ条約機構は 1991 年 3 月に軍事機構を停止し、同年 7 月には正式に解体した。このように、ソ連による「ブレジネフ・ドクトリン」の放棄は、第二次世界大戦後に形成された社会主義ブロックというひとつの国際秩序の崩壊を一気に加速させた。さらに、帝国的秩序の外縁である東欧で体制転換が起こり、社会主義ブロックが崩壊したことは、後述するように、ソ連の国内情勢にも影響を及ぼすことになる。ソ連国内の各地で民族問題や共和国による自立化の動きが生じ、ソ連は解体に向かうのである。

9　天安門事件と東欧革命、そしてドイツ統一

　1989 年 6 月 4 日に、北京の天安門広場に集まった学生たちを中国政府が武力で鎮圧すると、アメリカで猛反発が起き、G・H・W・ブッシュ政権は対中制裁を発動した。なお、アジアでは、レーガン政権の頃からフィリピンや韓国などの権威主義体制を敷く同盟国に対しても、人権状況の改善を促す働きかけを行っていた（IV節 3）。その一方で東欧諸国で革命の連鎖が起こっている時、ブッシュ政権は、東欧革命への積極的関与を控えた。というのも、アメリカが東欧諸国の革命勢力に肩入れして過度な支援を行えば、ソ連を刺激して、巻き返しを誘発しかねないと判断していたからである（Leffler 2007, 430）。

　こうしたなか、1989 年 12 月にブッシュとゴルバチョフは**マルタで米ソ首脳会談**をもち、ゴルバチョフは、ソ連がアメリカと対話・調整・協力する運命にあるという結論に至ったことをブッシュに伝えた。会談後の記者会見で両首脳は、米ソ新時代の幕開けを謳い、東欧およびドイツの民族自決と第二次世界大戦後の国境線を尊重すること、アメリカは東欧での革命を支持すること、今後の首脳会談で戦略兵器削減条約（START）調印をめざすこと、ヨーロッパにおける通常戦力

の削減に関する合意を 1990 年末までに実現することなどを発表した。

　その後、東西ドイツの統一に向けた動きが加速することになった。統一ドイツの対外関係については、東西ドイツとアメリカ、ソ連、イギリス、フランスが加わる「2 プラス 4」なる協議枠組みで交渉が行われることになったが、米ソにとって最大の問題は、統一ドイツを NATO に帰属させるかどうかということであった（II 節 7）。

　ゴルバチョフは当初、**統一ドイツの NATO 残留**に反対したが、1990 年前半には東ドイツの崩壊が避けられない情勢となり、ドイツ統一を認める条件として統一ドイツが軍事的に中立な立場を保つことを求めた。これに対してアメリカは、1990 年 7 月の NATO 首脳会議のロンドン宣言を通じて NATO に攻撃的な意図がないことを表明し、ワルシャワ条約機構と NATO がもはや敵対する関係にはなく、武力による威嚇または武力行使を互いに自制する意思を確認する共同声明を出すことを提案した。このほかにもソ連に安心を供与するように配慮された取り組みや方向性がロンドン宣言に盛り込まれた（Leffler 2017, 256–257）。また西ドイツは 300 億ドルにのぼる借款をソ連に約束した。

　このようにアメリカと西ドイツが主導してソ連に安心と借款を供与しつつ、ゴルバチョフへの働きかけを重ねていった結果、1990 年 7 月のソ連・西ドイツ首脳会談で、ゴルバチョフはドイツ統一と NATO 残留を承認した。同年 8 月に東西ドイツが統一条約に調印し、10 月に**ドイツが統一された**（II 節 7）。この一連の過程で、統一ドイツの NATO 残留、ソ連軍の撤退、米軍の残留というヨーロッパのあり方に関する米ソの利害の一致が確認され、冷戦が実質的に終結したのだった。

10　ソ連のアジア太平洋政策の新展開

　1980 年代前半、アフガニスタン侵攻により国際的非難を受け、「新冷戦」によってアメリカとの関係が悪化したため、ソ連指導部は、国際的な孤立状態から脱するためにアジア諸国との関係改善を模索した。中国では鄧小平が「全方位」外交を開始しており、それに対しブレジネフも「中ソ関係の正常化を図る用意がある」と述べた。1982 年 3 月には、ブレジネフはタシケントでの演説で、中国が社会主義国であることを認め、「一つの中国」を支持した上で、中ソ国境問題についての話し合いを再開する用意があることを明らかにした。こうして、ソ連の対中政策は新たな段階に入った。また、ソ連はインドとの関係改善も模索した。

ソ連は 1950 年代からインドに軍事的・経済的支援をしていたものの、一時期関係が悪化しており、その関係修復をめざしたのである。

さらに、東アジアでは、日本、韓国、台湾などめざましい経済成長をみせる国・地域に注目するようになり、外務省の組織や人事を刷新して、アジア諸国に有能な外交官を配置するようになった。さらに、1986 年 7 月のウラジオストクでの演説で、ゴルバチョフはアジアに配備した 20 万人の兵力の削減、アフガニスタンからの兵力の一部撤退を発表し、中国との国境問題についても従来の立場を変更して、中国に譲歩する用意があることを明らかにした。こうして、中ソ関係が進展すると、1989 年 5 月にはついにゴルバチョフが中国を公式訪問し、中ソ関係の正常化が確認された。この成果は、直後に起きた天安門事件や東欧の激変によってかすんでしまったが、中ソ関係における大きな転換点となった。

対中関係と比べると、ソ連の対日関係は進展をみせなかった。1980 年代前半から、ソ連指導部では日本との関係改善の必要性が認識されており、領土問題における妥協を求める声もあった。しかし、それはあくまで冷戦的思考に基づくものであり、西側諸国の分断という目的のための手段にすぎなかった。そのため、ソ連による SS–20 のアジア配備や 1983 年 9 月の大韓航空機撃墜事件などによって、そうした機運は削がれることになった。ゴルバチョフも、日本がアメリカに忠実な同盟国であると考えており、冷戦終結までは関係改善に対して消極的だった。ゴルバチョフは、1991 年 4 月にようやく訪日した。

11　ソ連の解体と CIS 発足

ゴルバチョフが国内外で大胆な改革を進めていくにつれ、ソ連国内では、彼に対する批判が高まった。保守派は、ゴルバチョフがソ連を西側に売り渡していると糾弾し、急進派は、ゴルバチョフにソ連を改革する力量はないと批判したのである。また、1990 年から 91 年にかけて、ソ連を構成する各共和国が連邦からの離脱やソ連邦内での権限拡大を要求したため、ゴルバチョフは共和国に譲歩するかたちで連邦条約を刷新し、なんとか国家の解体を防ごうとした。

しかし、1991 年 8 月に保守派がクーデタを起こし、新連邦条約調印を阻止しようとした。ヤナーエフ副大統領を筆頭にした保守派らは、ゴルバチョフを軟禁状態に置いた。エリツィン・ロシア共和国大統領が、大衆を動員して保守派を非難したこともあり、このクーデタは失敗に終わることになったが、側近に裏切られたゴルバチョフの権威は失墜した。そして、1991 年 12 月 8 日にロシア、ウク

ライナ、ベラルーシの 3 首脳が**独立国家共同体（CIS）**を結成する協定に署名し、12 月 25 日にゴルバチョフがソ連大統領を辞任することを発表して、ソ連は消滅した。こうして社会的な平等を掲げる社会主義という運動は、その影響力を大きく失うことになった。

　これを受けて、ブッシュ政権は声明を出し、旧ソ連諸国による「責任ある安全保障政策、民主的政治、自由市場経済の尊重」を求めるとともに、新たな核兵器国の出現を望まないとして、核兵器の一元的管理と旧ソ連諸国による核兵器不拡散条約（NPT）調印を求めた。このように、冷戦終結後の新たな国際秩序はアメリカ主導で進められていくことになった。

まとめ

　アメリカは、軍拡や第三世界での巻き返しなどによってソ連に圧力をかけ、米ソ関係は緊張に満ちたが、やがてソ連の改革と再建をめざす「新思考外交」を掲げたゴルバチョフが登場すると、アメリカはこれに呼応して対ソ協調路線をとるようになった。米ソ首脳間で信頼関係が作られたことも重要だったが、核廃絶に向けた交渉が **INF 全廃条約**というかたちで実を結んだほか、ソ連が東欧の兵力を自主的に削減し、東欧革命への介入を自制したり、**統一ドイツの NATO 帰属**を受け入れるなどしたことが、状況を大きく変えていった。こうしたプロセスを通じて米ソはヨーロッパの未来についての利害が一致していることを確認し、そのなかで冷戦は収束をみたのだった。

II　ヨーロッパ

　米ソ間に「新冷戦」と呼ばれる対立が再燃した時期、ヨーロッパはどのような対応を示したのだろうか。西欧の福祉国家が行き詰まるなかで台頭した新自由主義はヨーロッパ統合にいかなる影響を与えたのだろうか。1980 年代末の東欧の政治変動から「ベルリンの壁」の開放、そして東西ドイツ統一に至るヨーロッパにおける東西分断の克服のプロセスはどのように進行したのだろうか。

1　「新冷戦」とデタントの維持

　「新冷戦」が到来したときに、ソ連との対決姿勢を強めるアメリカとは対照的に、西欧諸国は東側諸国とのデタントを維持しようと試みた。カーター米大統領

は、対ソ経済制裁の強化を呼びかけたが、西欧諸国はそれに強く反対した。その背景には、西欧諸国にとって、1975年のヘルシンキ最終文書以降の東側諸国との経済関係や人的交流の拡大が無視できなくなっていたことがあった。

　とりわけ石油危機をきっかけにエネルギー問題が深刻化しており、ソ連との天然ガス・パイプライン計画など、西欧諸国は対ソ経済関係を発展させつつあった。加えて2章Ⅱ節で述べたように、ソ連や東欧諸国との政府間関係を良好に保ち、実務的な人的交流の維持拡大などをめざして、地域の安定化を図ろうとしていたのである。対話による事態打開を図るべく、フランスのジスカールデスタン大統領や西ドイツのシュミット首相は相次いでモスクワを訪問した。

2　新自由主義の台頭

　一方、西欧諸国の経済状況に目を向けると、戦後の福祉国家モデルが行き詰まりをみせるなかで、イギリスでは、1979年5月に首相に就任したサッチャーが、**新自由主義**と呼ばれる政策を推し進めようとしていた。戦後の西欧諸国では、社会保障や完全雇用政策によって社会福祉の積極的な増進を図る福祉国家が形成されてきた。この点についてはイギリスでも二大政党間で「戦後コンセンサス」といわれる合意があった。しかし、1970年代に入る頃からインフレと景気後退が同時に進行するいわゆるスタグフレーションに見舞われ、経済活動や社会福祉における政府の積極的な役割を認める「大きな政府」に代わって、「**小さな政府**」を提唱する新自由主義が台頭してきた。その旗手となったのがサッチャーであり、またアメリカ大統領に就任したレーガンだった。サッチャーは、国営企業の民営化、労働法制などの規制緩和、金融ビッグバンなどを通じて「戦後コンセンサス」に異議を唱え、福祉国家が抱えていた構造的な問題に取り組んだのである。

★マーガレット・ヒルダ・サッチャー（1925-2013年）

　「鉄の女」と呼ばれ新自由主義の旗手となったサッチャーだが、ヨーロッパ統合自体を真っ向から否定していたわけではない。たしかにサッチャーは、EC財政上の予算問題でイギリスの負担金が多すぎるとして強硬に還付を求め、冷や水を浴びせた。しかし新自由主義の潮流のなかで統合に関して域内の自由化を推進する立場にあり、さらにアメリカに対抗するためにもECが結束する必要性を唱えたのである。

　サッチャリズムとも称される、この新自由主義的な改革の流れは、同じような問題に苦しんでいた他の西欧諸国にも波及していった。フランスでは、1981 年 5 月に社会党のミッテランが大統領に就任していたが、当初掲げていた「社会主義プロジェ」に基づく改革の試みが行き詰まると、新自由主義的な方向へと「転回 (Tournant)」した。西ドイツでも、1982 年 10 月に社会民主党（SPD）主導の政権から政権交代を果たしたキリスト教民主同盟（CDU）のコールが、首相として市場経済を活性化するための民営化や規制緩和といった「転換 (Wende)」を唱えた。ただし、ミッテランの「転回」はすぐに成果を挙げたとはいいがたく、またコールの「転換」の内実も、シュミット前政権から踏襲した要素が少なくなく、戦後西ドイツ経済を支えてきた「社会的市場経済」（自由な競争原理に基づく市場経済を原則としつつ、市場経済の生み出す否定的な結果を是正するために国家が一定の調整機能を担う）の下で、新自由主義的な政策が徹底されるとまではいかなかった（芝崎 2013）。とはいえ、この新自由主義の台頭は、国境を越えた資本の移動などを促す足がかりとなり、のちに述べる西欧域内の自由化をさらに促進することで、ヨーロッパ統合の再活性化を準備したともいえよう。

3　米欧対立の激化

　これに対して東欧のポーランドでは、1981 年 12 月に自主管理労働組合「**連帯**」が戒厳令の発動によって弾圧されるという事件が発生した。アメリカのレーガン政権はこれを激しく非難し、ポーランド政府に対して幅広い制裁を科すように西欧諸国に求めた。しかし、西欧諸国による制裁が、新規の信用供与の禁止にとどまったため（マクマン 2018, 203–204）、強力な制裁を求めるアメリカと西欧諸国間の溝は深まった。さらにレーガンは、ソ連と西欧諸国との間で交わされていた天然ガス・パイプライン協定を問題視し、アメリカのパイプライン関連技術のライセンスや機器を扱うヨーロッパ企業に契約停止を命令するなどして圧力を強めた。こうしたアメリカの措置に対して、西欧諸国は強硬に反発したため、1982 年 11 月にレーガン政権はヨーロッパの企業への制裁を解除するに至った（山本 2015）。このようにポーランド危機は、東側諸国とのデタントに関する米欧間のアプローチの相違を改めて露呈させたのだった。

　さらに、この時期の米欧関係をとくに大きく揺るがす問題となったのが、第 2 章で述べた NATO の「**二重決定**」による西欧への新型 INF（中距離核戦力）の配備である。INF をめぐる米ソ間の交渉が行き詰まりをみせ、配備の期限が近づく

につれて、NATO の同盟国政府は計画通りに INF 配備の準備を進めた。ただし、レーガン政権の強硬な対ソ政策は、米ソ関係をことさらに冷却化させ、ヨーロッパを戦場とする限定核戦争の危険性を高めた。これに対して、西欧諸国では反核平和運動が盛り上がり、1981 年 10 月から 11 月にかけて、ボン、ロンドン、ローマ、アムステルダムなどで大規模な抗議集会が開催された。とりわけ東西対立の最前線だったドイツでは、東西の政府間でも関係維持が模索されるなどの動きがみられ、この東西ドイツ間の「ミニ・デタント」に代表されるように、米ソの新冷戦とは対照的に、ヨーロッパでは東西間のデタントを維持しようとする動きが顕著だった。レーガンが 1983 年 3 月に戦略防衛構想（SDI）を一方的に発表すると、西欧諸国の対米不信はさらに強まることになった。レーガン政権第 1 期に生じた米欧間の対立は、「先例がないほど激しいもの」（マクマン 2018, 203）となったのである。

　しかし、レーガンの対ソ姿勢は、その後やや軟化する兆しをみせはじめ、さらに 1985 年 3 月にゴルバチョフがソ連書記長に就任すると、米ソ関係が目にみえて好転しはじめた。ゴルバチョフの積極的な働きかけにレーガンも応え、1987 年 12 月に INF 全廃条約として結実した（I 節 6）。ここで見逃がせないのが、ヨーロッパに配備されていた INF が撤去されることに関して、西欧諸国の政府からアメリカによる関与の低下を警戒する声があがったことである。たしかに米ソ間の緊張が緩和し、ヨーロッパを戦場とする核戦争のリスクが減少すること自体は歓迎されることだったが、安全保障のためにはやはりアメリカの「核の傘」が不可欠であることに変わりはなかった。しかも SDI の時と同じように、レーガンの一方的な手法が、西欧同盟国への配慮に欠けていたため、アメリカに対する不満も高まったのである。

4　単一欧州議定書の採択

　1980 年代前半に西欧では、1970 年代以降の国際環境の変化や福祉国家の行き詰まりなどを背景として、政治・経済・社会における、いわゆる「三重の欧州悲観主義」（遠藤編 2014, 222–226）が蔓延していた。内外の問題に対して、迅速で効率的な意思決定ができない現象は「欧州硬化症（Euro-sclerosis）」と揶揄されていたが、そうした閉塞した状況を打開するため、改めて市場統合と機構改革を柱とする、ヨーロッパ統合の再活性化に向けた試みがなされた。1985 年 6 月に EC 委員会がまず域内市場を統合する計画をまとめた「域内市場白書」を発行し、1986

年 2 月には「**単一欧州議定書**」が調印された（1987 年 7 月発効）。これにより、1992 年末までに非関税障壁の撤廃を軸に、「モノ、ヒト、サービス、資本の自由移動が保障された域内の境界のない地域」としての「域内市場」の完成をめざすスケジュールが定められた。とりわけ人の自由移動に関しては、1985 年 6 月に西ドイツとフランス、そしてベネルクス三国が**シェンゲン協定**に合意し（当初は EC の枠外で締結されたが 1997 年のアムステルダム条約によって EU（欧州連合）に取り込まれた）、域内国境の段階的撤廃に取り組むことになった。

　この新たなイニシアティブの背景には、1985 年 1 月に EC 委員会委員長に就任したドロールと前出の英首相サッチャーの積極的な関与があった。1981 年にはギリシャ、86 年にはスペイン、ポルトガルが新たに加盟し、EC の機構改革が進んだ（閣僚理事会での特定分野に関する加重特定多数決制の導入など）。加えて、環境、社会、文化、教育などの多様な分野で共通政策が進められるようになった。そして域内市場完成に向けた「1992 年ブーム」が起こり、次なるステップとして通貨統合に関する議論も具体化していくことになった。しかし、統合の深化は、対外的にはヨーロッパの閉鎖的なブロック化を意味しかねず、ヨーロッパ以外では「欧州要塞（Fortress Europe）」などという言葉も登場し、警戒する声も聞かれた。

5　「汎ヨーロッパ・ピクニック」から「ベルリンの壁」の崩壊へ

　ヨーロッパ統合が新たなダイナミズムを得た 1980 年代後半は、ソ連のゴルバチョフによるペレストロイカや「新思考外交」によって、冷戦秩序が大きな変化を迎えつつあった。東欧諸国は、構造的な経済苦境に陥っており、ハンガリーでは改革勢力が台頭して民主化を進め、またポーランドでも 1989 年 2 月以降、「連帯」を含む円卓会議が行われており、同年 6 月の自由選挙では「連帯」が圧勝した。一方、東ドイツでは、改革に対するホーネッカー政権の硬直した姿勢に東ドイツ国民が失望し、ハンガリーやポーランドの西ドイツ大使館に亡命を求めて押し寄せるとともに、1989 年夏には、オーストリアとの国境にある高電圧鉄条網の撤去を開始していたハンガリーを経由して、西側に流入しはじめた。「**汎ヨーロッパ・ピクニック**」と呼ばれる、ハンガリーからオーストリアへの東ドイツ国民の脱出が起きたのは、同年 8 月 19 日のことである。そして翌 9 月には、ハンガリー政府は増加の一途を辿る東ドイツ市民にオーストリアとの国境を開放するに至った。「鉄のカーテン」が開きはじめたのである。

　しかし、東ドイツでは、それでも強硬な態度を崩さないホーネッカー政権に対

して、ライプツィヒのニコライ教会での「月曜デモ」に象徴される、市民による抗議活動が活発化した。東ドイツ当局もこうした事態を無視できず、1989年11月9日に記者会見で西側への旅行申請手続の簡素化をただちに施行すると宣言した。これを受けて市民が東西間の検問所に押し寄せたことで、ヨーロッパの分断を象徴してきた「ベルリンの壁」がついに崩壊したのである。

6　コールの「10項目提案」と東欧の民主化

　「ベルリンの壁」が崩壊した後の西ドイツ政府の動きは速かった。コール首相は、壁開放から3週間後の11月28日に、ドイツ統一に向けた「10項目提案」を発表した（高橋1999, 173–177）。しかし、そもそも統一ドイツの対外的な問題に関する決定権は、米英仏ソの戦勝4カ国にあり、事前に通告のなかった米英仏などは神経を尖らせた。G・H・W・ブッシュ大統領は、ドイツ人の自決権に基づく統一自体には原則として賛同したが、サッチャーやミッテランは、統一を急ぐコールを牽制しようとした。これに対してコールは、ヨーロッパ統合に関して、単一通貨の導入も視野に入れた経済通貨同盟（EMU）や、共通外交・安全保障政策（CFSP）など、政治・経済統合の深化に前向きな姿勢を示した。その上で、1990年2月にミッテランと首脳会談を行い、ドイツがECの強化を推進する立場をとることを強調したため、フランスもその条件を受け入れてドイツ統一を容認する姿勢を示した。

　1990年4月にはアイルランドでEC首脳会談が開催され、単一の共通通貨（後のユーロ）の導入と欧州中央銀行の設立、および政治統合に向けたさらなる協議を進めることが合意された（芝崎2013）。こうしたプロセスを経て、コールはドイツ統一への支持に関する了解を大筋で取りつけることに成功したのである。第2章II節でみた東方政策の場合と同じように、統一ドイツがヨーロッパ統合に深く関与することこそが、フランスをはじめとする西欧諸国からの理解を得るうえで重要だったのである（Ludlow 2010, 184–185）。

　東ドイツ以外の東欧諸国においても、先述したポーランドやハンガリーを先駆けとして、急速に民主化の動きが広がっていた。ルーマニアでは、1989年12月に政権打倒をめざす「救国戦線」が、長年独裁的な支配を誇ったチャウシェスク大統領を逮捕して「処刑」するなど流血の事態を招いた。チェコスロヴァキア（「ビロード革命」）やブルガリアなどでも一党支配体制が否認されたが、ほぼ平和裏に自由選挙が実施された。このような民主化を可能にした背景には、ブレジネ

フ・ドクトリンを放棄し、東欧諸国への不介入を明らかにしていたゴルバチョフの決断があったことは、Ⅰ節でみた通りである。こうして東欧諸国は、複数政党制に基づく民主主義と市場経済の導入へと大きく踏み出したのである。

★ヘルムート・ヨーゼフ・ミヒャエル・コール（1930-2017年）

　1982年に首相に就任し、のちに「統一の父」とも呼ばれるようになったコールだが、10項目提案の背景に西ドイツ政府内におけるゲンシャー外相とのつば競り合いがあったことも無視できない。当時内政面でも振るわず政権維持すら危ぶまれていたコールにとって、ドイツ統一は国民からの支持を回復する起死回生の一打となり、結局その後1998年まで約16年に及ぶ長期政権を築き上げた。

7　多国間の枠組みのなかでのドイツ統一

　この間、西側へ流入する東ドイツ市民の数はみるみる増加すると同時に、東ドイツでは民主化や経済の立て直しが行き詰まり、市民の間にも西側との統一を求める声が日を追うごとに高まっていた。1990年3月の東ドイツ人民議会選挙では、東ドイツのキリスト教民主同盟（CDU）を含む「ドイツのための同盟」が大勝を収めた。

　コール首相は、大量の東ドイツ市民を受け入れる負担を軽減させようと、まず東ドイツ経済の再建をめざして、経済面での東西ドイツの通貨統合を追求した。その一環として、たとえば両ドイツの通貨の交換レートを、一定額までの個人資産について1対1にするなどした。また、コールは外交面で、ドイツ自らが統一までの交渉過程に参加できるように、関係各国に積極的な働きかけを行った。その結果、東西ドイツ間の協議を重視しつつ、それをもとに統一問題に権限をもつ米英仏ソの4カ国が協議するという、いわゆる「2プラス4」方式で交渉が進められることになった。

　こうしてドイツ統一に向けた交渉が開始されることになったが、その過程において取り上げられたさまざまなテーマのなかでも、とくに関係国間の対立が先鋭化したのは、戦後処理で棚上げされていたドイツ東部の国境画定の問題や、統一ドイツのNATO帰属の問題だった。

　まず国境問題については、第2章でみたように、ブラント政権期の東方政策を通じてソ連やポーランドとも合意していた**オーデル・ナイセ線**を国境線とすることに関して、コールは、ドイツ国内の保守派らの反発を憂慮して、消極的な態度

をとった。このためフランスは、統一前の国境を西ドイツが明確に承認するように求めたため、西ドイツとの間に軋轢が生じる局面もあった。1990年3月には、アメリカの仲介もあって、ポーランドをこの問題に限って交渉に参加させ、合意を図ることで一致していた。ポーランドも、ドイツ統一をとくに強く警戒しており、フランスと同様にできる限り統一前に国境承認に関する言質を得たがっていた。結局、まず1990年6月に東西ドイツの両議会が国境の不可侵に関する決議を可決し、別途ドイツ統一後の1990年11月にドイツとポーランドとの間で国境条約が調印されることになった。

　統一ドイツのNATO帰属問題については、ソ連が強硬に反対の立場を示したため、最後までもつれることとなった（I節9）。西側陣営内の説得を強力に推進したG・H・W・ブッシュ大統領は、ゴルバチョフの了解を得るための外交も展開した。ゴルバチョフは、独立宣言をめぐって緊迫の度を深めるリトアニア問題などでソ連国内から突き上げられており、また経済危機も厳しさを増すなかで、国内政治基盤が弱体化しつつあった。東西ドイツ統一は、西ドイツの憲法にあたるドイツ連邦共和国基本法第23条に基づいて、実質的に西ドイツが東ドイツを編入する手続をとることになっていた。さらに**統一ドイツのNATO帰属**まで認めてしまうと、ワルシャワ条約機構に属していた旧東ドイツの領域までNATOに含まれてしまうことになり、ゴルバチョフとしてはやはり受け入れがたかった。NATOが東ドイツを含む東欧諸国にまで拡大し、ソ連の安全保障を脅かすことが強く危惧されたのである。また、西側諸国にとっても、ゴルバチョフが西側に過剰に譲歩したせいで批判されて失脚し、ソ連の態度が硬化する事態は招きたくなかった。そこでコールは、ソ連への大規模な経済支援を提案するなど、ゴルバチョフが統一ドイツのNATO帰属を受け入れやすい政治環境を作ろうと努めた。1990年7月に訪ソしたコールと協議したゴルバチョフは、統一ドイツがNATOに帰属する可能性を容認し、その瞬間にドイツ統一への最大の障害が取り除かれたのだった。

　このようにドイツ統一に向けた国際的な環境が整っていくなかで、1990年7月に東西ドイツの経済通貨同盟が発効した。続く政治統一に向けた交渉のプロセスでは、東ドイツ経済の事実上の崩壊を受けてスケジュールがたびたび前倒しされた。8月31日にまず東西ドイツによって統一条約が調印され、9月12日に「2プラス4」会議で米英仏ソと東西ドイツの計6カ国の外相が「ドイツに関する最終的規定に関する条約」に調印したことで、戦勝国がもっていたドイツおよびベ

ルリンに関する権利と責任が失効し、統一ドイツは国内外の事項に関する主権を完全に回復した。この条約の主な内容には、国境の最終的な画定やドイツ軍兵力の上限（37 万人）確定に加えて、ABC（核・生物・化学）兵器の放棄や NPT への参加継続など、それまで西ドイツが締結してきた条約や協定の承継も含まれていた。こうして 1991 年 10 月 3 日に**東西ドイツの統一**が達成されたのである。

　このドイツ統一は、翌 11 月にパリで開かれた CSCE 首脳会議ですべての参加国から了解を得た。周辺諸国との戦争を通じてではなく、EC や NATO、そして CSCE といった多国間の枠組みのなかで合意を積み重ねながらドイツ統一が実現したことは、近現代のヨーロッパの歴史を振り返っても、やはり画期的なことだった。また「ベルリンの壁」開放から 1 年後にゴルバチョフが訪独し、独ソ善隣友好協力条約も調印された。東西分断を象徴してきたドイツが統一され、第二次世界大戦後のヨーロッパ国際政治を規定してきた冷戦秩序は終わりを告げたのである。

まとめ

　1980 年代に入り新自由主義の波が訪れた西欧では、停滞していた統合が再び活性化し始めていたが、米ソ「新冷戦」のなかでアメリカとの同盟関係に軋みがみられた。しかし、その一方で、ヨーロッパでは独自にデタントを維持しようとする取り組みが続けられた。そして 1980 年代後半には、東欧諸国の政治変動とソ連の不介入を契機に、「鉄のカーテン」に穴が開き始める。東西分断を象徴していた「ベルリンの壁」が開放されてから 1 年足らずで東西ドイツが統一するなど、分断による冷戦秩序は一気に崩壊し、新たなヨーロッパ秩序の地平が切り開かれたのであった。

III　中東

　1979 年は、エジプト・イスラエル平和条約（2 章 III 節 7）、イラン・イスラーム革命、ソ連のアフガニスタン侵攻が立て続けに発生したことで、中東が激動する年となった。そして 1980 年代の中東では、イラン・イラク戦争、アフガニスタン内戦、レバノン内戦という、性格を異にする 3 つの戦争が継続することになる。これらの事件や戦争にはどのような背景があり、どのような展開をみせ、中東の国際関係にどのような影響を及ぼしたのだろうか。

1 イラン・イスラーム革命の背景

1970年代の中東では、イランの存在感が高まっていた。ペルシャ湾地域において アメリカの代理勢力の役割を果たしてきたイギリスは、ペルシャ湾南岸の首長国との19世紀以来の保護条約を1971年に解消して駐留軍を撤退させ、中東におけるイギリスの非公式帝国は終わりを迎えた。イギリスが撤退した9首長国からは、カタル、バハレーン、アラブ首長国連邦（UAE）が形成された。ちょうどアメリカは、ニクソン・ドクトリンを打ち出して、自らの軍事的責任を世界規模で縮小し、同盟諸国にその肩代わりを求めているところであった。このようなタイミングでイギリスという代理勢力を失ったアメリカ政府は、イランとサウジアラビアに、ペルシャ湾における新たな代理勢力の役割を期待する**「二本柱」政策**を採用した。

イランの国王（シャー）モハンマド・レザー・パフラヴィー（パーレビ国王）は、イギリスの撤退をイランの影響力拡大の機会とみて、ペルシャ湾地域でイランの覇権を実現しようとした。シャーは、石油価格の上昇により増大した石油収入を活用して、大規模な軍拡と経済の近代化を急速に推し進めた。アメリカ政府は、このようなシャーの姿勢を歓迎し、イランの体制が磐石であるとの前提で、シャーが望むあらゆる通常兵器をイランに輸出した。

しかし、シャーの強権的な統治に覆い隠されていたものの、イラン国内では支配体制に対する批判や不満が拡大していた。シャーによる専制的な支配は、学生や専門職などの近代的中間層の不満を高め、急速な近代化政策は、バザール（都市の伝統的商工業者）勢力とシーア派聖職者（法学者）を核とする伝統的中間層の不興を買った。急速な経済の近代化と巨大な石油収入の恩恵が国民に広く行き渡ることはなく、体制への不満は社会の下層にも拡大した。カーター政権が外交における人権重視の姿勢を打ち出したことに触発されたイランの知識人たちは、イラン国内における人権侵害を批判するようになった。世俗的な諸改革に批判的な聖職者たちは、シーア派の高位聖職者ホメイニーを指導者として仰ぎ、体制転換をめざす組織を結成した。ホメイニーは、1963年から始まったシャー主導の近代化政策である「白色革命」を批判したために国外追放となり、亡命先となったイラクやフランスからパフラヴィー朝の打倒を呼びかけていた。

2 イスラーム革命の展開と対外政策

1978年1月の聖職者たちの抗議をきっかけに、イランでは断続的に抗議行動

が発生するようになった。軍や治安当局との衝突の犠牲者を追悼する行事を通じて抗議行動への参加者は膨れ上がり、それはパフラヴィー朝打倒をめざす革命運動に発展していった。

　事態の収拾を断念したシャーは1979年1月に出国し、2月にホメイニーが帰国して事実上の最高指導者に就任した。1979年4月1日にイスラーム共和国への移行が宣言され、同年12月にはイスラーム法学者から選ばれた最高指導者に国家運営の最終決定権を与えるイスラーム共和国憲法が国民投票で承認された。こうしてイスラームを統治の原理とする共和国が初めて樹立された。

　この間、ホメイニーの権威の下でゆるやかに連携していた革命勢力の内部では、イスラームを尊重しつつも世俗的な制度を作って穏健な対外政策を追求しようとする穏健派と、国家の制度や対外政策を一層徹底的にイスラームの原理に沿ったものにすることを求める強硬派の間で、路線対立が続いていた。しかし、1979年11月にテヘランの米大使館を占拠して大使館員を人質とした急進派学生をホメイニーが支持したことで、穏健派は力を失うことになった（I節1）。

★イスラーム主義

　国家や社会を編成する基本原理にイスラームやイスラーム法（シャリーア）を据えることをめざす政治的主張および政治勢力や運動を、イスラーム主義と呼ぶ。イスラーム主義を掲げる政治組織は、両大戦間期にエジプトで結成されたムスリム同胞団を嚆矢とするが、とりわけイラン・イスラーム革命以降、各地にさまざまな組織が出現した。イスラーム主義勢力の主張や政治手法は、穏健なものから急進的なものまで多様で、同じ組織や勢力でも、時期によって主張や性格が変化することもある。たとえば、イランとターリバーンやアル＝カーイダが敵対関係にあるように、イスラーム主義勢力の間に対立が存在するのも珍しいことではない。イスラーム主義を一括りにすることなく、個々の勢力や指導者の主張や立場などを予断なく検討することが重要である。

　米大使館人質事件の発生後、アメリカはイランとの外交関係を断絶した。これ以降、米・イラン関係は、時期によって波はありながらも、対立と相互敵視を基調とするものとなった。一方、イランはソ連との外交関係を維持した。しかし、ソ連がイランの東の隣国であるアフガニスタンに侵攻し、世俗的バアス党の支配下にある西の隣国イラクと同盟関係を結んでいたことなどもあり、イラン・ソ連関係は低調な状態が続いた。1981年までに、イランは「東西いずれの陣営にも

属さない」中立主義を対外政策の基本方針に据えることとなった。

3　アフガニスタン内戦とソ連のアフガニスタン侵攻

　1978 年 4 月、共産主義政党であるアフガニスタン人民民主党（PDPA）がクーデタで権力を握り、アフガニスタン民主共和国への移行を宣言した。ソ連は、このクーデタに関与していなかったが、新政府と経済・軍事協定を締結してアフガニスタンを事実上の衛星国とした。しかし、PDPA 政権の急進的な社会主義政策は、国民の反発を招き、各地でイスラーム主義勢力が蜂起した。PDPA ハルク派のアミーン政権は事態に対処できなかったため、新たな衛星国を喪失することを恐れたソ連は、1979 年 12 月にアフガニスタンに侵攻し、ソ連に忠実な PDPA パルチャム派のカールマル政権を擁立した。

　ソ連のアフガニスタン侵攻は、広く国際社会の非難を浴び、すでに行き詰まりつつあった米ソ間デタントにとどめを刺した。カーター政権は、先端技術機器と穀物の対ソ輸出禁止をはじめとする対ソ禁輸措置、米沿岸海域におけるソ連漁船の操業許可の停止、米ソ文化交流協定の更新見送り、モスクワ・オリンピックのボイコットなどを含む、包括的な対ソ制裁を発動した。軍事面では、インド洋のディエゴ・ガルシア基地を拡充し、オマーン・ケニア・ソマリアと施設利用協定を締結したほか、緊急事態が生じた場合に世界各地に急派することを目的とする緊急展開部隊（RDF）を創設した。外部勢力によるペルシャ湾支配をアメリカの死活的利益の侵害とみなし、これを阻止するために軍事力の使用を含むあらゆる手段でこれに対抗するとの方針を骨子とするカーター・ドクトリン（I 節 1）も、このような文脈で発表された。

　しかし、これらの変化は、アメリカの中東における軍事態勢をただちに変化させたわけではなかった。アメリカが中東地域に展開していた軍事力はバハレーンを母港とする小規模な艦隊のみであり、のちに中東を担当する米軍の地域統合軍である米中央軍（CENTCOM）に発展していく RDF も、紙上の組織に過ぎなかった。それゆえアメリカは、アフガニスタンに駐留するソ連軍と戦うために代理勢力を利用した。アメリカの代理勢力は、**ムジャーヒディーン**と総称されるイスラーム主義諸組織と、それを支援するパキスタンであった。ムジャーヒディーンは、パシュトゥーン人中心のイスラーム党やパシュトゥーン人以外の民族が多数を占めるイスラーム協会など、地域や民族ごとに分かれて組織された民兵組織のゆるやかな連合であった。1977 年 7 月のクーデタで実権を掌握してイスラーム

主義的な政策を採用していたパキスタンのハク政権は、それまで国際的に孤立していたが、ムジャーヒディーンの後ろ盾として、アメリカやサウジアラビアから援助を受けるようになった。アメリカのCIAとパキスタンの情報機関ISIは緊密な協力関係を築いて、広くイスラーム世界からムジャーヒディーン参加者を募り、パキスタン国内で訓練を施した上で、アフガニスタンに送り込んだ。アメリカからスティンガー携帯式地対空ミサイルなどの最新兵器の提供を受けるムジャーヒディーンは、ソ連軍に大きな損害を与えた（I節4）。この結果、ソ連にとってアフガニスタン占領は大きな負担となっていった。

　ソ連経済の立て直しを最優先するゴルバチョフは、ソ連軍の早期撤退をめざして、ナジーブッラーを新たな傀儡政権の長に据えるとともに、アフガニスタン軍の強化を急いだ。1988年4月、アフガニスタン・パキスタン・アメリカ・ソ連の政府間で合意が成立し、1989年2月にソ連軍は撤退を完了した。ソ連の撤退後も、ムジャーヒディーンはナジーブッラー政権への攻撃を継続し、1992年3月にナジーブッラー政権は崩壊した。しかし、アフガニスタンにおける政治的混乱と内戦状況はその後も継続した。

4　イラン・イラク戦争の背景

　イスラーム革命以前から、イランとイラクは基本的に対立関係にあった。両国間にはシャトルアラブ川の国境線をめぐる係争があり、ソ連の同盟国であるイラクとアメリカの代理勢力たるイランは、お互いを脅威とみなしていた。1970年代前半、イランはイラク国内のクルド人を支援することでバアス党政権を弱体化させることをもくろみ、イラクはイラン国内の反体制的なシーア派聖職者やアラブ人が多く居住するフーゼスターン州の分離主義運動を支援することでパフラヴィー朝支配を攪乱しようとした。しかし、1975年6月のアルジェ合意によって、シャトルアラブ川のイラン・イラク間の国境線について合意が成立すると、両国は互いに内政干渉を停止し、両国間の緊張は緩和に向かっていた。

　イスラーム革命後、ホメイニーらは、イスラーム革命の輸出を叫び、国外のイスラーム教徒に向けて各国の世俗的体制を打倒するよう呼びかけた。イラクのフセイン政権は、イスラーム革命の波及に対する警戒を強め、イラク国民の多数を占めるシーア派への締めつけを強化した。まもなく、イラン革命政権が内部の権力闘争で不安定化し、国際的な孤立を深めていくのを好機とみたフセイン政権は、1980年9月、アルジェ合意を破棄して、イランに侵攻した。

★サッダーム・フセイン（1937-2006 年）

　若くしてバアス党に参加して活動家として活躍し、1968 年のバアス党軍人ク
ーデタ後に副大統領、1979 年に大統領に就任した。反対派を粛清し、バアス党
と治安組織による監視体制とさまざまな集団への利益分配を組み合わせる支配体制
により、独裁的権力を確立した。1980 年にイラン、1990 年にクウェイトに軍
事侵攻し、湾岸戦争後の 1991 年にはシーア派とクルド人の反乱を軍事力で鎮圧
した。2003 年のイラク戦争でバアス党支配体制が崩壊した後、米軍に捕縛され、
特別法廷による裁判を経て 2006 年に処刑された。

5　イラン・イラク戦争の国際関係

　イラン・イラク戦争をめぐる国際関係は、東西冷戦とは大きく異なる様相を呈
した。イランを積極的に支援する国は、シリア、リビア、北朝鮮など少数にとど
まった。これとは対照的にイラクは、同盟関係にあったソ連のほか、フランスを
筆頭とする西欧諸国から大規模な武器供給を受けた。サウジアラビア、クウェイ
ト、アラブ首長国連邦（UAE）などの湾岸君主国は、イスラーム革命拡大の脅威
に対抗することを主たる目的として、1981 年 5 月に**湾岸協力会議（GCC）**を結
成し、イラクに大規模な借款を供与した。

　前述のようにアメリカもまた、イラク支援に傾いていった。レーガン政権は、
イラクに対する輸出規制を解除して、1984 年 11 月にはイラクとの国交を回復し
た。そのうえで軍民両用の技術や物資の輸出、そして借款の供与という形で対イ
ラク支援を拡大していった。しかし、反米色の強いバアス党の支配下にあって長
年にわたりソ連と連携してきたイラクは、アメリカにとって信頼できる代理勢力
ではなかった。そのためレーガン政権幹部は、対イラク支援の拡大と並行して、
イランとの関係改善を視野に入れつつ、極秘でイラン政府に接触し、違法な形で
イランに武器を供給した。1980 年代半ばには、イラン側も国際的孤立から脱却
するために東西両陣営との関係改善を模索しており、アメリカとの接触もそうし
た取り組みの一環であった。しかし、イランへの武器売却代金の一部がニカラグ
アの反政府勢力コントラへの違法な援助に振り向けられていたことが 1986 年に
露見して、「**イラン・コントラ事件**」に発展し、レーガン政権は激しい批判にさ
らされた（I 節 4）。これ以降、アメリカではイランへの接近が政治的なタブーと
なり、関係改善への政治的ハードルは一層高まることになった。

　イラン・イラク戦争では、両軍が一進一退を繰り返し、前線が膠着状態に陥っ

ていくと、双方は相手の都市に弾道ミサイル等で無差別攻撃を加えるようになった。また、イランの人海戦術に対してイラクが化学兵器を大規模に使用したこともあって、戦争は双方に大きな人的犠牲をもたらした。また、イラン・イラク両国は、相手方に経済的打撃を与えることを目的として早くから石油施設を攻撃していたが、1984年以降は、相手国の石油を輸送するタンカーも攻撃するようになった。1987年には、アメリカを含むNATO諸国だけでなくソ連も、実質的なイラク支援の一環として、中立国船舶の護衛と掃海活動のために海軍をペルシャ湾に展開した。ペルシャ湾の軍事的緊張が高まるなかで、小規模ながら米軍とイラン軍の交戦も発生した。1988年7月には、ペルシャ湾に展開する米軍艦艇がイランの民間航空機を誤って撃墜する事件が発生し、多くの民間人犠牲者を出した。

　軍事的にも経済的にも疲弊していたイラン・イラク両国に、石油価格の暴落が追い打ちをかけた。イラン革命のあと、石油価格が一段と高騰したため、世界各地で石油開発が進み、供給能力が需要を大きく上回るようになった。需給関係の緩和にともない、石油価格には下落圧力が加わったが、多くのOPEC加盟国は、生産調整（減産）よりも自国の石油輸出の拡大を優先した。そのようななかで、サウジアラビアが生産調整の役割を一手に引き受けることで、OPECの価格決定能力と石油価格は何とか維持されていた。しかし、1986年にサウジアラビアが生産調整の役割を放棄して自国石油の輸出拡大に転じると、石油価格は暴落し、OPECは価格決定能力を喪失した。

　イランとイラクは1988年7月に国連安保理の停戦決議を受け入れ、8年に及んだ戦争は終結した。両国が戦前の国境線を受け入れたことからもうかがわれるように、イラン・イラク戦争は典型的な勝者なき戦争であった。

6　レバノン内戦の背景と構造

　レバノンは、小国ながら、異なる歴史的な背景をもつ複数の地域を束ねて人工的に作り上げられた植民地国家で、内部に多様な宗教・宗派集団が存在する。レバノンの国政は、1943年に成立した国民協約という非公式な政治的合意にもとづいて運営されていた。国民協約は、大統領をマロン派キリスト教徒、首相をスンナ派、国会議長をシーア派にそれぞれ割り当てるというように、宗派別に権力を配分し、それを固定することによって国民統合と政治的安定を維持しようとする枠組みだった。

　しかし、国民協約の下での政治的安定は、徐々に掘り崩されていった。ひとつには、シーア派を中心にムスリム人口が増大したため、国民協約が結ばれた当時の宗派別人口構成から現実のそれが乖離していったことがある。また、第3次中東戦争後に多くのパレスチナ人が流入し、1970年以降はPLOが拠点をベイルートに移したため、レバノンはアラブ・イスラエル対立の最前線となった。こうした変化が生じた結果、レバノン政治には、国民協約を維持するためにパレスチナ人の活動を抑制しようとするキリスト教徒と、パレスチナ人に支持や共感を示しつつ国民協約の変更あるいは廃止を求めるムスリムとが対立する構図が生まれた。

　1975年4月にキリスト教徒とムスリムの間のささいな衝突から始まった**レバノン内戦**は、泥沼化して、1990年まで継続した。内戦が長期化した根本的な原因は、人工的に創出された国民統合の弱さにあった。いったん政治的均衡が破られると、社会的な分断が進んで、宗派ごとのみならず、宗派内にも対立しあう集団が出現し、それらが民兵を組織して争うようになった。同じように人工的な植民地国家であるイラクやシリアは、上から国民統合を強制する強い国家を構築していたが、弱体なレバノン国家は社会の分断を抑制できなかったのである。

　内戦が長期化したもうひとつの大きな原因は、隣国であるシリアとイスラエルの介入であった。シリアは、レバノンが無政府状態になることでイスラエルの脅威が自国に及ぶことを防ぐため、1976年6月にレバノンに軍を進駐させた。レバノンへのシリア軍の進駐は、アラブ連盟から事実上の承認を受け、シリアはレバノンに大きな影響力を行使するようになった。一方、1969年のレバノン政府との合意でレバノン南部における活動の自由を認められていたPLOは、レバノン南部からイスラエルへの越境攻撃を続けていた。1978年3月、イスラエルはPLO掃討を目的としてレバノン南部に侵攻した（「リタニ川」作戦）。国連安保理は、イスラエルに撤退を求めるとともに、レバノン・イスラエル国境地帯の安全を保障することを目的とする国連レバノン暫定駐留軍（UNIFIL）を設置する、国連安保理決議425号を採択した。イスラエルは、レバノン南部に「安全地帯」を一方的に設定し、親イスラエル民兵組織にその治安を委ねたうえで、軍を撤収した。

7　レバノン内戦の泥沼化

　その後もPLOとイスラエル軍は、互いに越境攻撃を繰り返した。1982年6月、イスラエルは、PLOをレバノンから放逐することを目的として、前回よりも大

規模なレバノン侵攻を敢行した（「ガリラヤの平和」作戦）。イスラエル軍は、レ
バノン北部にまで侵攻して、シリア軍とも交戦し、ベイルートを包囲した。この
間に、イスラエル軍はキリスト教徒民兵とともに、多くのパレスチナ人難民キャ
ンプを破壊した。悪名高いサブラとシャティーラの難民キャンプ住民の無差別虐
殺も、この時に発生した。

　アメリカの主導で成立した停戦協定によって、PLO はレバノンから退去する
こととなった。PLO の出国やレバノン軍の再建支援を目的とする、米・英・
仏・伊の多国籍軍がレバノンに派遣された。しかし、イスラエルの優位を固定化
しかねない停戦協定は、レバノンの多くの政治勢力の反発を招き、さまざまな民
兵組織が駐留イスラエル軍のみならず多国籍軍をも攻撃するようになった。レバ
ノン南部では、イランの支援の下、シーア派イスラーム主義組織が合同して、**ヒ
ズブッラー**が結成された。多国籍軍は、自爆テロなどで大きな損害を受け、1984
年にレバノンから撤退した。

　イスラエルは代理勢力である民兵組織に治安を委ねる「安全地帯」を拡大した
上で 1985 年にレバノン北部から撤退した。イスラエル軍と多国籍軍が撤退した
あとのレバノン北部では、シリアが再び支配的な影響力を回復した。しかし、各
宗派の内部に親シリア派と反シリア派の対立が生じたことなどから、1986 年か
ら 88 年にかけて、宗派間だけでなく宗派内部での紛争も激化した。1988 年夏に
は、反シリア派と親シリア派の 2 つのレバノン政府が並立する事態となった。

　レバノン内戦は、冷戦の動向とは無関係に展開したが、冷戦対立の緩和は、内
戦終結の契機となった。米ソを含む国際社会が一致してサウジアラビアが主導す
るアラブ連盟の和平イニシアティブを支持したことから、1989 年 9 月、サウジ
アラビアのターイフに、内戦前の 1972 年の選挙で選出されていたレバノンの国
会議員の生存者が集い、内戦の終結に合意した。**ターイフ合意**と呼ばれる国民和
解憲章に基づく新たな政治的枠組みは、マロン派の大統領の権限を縮小する一方
で、スンナ派の首相やシーア派の国会議長の権限を拡大するなど、国民協約に修
正を加えつつも、宗派別の権力配分システムを温存するものであった。この新た
な枠組みは、シリアの了承のもとに構築され、アメリカとイスラエルを含む国際
社会はレバノンにおけるシリアの地位を黙認した。

　しかし、レバノンで平和が回復したわけではなかった。ヒズブッラーは武装解
除を免れてレバノン南部の「安全地帯」やイスラエルへの攻撃を継続し、イスラ
エルはしばしば国境越しに報復攻撃を行った。イスラエル軍は 2000 年まで、シ

リア軍は 2005 年まで、それぞれレバノンに駐留し、UNIFIL は 2021 年時点でも駐留を継続している。

まとめ

　ソ連のアフガニスタン侵攻とその後の内戦の展開には、新冷戦から冷戦対立の緩和へと向かうグローバルな超大国関係の変容が色濃く反映された。しかし、全体としてみれば、この時期においても、中東の国際関係の最も重要な動因となったのは、グローバルな冷戦から相対的に切り離された域内の政治的ダイナミクスであった。

　イラン・イラク戦争は、イスラーム革命以前から続く両国間の対立の延長線上にあった。イスラーム共和国という新たな政治体制を樹立して革命の輸出と中立主義的な対外政策をめざしたイランに対する警戒感は、ペルシャ湾岸アラブ諸国だけでなく、米ソ両国をも対イラク支援に向かわせた。レバノン内戦の根本的な原因は、レバノンが国民統合の弱い植民地国家であったことに求められる。レバノン内戦は、隣接するシリアとイスラエルが自国の安全保障を向上させるために介入したことで長期化した。そして、ソ連軍の撤退後もアフガニスタンで内戦が継続したことは、超大国間の代理戦争という性格の強かったアフガニスタン内戦においてすらも、冷戦とは直接関係のない土着の政治対立が重要な動因となっていたことを物語っている。

　グローバルな冷戦構造から相対的に切り離されていたため、中東の域内秩序は冷戦の終結から直接的な影響を受けなかった。冷戦後のグローバルな国際関係が中東に影響を及ぼしていくのは、湾岸危機以降のこととなる。

IV　アジア

　1980 年代のアジアには、第二次世界大戦後初めて、大国が関与する戦争がなくなり、比較的平和な時代が訪れた。そのような国際環境の下、アジア諸国は独立以来の悲願だった経済的な繁栄をどのように追求しようとしたのだろうか。また、冷戦の終焉という国際秩序の大変動は、地域の国家間関係にどのような影響を与えたのだろうか。

図 3-1　アジア諸国の 1 人あたり実質 GDP（2011 年基準、US ドル）

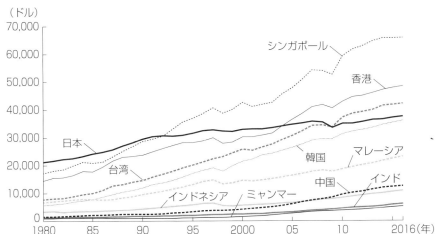

出所：Maddison Project Database, version 2018, Bolt, Jutta, Robert Inklaar, Herman de Jong and Jan Luiten van Zanden（2018）, "Re-basing 'Maddison': new income comparisons and the shape of long-run economic development" Maddison Project Working Paper, nr. 10（www.ggdc.net/Maddison）をもとに作成。

1　NIES、ASEAN5 の経済成長

　1960 年代後半以降に急速な経済成長を遂げ、1970 年代に NICs（2 章Ⅳ節）と呼ばれた韓国、台湾、香港、シンガポールは、1980 年代には**アジア NIES**（新興工業経済地域）と呼ばれるようになった。そもそも NICs はアジアだけではなく、ヨーロッパやラテンアメリカにも存在したが、アジア以外の NICs は 1970 年代の石油危機で大きな打撃を受け、ラテンアメリカ諸国などでは、1980 年代は「失われた 10 年」といわれるほど経済が低迷した。これに対してアジア NIES は、工業製品の輸出によって石油危機のもたらした悪影響から回復し、1980 年代も力強い経済成長を果たした。

　アジア NIES の国・地域には、それぞれ固有の環境や経験もあったが、経済成長を続ける共通の基盤と経験があった。まず、これらの西側陣営に属する国・地域に共通する経済政策の背景には、アメリカや G7 を中心とした西側先進諸国による自由経済の推進という大きな国際環境があった。また、これらの国・地域はいずれも天然資源に乏しかったため、経済成長を模索する早い段階で、輸入代替型工業から輸出指向型工業への転換を図った。その際に、日本を資本財や中間財の輸入先とし、アメリカの市場を主な輸出先としていたことも共通していた。さらに、こうした工業化政策が権威主義政権の下でとられ、経済成長が政権による統治の正統性と密接に結びついており、アジア冷戦の最前線として、これらの政

権がアメリカから積極的な支援を受けたという共通点もあった。

★開発独裁

1980年代になると、東アジアの高度経済成長を可能とした政治経済体制の研究が本格化し、「開発独裁」や「開発体制」などの概念が提示された。こうした概念で分析される体制の特徴は、1) 権威主義体制による政治的抑圧、2) 国家主導の経済開発、3) 反共イデオロギーがセットとなった資本主義開発にある。全斗煥（韓国）、蒋経国（台湾）、リー・クアンユー（シンガポール）、スハルト（インドネシア）、マルコス（フィリピン）などがアジアの開発独裁（開発体制）を代表する指導者として注目された。

アジア NIES のような工業化と経済発展のモデルは、他の東南アジア諸国にも一定程度広がった。たとえばフィリピン、インドネシア、タイ、マレーシアなどは、権威主義体制の下で工業化を図った。そして、日本を牽引役として、アジア NIES や東南アジア諸国が次々と高度成長を遂げる様子は、まるで雁の群れが飛び立つようであったことから**「雁行型経済発展」**と呼ばれたり、**「東アジアの奇跡」**と称賛されたりもした。しかし、すべての国が経済発展に成功したわけではなかった。とくにフィリピンでは、長らく権威主義体制をとり続けたマルコス政権は、輸出指向型工業化を成熟させることができず、1980年代に入ると経済成長が行き詰まりをみせた。外貨不足や累積債務の増大などに象徴されるフィリピンの経済不振は、のちに民主化運動を引き起こす大きな誘因となった。

このように、1970年代から80年代にかけては、日本、アジア NIES、ASEAN 諸国など、太平洋西岸に位置する諸国の経済発展がめざましく、これらの国々とアメリカ、カナダ、オーストラリア、ニュージーランドなどの先進諸国との経済的相互依存が深化して、**「アジア太平洋」経済圏**が形成された。たとえば、1960年のアメリカと対アジア太平洋諸国との貿易総額は、対西欧（OECD 加盟）諸国の50%以下だったが、1980年にはほぼ同額となり、1980年代にはさらに比重を増した。こうした経済関係を背景に、日本とオーストラリアの主導の下、1980年9月に設立された太平洋経済協力会議（PECC）を発展させるかたちで、1989年11月に**アジア太平洋経済協力会議（APEC）**が発足した。

発足当初の APEC は、ASEAN 6カ国（インドネシア、シンガポール、タイ、フィリピン、マレーシア、ブルネイ）と、韓国、日本、ニュージーランド、オーストラ

リア、カナダ、アメリカの 12 カ国で構成された。そして、太平洋西岸と東岸を含むアジア太平洋地域の成長と繁栄の持続をめざし、GATT をベースとした自由貿易システムを尊重しながら、地域協力を推進した。また、APEC は経済水準や政治体制が多様なメンバーによって構成されたため、コンセンサス方式による合意形成やメンバーの自主性尊重を運営の原則とした。しかし、貿易や投資の自由化を推進する上で、コンセンサス方式や自主性尊重の原則がその足かせとなることもあった。

2　中国の改革開放

　米ソ新冷戦という国際環境下で、中国は第三世界や西側諸国と連帯し、主要敵であるソ連に対抗するという、毛沢東時代末期からの外交戦略を続けた。中国国内では、毛沢東が後継者に指名したとされる華国鋒から鄧小平が実権を奪う権力闘争が、派閥に分かれるかたちで繰り広げられた。しかし、いずれの派閥も西側先進諸国との関係を強化することで経済建設をめざすという大方針をとっており、そこに大きな違いはなかった。1978 年 11 月に中国共産党第 11 期中央委員会第 3 回全体会議（第 11 期 3 中全会、以下も同様に略記）が開かれ、共産党は経済の対外開放を大胆に進め、経済建設に注力するという方針を決定した。それと前後して、鄧小平はアメリカ、日本、シンガポール、マレーシア、タイなどのアジア太平洋諸国を精力的に訪問し、日本では新日本製鐵の製鉄所や新幹線を視察し、アメリカでは米航空宇宙局（NASA）やボーイング社を訪問するなど、自身の存在感と対外開放路線への意欲をアピールした。

　1980 年代に入ると、鄧小平は従来の社会主義計画経済に一部市場原理を導入する経済改革を進め、文化大革命で打撃を受けた国家の現代化を、再び軌道に乗せようとした。この経済改革は農村から始まり、「大躍進」政策以来、集団生産や集団生活の基礎単位だった**人民公社体制を解体**し、個別の農家が余剰生産物を市場で自由に売買するのを認めた。続いて、都市の企業においても、国営企業の管理体制を従来の計画経済型から改め、政府に上納した分を超える製品の販売について企業の裁量を認めた。また、このような農村や都市での経済改革と並行して、**経済特別区**として指定した沿岸部の都市を中心に、対外開放政策も加速させた。その狙いは、これらの都市に海外からの資本を集め、国内の経済改革をさらに促進することにあった。こうした経済改革と対外開放政策を並行して進めることで、国家の経済建設を軌道に乗せようとする政策は、1980 年代の後半頃から

「改革開放」政策として定着した。

★鄧小平（1904-97 年）

> 四川省の客家系地主の家に生まれる。1920 年に勤工倹学に加わりフランスへ渡り、共産党に入党。1926 年にはモスクワに渡り、モスクワ中山大学などで共産主義を学んだ。1927 年に帰国し、革命の早期から毛沢東路線に従い、数々のゲリラ戦で戦績をあげた。中華人民共和国成立後は主に経済分野で活躍したが、「大躍進」政策の失敗後から毛沢東との関係は微妙なものとなり、文化大革命では2 度も失脚したが、その後復活をとげた。

　改革開放の初期段階は、1970 年代の西側諸国との関係改善と、米ソ新冷戦を背景とする 1980 年代の国際環境に助けられた。なかでも、米中関係や日中関係は、「黄金期」と呼ばれるほど良好だった。日米を中心とする西側先進諸国は、中国の改革開放に積極的に関与することで、中国を安定したパートナーとして既存の国際秩序に取り込もうとしていた。また、1960 年代以来緊張していた中国とソ連の関係も、1982 年 3 月にブレジネフがタシケントで行った演説を契機に、改善へと向かった。新冷戦という国際環境下で、ブレジネフはソ連の国際的孤立を恐れ、中国に関係改善を呼びかけたのである。さらに、アジア太平洋地域には、アジア NIES に象徴される経済発展の時代が訪れようとしていた。中国はこのような国際環境を利用して経済建設を進めようとしたし、国際社会も中国の改革開放を歓迎し、期待していた。

　1982 年 9 月の中国共産党第 12 回党大会において、共産党は、「独立自主の対外政策」という新たな外交方針を打ち出した。それは、社会主義諸国を含むすべての国々と「平和共存 5 原則」を前提に関係を発展させ、特定の立場に拘束されずに、問題ごとに是々非々で関係を構築しようとする方針であり、それまでの主要敵の存在を前提とする革命外交に終止符を打つものだった。この新たな外交方針の実践は、具体的には、ソ連やソ中対立の結果悪化した社会主義諸国との関係再構築を意味していた。ブレジネフの演説に対し、中国は即座に関係改善に応じる意思を示し、この党大会で党総書記に選出された胡耀邦は、ソ連に対し改めて関係の正常化を求めた。

3　フィリピン・韓国・台湾の民主化

　国際環境の安定と経済発展を背景として、東アジアには**民主化の「第三の波」**が訪れた。1970年代半ば以降、南欧や南米などではそれまでの非民主主義体制が民主主義体制へと転換する事例が相次いだが、1980年代の東アジアにおいてもそうした事例が複数みられた。

　フィリピンでは、マルコス政権の独裁が長期化し、軍による人権弾圧やマルコスの家族や親族による権力の濫用が広がっていたため、民主化を求める声が高まった。1983年8月には、国民の人気が高く、マルコス政権によって国外追放されていたベニグノ・アキノ上院議員が暗殺される事件があり、マルコス退陣を求める声はますます高まった。1986年2月に行われた大統領選挙に、アキノ上院議員の未亡人であるコラソン・アキノ氏が出馬すると、民衆はこれを歓迎した。選挙結果は政権によって操作されたが、民衆の反政府運動はますます勢いづき、選挙の2週間後、軍人の一部がクーデタを試みると、民衆もこれに呼応し、マルコス大統領は亡命を余儀なくされた。

　韓国や台湾の民主化は、フィリピンの民主化とは異なり、より長期にわたって漸進的に進んだ。韓国では、1970年代末に朴正煕が暗殺されると、民主化運動が一気に勢いづいた。1980年5月に軍部を掌握した全斗煥（チョン・ドゥファン）らは、拡大した民主化運動を武力で鎮圧する光州事件を起こし、新たな軍政を敷いた。全斗煥政権は民主化運動を厳しく取り締まったが、1987年10月には憲法を改正して大統領の直接選挙、言論の自由の保障、反体制運動家の釈放などを約束せざるをえなくなった。同年の大統領選挙では改革派が候補者を一本化できず、軍出身の穏健派である盧泰愚（ノ・テ・ウ）が当選した。しかし、1992年には金泳三（キム・ヨンサム）、1997年には金大中（キム・デジュン）と、その後の大統領選挙では改革派の候補が相次いで当選し、政治改革を進めた。

　台湾においても、1979年12月、革新派による雑誌『美麗島』が主催するデモが警官と衝突したことを契機に、蔣経国政権がデモの主催者らを一挙に制圧する美麗島事件が起きた。ただし、反体制運動を厳しく取り締まる一方で、蔣経国政権は政権要職への台湾本省人の起用を進め、限定的ではあったが、選挙による議会の改選を行うなど、政治改革を一定程度は進めた。1988年1月に蔣経国が病死すると、副総統だった本省人の李登輝（りとうき）が憲法の規定により総統職を務め、その権力を手放すことなく、憲法改正による民主化を進めた。議会の全面改選や地方首長の公選などが行われ、1996年には台湾住民の直接選挙により李登輝が総統に選出された。さらに2000年の総統選挙では、民主化運動を主導してきた野党

の民進党から陳水扁が総統に選出され、政権交代が起きた。

　このような東アジア各国の**民主化**には、国内の経済発展やそれにともなう民主化運動の活発化などの内的要因も影響していたが、アメリカの対アジア政策の変容という外的要因も大きな影響を与えていた（Ⅰ節9）。1970年代以前のアメリカは、中国を封じ込めるために韓国、台湾、フィリピンなど東アジアの友好国を支援し、各国の権威主義体制が行っていた人権弾圧などを黙認してきた。アメリカは1970年代に中国と和解したあとも、これらの友好国との経済関係を拡大したが、政治的には自由や人権などの価値観を重要視するようになり、権威主義体制の政府が民主化運動を弾圧すると、厳しい態度をとった。とくにフィリピンの民主化において、アメリカが果たした役割は決定的だった。このような国際環境の下で、アジアにおける民主化の波は、1990年代に入るとタイやインドネシアなどにも波及していった。

4　天安門事件

　社会主義国の看板を掲げる中国も、アジアや東欧における民主化の波と無縁ではいられなかった。1980年代後半、改革開放は官僚や国有企業など既得権益の壁に阻まれて行き詰まった。これを打開するために、鄧小平は胡耀邦や趙紫陽ら改革推進派の党幹部とともに、党と政府の分離や、政府と企業の分離などの政治改革を実行しようとしたが、党内保守派の抵抗は強固だった。これに対して、1988年の秋に、党内保守派が実行した緊縮財政が不況や物価の上昇を招くと、知識人や学生らは政治改革の停滞を憂いた。そして、1989年4月、改革推進派だった胡耀邦の死をきっかけに、知識人や学生らは民主化要求運動を起こしたのである。

　民主化を要求する学生らは北京の天安門広場を占拠し、一般市民などもこれに加わり、運動の規模は次第に拡大した。これに対して趙紫陽総書記らは、市民の運動は平和的なものであり、穏便に解決できると主張したが、強硬派は一党独裁を守るためには断固とした対応をとるべきだと主張し、中国共産党内の意見は対立した。最終的に強硬派が勝利し、鄧小平は、市民の運動を「反革命的な暴乱」だと断じて、実力行使を決定した。1989年6月4日、共産党は人民解放軍を出動させ、天安門広場での運動を制圧した。北京市内で起きた人民解放軍と市民の衝突は、多くの死傷者を出し、多くの市民が捕らえられた。この**天安門事件**が、その後の中国の政治外交に与えた影響は計り知れない。

　天安門事件の直前の 1989 年 5 月には、中ソ関係正常化の集大成となる**ゴルバチョフ訪中**が実現し、各国のメディアはその瞬間をとらえるために北京入りしていた。中国の学生運動は、「改革者」であるゴルバチョフの来訪に触発されて盛り上がりをみせた面もあり、それを徹底的に弾圧した天安門事件の様子は、衛星放送などを通じて瞬時に世界中で報道され、国際社会に大きな衝撃を与えた。西側先進諸国は、中国に経済制裁を科すことを決定し、中国は国際的に孤立した（Ⅰ節 9）。このとき日本もある程度足並みをそろえたが、日本国内では、中国に対して厳しい経済制裁を科せば、共産党をさらに追い込んで強硬化させるという懸念の声も強く、制裁は限定的なものにとどまった。

　中国は、天安門事件に対する西側先進諸国の経済制裁は内政干渉であり、それらの諸国との関係発展の前提となる「平和五原則」に反するものだと認識した。これ以降、中国では、西側諸国が平和的な手段によって中国の体制転換を画策しているという、**「和平演変」**に対する警戒が高まった。また、このような警戒が高まった背景には、天安門事件と同時期に、東欧の社会主義諸国の民主化と、ソ連の崩壊などが立て続けに起こったことも影響していた。天安門事件後、中国共産党内では保守派の勢力が強まり、趙紫陽は失脚して、上海市書記だった江沢民が総書記に抜擢された。党内の実権を握ったのは引き続き鄧小平であり、共産党は改革開放による経済発展をさらに加速させようとする一方で、政治的には西欧的な民主化を明確に否定する**「社会主義市場経済」**という新たな国家目標を打ち出すようになった。

5　冷戦終結とアジア

　冷戦終結がアジアという地域にもたらした変化は、限定的であった。まず、アジアにおける冷戦の中心だったアメリカと中国の対立は、1970 年代にすでに解消されており、中ソ対立もゴルバチョフ訪中までにほぼ解消していた。また、ヨーロッパでは、ソ連の崩壊と前後して東欧諸国が民主化したが、天安門事件にみられたように、アジアではモンゴル以外の社会主義諸国が民主化することはなかった。アジアでは北朝鮮、中国、ベトナム、ラオスといった社会主義諸国が存続し、朝鮮半島と台湾海峡には分断国家が残った。そのため、東アジア地域では冷戦の終結によって軍事的な緊張緩和がもたらされることはなかった。むしろ、経済発展や旧ソ連から流出した兵器によって、地域の諸国は軍備を強化することが可能となり、局地紛争のリスクは高まることになった。

とはいえ、冷戦終結に至る国際的な緊張緩和が、この地域にいくつかの重要な影響を及ぼしたことも確かである。1980年代終盤から90年代初頭にかけて、東アジア地域では、ソ連の影響力が減少するとともにイデオロギー対立も緩和し、政治体制の異なる国の間や分断国家の間で対話や関係改善の機運が高まった。朝鮮半島では、1988年2月に発足した韓国の盧泰愚（ノ・テウ）政権がソ連や東欧諸国との関係改善を進め、1991年9月に韓国と北朝鮮の国連同時加盟、1992年8月には韓国と中国の国交正常化が実現した。また、台湾海峡においても、1990年代初頭には中台双方が民間団体を通じて対話を行う体制を整え、1993年4月には民間団体のトップ会談がシンガポールで実現した。そして、インドシナ半島においても、1989年にベトナムがカンボジアからの完全撤退を表明すると、中国とベトナムの対話が進み、1991年11月には中越関係正常化の共同声明が発表された。

まとめ

1980年代は日本、アジアNIES、ASEAN諸国など、東アジア諸国がめざましい経済発展を遂げ、アジア太平洋諸国間の**経済的相互依存**も深まった。このような諸国間の経済的相互依存は、冷戦の終焉とともにアジア太平洋地域の地域協力が大きく発展する下地をつくった。他方で、政治・安全保障の分野では、冷戦終焉が地域諸国の政治体制の相違や分断国家が争う状況を根本的に変えたわけではなかったが、体制の異なる諸国や分断国家の間に一定の緊張緩和や対話をもたらした。

V　日本

最後に以下では、冷戦終結までの日本の動きについて取り上げたい。前章でみた通り、1970年代後半に日本はアメリカとの防衛協力や中国との友好関係を推し進めたが、その一方でソ連との関係は後退した。こうしたなかでソ連がアフガニスタンに侵攻すると、日本はソ連を批判し、西側先進諸国との連携を強めた。

一方で長年にわたって日本の輸出が拡大した結果、1980年代に日本はアメリカや欧州各国との深刻な**貿易摩擦**に直面した。日本の経済力が極端に大きくなり、とりわけアメリカでそれが問題視されるようになったのである。米ソそれぞれとの間で生じた争点に対して、日本はどのように対応したのだろうか。

1 イラン・イスラーム革命と第2次石油危機

1970年代の日本では、73年に起こった第1次石油危機やデタント下の経済的な相互依存を背景に、「経済安全保障」という考え方への関心が高まっていた。たとえば大平正芳は1978年11月の自民党総裁選で、「総合安全保障戦略」の確立を主張した。この戦略は、日米安保条約と節度ある質の高い自衛力を組み合わせて堅持し、経済・教育・文化にわたる内政の充実をはかるとともに経済協力、文化外交など必要な外交努力を強化するという、安全保障の「総合性」を問うたものだった。

こうしたなか1979年1月にイラン・イスラーム革命が起こると、石油メジャーの関連会社が日本への原油供給削減を通告し、**第2次石油危機**が日本社会を直撃した。同年6月に東京で行われたG7サミットでは、ジスカールデスタン仏大統領が石油の国別輸入目標の設定を提案し、大平首相のいないところで各国首脳がこれに合意したため、日本は苦境に立たされた。しかし、カーター米大統領が日本の求めた数値目標に賛成したことで、日本の石油の輸入目標数値は「630万-690万バレル」（1985年の日量）と受け入れ可能な数値に落ち着き、東京サミットは無事に終わった。

2 「9条＝安保体制」のジレンマ

そして、1979年12月のソ連のアフガニスタン侵攻によって、日本をとりまく国際環境も変化することになる。ソ連のアフガニスタン侵攻後、極東でも緊張が高まった。戦闘艦約20隻や潜水艦約125隻などからなるソ連の太平洋艦隊は、戦略核攻撃能力を有しており、日本にとって脅威だった。こうしたなか日本は1980年2月から3月にかけて、アメリカの第3艦隊がオーストラリア、カナダ、ニュージーランドと行う**環太平洋合同演習（通称リムパック）**に参加した。この演習はソ連の原子力潜水艦などを想定したもので、約3週間にわたり約2万人もの要員が参加したが、日本にとっては初めての参加だった。ソ連はのちに、日本のリムパックへの参加が脅威を作り出していると批判した。

アメリカが西側諸国に対ソ制裁を働きかけたのに対し、大平内閣は積極的に協力した。象徴的な場面は、1980年4月に発表された**モスクワ・オリンピックのボイコット**だった。柔道の山下泰裕選手が「心ゆれ練習に気合が入りません」と声を震わせて語るなど、選手団がショックを受ける姿に人々の関心が集まった。

大平の急死後に首相に就任した鈴木善幸は、1981年1月にASEAN諸国を訪問

し、バンコクでの演説のなかで、**福田ドクトリン**の第1原則（2章Ⅴ節10）など
を踏襲した東南アジア政策の基本方針を示した。鈴木は保守政党の立場から平和
主義的価値を重視した首相だったが、「新冷戦」を背景に、憲法が定める平和主
義と日米安保体制の両立という問題に直面した。1981年5月の日米首脳会談で
レーガンは鈴木に、日本が海と空の自衛能力を高めてくれれば米軍のインド洋へ
の展開が可能になると述べた。

　こうしたアメリカ側の認識を反映して、会談後の日米共同声明では鈴木の発言
として、「日本の領域及び周辺海・空域における防衛力を改善し、並びに在日米
軍の財政的負担をさらに軽減するため、なお一層の努力を行うよう努める」旨が
発表された。しかし、鈴木は日米同盟や役割分担に軍事的意味合いはないと述べ、
さらに外務省が主導して作成した日米共同声明の内容に不満を抱き、後日の閣議
で日米共同声明は首脳会談を反映していないと不満を露わにした。その結果、当
時の外相と外務次官が引責辞任する一幕があった。このことは、国際的な緊張が
生じた際に、日本は平和主義的価値をより重視した立場に立つべきか、それとも
アメリカとの協力をより重視すべきかという、憲法第9条と日米安保条約の2つ
のバランスを保つ日本外交の難しさを象徴する出来事だったといえる。

3　ソ連との対決姿勢

　日中平和友好条約の締結（2章Ⅴ節11）後も日中関係は進展しており、1980年
には中国に対する日本の円借款が始まった。同年5月には華国鋒首相が来日し、
豊田市のトヨタ自動車工業などを視察したが、これは長い日中関係史上、初めて
となる最高首脳の来日だった。しかし、1982年に日本の**歴史教科書**が検定によ
って1930年代の中国への「侵略」を「進出」と書き換えさせられたという報道
をきっかけに、中国や韓国が批判し、外交問題に発展した。この問題の収束のた
め、8月に「歴史教科書」に関する宮澤内閣官房長官談話が発表された。

　1981年12月にポーランド政府が戒厳令を布告した際に、アメリカが対ソ経済
制裁を発動すると、日本もソ連との科学技術協力委員会の開催に応じないことな
ど4項目の措置を発表した。しかし、アメリカが1982年6月に西シベリアとヨ
ーロッパとの間のパイプライン関連部品の対ソ輸出禁止措置の強化・延長を発表
すると、日本がソ連と進めていたサハリン沖の石油・ガス開発プロジェクトまで
流れかねない状況となった。このとき日本は西欧諸国とともに、パイプライン関
連部品の対ソ禁輸措置に反対した。1982年11月、レーガン大統領は制裁措置の

解除を表明した。

　１９８２年１１月に首相に就いた中曽根康弘は、まず１９８３年１月に韓国を電撃訪問し、こじれていた韓国との関係の改善を図り、日本が総額４０億ドルの借款を行うことで合意した。ただし、このとき韓国側は、日韓共同声明に１９６９年の日米共同声明の韓国条項の文言（２章Ｖ節４）や、北朝鮮の脅威を直接的に示す文言を盛り込みたかったが、日本側は応じなかった。

　ソ連との間では対立が目立っていた。１９８２年１１月に死去したブレジネフ書記長の葬儀の際に、日本はアンドロポフ新書記長との単独の日ソ首脳会談を求めたが、ソ連側は断っていた。１９８３年１月、アンドロポフ書記長は西ドイツのフォーゲル社会民主党（SPD）党首に対し、日本に対抗するためヨーロッパ向けに配備しているSS-20を極東に移転するという考えを示した。同月ヨーロッパを訪問したソ連のグロムイコ外相も、同様の考えを述べた。すでにソ連はアジアにSS-20中距離弾道ミサイルやバックファイア戦略爆撃機を配備しており、弾道ミサイルを発射できる原子力潜水艦も展開していたが、ウラル以東へのSS-20の追加配備は日本にとって核の脅威が高まることを意味した。

★中曽根康弘（1918-2019年）

　　１９４７年の総選挙で初当選し、占領中はマッカーサーに「建白書」を独自に提出して占領の終結とアジアの民族主義を訴えた。１９５０年代には米軍の撤退や、憲法改正による自衛軍の創設を主張し、佐藤政権期には防衛庁長官として「自主防衛五原則」を発表した。首相期にはソ連と厳しく対立する一方、アメリカとの半導体、農産物をはじめとする貿易摩擦問題に対応した。首相退任後の１９８９年にはアメリカのキッシンジャー元国務長官やフランスのジスカールデスタン元大統領とモスクワを訪問してゴルバチョフと会談するなど、国際政治に強い関心をもち続けた政治家だった。

　１９８３年１月に渡米した中曽根首相は、レーガン大統領に対して「ゼロ・オプション」（Ⅰ節）を支持する考えを表明し、ソ連を「力の信奉者」だと批判したうえで、（１）３海峡（対馬海峡、津軽海峡、宗谷海峡）に対する日本のコントロールを完全なものとし、有事の際にソ連の潜水艦を日本海に閉じ込める、（２）バックファイア戦略爆撃機の日本列島浸透を許さない、（３）シーレーン（海上交通路）確保の３点を重視する考えを提示した。日本が３つの海峡（対馬、津軽、宗谷）

を優位にコントロールできることは、極東のソ連軍にとって障害となった。アメリカの攻撃型原子力潜水艦が3海峡を自由に航行することは、ソ連を抑止すると同時に、アメリカの原潜が軍港ウラジオストクや核基地のあるペトロパブロフスク・カムチャッキーへのミサイル攻撃を効果的に行うことを可能にしたからである。1983年4月、ソ連は日本が非核三原則の堅持を保証することを条件に、日ソ間でソ連の核不使用を保証する協定を結ぶ案を伝えた。しかし日本側は、ソ連の核不使用の約束には実効性がないとして応じなかった。

4 首脳外交の活発化

　他方で、日本が防衛政策に積極的に取り組む姿勢は、ASEAN諸国の懸念を招いた。こうしたなか中曽根首相は、1983年4月末から11日間にわたってASEAN諸国を訪問し、マレーシアのマハティール首相やフィリピンのマルコス大統領ら各国首脳と会談を重ね、懸念の払拭に努めた。そのうえで中曽根は1983年5月のサミットに先立ちレーガン大統領と会談し、ASEAN諸国の懸念を代弁する形で、ソ連がダナンとカムラン湾に設置していた基地の問題を指摘した。

　ウィリアムズバーグ・サミットでは、米ソINF交渉に向けての西側先進諸国の立場調整も論点となった。ヨーロッパのSS-20の削減分を極東に移転させたくない日本にとって大事な場面だったが、発表された政治声明では「サミット参加国の安全は不可分」、「グローバルな観点から取り組まれなければならない」という日本の意向を反映した文言が盛り込まれた。G7サミット後の1983年8月、ソ連はヨーロッパのSS-20を極東に移転せず、そのまま削減すると発表した。日本からすればソ連を譲歩させた形だったが、翌9月にはソ連軍の迎撃戦闘機が北海道の北側のサハリン近海を飛行中の**大韓航空機を撃墜**し、日本人を含む多数の死者が出た。ソ連が撃墜を認めなかったため、日本は自衛隊が傍受していた撃墜時のソ連機と地上基地との間の交信記録を公表した。その結果、ソ連は撃墜を認めて国際的に厳しい立場に追いやられ、ソ連がめざした「平和攻勢」のイメージは悪化した。

　日本とアジアとの首脳外交の活発化は、「新冷戦」下のソ連との対立を色濃く反映したものでもあった。1983年11月、中国の胡耀邦総書記が日本を公式訪問した。中曽根首相は胡耀邦にソ連がアジアに配置したSS-20が近く135弾頭に達すると伝えたが、胡耀邦は対日関係を維持しながらソ連との和解も進める立場をにじませた。1984年3月、今度は中曽根が中国を訪問し、無償資金協力に加え、

第1次円借款が1983年度に終わるのを受け、1984年度から第2次円借款を始めることを発表した。これは7年間で4,700億円という大型案件だった。胡耀邦が感謝の意を述べたのに対し、中曽根は日本がかつてもたらした戦禍を念頭に、「反省の表れ」と説明した。

　翌4月、中曽根首相はアフガニスタンの隣国パキスタンを訪問して、ハク大統領からソ連の脅威について認識を聞いたうえで、ソ連が面子を失わない形で撤兵できる状況をいかに作るかという今後の課題を提起した。続けて5月にインドを訪れた中曽根は、ガンジー首相に対し、印パ両国の良好な関係を望んでいるというハクのメッセージを伝えた。

　日本は、かつての軍国主義時代のイメージで他国から批判されることがあり、とくにアジア諸国からの懸念の払拭が必要だった。ガンジー首相に対して中曽根は、広島・長崎の被爆体験をもつ日本は核軍縮を訴えていると説明し、日本の軍事大国化を否定して理解を求めた。また同年9月に韓国の元首として史上初めて全斗煥大統領が来日した際には、夜の晩餐会で昭和天皇が、「今世紀の一時期において両国の間に不幸が存じたことは誠に遺憾であり、再び繰り返されてはならない」と表明した。「遺憾」の語は、かつて1974年11月のアメリカのフォード大統領の来日時と、1978年10月に当時副首相だった鄧小平が来日した際に昭和天皇が用いた言葉で、天皇の立場でいいうる最大限の表現だった。

5　戦後40周年

　1985年3月にゴルバチョフがソ連書記長に就任し、ソ連外交は転機を迎え（I節5）、ソ連の対日姿勢にも変化が生じた。同月にチェルネンコ書記長が死去し、中曽根首相が葬儀に参列するためモスクワを訪れると、ゴルバチョフは中曽根と実に12年ぶりとなる日ソ首脳会談を行った。中曽根は日本の非核三原則を説明したが、ゴルバチョフは核兵器を搭載した米艦船が日本に寄港している点などを批判した。

　終戦記念日の1985年8月15日、中曽根首相をはじめとする閣僚たちが**靖国神社に公式に参拝**した。日本では、1985年は戦後40年の区切りの年だった。しかし、一方で中国では1985年は「抗日戦争40周年」の年だった。日本の首相の参拝は、中国政府内で保守派が胡耀邦主席を批判する材料となった。対日関係を重視する胡耀邦の政治生命にかかわると判断した中曽根は、以後の公式参拝を行わなかった。また政府内で、A級戦犯の分祀を模索した。

　また日本の輸出が長年にわたり拡大し続けた結果、1980 年代には日本の経済力が非常に大きくなっていた。日本の輸出が相手国の産業を脅かしているととらえられるようになり、とくに**アメリカの巨額な対日貿易赤字**が問題視された。アメリカは日本に牛肉とオレンジの輸入の自由化を求めていたが、このうち日本は 1984 年 4 月に、アメリカから 4 年間で平均して高級牛肉を年 6,900 トン輸入することに同意していた。またその後日本は ASEAN 諸国の要求を踏まえ、骨なし鶏肉、バナナ、およびパーム油の関税の引き下げを決定した。

　1985 年に日本はアメリカとの間で、(1) エレクトロニクス、(2) 電気通信、(3) 医薬品・医療機器、(4) 林産物を交渉対象の 4 分野として設定し、市場分野別個別協議（MOSS 協議）を行った。アメリカでは円安が日本の輸出を有利にしていると認識されており、とくに議会を中心に日本に対する批判が強かった。アメリカは大幅な所得減税や社会福祉費など政府支出の削減を行ったが、その結果、消費が増大してかえって輸入が増え、財政赤字、高金利、ドル高が発生した。アメリカの状態の悪化を受けて 1985 年 9 月、日本、アメリカ、イギリス、西ドイツ、フランスの蔵相と中央銀行総裁がニューヨークのプラザホテルで会合を開き、ドル高の是正のために協調介入を行うことで合意した（**プラザ合意**。Ⅰ節 7）。

6　円高と新自由主義

　こうして、先進国の間で円安から円高への転換がめざされた。しかし、日本が海外で保有する純資産額は 1985 年末時点で前年末から 75% 増の 1,298 億ドルとなり、世界トップになった。日本で G7 サミットが開催される前月の 1986 年 4 月に発表された**「前川レポート」**では、内需拡大案が提起された。これは、輸出ではなく「内需」つまり国内での消費を増やすことで外国との貿易赤字を減らすという考えで、日米の間では「前川レポート」を前提に構造協議が行われることになる。

　1987 年 4 月には、警視庁がココム（対共産圏輸出統制委員会）規制違反容疑で東芝機械を捜索し、その後同社幹部が逮捕され、日ソ関係が悪化した。この事件によって東芝によるソ連への船舶推進用プロペラ表面加工機などの輸出が明るみになり、米議会では日本に対する批判が収まらなかった。対日批判を背景に、1988 年にはアメリカでスーパー 301 条を含む「包括通商・競争力法」が成立した。また半導体をめぐっても、アメリカが日本に輸入の数値目標を求めたものの日本が拒否するなど、日米の間では貿易摩擦が続いた（Ⅰ節 7）。

　為替相場を年平均でみると、1985 年に 1 ドル 238 円だったのが、1986 年に 1
ドル 168 円となり、1987 年には 1 ドル 144 円になった。このように円のドルに
対する価値は約 2 年で 100 円近く高くなった。円高によって日本では輸入品の値
段が下がり、物価は安くなったが、日本の輸出品は高くなった。その結果、それ
まで輸出で利益を得ていた産業の状況が悪くなり、**「円高不況」**といわれた。

　「円高不況」を避けるために、日本銀行は金融緩和を行い、1986 年だけで公定
歩合を 4 回引き下げた。1987 年 2 月にさらに公定歩合を引き下げ、2 年前の半分
とした。日銀の金融緩和などの結果、投機的な資金が株式への投資や不動産市場
に向けられて、株価と地価が異常に高くなった。いわゆる**「バブル景気」**の発生
である。たとえば 1986 年の基準地価をみると、東京都内 23 区で商業地が 40％
も高騰した。また、1986 年 1 月 4 日に 1 万 3,136 円 87 銭だった日経平均株価も、
2 年後の 1988 年 1 月 4 日には 2 万 1,217 円 4 銭に上がった。

　石油危機以来、西側先進諸国では新自由主義の考えが広がりつつあり、1980
年代の日本、イギリス、アメリカでは**規制緩和と民営化**の政策として一気に実施
された。日本では 1987 年 4 月、日本国有鉄道が JR 7 社に分割民営化された。ま
た電話事業を担ってきた日本電信電話公社が民営化されて日本電信電話株式会社
（NTT）となり、たばこを販売していた日本専売公社も民営化された。

7　日ソの対話の進展と停滞

　一方で、ソ連の「新思考外交」（Ⅰ節 5）はアジアにも向けられていた。1986
年 1 月にはシェワルナゼ外相が来日したが、ソ連外相の来日は 10 年ぶりだった。
同年 7 月にはゴルバチョフがウラジオストクで演説した際に、日本を「一級の意
義をもつ国」だと述べ、さらに非核三原則を評価した。しかし、日本がアメリカ
との貿易問題に配慮して、同年 9 月の閣議で SDI 研究への参加を決定すると、
ソ連は態度を硬化させた。

　日本はゴルバチョフの来日を検討し、その前提となる米ソ関係の進展を待った
が、それ以前にペレストロイカを進めるゴルバチョフにとってソ連国内の政情は
予断を許さず、簡単には外遊できなかった。結局ゴルバチョフの来日は実現せず、
中曽根首相は 1987 年 1 月にフィンランド、東ドイツ、ユーゴスラヴィア、ポー
ランドを訪問して、ソ連を牽制した。

8　激動の 1989 年と日本の政治腐敗

　米ソ首脳が冷戦終結を宣言した 1989 年は（Ⅰ節 9）、激動の年だった。1989 年
1 月 7 日、62 年にわたり在位した**昭和天皇が死去**した。戦争と敗戦を経験しなが
らも、復興と経済成長を果たした昭和の時代が終わった。国際政治は緊張緩和の
方向へ進んでおり、日本も多角的な外交を展開するチャンスだった。しかし、国
内では 1988 年 6 月に戦後最大となる贈収賄事件が発覚していた。「バブル景気」
による**地価と株価の高騰**を背景に、不動産会社のリクルート・コスモス社が自社
の未公開株を政治家に譲渡し、店頭公開後、政治家がそれらの株を売って利益を
得ようとしたことが明るみになったのである（**リクルート事件**）。竹下登首相、安
倍晋太郎自民党幹事長、宮澤喜一蔵相、中曽根康弘ら、現職および元首相または
将来の首相候補者と目された人物をはじめ 44 人もの政治家が資金提供を受けた
ことが判明し、竹下首相は 1989 年 4 月に退陣を表明した（6 月に内閣総辞職）。

　1989 年 6 月に中国で天安門事件が起こると、日本国内では人民解放軍が学生
や市民を武力で弾圧する様子が報じられ、人々は衝撃を受けた。すでに日本は中
国に対する第 3 次円借款として、1990 年度から 6 年間にわたる総額 8,100 億円の
供与を表明していた。天安門事件を受けて、日本は中国への ODA をいったんは
凍結したが、日本は、中国が孤立するとそれが新たな国際的な不安要因となると
考えた。また日本には、改革開放政策によって成長する中国との経済関係への期
待があった。1989 年 7 月にアルシュで行われた G7 サミットでは、各国が中国を
強く批判したが、日本は中国の孤立回避に向けた議論を主導した。

　日本経済は拡大の一途を辿っており、米ソ首脳がマルタ島で冷戦の終結を発表
した直後の 12 月 29 日、東証一部の平均株価は史上最高値の 3 万 8,915 円 87 銭
をつけた。「豊かな国ニッポン」と評されるなか、1990 年 8 月にイラクがクウェ
イトに侵攻し、一転して日本は難しい判断を求められることになる。

まとめ

　「新冷戦下」の日本は、ソ連に対する批判と牽制を続け、毎年の G7 サミット
では西側先進諸国の結束とソ連への対抗を説く立場に回った。国際政局に対する
こうした日本の政治関与は、巨大化した経済力を裏づけとしたものだったが、日
本の輸出拡大と「一人勝ち」の状況に対する西側先進諸国内での批判は強く、ア
メリカは日本の内需拡大、構造改革、市場アクセスの改善を求めた。また 1980
年代前半には、中国や韓国との歴史認識問題が外交上の争点となった。

　東西冷戦の終結という国際情勢の転機に、日本では政治腐敗によって有力政治家が外交に力を注げない状態となった。外交行動の必要条件は内政の安定である。1980年代後半の日本の経済的繁栄と政治腐敗は、日本政治にとっての重要な教訓を示しているのかもしれない。

	米ソ	ヨーロッパ
1979 年	米中国交樹立（1 月）、米で台湾関係法成立（4 月）、SALT II 調印（6 月）、ニカラグアでサンディニスタ政権樹立（7 月）、イラン米大使館人質事件（11 月）	サッチャー英首相就任（5 月）、第 1 回欧州議会直接選挙（6 月）、NATO「二重決定」（12 月）
	ソ連のアフガニスタン侵攻（12 月）	
1980 年	カーター・ドクトリン（1 月）、レーガン大統領選出（11 月）	
1981 年	米、ゼロ・オプション提示（9 月）	ミッテラン仏大統領就任（5 月）、ポーランド戒厳令（12 月）
1982 年	ブレジネフのタシケント演説（3 月）、米が START 提案（5 月）	コール西独首相就任（10 月）
1983 年	レーガンがソ連を「悪の帝国」と非難（3 月）、レーガン政権 SDI 発表（3 月）、大韓航空機撃墜事件（9 月）、米国のグレナダ侵攻（10 月）、西ヨーロッパに INF 配備開始（11 月）	
1984 年	レーガン訪中（4 月）	
1985 年	レーガン・ドクトリン（1 月）、プラザ合意（9 月）、ソ連ゴルバチョフ書記長就任（3 月）	シェンゲン協定締結（6 月）、EC 域内市場白書（6 月）
1986 年	チェルノブイリ原発事故（4 月）、レイキャビクサミット（10 月）、イラン・コントラ事件発覚（11 月）	単一欧州議定書調印（2 月）
1987 年	ニューヨーク株式市場大暴落（10 月）、中距離核ミサイル全廃条約調印（12 月）	
1988 年	レーガン訪ソ（5 月）、ソ連が東欧と中欧から兵力撤退宣言（12 月）	
1989 年	ソ連がアフガニスタンからの撤兵完了（2 月）、ブッシュの「封じ込めを超えて」演説（5 月）、マルタ米ソ首脳会談（12 月）	NATO 首脳会議（1 月）、ポーランド選挙（6 月）、ハンガリー・オーストリア国境開放（9 月）、「ベルリンの壁」崩壊（11 月）、ルーマニアでチャウシェスク失脚（12 月）
1990 年	ハンガリー駐留ソ連軍完全撤退協定（3 月）、ブッシュの「新世界秩序」演説（9 月）	コール訪ソ（7 月）、東西ドイツ統一条約（8 月）、ドイツ統一（10 月）、ドイツ・ポーランド国境条約（11 月）
1991 年	湾岸戦争（1〜2 月）、ワルシャワ条約機構解体（7 月）CIS 設立（12 月）	

中東	アジア	日本
イラン・イスラーム革命（1〜2月）、エジプト・イスラエル平和条約（3月）、イラン・イスラーム共和国憲法承認（12月）	米中国交正常化（1月）、中国のベトナム侵攻（2月）、台湾関係法制定（4月）、台湾で美麗島事件（12月）	
ソ連のアフガニスタン侵攻（12月）		
イラン・イラク戦争勃発（9月）	韓国で光州事件（5月）	リムパック初参加（2月、3月）、モスクワ五輪ボイコット発表（4月）、華国鋒訪日（5月）
湾岸協力会議（GCC）結成（5月）		鈴木首相ASEAN訪問（1月）
イスラエル・レバノン侵攻（「ガリラヤの平和」作戦）（6月）	中国「独立自主」の対外政策（9月）	日中第1次教科書問題（6月〜9月）、中曽根政権発足（11月）
	フィリピン、アキノ暗殺事件（8月）	日米首脳会談（1月）、中曽根ASEAN訪問（4月、5月）、胡耀邦総書記訪日（11月）レーガン訪日（11月）
米・イラク国交回復（11月）		中曽根訪中（3月）、訪パ（4月）、訪印（5月）、全斗煥訪日（9月）
		中曽根の靖国神社公式参拝（8月）
イラン・コントラ事件（11月）	フィリピン民主化（2月）	ゴルバチョフのウラジオストク演説（7月）
第1次インティファーダ始まる（12月）	韓国改憲（10月）	中曽根東欧歴訪（1月）、国鉄分割民営化（4月）
米軍のイラン民間航空機誤爆（7月）、イラン・イラク戦争停戦（8月）	台湾で蔣経国死去（1月）韓国で盧泰愚政権発足（2月）	リクルート事件（6月）
レバノンでターイフ合意（9月）	ゴルバチョフ訪中（5月）、天安門事件（6月）、ベトナムがカンボジアから完全撤退（9月）、APEC設立（11月）	昭和天皇死去（1月）、消費税導入（4月）
	中越関係正常化（11月）	ゴルバチョフ訪日（4月）

第4章　グローバル化の進展
——1990年から2008年まで

米ソ冷戦が終結したことによって、国際政治は大きな変化を迎えることになる。四十数年あまりにわたって続いてきた東西陣営の分断が終わった先には、どのような世界が待っていたのだろうか。冷戦後は、アメリカを頂点とした単極構造の世界になったといわれるが、そこでアメリカがめざした世界とはいかなるものだったのだろうか。ヨーロッパと中東、そしてアジアでは危機や紛争が去り、平和と繁栄が訪れたわけではなかった。危機や紛争はなぜ、どのようにして起こったのだろうか。そして日本は、朝鮮半島やロシア、中国との関係改善にどのように取り組み、冷戦期に構築されたアメリカとの日米安全保障体制にどのような意義を見出していったのだろうか。ヒト・モノ・カネ・情報がこれまで以上に越境するグローバル化は、冷戦後の国際政治にどのような影響をもたらしたのだろうか。

I　アメリカ

冷戦が終わり、1991年12月にソ連が消滅した。様相が一変した世界において、アメリカは何を目標にして世界とかかわろうとしたのだろうか。長らく西側陣営の指導的立場にあったアメリカは、ロシアや中国といった大国を自らが主導する国際秩序のなかに取り込もうとする。また、イラクや北朝鮮、イランといったいわゆる「ならず者国家」、ソマリアやルワンダ、ハイチといった、政府が機能不全に陥った「破綻国家」への対応も迫られる。アメリカは、自国が頂点に立つ**単極構造の世界**で、どのように力を使ったのだろうか。

1　湾岸戦争と「新世界秩序」

1990年8月にイラクがクウェイトに侵攻すると、これを受けてG・H・W・ブッシュ大統領は翌9月に連邦議会で演説し、「この瞬間に米兵たちはアラブ人、ヨーロッパ人、アジア人、アフリカ人らとともに、新世界秩序の原則と夢を守る

ために立ち上がっている」と述べた。ブッシュは、法と秩序が尊重される世界で諸国家が協調する歴史的な機会が訪れており、こうした困難のなかから「新世界秩序」が生み出されるかもしれないと訴え、サウジアラビアに米軍部隊を急派した（III節1）。

　ブッシュ政権は、1990年11月に国連安保理決議678号において、イラクに対して「必要なあらゆる手段」を行使することの承認を取りつけた。冷戦時代は機能麻痺に陥っていた国連の安全保障理事会で、米ソが一致して武力行使を承認するという画期的な出来事となった。ブッシュ政権は、さらに1991年1月12日に米連邦議会から武力行使容認決議を取りつけた上で最後通牒を出し、同月17日に「砂漠の嵐」作戦を開始した（III節2）。米軍を主力とする多国籍軍は瞬く前にクウェイトからイラク軍を追い出し、ブッシュ政権は、多国籍軍をイラク領内深くまで侵攻させることなく、1990年2月末に戦闘停止命令を出した。停戦後もフセイン政権は存続し、温存していた軍部隊を使ってイラクの北部と南部の反乱を鎮圧したため、これを受けて国連安保理は決議687号を採択した。イラクが保有する大量破壊兵器（核兵器・生物兵器・化学兵器）や射程150キロメートル以上のミサイルの放棄を目標とする対イラク経済制裁が継続されるとともに、大量破壊兵器の現地査察が実施されることになった。しかし、イラクはたびたび査察を妨害し、アメリカとイラクの確執はその後10年以上も続き、やがて2003年にアメリカはイラク攻撃に踏み切ることになる。

2　クリントン政権による「関与と拡大」

　湾岸戦争直後に、G・H・W・ブッシュ共和党政権の支持率は90パーセント近くに達し、1991年12月にはソ連が解体した。こうしたなかで1992年11月の大統領選挙で勝利したのは、アーカンソー州知事で、自らを「ニュー・デモクラット」と呼んで中道路線を掲げ、アメリカ経済の再建を唱えた民主党候補クリントンだった。冷戦が終結し、ソ連が崩壊した世界で、アメリカは封じ込め政策とは異なる外交構想を求められていたが、その一方で、アメリカの世論は経済再建と内政を重視する姿勢を求めており、クリントンは選挙期間中に、「経済こそが問題だということがわからないのか、愚か者め！」というフレーズを吐いて支持を集めたといわれる。クリントンは大統領選挙中、北米自由貿易協定（NAFTA）構想に対して消極的な態度をとったほか、中国の人権状況を批判して対中貿易赤字を問題視した。

　クリントン政権は発足から 1 年半後の 1994 年 7 月に、「**関与と拡大**（engagement and enlargement）」を謳い文句にした「国家安全保障戦略」（NSS1994）を発表し、アメリカがグローバル化に依拠した国際秩序を主導していくビジョンを示した。アメリカは、市場経済の拡大を基盤とした経済的繁栄を追求し、アメリカが武力を行使するのは、自らの死活的利益にかかわる場合、国益に大きな影響を与える場合、人道的必要性が認められる場合に限るとしたほか、民主主義を普及させることが対外関与の柱とされた。

3　対露外交の展開

　ソ連崩壊後、ロシアや旧東側諸国とどのようなかかわりあいをもつかが課題となったが、クリントン政権は、それらの国々を西側の制度に関与させるための政策を進めた。1994 年 1 月に NATO と非加盟国との安全保障協力の枠組み「平和のためのパートナーシップ（PFP）」を打ち出し、1995 年までにロシアや東欧諸国、バルト三国などが参加した。また、1994 年から先進国首脳会議（G7）の政治議題セッションにロシアを招聘し、1997 年 6 月のデンバー・サミットからはロシアを正式にメンバーに迎え入れ、G7 を G8 に拡大した。こうした政策を推進したのは、ロシアの市場経済化と民主化を促進するという目的があったとされる。

　また、アメリカには、ロシアに核兵器の管理を徹底させ、核軍縮を進めたいという思惑もあった。アメリカはロシアと核軍縮・核不拡散に向けた取り組みも進め、1993 年 1 月に米露は**戦略兵器削減条約（START Ⅱ）**に調印し（しかし両国で批准が難航）、1995 年 5 月に NPT の無期限延長を可決した。加えて、1997 年 3 月には、第 3 次戦略兵器削減条約（START Ⅲ）の交渉開始についても合意した。アメリカにとってロシアは、核不拡散や核軍縮という観点から注意しなければならない相手となっていたのである。

4　対中外交の展開

　クリントン政権は公約通りに当初、貿易上の最恵国待遇供与の条件として中国に人権状況の改善を求め、圧力をかけようとした。しかし、中国が反発してそうしたアプローチが行き詰まると、1994 年 5 月にクリントンは人権問題と貿易を切り離すという判断を下した。そこには、安価な労働力が豊富で、巨大な市場をもつ中国を、国際経済システムに組み込んでいこうという思惑があったといわれている。

　また、台湾で初めての民主的選挙が迫るなかで、中国が台湾沖でミサイル演習を実施して、威嚇行動に出るという事件が発生したため、アメリカは1996年3月に空母機動部隊を台湾海峡に急派し、中国を牽制した（IV節5）。米中関係は緊張したが、やがて1998年6月にクリントンが訪中し、江沢民国家主席と首脳会談をもって、両国関係を安定させた。しかし、1999年5月にユーゴスラヴィアで空爆作戦を実施している米軍機が中国大使館を誤爆するという事件が発生すると、中国国内で反米デモが起きた。クリントン大統領が正式に謝罪し、米中間で大使館施設の損害賠償について合意すると、まもなく事態は鎮静化した。

　その後クリントン政権は中国と世界貿易機関（WTO）加盟条件についての交渉を開始し、1999年12月に中国のWTO加盟で正式に合意した。米連邦議会は2000年9月に中国に対する恒久通常貿易関係（PNTR）の付与を承認し、2001年12月に中国のWTO加盟が発効すると、米中間の貿易は急増していくことになった。アメリカは慢性的な対中貿易赤字を抱えることになるが、中国に進出したアメリカ企業は利益を上げ、中国との経済関係を深めていく路線は、アメリカ国内の支持を得ていった。

5　内戦と「破綻国家」への対応

　冷戦終結後の1990年代は、さまざまな国々における内戦や内紛が注目を集めるようになった。ソマリア、ルワンダ、ユーゴスラヴィア、コソヴォ、ハイチなどでは、集団虐殺をはじめとする大規模な人権侵害が発生し、アメリカ政府は対応を迫られることになった（ユーゴスラヴィアとコソヴォについてはII節1・3）。

　政府が機能不全に陥っていたソマリアでは、第1次国連ソマリア活動（UNOSOM I）が展開していたものの、事態が改善せず、アメリカでもその惨状が報じられた。G・H・W・ブッシュ大統領は、任期を終えるまぎわの1992年12月に、米軍部隊を中心に据えた統合機動部隊（UNITAF）を組織し、「希望の回復」作戦を開始していた。これを引き継いだクリントン政権は、ソマリアへの米軍増派を決定するとともに、1993年5月にはUNITAFを第2次国連ソマリア活動（UNOSOM II）に改編した。やがて米特殊作戦軍は1993年10月に首都モガディシュで、武装勢力の指導者アイディードの身柄を拘束するための作戦を実施したが失敗し、米軍によれば18人の米兵が殺害され、遺体が市中を引き回されるという顛末を迎えた。この事件に全米が衝撃を受け、アメリカは撤兵へと舵を切ることになった。ルワンダでは、1994年4月からツチ族系の政府と軍、過激派組

織が100日間あまりでフツ族ら80万人あまりを大量虐殺する事件が発生したが、クリントン政権は米軍の派遣を控えた。

　また、ハイチでは、1991年9月にクーデタが起こり、大量の難民が発生していた。国連安保理は制裁を科し、軍政を敷いていたセドラは1993年7月にいったん退陣に応じたが、10月になって退陣を拒むと、クリントン政権はセドラを排除する方針を決め、まず国連安保理で外交を展開した。1994年7月には、国連憲章第7章に基づいて編成される多国籍軍でハイチの現政権を排除し、正統な政府を復帰させ、安全と安定を回復するために必要なあらゆる措置を承認するとした国連安保理決議940号を取りつけた。その後カーター元大統領らが仲介にあたる一方で、米軍がハイチに向けてアメリカを出発した段階になって、ようやくセドラは退陣に応じた。1994年10月には、追放されていたアリスティードが大統領に復職し、国連ハイチ・ミッション（UNMIH）も民政復帰を支援することになった（UNMIHは1996年6月に国連ハイチ支援団（UNSMIH）に改編）。

6　G・W・ブッシュ政権と対中・対露関係

　2000年の大統領選挙で勝利したG・W・ブッシュは、外交・安全保障の経験がほとんどなかったが、父であるG・H・W・ブッシュの政権の共和党人脈から経験豊富な人材を抜擢して、強力な外交・安全保障チームを結成した。そのなかには、アメリカがその圧倒的な力を背景に、たとえ武力を使ってでも世界に民主主義を普及させるべきで、それがアメリカの歴史的使命であると信じる**新保守主義派（通称ネオコン）**と呼ばれる一派も含まれていた。

★ジョージ・W・ブッシュ（1946年-）

　　冷戦終結期の大統領G・H・W・ブッシュの息子。イェール大学とハーヴァード大学経営大学院を修了後、いくつかの仕事を経てテキサスでエネルギー事業を起こし、1994年にテキサス州知事選挙で当選して2期8年を務めた。テレビ伝道師ビリー・グラハムと出会って信仰に目覚め、信仰に根差す社会の形成と小さな連邦政府などに基礎を置く、「思いやりのある保守主義」という保守政治のビジョンを打ち出した。2000年の大統領選は史上まれにみる接戦となり、ブッシュは一般得票数で民主党候補アル・ゴアに負けたが、選挙人票で勝ち、第43代大統領に選出された。

　ブッシュは、大統領選の約1年前に大統領候補として対外政策構想を発表した

が、そこには、大国間関係を重視する世界観が表れていた。具体的には、ロシアと「新たな戦略的関係」を築く一方、中国を「戦略的な競争相手」と位置づけ、同盟国との関係を重視する考えを示した。

　実際に政権が発足すると、中国との関係は当初緊張し、2001 年 4 月には、米軍偵察機 EP–3 が、接近してきた中国空軍機と接触して海南島に強制着陸させられる事件が起きて、さらに緊張が高まった。しかし、2001 年 9 月 11 日に**アメリカ同時多発テロ事件（9.11 テロ事件）**が発生すると、ブッシュ政権はアル＝カーイダ掃討作戦に専念することになり、中国との関係は安定に向かった。外交面では北朝鮮問題をめぐって 2003 年 8 月から開催された六者会合で米中は一定程度協力したほか、経済分野でも 2006 年 12 月から戦略的経済対話（SED）という二国間協議を開始した。2008 年 8 月の北京オリンピック開会式にはブッシュ大統領夫妻が参加するなど、米中関係は全般的に改善傾向をみせたのだった。

　これとは対照的に、ロシアとの関係は悪化していった。アメリカがアフガニスタンに介入する際に、ロシアは国際テロリストに関する情報の提供やロシアの上空通過許可など、踏み込んだ対米協力を打ち出し、米露関係は改善するかにみえた。しかし、2001 年 12 月にブッシュ政権が**弾道弾迎撃ミサイル（ABM）制限条約**（2 章 I 節）からの離脱を通告したほか（2002 年 6 月に離脱発効）、2003 年から始まった旧ソ連圏諸国における「カラー革命」の背後にアメリカがいるという不信感をロシアが強めたことや、2008 年 8 月にロシアがジョージアに侵攻したことなどのため、米露関係は悪化した（II 節 13）。

7　アメリカ同時多発テロ事件の発生とアフガニスタン戦争、そして「対テロ戦争」へ

　大国間関係に目を向けていた G・W・ブッシュ政権の戦略は、2001 年 9 月 11 日に、米本土で未曾有の同時多発テロが発生したことによって、一変する。この日、反米国際テロ組織アル＝カーイダが、4 機の民間航空機をハイジャックし、そのうちの 2 機がニューヨークの世界貿易センタービルに、1 機がバージニア州アーリントンのペンタゴン（米国防総省）の自爆テロ攻撃に使用された（残る 1 機はワシントン DC を標的にしていたとされるが、ペンシルバニア州に墜落した）。一連のテロ攻撃による死者は 2,977 人にのぼった。アル＝カーイダは、サウジアラビア人ウサーマ・ビン・ラーディンが、かつてアフガニスタンで戦っていた義勇兵の残党らを束ねて結成した組織で、事件当時拠点をアフガニスタンに置いてい

た。ブッシュは、「我々とともにあるか、テロリストとあるか、いずれかしかない。今日この日からテロリズムを擁護ないし支持するいかなる国も、アメリカに敵対的な体制とみなす」と宣言した。ブッシュ政権は2001年9月11日を境に、総力をあげて世界規模の「**対テロ戦争**」に乗り出していったのである。

★ウサーマ・ビン・ラーディン（1957-2011年）

　サウジアラビア出身のイスラーム主義者で、1980年代にムジャーヒディーンとしてアフガニスタンの対ソ戦争に参加した。しかし、湾岸危機でイスラームの聖地をもつサウジアラビアに異教徒のアメリカなどの軍が駐留したことに反発して、強硬な反米姿勢に転じた。母国を追われたビン・ラーディンは、やがてアフガニスタンに滞在しながら、反米イスラーム主義ネットワークであるアル＝カーイダの中心人物として、世界各地で反米テロ攻撃を実行していくようになった。2011年、米海軍特殊部隊によりパキスタンで殺害された。

　G・W・ブッシュ政権は、テロ攻撃の翌日に可決された国連安保理決議に基づいて、イギリス軍とともに**アフガニスタンに武力介入**し、アル＝カーイダをかくまっていたとされるターリバーンを掃討すべく、「不朽の自由」作戦を開始した（Ⅲ節7）。米英軍はまもなくターリバーンを首都から追い落とし、2001年12月には、カルザイを首班とする暫定政権を発足させた。しかし、ターリバーンとアル＝カーイダをアフガニスタン全土で掃討するのは容易ではなく、作戦領域をパキスタンにまで広げていくことになった。

　また、米軍は、アフガニスタンだけでなく、世界規模でアル＝カーイダと関連組織のテロリストを拘束・殺害する秘密作戦を展開した。CIAは、海外の施設やキューバのグアンタナモ米軍基地内の施設でテロリストを拘禁して、拷問まがいの尋問を行い、アメリカの国内外で物議をかもした。

　ブッシュ政権は、2001年にアフガニスタン、2003年にイラクに武力介入していくなかで、テロリズムに対抗する国々の連合を結成しつつ、武力の行使においては単独行動主義を鮮明にしていった。2002年6月の陸軍士官学校でのブッシュの演説や同年9月に発出された「国家安全保障戦略」では、テロ攻撃の危険が差し迫った状況においてアメリカは「先制行動」をとるという方針を打ち出し、「**ブッシュ・ドクトリン**」として知られるようになった。

8 「悪の枢軸」とイラク戦争

　G・W・ブッシュは、2002年1月の一般教書演説でイラク、イラン、北朝鮮を「悪の枢軸」と呼び、各種の制裁措置を講じた。2003年3月にはイラクに武力介入して（**イラク戦争**）、独裁者サッダーム・フセインによる支配体制を倒した（Ⅲ節8）。イラクに介入する過程で、アメリカはその是非をめぐって国連の場などで独仏露と対立し、反米感情が各地で高まった。また、イラク介入の目的のひとつは、イラクが秘密裏に開発している大量破壊兵器を取り上げるためとされたが、結局見つからず、2004年10月に調査団がイラク戦争開戦時にイラクに大量破壊兵器はなかったという報告書を発表した。フセイン政権の排除後、アメリカは占領統治を敷き、やがてイラク暫定政府へと権力を移譲していったが、イラク国内の武装勢力による抵抗にさいなまれ、2007年1月に増派を決定した。ただし、アメリカ国内では厭戦ムードが高まり、イラク戦争は不要な戦争だったとする批判が強まっていった。

　また、北朝鮮の核開発の問題（Ⅳ節4）には、北朝鮮、韓国、アメリカ、中国、日本、ロシアからなる**六者会合**を立ち上げて非核化やミサイル開発にまつわる問題などに対応しようとした。ブッシュ政権は中東に力をさいていたため、北朝鮮問題については、とくに中国を頼りながら、多国間交渉のアプローチをとった。

　イラン（Ⅲ節4）については、イスラーム革命後のイランに対するアメリカの基本政策である影響力の封じ込めに主眼があった。一方でブッシュ政権は、ターリバーン後のアフガニスタンやフセイン後のイラクを安定化させる取り組みの過程で、イランを限定的な協力相手とみなす局面もあった。イランの核開発が露見した後、ブッシュ政権は、2003年10月に英仏独が外交交渉によってイランから**ウラン濃縮**停止の確約を取りつけたことを歓迎した。しかし、2005年にイランがウラン濃縮を再開すると、2006年から2008年にかけて対イラン経済制裁を盛り込んだ国連安保理決議の採択を主導し、さらにイラン国民向けに体制転換を呼びかけるなど、イランとの対決姿勢を強めていった。

9 多国間制度・協定をめぐる外交

　ポスト冷戦期のクリントン政権とG・W・ブッシュ政権は、多国間協定や国際制度に対して対照的な姿勢をとった。クリントン政権は1996年9月に**包括的核実験禁止条約（CTBT）**に署名したが、連邦議会上院が1999年10月に批准決議案を否決し、その後ブッシュはCTBTに反対する立場をとった。また、クリン

トンは地球温暖化を防止するための二酸化炭素排出削減などを定めた**京都議定書**に1998年11月に署名していたが、ブッシュは2001年3月に同議定書からの離脱を表明した。さらに、クリントンは2000年12月に国際刑事裁判所の規程に署名したが、ブッシュは2002年5月にこの署名も撤回した。民主党のクリントン政権が多国間主義を重視したのに対し、共和党のブッシュ政権は、アメリカの主権や政策がそうした国際制度によって拘束されることを忌避していたことが明確になった。

　その一方で、両政権には連続性もあった。クリントン政権は、1994年にウルグアイ・ラウンド交渉を妥結に導き、1995年1月のWTO設立を実現したほか、長期に及んだ北米自由貿易協定（NAFTA）交渉をまとめるなど（1994年1月発効）、**自由貿易協定（FTA）**を推進した。ブッシュ政権もFTAを推進する路線を踏襲し、韓国、パナマ、コロンビアとのFTA交渉をまとめた。また、クリントン政権もブッシュ政権も、NATOの東方拡大（II節2）を進める政策をとった。

まとめ

　冷戦終結後にアメリカは、西側で築いてきた国際秩序を世界規模に広げる対外政策を追求した。ロシアや中国を国際秩序に編入し、イラク・北朝鮮・イランを「ならず者国家」と位置づけて制裁を科したほか、ソマリアやハイチなどの国家には人道・民主主義を理由に介入した。アメリカ同時多発テロ事件を境に、アメリカは対テロ戦争を世界規模で展開し、アフガニスタンとイラクに武力介入したほか、多国間協定から離脱するなど、**単独行動主義**が目立った。ただし、その一方で、北朝鮮やイランの核開発問題などには多国間交渉で対応し、中国やロシアとは、緊張や軋轢をはらみながらも対決的な関係にまでは至らなかった。単極構造といわれた状況の下で、アメリカはグローバル化を進め、自らが重んじる人権や核不拡散といったリベラルな規範に照らして問題のある国や地域に力を行使し、リベラルな覇権秩序を築こうとしたのだった。しかし、アフガニスタン介入やイラク戦争はアメリカ国内で国際主義的な対外関与への疑念を強めた。その間に、中国は共産党支配の下で急速な経済成長を遂げ、ロシアはアメリカへの反感を強めるなど、次章でみるさまざまな「反作用」を生み出す契機が、この時期に生まれていた。

II　ヨーロッパ・ロシア

　ヨーロッパでは、第二次世界大戦後の国際秩序を規定していた「鉄のカーテン」が取り払われたことにより、ついに東西分断が克服され、自由と民主主義の勝利が高らかに謳われた。EU が発足し、NATO の「東方拡大」も進んでいくなかで、冷戦後のヨーロッパはどのような課題に直面したのだろうか。ロシアは、冷戦終結とソ連崩壊を経て、まったく新しい環境で外交政策を形成する必要に迫られたが、この国は何をめざしたのだろうか。やがてロシアは、欧米諸国との協調意欲を失い、「多極化」と「大国化」を志向するようになるが、その背景には何があったのだろうか。本節では、まずヨーロッパにおけるユーゴ内線への対応と統合をめぐる動きをみて、そのあとこの時期のロシア外交を検討していく。

1　ユーゴ内戦とデイトン合意

　冷戦の終結によってヨーロッパでは長らく続いた分断が終わり、東西ヨーロッパがひとつになった新たな時代の到来が期待された。ただし、分断の終結は、前章でみた東西ドイツの統一のように、実質的には東が西に「吸収」されるかたちをとることになった。したがって、東欧諸国は、社会主義経済から自由主義経済に移行していくことになったが、そのプロセスは決して平坦なものではなかった。また、1991 年 12 月にソ連が消滅し、冷戦後の国際秩序がアメリカの「独り勝ち」の様相を呈するなかで、ヨーロッパでも自由と民主主義のさらなる推進に向けて楽観的なムードすら漂っていた。しかし、バルカン半島の**ユーゴスラヴィアで勃発した内戦**は、こうした楽観ムードを打ち砕くことになった。

　冷戦期のユーゴスラヴィアは、国内に複数の民族を抱える多民族共存の国家として、東西間の微妙なバランスの上で巧みな外交を展開していた。しかし、1980 年 5 月にカリスマ的指導者だったチトーが世を去った後、次第に民族間の対立が激しくなっていき、それは冷戦の終結によって一気に顕在化した。1991 年 6 月に連邦を構成していた共和国である**スロヴェニアとクロアチアが独立**を宣言し、これを受けてユーゴ人民軍が独立阻止のために武力行使に出た。戦闘開始直後に EC が仲介に入ったが、3 カ月の凍結期間が過ぎると、クロアチアで戦闘が本格化して、その後いったん停戦したものの、再び戦火は拡大していった。

　1992 年 1 月には、ドイツが主導するかたちで EC がスロヴェニアとクロアチアの独立を承認したが、今度はこの動きに刺激を受けたボスニア・ヘルツェゴビナ

で、セルビア人、クロアチア人、ムスリムの 3 者による対立が激化した。1992
年 2 月から 3 月にかけて、独立を問う住民投票が実施されると、セルビア人が投
票をボイコットしたが、他の住民の 99% 以上が独立に賛成し、3 月 3 日には独
立を宣言するに至った。しかし、投票後に対立勢力間の武力衝突は激しさを増し、
ボスニア領内でセルビア人が結集して打ち立てられていたセルビア人共和国が、
4 月にはボスニアからの独立を宣言するなど、事態はさらに混迷を深めていくこ
とになる。

　これに対して EC は、国連とともに何度も和平調停を試みたが、どれも実を結
ばず、結果的にアメリカが関与することになった。1994 年 4 月には、米露英仏
独による「コンタクト・グループ（連絡調整グループ）」が結成され、同年 7 月に、
ボスニアをボスニア連邦（全土の 51%）とセルビア人共和国（同 49%）に分割す
る和平案を提示した。しかし、1995 年 7 月には、ボスニア東部で国連の「安全
地帯」に指定されていた**スレブレニツァ**において、セルビア人が 7,000 人以上の
ムスリム系住民を虐殺する事件が起きる。この事件は、ナチスによるユダヤ人な
どの虐殺以来、戦後のヨーロッパで最大規模の虐殺事件となった。こうした「**民
族浄化**」については、実際にはクロアチア人やボスニア人も行っていたとされる
が、国際メディア対策が不十分だったセルビア人のイメージは悪化することにな
った。また、1995 年 8 月には、ボスニアの首都サラエボの青空市場に砲弾が落
ち 100 人以上の死傷者が出た事件でも、町を包囲していたセルビア人部隊の関与
が疑われた。

　こうした多くの一般市民の犠牲者を出す事件が起こったため、1995 年 8 月末
に、NATO はセルビア人共和国に対して大規模な空爆を行った。紛争当事者ら
は、この約 2 カ月後に停戦合意に至り、1995 年 12 月にアメリカが主導してまと
めた**デイトン合意**にパリで本調印した。このデイトン合意により、ボスニア・ヘ
ルツェゴビナではボスニア連邦とセルビア人共和国への暫定的な分割が正式に認
められ、以後その行政上の境界は現在に至るまで半永久化されている。

2　マーストリヒト条約と EU の誕生

　このデイトン合意に至るプロセスにおいて、ヨーロッパは、冷戦後も安全保障
面でアメリカに強く依存しているのを痛感することになったが、政治面でヨーロ
ッパ統合は、新たな局面を迎えていた。東西ドイツ統一と冷戦の終結後、経済の
グローバル化がさらに進展をみせるなかで、域内市場の完成をめざすスケジュー

ルの下で、統一したドイツや新たに加盟が予想される中東欧諸国を、ヨーロッパ統合にいかに組み込んでいくかが重要な課題として浮上したのである。

1992年2月に調印された**マーストリヒト条約**は、(1) 経済通貨同盟（EMU）の設立、単一通貨の導入や欧州中央銀行（ECB）の設置、(2) 共通外交・安全保障政策（CFSP）、(3) 司法・内務協力（CJHA）という3本柱で構成される**欧州連合（EU）**を設立するもので、1957年のローマ条約に最も大きな変更を加えた条約である。加盟国の条約批准過程では、混乱もみられた。デンマークでは、1992年6月の国民投票で条約批准への反対が多数を占め、フランスでは同年9月に行われた国民投票でかろうじて批准への賛成が反対を上回った。金融面では、イタリア・リラやフランス・フランなどの加盟国通貨が投機筋に狙い打ちにされて通貨危機が生じ、英ポンドは欧州為替相場メカニズム（ERM）から離脱した。その結果、デンマークについては、イギリスと同様に単一通貨使用の適用除外が認められ、1993年5月の2度目の国民投票で条約批准が認められた。こうした紆余曲折を経て、1993年11月にマーストリヒト条約が発効してEUが発足したのである。

とはいえ、デンマークやフランスの国民投票で示された事実は、ヨーロッパ統合が一般市民からは、エリートが自らの権限を拡大するために主導したものであり、一般市民の意思が反映されていないという不信感をもってみられていることのあらわれでもあった。これはいわゆる**「民主主義の赤字」**という深刻な問題を投げかけていた（遠藤編 2014, 261-262）。たしかにマーストリヒト条約には、できるだけ市民に近いところで意思決定を行う補完性原理が導入されたり、EU市民が自国以外の他の加盟国で地方・欧州議会選挙に投票できるようになるというヨーロッパ市民権が設けられていた。だが一方で、統合のプロセスが市民からみえにくいところで決定され進められていること（いわゆる「ステルスによるヨーロッパ」）に対しては、不満が噴出したのだった。この欧州統合における民主的正統性の問題は、**ヨーロッパ懐疑主義**からの批判といったかたちで、その後もくすぶり続けることになる。

このように波乱含みで誕生したEUではあったが、加盟国は順調に拡大していった。まず1995年にオーストリア、スウェーデン、フィンランドが加盟し、さらに旧東側諸国やソ連から独立したバルト三国（リトアニア、ラトビア、エストニア）などが加盟をめざして市場経済の導入と民主化を進め、加盟を順次果たしていった結果、2021年12月現在で加盟国は（イギリスが抜け）27カ国となった

（イギリスのEU離脱については第5章IIを参照）。この間、新たな加盟国を迎えることを念頭に、1997年には**アムステルダム条約**が、そして2001年に**ニース条約**が調印され、制度整備を中心とした条約改正が進められた。

★ EU の拡大

　EUに新規加盟を希望する国々は、EUが蓄積した法体系の総体である「アキ・コミュノテール（acquis communautaire）」を受け入れ、1993年に欧州理事会で合意されたいわゆる「コペンハーゲン基準」を満たすために、政治・経済改革に取り組まなければならない。この基準をクリアするのは決して容易ではないが、2004年5月に10カ国（バルト三国、ポーランド、チェコ、スロヴァキア、ハンガリー、スロヴェニア、マルタ、キプロス）、2007年1月にはルーマニアとブルガリア、さらに2013年7月にはクロアチアも加わるなど、EUの「東方拡大」が進んだ。

　一方、EMUも紆余曲折を経ながらではあったが段階的に進められ、2002年1月から12カ国で**単一通貨ユーロ**の紙幣と硬貨の流通が始まった。この通貨統合の背景には、グローバル化の下で新自由主義が優勢になり、緊縮財政や通貨安定、そして政府による市場への直接介入の抑制が進められたことがあった（遠藤編2014, 265-266）。こうした動きは、1997年5月にイギリスの首相となったブレア（労働党）の「第三の道」や、翌1998年9月にドイツの首相となったシュレーダー（SPD）の「新しい中道」など、主流左派政党の改革路線によって結果的に加速することになった。さらには、1995年3月に発効した**シェンゲン実施協定**によって、域内参加国間で国境審査なしに人の移動が可能になった。2021年12月の時点でEUの22カ国（アイルランド、キプロス、ルーマニア、ブルガリア、クロアチア以外）と、スイス、リヒテンシュタイン、ノルウェー、アイスランドの計26カ国がこの協定を結んでいる。21世紀初頭のEUには、欧州多幸症（ユーロフォリア）」が広がり、ヨーロッパこそが世界を主導するとの希望的観測すら語られたのである（遠藤2016, 5-7）。

　またヨーロッパの安全保障に関しても、EUの東方拡大に先駆けて**NATO**が「東方拡大」を進めていた。仮想敵であったソ連が消滅し、またヨーロッパにおけるアメリカの軍事的プレゼンスが縮小するなか、NATOはその役割を冷戦時代の領域防衛や抑止を超えて、危機管理やテロ対策、そして地域紛争への対処などに広げていった。一方、1995年1月にCSCEが機構化して**欧州安全保障協力機**

図 4-1　EU とシェンゲン協定加盟国の分布（2021 年）

凡例：
- シェンゲン圏内の EU 加盟国
- シェンゲン圏外の EU 加盟国
- シェンゲン圏内の非 EU 加盟国

グリーンランド
アイスランド
スウェーデン
フィンランド
ロシア
ノルウェー
エストニア
ラトビア
デンマーク
リトアニア
ロシア
ベラルーシ
アイルランド
イギリス
オランダ
ポーランド
ウクライナ
ベルギー
ドイツ
チェコ
スロヴァキア
モルドヴァ
ルクセンブルク
オーストリア
ハンガリー
ルーマニア
リヒテンシュタイン
スロヴェニア
クロアチア
ボスニア・セルビア
ヘルツェゴビナ
ブルガリア
フランス
スイス
イタリア
モンテネグロ
コソヴォ
北マケドニア
アルバニア
トルコ
ギリシャ
ポルトガル
スペイン
マルタ
キプロス

0　　500km

出所：Schengen Visa Information サイト（https://www.schengenvisainfo.com）などを参照の上、作成

図 4-2　NATO の東方拡大

出所：外務省サイト（https://www.mofa.go.jp/mofaj/area/nato/index.html）などを参照の上、作成

構（OSCE）に改組され、東西ヨーロッパにわたる安全保障機構として期待されたが、NATO が役割を拡大していくなかで、OSCE は次第に民主化支援などの任務に重点を移していった。

3　コソヴォ紛争

　コソヴォ紛争では、地域紛争への対処におけるヨーロッパ諸国の限界や NATO のあり方が改めて問われた（月村 2013, 第 6 章）。ユーゴスラヴィアが解体していくなかで、セルビア共和国内のコソヴォ自治州では、多数派のアルバニア人が独立を宣言し、セルビア人との対立が激しくなっていた。なかでも急進的にコソヴォ独立をめざすコソヴォ解放軍（KLA）に対して、ユーゴスラヴィア連邦（1992 年に 4 月に建国）の大統領ミロシェヴィッチが、1998 年 2 月にセルビア治安部隊に掃討作戦の開始を指示し、大規模な難民・避難民が発生する事態となった。アメリカは、NATO による空爆の可能性をちらつかせながらミロシェヴィッチを説得し、ミロシェヴィッチは国連安保理決議 1199 号を受け入れ、1998 年 10 月には、停戦と OSCE 監視団の設置について合意した。

　しかし、この合意に参加しなかった KLA は、セルビア治安部隊への攻撃を止めず、一方のセルビア治安部隊が合意にのっとって反撃を自制したため、KLA が支配地を拡大していった。そして 2 カ月後の 1998 年 12 月にミロシェヴィッチは反撃に転じ、停戦合意が破綻したのだった。こうして再び戦火が拡大するなかで、1999 年 1 月にセルビア治安部隊がコソヴォ中部のラチャク村を急襲し、無抵抗だったと推測される子どもや女性を含む村民 45 人が虐殺されるという事件が起きる。主要関係国（米露英仏独伊）は、1998 年 3 月にコンタクト・グループを結成していたが、このグループの働きかけにより、1999 年 2 月にフランスのパリ近郊のランブイエで、ユーゴスラヴィア連邦（セルビア）政府とコソヴォのアルバニア人が参加する和平協議が開始された。

　しかし、コンタクト・グループの原案に基づく和平案をセルビア側は拒否し、ユーゴ連邦軍とセルビア治安部隊の一部が攻撃を再開した。このため和平協議は決裂し、ついに NATO は 1999 年 3 月 24 日に空爆作戦を開始した。この NATO の空爆は、国連安保理決議をともなっていなかったため、「人道的介入」として正統性を有していないとする反発が少なくなかった。しかし、ブレア英首相は、クリントン米大統領やシュレーダー独首相とは異なり、一時はコソヴォへの地上軍派遣を主張するなど、介入に積極的な姿勢を示していた。

　NATOによる空爆は78日間続き、その後EU特使としてフィンランド大統領のアハティサーリとロシア大統領特使のチェルノムイルジンが仲介した和平案がユーゴ連邦によって受諾された。これをもってNATOの空爆は終了し、和平案に沿いユーゴ連邦軍やセルビア治安部隊がコソヴォから撤退して、コソヴォ紛争は幕を閉じた。紛争の収束に際して、国連安保理は決議1244号を可決し、国連コソヴォ暫定行政ミッション（UNMIK）が設置されることになり、NATO主体のコソヴォ国際安全保障部隊（KFOR）が、治安維持や武装解除にあたった。2002年3月には暫定自治政府が設立されたが、その後もコソヴォの最終的地位に関するセルビアとコソヴォの交渉は難航し、2008年2月にはコソヴォが一方的に独立を宣言した。

4　コソヴォ紛争後のヨーロッパとロシアの安全保障

　コソヴォ紛争においては、紛争終結後の平和構築などに積極的に関与したものの、とくに空爆作戦では米軍に圧倒的に依存したことなどから、EU諸国はアメリカとの「軍事能力の格差」を改めて痛感することになった。こうした教訓から、1998年12月にブレア英首相はシラク仏大統領とともに、フランス西北部のサンマロで「ヨーロッパ防衛に関する共同宣言」を発表し、EUに独自の軍事展開能力をもたせる方針を表明した。その後、欧州緊急対応部隊や欧州防衛庁が創設され、ニース条約によって法的根拠を得ていた欧州安全保障防衛政策（ESDP）が発展する流れに向かうことになる。

　一方ロシアは、「人道的介入」という名目で行われたNATO空爆と、コソヴォの一方的独立の双方に強く反発した。国連安保理による承認を得ていないNATOの空爆は、ロシアからすれば国際法違反であり、ロシアを疎外する行動だった。また、チェチェン共和国の独立問題を抱えるロシアにとって、事実上独立派を支援するかたちとなったNATOの域外軍事行動は容認できなかった。さらに、当事者間の同意のない**コソヴォ独立**についても、ロシアは領土保全原則に違反するものとして反対し、現在に至るまでコソヴォを国家として承認していない。ただし、「住民が抑圧の危険にさらされている場合に、その住民の意思に基づく独立は例外的に認められる」というコソヴォの事例で用いられた論理を、ロシアは2014年のクリミア併合の際に逆に利用することになる（5章II節4）。

5 「テロとの戦い」とヨーロッパ諸国間の亀裂

こうしたなか、2001年9月11日にアメリカで同時多発テロ事件が起きる（I
節7）。アメリカが打ち出した「テロとの戦い」に対して、シュレーダー独首相
が「無制限の連帯」を表明するなど、ヨーロッパ諸国は北大西洋条約第5条の集
団防衛に基づく米欧間の連帯を強調した。しかし、アメリカはイギリスなど一部
の同盟国と単独行動主義的なアプローチでアフガニスタン戦争を開始したため、
武力介入の局面におけるNATOの役割は限定的なものにとどまった。

さらに2003年3月のイラク戦争に至る過程で、ヨーロッパ諸国の対応は激し
く分裂した。イラクに対する武力行使については、開戦前からロシアとともに、
フランスやドイツが批判的な立場をとっており、アメリカのG・W・ブッシュ政
権のラムズフェルド国防長官は、反対する仏独などを指して「旧いヨーロッパ」
と揶揄した。他方で、イギリス、スペイン、イタリアは対米支持を表明し、また
2004年5月にEUに加盟予定の中東欧諸国などの「新しいヨーロッパ」も、イラ
ク攻撃に賛同するなど、ヨーロッパ内で亀裂が生まれたのである。

6 ヨーロッパ懐疑主義とリスボン条約

このように「テロとの戦い」への対応をめぐってヨーロッパ諸国が分断される
ような状況が生まれたが、この時期にヨーロッパ統合も重要な局面を迎えていた。
2004年10月に**憲法条約**が結ばれるが、これは加盟国が増大するなかで、意思決
定の簡素化と迅速化を図ることによって改めてEUの結束を強めつつ、複雑な法
体系を整備し、欧州議会の権限を拡大で民主的統制を強化しようとするものだっ
た。

しかし、翌2005年5月から6月にかけて行われたフランスとオランダの国民
投票では、条約の批准が否決され、ヨーロッパ統合は試練に直面した。批准否決
の背景には、憲法条約自体の複雑さや将来に向けた統合のビジョンの欠如、グロ
ーバル化にともなうアングロ・サクソン的な労働市場の柔軟化と流動化への警戒、
それに関連して中東欧から安価な労働者が大挙して流入するというイメージの蔓
延などがあった。また、ヨーロッパ統合自体が市民生活に直接的な影響を与える
までに深化しており、とりわけマーストリヒト条約以降に高まりをみせてきた**ヨ
ーロッパ懐疑主義**が噴き出し、エリート間協調でEUへの集権化を進めることへ
の不満が改めて表面化したという事情もあった。

こうした事態を受けて、2007年上半期にEU理事会議長国となったドイツのメ

ルケル首相とフランスのサルコジ大統領が主導して、「憲法的概念を放棄」した**「改革条約」**（リスボン条約）が取りまとめられ、2007年12月に調印、2009年12月に発効した。これにより、欧州理事会常任議長と外務・安全保障政策上級代表の職や欧州対外行動庁が新設され、EUが「ヨーロッパのひとつの声」を発することが期待された。

　ただし、次章でみるように、2008年8月に発生したロシアとジョージア（旧称グルジア）の武力衝突をめぐって、ヨーロッパ諸国の足並みは乱れてしまう。イギリスやポーランドなどが、ロシアの強引な手法を激しく非難して制裁に積極的だったのに対し、ドイツは、ロシアと西シベリアの油田開発に関する協定を結ぶなどエネルギー面でロシアとの関係を深めていたため、慎重な態度を示した。ヨーロッパ諸国によるロシアへの対応には温度差があり、対外的に一致した行動をとるのが困難であることを露呈したのだった。

7　ソ連解体後のロシア外交の課題

　1991年末の**ソ連解体**によって、ロシアもまたそれまでとまったく異なる国際環境のもとで再出発することになった。ソ連解体に際し、ロシアは、バルト諸国を除く旧ソ連諸国から支持されるかたちで、国連常任理事国としてのソ連の地位を継承することを国連に通達した。また、ウクライナ、ベラルーシ、カザフスタンは自国領土に残った核兵器を廃棄することに合意したので、核保有国としての地位も実質的にロシアに引き継がれた。しかし、ソ連時代と比べて人口は約半分に減少し、国土も約4分の3に縮小したうえに、東欧の勢力圏も失った。さらには体制転換直後の経済的混乱によって国力が低下したため、超大国という立場を失った。

　したがって、1990年代以降のロシア外交にとって最大の課題は、国際的地位の低下を最小限に食いとめ、国際社会における新たな役割を見出すことにあった。しかし、ソ連解体直後のロシアでは政策決定過程が混乱し、激しい政治対立が生じた。国内政治の混乱はそのまま外交にも反映されたため、国際的影響力の低下を免れなかった。

　また、ソ連という「帝国」の秩序が崩壊したことで、旧ソ連地域にはさまざまな問題が生じ、ロシアの懸案事項となった。タジキスタンの内戦や、ナゴルノ＝カラバフをめぐるアゼルバイジャンとアルメニアの紛争といった民族紛争が生じ、ジョージアのアブハジアや南オセチア、モルドヴァの沿ドニエストル共和国（ト

ランスニストリア）などは、事実上の独立状態にあるものの、国際的な承認を受けていない「非承認国家」となった。さらに、超大国ソ連の遺産として、核兵器の管理・撤去、ロシア軍の周辺国への駐留、バルト三国やカザフスタンなどに多い在外ロシア人の帰還や国籍取得などの問題も生じた。ロシアはこの地域を「近い外国」と呼んでそこに「死活的利益」をもつと主張したが、旧ソ連諸国のなかにはロシアのそのような態度に反発する国もあった。

8　ロシアの大西洋主義とユーラシア主義

　このような国際環境のもとで、ロシアは欧米諸国と協調し、その一員となるべきなのか、それともアジアとヨーロッパの双方にまたがっているというその独自性を活かした国家をめざすべきなのかが議論され、政権内部でも意見が対立した。この2つの考え方のうち、前者は**大西洋主義**と呼ばれ、欧米諸国との協調をロシア外交の基調とすべきだとする考え方である。これに対して、後者は**ユーラシア主義**と呼ばれ、欧米諸国とは異なる独自の外交政策を展開すべきだという考え方である。

　ソ連解体直後のごく短い時期のロシア外交は、大西洋主義が優勢だった。というのも、ロシアは当初冷戦終結を米ソ協調の証しととらえており、アメリカとの協調のもとで自身が国際社会において重要な役割を果たすことを期待していた。実際、エリツィン政権は、アメリカの経済学者の助言を受けて市場経済化を進め、コズィレフ外相も欧米諸国との友好関係を基盤として、アメリカが中心となる国際制度への参加をめざした。欧米諸国側も、エリツィン政権の強権的政治手法を黙認し、彼を「改革派」として支持する姿勢を示した。

★ボリス・ニコラエヴィチ・エリツィン（1931-2007年）

　ゴルバチョフと同じ1931年生まれのエリツィンは、1991年から99年までロシアの初代大統領を務めた。一般大衆の気持ちを察する力に長けており、1991年8月の保守派クーデタをいち早く非難するなど、ソ連解体前後には精力的に活動した。しかし、1990年代半ば以降は体調面での問題もあり、次第に活力を失ったため、「セミヤー（家族）」といわれる側近たちの政治的影響力が強まり、政治的な混乱を招いた。

　しかし、冷戦後の世界は、現実にはアメリカによる「独り勝ち」の様相を呈し

た。また、急速な市場経済化がロシア経済を混乱に陥れると、大西洋主義はアメリカや西欧諸国への従属だと批判されるようになった。そのため、早くも1993年初めには、西側との協調を維持しつつも、旧ソ連諸国におけるロシアの「国益」を守ろうとする「バランス路線」へと、エリツィンは軌道修正した。とくに、1993年にポーランド、ハンガリー、チェコの3カ国がNATO加盟を求め、NATOの東方拡大が政治課題として浮上すると、大西洋主義はいっそう後退した。エリツィン政権は当初NATO拡大を容認する発言をしたが、その後は明確に反対の姿勢をとった。かつてソ連を敵国としていた軍事同盟が東方に拡大し、ロシアの国境に近づくことは国民のナショナリズムを刺激するものであり、ヨーロッパの安全保障に関する重要な決定からロシアが疎外されることに対しても反発が強かった。そして、ヨーロッパの安全保障問題は、NATOではなく、旧ソ連諸国も加盟しコンセンサス方式での意思決定を行うCSCE（1995年からはOSCE）の枠組みで解決するべきだと主張した。

　また、欧州通常戦力（CFE）条約の修正を求める声も強まった。CFE条約は、東西両陣営の通常兵力の上限を定めるものとして1990年11月に締結されたが、1991年7月にワルシャワ条約機構が解散し、12月にソ連が解体すると、ヨーロッパの戦略環境は大きく変化した。とくに、ロシア国内のチェチェン共和国も含め、コーカサス地域では民族紛争が多発していたこともあり、CFE条約を修正すべきだという意見が軍部を中心に強まった。

9　ロシアの対外的世界観としての「多極世界」

　1996年1月にプリマコフが外相に就任すると、「多極世界」という新たな考え方が提唱された。これは、欧米諸国との対等で互恵的な関係を維持しつつ、ロシアは中国、インド、中近東諸国などから構成される「多極世界」の一角を担うべきだという考え方である。「多極世界」という言葉は、国際関係の現状認識というよりも、アメリカの一極支配を警戒するロシアにとって望ましい勢力均衡的な秩序を表していたが、こうした考えが1990年代後半以降のロシア外交の基本路線となった。

　1990年代を通じて、次第にアメリカやNATOとの利害対立が増えたが、国力が低下し、欧米諸国に経済面で依存していたロシアは、多くの場合において、最終的に欧米諸国の行動を甘受せざるをえなかった。たとえば、NATOが東方拡大をみすえて1994年1月に**「平和のためのパートナーシップ（PFP）」**（I節3）を

開始した際に、ロシアはこれに反対したが、NATO の東方拡大はそのまま進められていった。たしかに NATO 側も、ロシアとの協議機関として 1997 年 5 月にNATO・ロシア常設合同理事会（PJC）を創設するなど、ロシア側の懸念に一定の配慮をみせた。しかし、NATO は加盟国の拡大を見直すことはなく、ロシアはこれに抵抗する有効な手立てを講じられなかった。1999 年のポーランド、チェコ、ハンガリーを皮切りに、2004 年にスロヴァキア、スロヴェニア、ルーマニア、ブルガリア、バルト三国、そして 2009 年にクロアチア、アルバニアが加盟を果たし、PFP 参加国のうち 13 カ国が NATO に加盟することになった。また、コソヴォ紛争でも、ヨーロッパの安全保障問題に関与しようとするロシアの努力は報われず、ロシアの無力さを示すとともに、欧米諸国との安全保障観の違いをロシアの外交関係者に痛感させる結果となった。

10　ロシアによる多極化外交

　以上のように、冷戦終結直後に期待された欧米諸国との協調が幻滅に終わり、NATO の東方拡大などで自らの利害を軽視されたと考えたロシアは、やがて中国、インド、イランなどとの関係強化を模索するようになった。急速な経済成長を遂げる中国を「脅威」ととらえる見方もあったが、アメリカの「一極支配」を懸念するという点で、中露の利益は合致していた。そのため、1996 年から 97 年にかけて、中露両国は国境問題をほぼ解決し、武器輸出も増大するなど、両国の戦略的協調関係は強化された。

　また、朝鮮半島に対する政策も変化した。ソ連解体直後のロシアはソ連時代から続けていた北朝鮮に対する経済支援を停止し、外交的な接触も途絶えた一方で、韓国とは急速に接近した。しかし、北朝鮮の核開発が国際的に問題になった際には、ロシアは影響力を行使できず、アメリカ中心の対応を見守るしか術（すべ）がなかった。しかし、1990 年代半ばになると、このような政策は改められ、南北のバランスをとる外交へと転換した。

　CIS（独立国家共同体）諸国とは、二国間、多国間双方の形態で関係強化が図られた。前者としては、ベラルーシとの国家統合の動きや、ウクライナとの友好協力パートナーシップ条約の調印などが挙げられる。後者の例として、ロシア、ベラルーシ、カザフスタンが中心となった共通市場や関税同盟設立に向けた動きがあった。また、1996 年 4 月には、ロシア、カザフスタン、クルグズスタン、タジキスタンに中国も加わり「**上海ファイブ**」が結成され、イスラーム過激派によ

るテロリズムや民族分離運動に対処するための協力が謳われた。こうした動きは、「近い外国」における軍事的プレゼンスの維持、在外ロシア系住民の保護、経済的利益の確保というロシアの国益に合致するものだった。ただし、他の国々が常にロシアと利益を共有していたわけではなく、CISの統合強化はあまり進展しなかった。また、ジョージア、ウクライナ、アゼルバイジャン、モルドヴァがGUAM（2006年より「GUAM民主主義と経済発展のための機構」と改称）を創設するなど、周辺諸国からは「ロシアの拡張主義」を警戒する動きも生じた。

11　プーチン政権下のロシア外交

　ロシアでは、初代大統領のエリツィンが、1999年末に任期満了を目前にして辞任し、プーチンを大統領代行に任命した。この年の8月に首相に就任し、9月から始まるチェチェン共和国の独立派勢力の掃討作戦（第2次チェチェン紛争）を指揮したプーチンは、その強硬な姿勢から「強い指導者」というイメージを獲得し、国民から強い支持を得るようになっていた。

　2000年5月に正式に大統領に就任したプーチンの外交政策は、プリマコフがかつて謳った「多極化」路線を基本的に踏襲するものだった。ただし、国力の低下が目立った1990年代とは異なり、プーチン政権は**「強い国家」の復活**を掲げ、ロシアの国際的プレゼンスは強化された。1998年の経済危機後、主に石油価格上昇の恩恵を受けて、ロシアは急速な経済成長を遂げたため、ブラジル、インド、中国とともに**BRICs**と呼ばれ、有力国の一角を占めるようになった。また、高い支持率を誇るプーチン政権のもとで内政が安定したことも、より積極的な外交を展開する条件を整えた。

12　ロシアの対米不信と対中接近

　2001年の同時多発テロ事件後にアメリカが「テロとの戦い」というスローガンを掲げたことは、米露関係が改善する契機となった。ロシアはもともとチェチェンの独立闘争を「テロリズム」と位置づけていたし、「テロとの戦い」でアメリカと協力することは、ロシアの国際的立場を高めるのにも貢献すると考えたのである。そのため、ロシアが「裏庭」とみなしていた中央アジアに、米軍が駐留することを容認した。しかし、2001年12月にアメリカがABM制限条約からの一方的離脱を通告し、2003年3月にイラク戦争を始めると、アメリカの単独行動主義にロシアは反発し、両国関係は再び停滞した。

さらに、2000 年代半ばに起きた「**カラー革命**」もロシアにおける対米感情を悪化させた。カラー革命とは、ジョージア、ウクライナ、クルグズスタンで、市民の大規模な反政府運動が政権交代を引き起こした事件の総称である。これらの国々で活動していた NGO などに対しアメリカが民主化支援を行っていたことから、「革命」の背後には欧米諸国の「内政干渉」があり、それが政権の転覆をもたらしたのだという不信感と猜疑心が、ロシアでは強まった。このことは、2013 年から 14 年に起きたウクライナ危機をめぐるロシアの反応に少なからず影響を及ぼした（第 5 章 II 節 4）。以上のようなことから、2000 年代後半になる頃には、米露間で「新冷戦」とも呼ばれる状況が生じていた。

　一方アジアでは、プーチンは「多極世界」の追求という認識を共有する中国との戦略的協調関係の強化に努めた。2001 年 7 月には、中露善隣友好協力条約を締結し、核兵器の不使用、互いの安全を損なう軍事ブロックへの不参加などに合意した。また、同年には上海ファイブを**上海協力機構**として再編した（IV 節 8）。上海協力機構の加盟国間の利害は必ずしも一致しているわけではないが、2005 年以降、中露両国を中心に合同軍事演習を行うなどして存在感を強めている。さらに、中露は 1997 年の合意で積み残しとなっていた国境問題を 2004 年に決着させ、40 年にわたって続いた中露国境問題をすべて解決した。このほか経済分野でも両国は関係を深めていった。シベリア・極東地域の開発を進めたいロシアと、石油、木材などの天然資源と武器の供給を期待する中国は、互いに経済協力を発展させることに利益を見出していた。ロシアは、欧米との確執を深めていたので、中国の台頭に脅威を感じながらも、中国との関係を強化していった。

　2 期 8 年の任期を通じて、プーチン外交には国際規範に適応し、国際社会の一員として認められようとする部分と、他国から大国として扱われ、行動の自律性を維持したいという部分が混在していた。ロシアは、ヨーロッパの安全保障問題に自国が関与するための全欧的な枠組みを望んだが、現実には NATO の東方拡大やコソヴォ紛争などをめぐるロシアの意向は、欧米諸国によってないがしろにされた。そうしたことへの落胆が、アメリカへの不信を生み、ロシアは一層「大国復活」を志向するようになっていった。

まとめ

　冷戦終結後のヨーロッパでは、マーストリヒト条約で EU が発足し、ヨーロッパ統合が進んだ。しかしその一方で、一部の国ではヨーロッパ懐疑主義が改めて

表面化した。ヨーロッパの政治指導者らは、**リスボン条約**という実際的な対応を
とって、ヨーロッパ統合の勢いを保とうとした。また、この時期には、アメリカ
の「テロとの戦い」やイラク戦争、そしてロシア・ジョージア戦争などをめぐっ
て、ヨーロッパ諸国間の足並みが乱れた。とりわけイラク戦争に際しては、ヨー
ロッパ諸国間に亀裂が生じ、米欧関係も悪化して、「西側」の一体性が喪失され
ていくようにみえた。とはいえ、ヨーロッパ統合の動きは漸進し、西欧が東欧を
取り込んでいくように EU と NATO の東方拡大も進み、冷戦後の新たなヨーロ
ッパの秩序をめざす取り組みは、紆余曲折を経ながらも進展した。しかし、ロシ
アがその一部となることはなかった。それは、ロシアが西側諸国と協調的な関係
を築いて、ヨーロッパ秩序を安定させていくという冷戦終結時のビジョンが、現
実味を失ったためだった。欧米との協調を完全には放棄しなかったものの、CIS
諸国や中国、インド、イランなどとの関係強化に動き、**「多極世界」**での自国の
役割拡大を模索するようになった。また、アメリカによる単独行動主義やカラー
革命への警戒心が高まると、ロシアは対米不信を強め、中国との戦略的提携を強
めていった。

III　中東

　1990–91 年の湾岸危機・湾岸戦争を経て、中東にも冷戦後のグローバルな国際
関係の影響が波及するようになった。そのような変化をもたらしたのは、いまや
グローバルな覇権国となったアメリカだった。アメリカの中東への関与は、なぜ、
どのように変化したのだろうか。そのアメリカは、わずか十数年のうちに中東地
域で 3 度の戦争を戦ったが、それらはどのようにして発生し、いかなる帰結をも
たらしたのだろうか。そして、これらの過程で中東域内の国際関係はどのように
変容したのだろうか

1　湾岸危機の発生

　1990 年 8 月 2 日、イラクはクウェイトに侵攻して全土を占領し、これを併合
すると宣言した。イラクのフセイン政権がクウェイトに侵攻したのには、いくつ
かの理由があった。イラクは、イラン・イラク戦争の過程でペルシャ湾岸産油諸
国に多額の債務を負っていた。フセイン政権は、イラクは湾岸アラブ諸国へのイ
スラーム革命の拡大を阻止するためにイランと戦ったのだから、戦時中の債務を

減免されるべきだと主張したが、クウェイトを含む湾岸産油諸国はこのようなイラクの主張に冷淡であった。また、クウェイトが OPEC の生産制限枠に従わずに石油を増産し、石油価格の低迷を助長していることに、イラクはいら立っていた。さらに、イラン・イラク戦争で実質的にイラクを支援したアメリカを含む諸国が、戦時中の化学兵器の使用を含むイラクの行動を黙認していたことが、フセイン大統領にクウェイト併合は容認されるであろうとの誤った観測を抱かせたという指摘もある。

　イラクのクウェイト併合に対する国際的反応は、冷戦終結後の新たな国際情勢を反映するものとなった。米ソの対立から解放された国連安保理は、イラクの無条件撤退を求める決議 660 号を皮切りに、対イラク経済制裁などに関する一連の決議を矢継ぎ早に成立させた。アメリカの G・H・W・ブッシュ政権は、これらの安保理決議を法的な根拠として、国際的なイラク包囲網を構築した（Ⅰ節1）。アメリカが主導する多国籍軍には、NATO 諸国やエジプトを筆頭とする穏健派アラブ諸国などの親米諸国だけでなく、ソ連やシリアのような冷戦期にアメリカと対立していた諸国も参加し、参加国の合計はおよそ 30 カ国にのぼった。さらに、ドイツや日本など多くの国々が、対イラク経済制裁に参加し、非軍事分野で多国籍軍に協力した。イラク支持に回ったのは、イラクによるクウェイト占領をイスラエルによるパレスチナ占領と結びつけて解決することを要求するフセイン大統領の「リンケージ論」への民衆レベルの支持が強かったヨルダンや PLO など、ごく少数にとどまった。

2　湾岸戦争

　イラクが国連安保理決議 678 号に定められた期限までに撤退に応じなかったため、1991 年 1 月 17 日、アメリカが主導する多国籍軍は、大規模なイラク空爆で湾岸戦争の戦端を開き（「砂漠の嵐」作戦）、2 月にはイラクとクウェイトに進軍して、地上戦開始後わずか 100 時間でクウェイトを解放した。しかし、G・H・W・ブッシュ政権はイラクの首都バグダードに進軍することなく戦闘を停止した（Ⅰ節1）。

　これにはいくつかの理由があった。国連安保理決議 678 号は、必要なあらゆる手段を用いてクウェイトを解放することを求めていたが、イラクの体制転換を求めていたわけではなかった。一方で、国際的なイラク包囲網は磐石ではなかった。開戦前に国連やフランスがぎりぎりまでイラクと戦争回避をめざす交渉を行い、開戦後はソ連が停戦の斡旋に動いていた。また、イラクはイスラエルにミサイル

攻撃を加えることにより、多国籍軍に協力するアラブ諸国に揺さぶりをかけた。ブッシュ政権は、アメリカが指導する国際的な連携を維持するために、安保理決議で求められていたクウェイト解放が実現したところで軍事行動を停止したのである。

　これに加えて、ブッシュ政権は、軍事的敗北を喫したフセイン政権が早々に崩壊すると予想していた。しかし、予想に反して、フセイン政権は、温存していた軍事力によって北部クルド人地域と南部シーア派地域で発生した反乱を迅速に鎮圧し、強権的な国内支配体制を維持した。

3　アメリカのペルシャ湾政策の変化

　イラク国内の反乱が鎮圧された後、G・H・W・ブッシュ政権は、フセイン政権の打倒を事実上の目標とする**イラク封じ込め政策**を採用した。その基盤となったのは、湾岸危機を通じて形成されていた国際的なイラク包囲網と、中東におけるアメリカの軍事的プレゼンスであった。安保理決議に基づく対イラク経済制裁が戦後も維持されただけではなく、イラクに大量破壊兵器の全廃を求める安保理決議が新たに採択され、大量破壊兵器の廃棄を査察するための国連特別委員会が組織された。また、イラク政府の国内弾圧を非難する安保理決議に基づいて、米・英・仏はイラク領空の一部に飛行禁止区域を設定した。一方、ペルシャ湾地域におけるアメリカの軍事的プレゼンスは、1980年代にイラン・イラク戦争が進行する過程で漸増していたが、湾岸危機を経て飛躍的に拡大し、相当規模の米軍がペルシャ湾地域に常駐するようになった。加えてアメリカは、ペルシャ湾岸諸国と新たに軍事協定を締結したり、既存の関係を強化したりすることによって、米軍を大規模かつ迅速にペルシャ湾に展開できる態勢を構築した。

　圧倒的な軍事力を背景としつつ、国連決議に基づく国際的な連携を主導するアメリカのペルシャ湾政策は、覇権的政策と呼ぶことができる。このような覇権的政策は、中東の域内政治への直接的な関与を可能な限り回避しながら目標を追求しようとするオフショア・バランシング政策が破綻したことの帰結でもあった。アメリカは、かつて代理勢力として期待していたイランとイラクのいずれとも対立することとなったために、中東における秩序を構築し維持する責任と負担を自ら負わざるをえなくなったのである。クリントン政権の下で、アメリカのペルシャ湾政策は、イラクとイランに対する**「二面封じ込め」政策**として定式化された。

4 覇権的政策の限界

　しかし、アメリカの覇権的なペルシャ湾政策は、まもなく限界に突き当たった。1990 年代半ばまでは、イラクの大量破壊兵器が廃棄されるなど、イラク封じ込めは順調に機能した。しかし、フセイン政権は、強固な国内支配体制を維持し、大量破壊兵器の査察にも抵抗する姿勢を強めていった。また、時間の経過とともに、イラク封じ込めのための国際的な枠組みは緩んでいった。仏・露・中は、各々の思惑から対イラク制裁の緩和を主張し、国連安保理でも新たな対イラク制裁決議を棄権する場面が増えた。1990 年代後半になると、サウジアラビアやトルコは、自国の基地がイラクへの懲罰的な軍事行動のために使用されるのを拒否するようになった。1999 年 12 月、アメリカは、経済制裁を緩和するのと引き換えに、国際的なイラク包囲網を再構築することをめざす国連安保理決議 1284 号の採択を主導した。しかし、イラクによる密貿易が拡大して経済制裁が有名無実化するなど、イラク封じ込めの緩みに歯止めはかからなかった。

　一方、もともとアメリカのイラン封じ込め政策は、国連安保理決議に基づくものではなかったため、西欧諸国や日本などの親米諸国ですらイランとの経済関係を拡大した。こうした状況にいら立つアメリカ政府は、1995 年から 96 年にかけて禁輸措置をはじめとする独自の制裁を強化したが、むしろアメリカが対イラン関係において国際的な孤立を深める結果となった。1997 年 8 月に成立した改革派のハータミー政権は、イラン国内の政治的自由化を進めるとともに、西欧諸国との交流をさらに拡大し、アメリカにも関係改善を呼びかけた。クリントン政権は、条件付きで関係改善に前向きな姿勢を示したものの、アメリカが「テロ組織」と位置づけるヒズブッラーなどの組織への支援停止など、アメリカがイラン側に提示した関係改善の条件はハータミー政権には受け入れられないものだった。

5 中東和平プロセス再開の背景

　湾岸戦争後にはアラブ・イスラエル間の和平プロセスが進展するが、その前提となる国際環境の変化は、1980 年代末に出現していた。1987 年末、イスラエルが占領するヨルダン川西岸とガザ地区では、ユダヤ人入植地の拡大やパレスチナ人への人権侵害に代表されるイスラエルの占領統治政策に対する不満が爆発し、**（第 1 次）インティファーダ**と呼ばれるパレスチナ人の大衆抗議行動が発生した。占領地のパレスチナ人自身が主導する非暴力的な抗議活動は、国際的な注目を集め、パレスチナをめぐる国際関係にも変化をもたらした。それまで自らがパレス

チナ人を代表するという立場をとっていたヨルダンのフセイン国王は、ヨルダン川西岸への主権要求を放棄し、アラブ諸国の指導者たちもPLOをパレスチナ人を代表する政治主体として遇するようになった。PLO側は、1988年末にアラファートが国連安保理決議242号を受諾して、イスラエルの生存権を初めて公式に承認するとともに、テロとみなされる暴力行為を放棄する意向を表明した。この結果、アメリカ政府もPLOをパレスチナ人の代表として承認するようになり、イスラエル国内でもPLOとの交渉を容認する世論が強まった。

　湾岸危機は、和平プロセスの再開へとつながる国際環境を創出することになった。イラクのフセイン大統領は、イスラエルが占領地から撤退すればイラクもクウェイトから撤退するという「リンケージ論」を展開した。「リンケージ論」自体はイラクの行動を正当化することを目的とする荒唐無稽な主張であった。しかしそれは、アラブ諸国を中心に、和平プロセスの再開を求める声を強める効果があり、ソ連も和平プロセス再開を支持する立場をとった。イラクを包囲する国際的連携を重視するアメリカもこうした声を無視することはできず、G・H・W・ブッシュ政権は、中東和平の推進に向けて努力する姿勢を示した。イスラエルとの和平に慎重だったシリアがイラク包囲網に参加する一方で、イラク支持に回ったヨルダンとPLOが国際的に弱い立場に置かれたことも、和平を進める上で好条件となった。

　アメリカ政府は、湾岸戦争直後から和平会議の開催に向けて積極的な外交を展開し、1991年10月にイスラエルとPLOを含む周辺アラブ諸国とが公式に外交的に接触する最初の機会となる**マドリード会議**の開催にこぎつけた。

6　和平の進展と限界

　マドリード会議の後、アメリカの主導で進められたイスラエルと周辺アラブ諸国の二国間交渉は停滞した。そのようななか、ノルウェー政府が仲介する秘密交渉を経て、イスラエルとPLOは、1993年9月に「**暫定自治政府原則宣言**」（オスロI）に合意した。オスロIは、イスラエルがガザやエリコなど特定の占領地域から撤退し、これら撤退した地域でPLOを母体として組織されるパレスチナ自治政府による統治を開始することを骨子とした。これが突破口となって、1994年10月にヨルダン・イスラエル平和条約、そして1995年9月にはパレスチナ自治政府の統治地域を拡大する、「**西岸・ガザに関する暫定合意**」（オスロII）が締結された。

192

図4-3　オスロⅡ

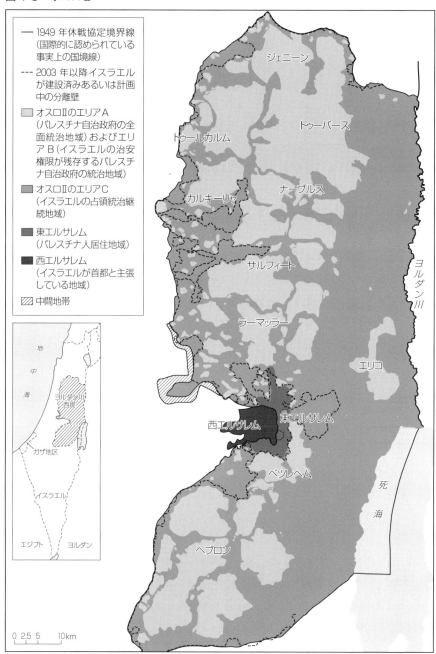

出所：国連サイト（https://www.un.org/unispal/west-bank-area-c-ocha-map/）などをもとに作成

　しかし、1990年代後半になると、イスラエル・パレスチナ双方で和平推進に向けた機運は急速に衰えていく。最大の原因は、イスラーム主義組織**ハマース**など、アラファートの和平路線に反対するパレスチナ人強硬派が、イスラエルに対するテロ攻撃を拡大したことだった。イスラエル側では、治安の悪化を背景に、和平への懐疑論が強まり、1995年11月には、和平を推進してきた労働党のラビン首相が和平反対派のユダヤ人によって暗殺されるという事件が起こった。和平反対の世論の高まりを背景に1996年6月に成立したリクードのネタニヤフ政権は、パレスチナ側に強圧的な姿勢をとって、オスロⅡの履行を遅らせた。

　1999年7月にイスラエルで労働党のバラク政権が成立したのを受け、クリントン政権は、ラビン政権期に水面下で進められていたシリア・イスラエル和平交渉を進めようとしたが、双方から最終的な妥協を引き出すことはできなかった。パレスチナ和平に再び関心を向けたクリントン政権は、2000年7月にキャンプ・デイヴィッドにアラファートとバラクを招き、パレスチナ国家の樹立を含む最終和平合意をめざす交渉を行ったが、ここでも合意は達成されなかった。

　2000年9月末にイスラエルの野党リクードの党首シャロンがエルサレム旧市街のアル＝アクサー・モスクを訪問するというタブーを犯したのが引き金となって、パレスチナ人の大規模な蜂起が発生した。この**アル＝アクサー（第2次）インティファーダ**は、ユダヤ人入植地の拡大や和平合意の履行遅延などのイスラエルの政策に対する反発だけでなく、パレスチナ人の置かれた状況を改善できずにいたパレスチナ自治政府への不満をも背景としていた。第2次インティファーダでは、パレスチナ自治政府に批判的なハマースなどのパレスチナ人武装勢力が、民間人をも標的としてイスラエル側を攻撃し、イスラエルは武力を用いてパレスチナ人を厳しく弾圧した。このようにして、第2次インティファーダは、激しい暴力の応酬となった。政権末期のクリントンは、キャンプ・デイヴィッド会談時よりも踏み込んだ提案を行ってパレスチナ和平の実現をめざしたが、もはやパレスチナ現地の政治情勢が和平の前進を不可能にしていた。

7　アメリカ同時多発テロとアフガニスタン戦争

　アメリカの中枢を標的とする同時多発テロを実行した急進的イスラーム主義組織**アル＝カーイダ**の本拠地は、アフガニスタンにあった。アフガニスタンでは、1992年にムジャーヒディーン諸勢力がナジーブッラー政権を打倒して政権を樹立したが、その後も内紛が絶えず、1996年には新興の急進的イスラーム主義勢

力である**ターリバーン**が首都カーブルを占領して、独特なイスラーム法解釈に基づく反近代的で抑圧的な政権を打ち立てていた。

　アメリカのG・W・ブッシュ政権は、同時多発テロ事件を受けて高まったアメリカへの国際的な支持とアメリカ国内における政権への支持を背景に、「テロとの戦い」を掲げ、2001年10月にターリバーン政権打倒をめざす**アフガニスタン戦争**を開始した（I節7）。「不朽の自由」作戦と名づけられたアメリカの軍事行動は、旧ムジャーヒディーン政権の諸勢力が結成した北部同盟を中心とする現地の反ターリバーン勢力と連携して行われ、NATO諸国をはじめとする国際的な支持も広がりをみせた。ターリバーン政権は2001年12月までに崩壊し、カルザイを首班とする暫定政権が成立した。

8　イラク戦争

　しかし、アメリカの「テロとの戦い」への国際的支持は、まもなく分解していく。G・W・ブッシュ大統領は、2002年1月の年頭教書で、イラク・イラン・北朝鮮を「**悪の枢軸**」と呼び、これをアメリカの主導の下で「民主化」を進めているアフガニスタンと対置した（I節8）。アメリカを「善」、アメリカが敵視する勢力を「悪」と一方的に位置づけ、アメリカは自由や民主主義を拡大するために「悪」の体制を打倒する使命があるとするこの演説は、アメリカへの国際的支持を分解させる端緒となった。ブッシュ政権のこのような姿勢は、「ネオコン」と通称される新保守主義勢力の主張を反映していた（I節6）。

　ネオコンの主導の下、ブッシュ政権は、イラクのフセイン政権の打倒へと向かった。しかし、イラク攻撃への国際的な支持は広がらなかった。ブッシュ政権は、イラクが大量破壊兵器の査察に応じていないことをイラク攻撃の理由として掲げたが、イラクが大量破壊兵器を保持していることを示す明確な証拠を提示することはできなかった。また、世俗主義のバアス党政権をアル＝カーイダと結びつけるブッシュ政権の説明は、説得力を欠いた。これらの結果、アメリカはイラク攻撃を明示的に容認する国連安保理決議を断念せざるをえなかった。

　2003年3月20日、ブッシュ政権はイラク攻撃に踏み切り、**イラク戦争**を開始した。しかし、アメリカを支持する「有志連合」は広がりを欠き、戦闘に直接参加したのはイギリス・オーストラリア・ポーランドだけだった。トルコ・サウジアラビア・エジプトなど親米的な中東諸国すら、きわめて限定的な協力を提供するにとどまった。それでも、アメリカの率いる「有志連合」は圧倒的な軍事力で

バグダードを陥落させてフセイン政権を打倒し、5月1日にブッシュ大統領は戦闘終結を宣言した。

　ブッシュ政権は、早期に安定した民主的政府をイラクに樹立できると想定し、イラク国内の非バアス化とイラクからの米軍撤退を急いだ。しかし、人工的な植民地国家であるイラクでは、強力な国家によって国民統合が維持されていたため、非バアス化は国民統合と国家そのものを著しく弱体化させた。治安の悪化、宗派対立の高まり、さまざまな戦闘的イスラーム主義勢力の出現などにより、イラクは内戦状態に陥った。2007年にブッシュ政権がイラク駐留米軍を増派して反政府勢力の掃討を強化したことによって、ようやく内戦は下火になったが、イラクの国民統合が回復したとはいいがたかった。

9　「民主化」と「対テロ戦争」

　G・W・ブッシュ政権は、中東に反米主義が拡大した原因は中東諸国における民主主義の未発達にあるという判断に基づいて、穏健派の親米アラブ諸国に「民主化」を要求した。しかし、それはきわめて不徹底だった。たとえば、民主化要求の最大の標的とされたエジプトでは、2005年9月に初めて複数の候補者が争う大統領選挙が実施されたが、選挙期間中には政府の選挙干渉や締めつけが行われ、ムバーラクが圧倒的得票で5選を果たした後には、野党の対立候補が逮捕された。また、アメリカからの圧力を受けて湾岸アラブ諸国の一部で実施された内政改革も、きわめて限定的であった。それにもかかわらず、ブッシュ政権はこうした「民主化」の不徹底を黙認した。

　一方でブッシュ政権は、「民主化」や「対テロ戦争」を、アメリカの政策を正当化するために恣意的に使用した。第2次インティファーダを背景に2001年2月に成立したイスラエルのシャロン政権は、治安維持を理由として、いったん撤退した占領地を再び占領し、ユダヤ人入植地を防衛するための「分離壁」の建設を開始するなど、和平合意を足元から掘り崩していった。その結果、パレスチナ側では、ハマースなど和平反対派への支持が拡大し、和平推進派のアラファートら自治政府の指導力が弱まった。ブッシュ政権は、和平に逆行するシャロン政権の行動を黙認する一方で、アラファートを一方的に「テロ」支援勢力とみなし、その排除を柱とするパレスチナ自治政府の「民主化」を和平プロセス再開の条件と位置づけた。

10　パレスチナ和平の行き詰まり

　2006年1月、「自由で公正な」条件のもとで実施されたパレスチナ立法議会議員選挙では、アラファートの後継者であるアッバスが率いる主流派のファタハではなく、アメリカ政府がテロ組織と位置づけるハマースが勝利した。アメリカは、パレスチナ自治政府への援助を停止した上で、ハマースがイスラエルの生存権を承認し、暴力を放棄せぬ限り、援助を再開しない方針をとった。2007年2月にハマースとファタハは連立政権を樹立したが、アメリカがファタハに武器を提供してハマース排除を働きかけたため、ハマースは2007年6月にガザからファタハ勢力を放逐した。この結果、パレスチナ自治政府は、ファタハが支配するヨルダン川西岸とハマースが支配するガザ地区に分裂した。

　2007年夏、パレスチナ自治政府からハマースが排除されたのに加え、米軍増派によりイラク情勢が安定に向かったことにより、G・W・ブッシュ政権はパレスチナ和平を進める環境が整ったと判断した。ブッシュ政権は、和平への協力を取りつけるために、穏健派アラブ諸国への「民主化」要求を自制するようになった。アメリカの取り組みは、2007年11月にアナポリスで開催されたパレスチナ和平の促進をめざす国際会議に結実した。アナポリス会議後に行われたイスラエルとパレスチナ自治政府の二国間交渉では、領土問題も含めて大きな進展があったとされる。同時期には、トルコを仲介者とする、シリア・イスラエル間の極秘の和平交渉も進められた。しかし、2008年末に**イスラエルがガザに大規模な攻撃**を加え、ブッシュ政権がこれを黙認する姿勢をとったことで、アナポリス会議を起点とする和平交渉はすべて水泡に帰した。

まとめ

　冷戦終結後のアメリカは、グローバルな覇権国として行動した。冷戦期にはグローバルな国際政治のダイナミクスから相対的に切り離された域内政治のダイナミクスの下で動いていた中東も、その例外ではなかった。**「二面封じ込め」**政策と中東和平プロセスへの積極的な関与に代表されるアメリカの覇権的な中東政策は、冷戦期に中東への直接的な関与を避けてきたアメリカが、中東の域内秩序の変革に乗り出したことを意味していた。

　しかし、アメリカの覇権には限界があった。そもそも「二面封じ込め」政策の契機は、ペルシャ湾におけるオフショア・バランシング政策の破綻にあり、和平プロセスへの関与はアラブ諸国からの支持を確保する必要に迫られて始まった。

イラク封じ込めの弛緩やイラク戦争への国際的支持の欠如にみられるように、アメリカの覇権への国際的な支持は限界を内包していた。国連決議に依拠せぬアメリカの対イラン封じ込めは、機能しなかった。

　中東におけるアメリカの覇権的政策を阻んだのは、かつてグローバルな冷戦が中東に浸透するのを抑制したのと同じ諸要因だった。ひとつは、上からの国民統合を維持していた中東諸国の強い国家であった。イラクのバアス党支配体制は、湾岸戦争で決定的な敗北を喫したが、国際的な包囲網の下でも存続した。アメリカによる「民主化」政策は、アラブ諸国の強権的な支配体制に阻まれ、アメリカが望んだ限定的な成果すら上げることができなかった。もうひとつの要因は、域内政治のダイナミクスであった。**中東和平プロセス**は、中東現地で和平への気運が高まった、2つのインティファーダにはさまれた時期にしか進展しなかった。パレスチナを含むアラブ世界とイスラエルの双方で和平への気運が後退していくなかで、アメリカはそれを巻き返すことができなかった。アメリカは、バアス党支配を破壊した後に民主的なイラク国家を樹立することもできなかった。

　アメリカの覇権的政策は、中東の域内秩序に一定の変化をもたらしたものの、それをアメリカが望むような形に変革することはできなかった。むしろ、中東におけるアメリカの一連の挫折は、冷戦後のアメリカのグローバルな覇権を溶解させていく起点のひとつとなったのである。

IV　アジア

　冷戦の終結は、政治体制の相違や分断国家の存続など、アジア国際政治の基本的な構造に大きな変化をもたらしたわけではなかったが、緊張緩和や地域協力の進展などの新たな潮流も生んだ。アジア諸国は、冷戦期から継続する相違や分断を抱えつつも、冷戦後にどのような地域秩序を形成しようとしたのだろうか。また、この時期から次第に顕著となった中国の台頭という現象に、どのように向き合おうとしたのだろうか。

1　カンボジア和平

　1990年代初頭に進んだカンボジア和平と平和構築のプロセスは、冷戦終結がアジアにも緊張緩和や地域協力の機運をもたらしたことを象徴する出来事だった。カンボジアで、ソ連とベトナムはヘン・サムリン政権を、中国はポル・ポト派を

支持していた。1980年代の新冷戦下では、西側諸国と中国は、ソ連、ベトナム、ヘン・サムリン政権を非難し、ベトナムに対して経済制裁を行っていた。ところが、1980年代半ば以降、ソ連のゴルバチョフ政権は地域紛争から撤退する方針を示し、中国との関係改善を進めた。同時に、米ソ冷戦も終結へと向かい、中越関係も改善した。こうしたカンボジア問題を規定してきた大国間対立が解消したことで、ヘン・サムリン政権とポル・ポト派の和平交渉が可能となった。

　このカンボジア和平のプロセスでは、冷戦期は機能していなかった国連が大きな役割を果たした。1990年2月、ヘン・サムリン政権とポル・ポト派、シアヌーク派、ソン・サン派の4派からなるカンボジア国民政府は、国連監視下の自由選挙実施に向けて、暫定的な国家最高機関を設立し、和平プロセスを進めることに合意した。このプロセスにおいてインドネシア、タイ、日本などは積極的に4派の仲介に努め、1991年10月の**カンボジア和平パリ国際会議**において、カンボジア和平に関する一連の合意が採択された。合意に基づく平和構築過程では、国連カンボジア暫定統治機構の事務総長特別代表に明石康が任命され、自衛隊から初めて**国連平和維持活動（PKO）**に人員が派遣されるなど、日本は存在感を発揮した。

2　ASEANを中心とした地域協力の進展

　冷戦終結後のアジアでは、経済分野を中心とする地域協力も進展した。1980年代後半から存在感を増しつつあったASEANは、より広域の地域協力に参加することに対する警戒心が強かった。しかし、1990年代に入ると、ASEANにとって望ましい域外環境を形成するために、影響力を発揮できるような広域地域協力体制の構築に積極的に関与するようになった。ASEANはAPECに対しても当初は懐疑的だったが、徐々にそれを積極的に活用しようとする姿勢に転じた。また、1994年7月にはアジア太平洋地域における初の安全保障対話枠組みとして、**ASEAN地域フォーラム（ARF）**が発足した。さらに、1996年3月には、ASEANを中心とし、アジア諸国とヨーロッパ諸国からなる**アジア欧州会合（ASEM）**第1回首脳会合が開催された。

　こうした地域協力の広域化と並行して、1990年代から2000年代にかけてはASEAN協力自体も拡大し、深まった。ASEANの拡大については、1995年にベトナム、1997年にラオスとミャンマー、1999年にカンボジアが新たに加盟し、構成国は10カ国となり、「ASEAN10」と呼ばれるようになった。協力の深まり

図 4-4　アジア太平洋地域協力

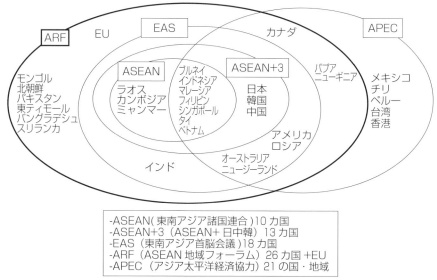

-ASEAN(東南アジア諸国連合)10 カ国
-ASEAN+3（ASEAN+ 日中韓）13 カ国
-EAS（東南アジア首脳会議)18 カ国
-ARF（ASEAN 地域フォーラム）26 カ国 +EU
-APEC（アジア太平洋経済協力）21 の国・地域

出所：『外交青書 2013』（外務省、2013 年）51 頁をもとに作成

については、1992 年 1 月の ASEAN 首脳会議で ASEAN 自由貿易地域（AFTA）の合意がなされた。また、アジア通貨危機後には、ASEAN がめざすべき未来像として、「ビジョン 2020」が採択され、そのための中期計画などの合意にも至った。さらに、2000 年代に入ると、対テロ協力の強化や ASEAN 共同体の形成に向けた取り組みなど、ASEAN 協力は政治や安全保障の分野にも及んだ。

3　アジア通貨危機と地域協力の広域化

　ASEAN を中心としながら緩やかに進んできた地域協力を加速させ、本格化させたのは**アジア通貨危機**だった。1997 年 7 月、タイ政府が通貨バーツの切り下げを行ったことによりバーツが急落し、それにともないインドネシアのルピアをはじめ、東南アジア各国の通貨が暴落した。この影響はさらに、香港、韓国、日本などにも飛び火したため、アジア通貨危機と呼ばれた。この通貨危機が急速に伝播したことによって、アジア諸国は互いの経済が連関していることを改めて認識した。また、通貨危機後に提唱されたアジア通貨基金構想に対するアメリカの反発や、IMF の支援策が対象国に大きな混乱をもたらしたことで、アメリカの影響力から相対的に自立した地域システムを構築すべきだとの認識も広がった

（大庭 2011, 326）。

　このように、東アジア諸国による金融・通貨協力の枠組み構築への要請が高まるなかで、1997 年 12 月に **ASEAN＋3**（日本、中国、韓国）が第 1 回首脳会議を開催し、急速にその存在感を高めていった。そして、ASEAN＋3 は 2000 年 5 月の第 2 回財務大臣会合で「**チェンマイ・イニシアティブ**」に合意し、通貨・金融協力を本格的に進展させた。また、このような協力と並行して、1999 年 11 月の ASEAN＋3 第 3 回首脳会議では「東アジアにおける協力に関する共同声明」が採択され、社会・経済、政治、その他の分野での協力を推進することも宣言した。

　アジア通貨危機後には、ASEAN や ASEAN＋3 の枠を超え、東アジアの地域主義を体現する「東アジア共同体」の形成に向けた議論も活発化した。韓国の金大中（キム・デジュン）大統領が 1998 年 12 月の ASEAN＋3 首脳会議で提唱した「東アジア・ビジョン・グループ（EAVG）」は、ASEAN＋3 各国から 2 名ずつ選出された有識者からなり、2001 年 11 月の ASEAN＋3 首脳会議に「東アジア地域共同体へ向けて——平和・繁栄・進歩の地域」という最終報告書を提出した。これを出発点として、2005 年からは ASEAN＋3 にインド、オーストラリア、ニュージーランドを加えた 16 カ国による**東アジア首脳会議（EAS）**も開催されるようになった。また、2007 年の第 2 回 EAS では、16 カ国の広域 FTA 構想である東アジア包括的経済連携（CEPEA）構想に関する研究の開始が各国首脳間で合意された。

4　北朝鮮核危機

　韓国が経済発展を遂げ、冷戦が終結した結果、朝鮮半島では北朝鮮が次第に劣勢に立たされ、韓国との南北対話に応じざるをえなくなった。ソウル・オリンピックの成功などで自信をつけた韓国の盧泰愚政権は、1980 年代末からソ連や中国との関係改善を推進し、ソ韓国交正常化（1990 年 9 月）、南北朝鮮の国連同時加盟（1991 年 9 月）、中韓国交正常化（1992 年 8 月）などを相次いで実現した。また、これらと並行して南北間の対話も進み、1991 年 12 月末の第 5 回南北高位級会談で「南北間の和解・不可侵、交流、協力に関する合意書」（通称「基本合意書」）が採択され、既存の軍事停戦協定を南北間の平和協定に転換するという合意がなされた。加えて、北朝鮮の核開発疑惑に関して、核燃料再処理施設やウラン濃縮施設を保有しないとする南北非核化共同宣言もなされた。

　ところが、**国際原子力機関（IAEA）**が 1992 年 5 月から翌年 2 月にかけて行った 6 回の特定査察の結果、北朝鮮の核開発疑惑はますます深まり、IAEA は北朝

鮮に対して特別査察の受け入れを要請した。しかし、北朝鮮はこれを断固として拒否し、1993 年 3 月には**核拡散防止条約（NPT）からの脱退**を宣言して、第 1 次核危機が起きた。北朝鮮はこの核問題に関してアメリカとの直接交渉を主張し、1994 年 10 月に北朝鮮とアメリカはいわゆる「枠組み合意」で妥結した。北朝鮮はこの「枠組み合意」に従って、黒鉛減速炉などの核施設を凍結したと発表した。これを受けてアメリカ、日本、韓国が中心となって朝鮮半島エネルギー開発機構（KEDO）を設立し、これらの核施設を軽水炉発電所に転換させるための支援を行った。

　その後、北朝鮮の核問題は「枠組み合意」と KEDO によって管理されてきたが、アメリカで G・W・ブッシュ政権が発足すると、北朝鮮の核開発継続疑惑が持ち上がり、朝鮮半島情勢は再び緊張した。2002 年 10 月、北朝鮮は高濃縮ウラン（HEU）による核開発計画の存在を認め、「枠組み合意」で凍結されていた核関連施設の再稼動を宣言、2003 年 1 月には NPT からの脱退を再度表明した。この第 2 次核危機は、2003 年 4 月のアメリカ、北朝鮮、中国による三者協議を経て、さらに韓国、日本、ロシアを加えた**六者会合**に解決がゆだねられることとなった（I 節 8）。第 1 次核危機の時とは異なり、中国は六者会合でも議長国として中心的な役割を果たし、北朝鮮核問題における存在感を高めた。

　2005 年 9 月の第 4 回会議で六者会合は初の共同声明を採択し、そのなかで北朝鮮は「すべての核兵器および既存の核計画」を放棄し、NPT と IAEA に復帰することを約束した。ところが、その後も予定されていた六者会合は長らく行われず、2006 年 7 月に北朝鮮はミサイル発射実験を強行し、同年 10 月には地下核実験を実施した。北朝鮮の核・ミサイル実験を止められなかったことは、六者会合の問題解決枠組みとしての限界を示していたが、それ以外に有効な対話の枠組みが存在しないことも事実だった。結局、2006 年 11 月から翌年 2 月にかけて第 5 回の六者会合が行われ、北朝鮮の核放棄に向けた「初期段階の措置」とその見返りとしてのエネルギー支援などを含んだ共同文書が採択された。

5　台湾海峡ミサイル危機

　冷戦の終結は、台湾海峡情勢にも一時的に緊張緩和をもたらした。しかし、1990 年代の台湾海峡では、台湾内部の変化が中台間の関係に緊張をもたらす構図が次第に形成された。民主化を完成させた台湾（3 章IV節 3）に向けて、中国の指導者は引き続き「平和統一」に向けた対話と交流を呼びかけたが、天安門事件

を目の当たりにした台湾の人々に、中国からの呼びかけは響かなかった。台湾は、中国との対話に一定程度応じる一方で、かつてのように「正統中国」の建前にこだわらない、柔軟な対外政策を展開し、国際社会における活動を活発化した。

★李登輝（1923-2020 年）

日本統治下の台湾に生まれた李登輝は、京都帝国大学で農業経済学を専攻し、太平洋戦争末期には学徒出陣により出征した。戦後はアメリカ留学を経て、農業専門家として活躍した。蔣経国に抜擢されて、1971 年に国民党に入党、1978 年に台北市長、1984 年に副総統に就任した。1988 年に蔣経国の死去にともない、憲法に則って総統となったが、蔣経国が李登輝を自分の後継者だと考えていたのかどうか定かではない。しかし、李登輝は人事権を駆使して国民党内の保守派を牽制し、1990 年には改めて総統に選出され、2000 年まで総統を務めた。

台湾の民主化や新たな対外政策の集大成として、李登輝は 1995 年にアメリカを訪問し、母校コーネル大学で台湾民主化の成果を強調する演説を行った。この李登輝訪米を受け、中国の江沢民政権は台湾の近海で断続的なミサイル演習を実施し、とくに翌 1996 年 3 月の台湾総統選挙と同時期に行った軍事演習では、人民解放軍がもつ台湾への軍事侵攻能力を誇示した。これに対し、アメリカは空母戦闘群 2 個を台湾海峡に出動させ、中国の対台湾武力行使を牽制した（**台湾海峡ミサイル危機**（Ⅰ節4））。その結果、中国のミサイル演習は李登輝総統選出への追い風に転じ、民主的な台湾とは対照的に、力による問題解決を志向する中国というイメージを国際社会に与えた。

この危機後、中国とアメリカは歩み寄りをみせたが、中国と台湾は対話の糸口をつかめず、台湾の指導者は人々の台湾人意識に訴える言動を繰り返した。1999 年に総統職の任期満了が近づいた李登輝は、中国との関係を「すでに国家と国家との関係、少なくとも特殊な国と国との関係として位置づけられる」とする「二国論」に言及した。中国はこの「二国論」を厳しく批判し、台湾との対話チャネルを一方的に閉じたのみならず、武力行使をも示唆した。この状況に際し、アメリカは改めて「一つの中国」政策を確認し、中台双方に特使を派遣して事態の沈静化に努めた。

2000 年 3 月の台湾総統選挙では、野党の民主進歩党の陳水扁候補が優勢となったことを受け、江沢民政権は「台湾独立」に対し厳しい警告を行った。しかし、

2000 年の総統選挙では陳水扁が当選し、台湾で生まれた政党への政権交代が実現した。陳水扁は、総統選挙戦の過程で民進党の独立路線を修正し、中国との関係については「現状維持」を模索すると表明した。ところが、中国側から好意的な反応を得られなかった陳水扁は、次第に台湾の独立性を強調することで台湾内部の支持基盤を固めることをはばからなくなった。陳水扁は、「台湾と中国はそれぞれが別の国」とする「一辺一国」論を発表したり、「台湾」名義での国際機関加盟を問う住民投票を発議したりして、中国を刺激した。アメリカもまた、陳水扁の言動は台湾海峡の安定を損なうものとして警戒し、台湾が「トラブルメーカー」とならないよう牽制した。

6　南シナ海における緊張

　このように朝鮮半島や台湾海峡において軍事的な緊張が高まっただけでなく、南シナ海でもそのほぼ全域を自国の領海だと主張する中国の動きが活発化し、関係諸国を刺激した。**南シナ海**は、太平洋とインド洋、大陸アジアと海洋アジアの結節点であり、古くから海上交通や軍事戦略の要所だった。この海域には、東沙、中沙、西沙、南沙の 4 つの群島があり、西沙諸島については中国、台湾、ベトナムが、南沙諸島についてはこれら 3 者に加えてフィリピン、マレーシア、ブルネイも領有権を主張していた。

　中国は 1970 年代以降、南シナ海の領有を主張し、実効支配の拡大に努めてきた。まず、中国はベトナム和平協定が成立した直後の 1974 年 1 月に、南ベトナム軍との戦闘に勝利し、**西沙諸島**を支配下に置いた。また、冷戦終結の機運が生まれていた 1988 年 3 月、中国海軍はベトナム近海でベトナム海軍との軍事衝突を引き起こし、周辺の**南沙諸島**を占領した。さらに、1995 年 2 月になると、フィリピンが領有を主張するミスチーフ礁に建造物を建て、実効支配を確立した。このような動きと並行し、中国政府は 1992 年に**「中華人民共和国領海および接続水域法」**を制定し、南シナ海の領有権を明記した。

　中国の海洋進出と一体となった南シナ海での影響力拡大を受け、ASEAN 諸国は互いに領有権をめぐる対立を抱えつつも、中国への対応で協調を模索した。1990 年にインドネシアのイニシアティブによって「南シナ海ワークショップ」が始まり、翌年の第 2 回会合からは中国の参加を取りつけることに成功した。また、ARF 発足後、ASEAN 諸国は南シナ海問題について討議するよう、中国に対して働きかけを強めた。さらに、2002 年 11 月、中国と ASEAN 諸国は外相会談

204

図4-5 南シナ海で各国が主張する領有権

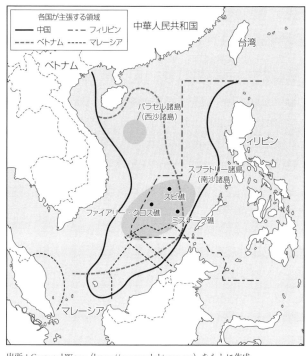

出所：Contested Waters（https://www.southchinasea.org）をもとに作成

　で「南シナ海に関する行動宣言」に署名した。この宣言は、南シナ海における関係国の紛争予防上の原則を示した、法的拘束力のない政治宣言である。そのため、法的拘束力のある「行動規範」の合意に向けて努力することを規定している。

7　中国の台頭と中国脅威論

　冷戦後の20年間は、中国の経済成長が最もめざましく、国際社会やアジア・太平洋地域において中国の存在感は高まり続けた。天安門事件後の中国共産党は一党体制を堅持した上で経済発展に邁進するという**「社会主義市場経済」**を掲げて、さらなる経済発展によって政権の求心力を高める道を選択した。鄧小平は1992年1月から2月にかけて、武漢、深圳、珠海、上海など対外開放の拠点である都市を歴訪し、さらなる「改革開放」を鼓舞する重要演説を行った（**南巡講話**）。実際に、中国では1992年以降、実質経済成長率が平均10%を超える高度成長期が約20年にわたって続いた。共産党が統制する市場経済であるため、中国はアジア通貨危機の影響を受けることもなく、WTO加盟（I節4）後は経済

図 4-6　アメリカ、中国、日本、イギリスの名目 GDP（US ドル）の変遷

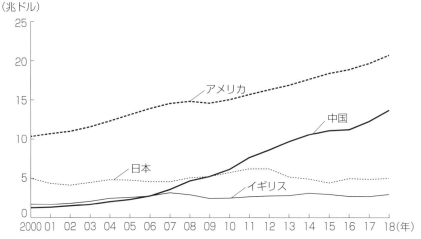

（兆ドル）

出所：World Bank Data Bank（https://databank.worldbank.org/home.aspx）のデータをもとに作成

成長をますます加速させ、中国の国内総生産（GDP）総額は、2006 年にイギリス
を抜いて世界第 4 位に躍り出た。この間、1997 年 7 月には香港、1999 年 12 月に
はマカオの返還を実現し、2008 年の北京オリンピック、2010 年の上海万博を誘
致することにも成功し、中国は政治的にも大きな存在感を示すようになった。

　中国の経済発展は、周辺諸国に経済的な恩恵をもたらした一方で、1990 年代
後半以降は**中国脅威論**も高まった。その背景としては、「社会主義市場経済」を
掲げる異質な国家が、軍事力を拡大し、周辺諸国との摩擦を増大させている状況
に対する不安があった。中国は経済発展とともに軍事力の増強を国家目標に掲げ、
国防費を毎年 2 桁の伸び率で増やし続け、その使途を公表しなかった。そして台
湾海峡や南シナ海では武力を行使し、国際的な潮流に反して核実験を繰り返した。

　中国指導部は、冷戦後の国際秩序は「一超四強」、すなわち超大国であるアメ
リカと、ロシア、EU、日本、そして中国によって構成されていると理解し、超
大国アメリカの影響力を相対化し、多極化へと向かう大国間の競争としての「大
国外交」を重視してきた。ただし、この時期の中国は、対外的には自国を「大
国」や「強国」と称することには慎重であり、「発展途上国の一員」としての立
場をアピールすることが多かった。しかし、2000 年代に入ると、中国は「責任
ある大国」としての自覚と自信をもつようになり、名実ともに大国外交を展開す
るようになった。とりわけ、朝鮮半島での六者会合における自らの役割に自信を
もった中国は、2002 年頃から「中国の特色をもつ大国外交」を展開するという

図 4-7　中国の公表国防費の推移

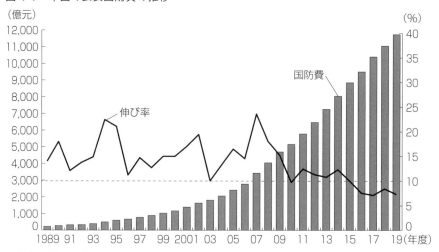

［注］　「国防費」は、「中央一般公共予算支出」（2014 年度以前は「中央財政支出」と呼ばれたもの）における「国防
　　　予算」額。「伸び率」は、対前年度当初予算比。ただし、2002 年度の国防費については対前年度増加額・伸び
　　　率のみが公表されたため、これらを前年度の執行実績からの増加分として予算額を算出。また、2016 年度、
　　　18 年度、19 年度は「中央一般公共予算支出」の一部である「中央本級支出」における国防予算のみが公表さ
　　　れたため、その数値を「国防費」として使用。
出所：『令和元年度防衛白書』（防衛省、2019 年）61 頁

方針を堂々と掲げるようになった。それと同時に、胡錦濤政権は「平和的発展」という大方針の下、「責任ある大国」として振る舞うことをたびたび強調することによって、中国脅威論が高まりすぎないようにバランスを保とうとした。

8　存在感を増すロシアとインド

　2000 年代に入ると、中国だけでなくロシアやインドも新興大国として注目され、アジア太平洋地域の国際関係での存在感を増した。2001 年 11 月、アメリカの投資銀行ゴールドマン・サックス社の投資家向けレポートは、BRICs（ブラジル、ロシア、中国、インド）の経済成長の潜在力は高く、2040 年には先進国の経済規模を上回るであろうとの予測を示し、とりわけ中国を有力な新興国と位置づけた。アジア太平洋地域においては、中国、ロシア、インドがアメリカ主導の秩序に対して結束して異議を申し立てたり、それぞれの異なる利害から互いに政治的駆け引きを強めたりし始めた。

　プーチン政権下のロシアがアジア太平洋を重視し始めた背景には、エネルギー資源の開発や輸出という経済的な動機に加え、朝鮮半島情勢の不安定化や中国の台頭という安全保障上のリスクの増大があるとみられる。ロシアは 1998 年に

APEC に加盟し、2006 年には 2012 年のウラジオストクでの APEC 首脳会談開催に名乗りを上げるなど、積極的に地域の経済協力枠組みに参加した。また、シベリア極東地域の開発を積極的に行い、とりわけ中国との貿易を急速に拡大した。安全保障面では、ロシアは朝鮮半島情勢については六者会合への参加を通じ、中国とは善隣友好条約締結や国境交渉（II 節 12）など二国間の交渉を通じてリスクを管理しようとした。ロシアにとって中国は、国境問題などを抱える安全保障上の脅威だったが、アメリカの一極体制に対して多極化を求める点では利害が共通していた。

　ロシアからみた中国がそうであるように、中国からみたロシアもまた、歴史的、地政学的な警戒感を抱きつつも、国際政治構造の多極化を追求する上でのパートナーだった。とりわけ、1996 年 4 月に中国がロシアとの間で確立した「戦略的パートナーシップ」は、大国との「パートナーシップ」外交の先駆けであり、2001 年 6 月に上海ファイブ（II 節 12）をもとに再編された**上海協力機構**は、周辺諸国との関係を組織化し、地域協力機構へと発展させる周辺外交の先駆けだった。この時期の中国外交は、対米協調姿勢をとり、アジア太平洋の地域協力枠組みに積極的に参加しつつも、ロシアと新たな形態の国際関係を築くことで、アメリカ主導の秩序に対するオルタナティブを模索し始めていたようにみえる。

　インド経済は、1970 年代まで低成長の時代が続き、1980 年代に進めようとした各種の改革も失敗した。しかし、1991 年 6 月に発足したラオ政権は、IMF と世界銀行からの構造調整借款を受けて新経済政策に着手し、それ以降インドは安定的な経済成長を遂げるようになった。また、1960 年代の中印国境紛争を契機に核開発に着手したインドは、パキスタンという安全保障上最大の脅威に対処することを主目的として核開発を進め、1998 年 5 月に 2 度目の核実験を行った。この時、アメリカとの関係が一時的に緊張したが、アメリカ同時多発テロ事件が転機となって関係は改善し、このこともインドの経済発展を後押しした。さらに2007 年 7 月、インドはアメリカと原子力協力協定を締結し、NPT に加入することなく、事実上の核保有国として国際的に認められた。

　この核開発への姿勢が如実に示すように、インドは中国との間に歴史的、地政学的な緊張を抱えつつも、アメリカなどの旧西側先進諸国が主導してきた既存の国際秩序に批判的であるという点においては、中国に近い立場にもあった。インドは 2005 年からパキスタンやイランとともに上海協力機構のオブザーバー資格を得て、2015 年からはパキスタンとともに同機構の正式なメンバーとなった。

　また、中国とインドは 2005 年 4 月に「平和と繁栄に向けた戦略的協力パートナーシップ」を結び、翌 2006 年 11 月には胡錦濤が中国の国家主席としては 10 年ぶりにインドを訪問した。このように、インドは独特の立場に立つ国際政治上のアクターとして、地域において存在感を示しつつあった。

まとめ

　ポスト冷戦期を迎えたアジア諸国は、カンボジア和平やアジア通貨危機といった地域にかかわる課題にともに対処するなかで、地域協力の仕組みを徐々に構築してきた。しかし、冷戦期から分断が継続する朝鮮半島や台湾海峡での軍事危機、南シナ海における緊張の高まりなどに対しては、アメリカやその同盟国の立場と、中国や北朝鮮など社会主義諸国の立場との間に隔たりがあることも、明らかになった。さらに、2000 年代に入ると、中国の台頭が顕著となり、インドやロシアなども新興大国としての存在感を増した。アメリカ同時多発テロ事件以降、これらの新興諸国は一方でアメリカ主導の「テロとの戦い」に協力的な姿勢を示しつつも、他方ではアメリカの影響力が相対的に低下したアジア太平洋地域で独自の立場を主張し、地域の国際関係を複雑化させる存在へと成長していった。

V　日本

　前節でみた通り、冷戦後のアジアでは緊張緩和と地域協力が進展したが、日本はどのような外交を展開したのだろうか。東西の対立構造が氷解するなか、日本も旧東側陣営の国々との関係の改善に取り組み、ソ連（ロシア）との北方領土問題に関する協議や北朝鮮との国交正常化に向けた対話を行った。一方で日本は、中東で発生した湾岸危機にどう対応するのかという難しい問題にも直面した。本節では、1990 年の湾岸危機前後から 2008 年のリーマン・ショックの発生前までの約 20 年の日本外交の展開を、これまでの各節の内容を踏まえながらみていく。

1　湾岸戦争と PKO 法の成立

　1980 年代に経済力で国際的な存在感を高めた日本だが、行きすぎた金融緩和を背景とした「バブル景気」は長くは続かなかった。1989 年から 90 年にかけて、日本銀行は金融緩和を引き締めるために 5 回にわたり公定歩合を引き上げた。大蔵省も、1990 年 3 月に不動産業への融資を抑制する通達を出して融資の総量規

制を始めた。すると、膨らんだバブルが破裂するように、1989年末に４万円近く（３万8,915円）あった東証の平均株価は、1990年10月には２万円を割り半減した。株価と地価が急落した結果、銀行など金融機関の回収できない債権が大幅に増加して、不況が長く続いた。グローバル化が進み、アメリカを中心に新自由主義の影響力が強まるなか、日本でも新自由主義的政策によって不況からの脱却を求めようとする動きが強まった。

　しかし、1990年８月に**湾岸危機**が発生した当時の日本は、国際社会から非常に強い経済力をもった国だとみなされていた。イラクのクウェイト侵攻後、日本はイラクやクウェイトからの石油輸入禁止と、イラクへの借款供与の凍結などの制裁措置に加え、多国籍軍に対する10億ドル（約1,400億円強）の支援を決めた。しかし、米議会では日本、ドイツ、サウジアラビアの経費負担額に対する不満が高まった。翌９月に日本は追加で10億ドルの多国籍軍への支援と、エジプト、トルコ、ヨルダン向けの約20億ドルの支援を決定し、さらに多国籍軍に対する医療協力団の派遣や物資の輸送、防暑対策の資機材の支援などを検討した。

　こうした日本の行動の一方でイラクは、クウェイトの日本大使館に避難していた日本人を拘束した。だが1990年11月に中曽根康弘元首相がイラクを訪問してフセイン大統領と会談すると、人質が一部開放され、さらに12月には人質全員が解放された。

　他方で天皇の即位の礼に参加するため11月に来日したアメリカのクウェール副大統領は、海部俊樹首相との会談で、「太平洋における最も強力な同盟国」である日本のプレゼンスがペルシャ湾岸でみられないとして、日本に人的貢献を要請した。日本は当時「世界の二大経済大国」ともいわれていたが、アメリカの要請の背景には、1980年代の日本との貿易摩擦による不満と苛立ちもあった。日本政府は自衛隊による多国籍軍の後方支援を行うために「国連平和協力法案」の成立をめざしたが、国会では他国軍隊への協力に対する批判が強く、同法案は廃案となった。

　多国籍軍がイラク攻撃を開始してから１週間後の1991年１月24日、日本は多国籍軍に対する90億ドル（約１兆2,000億円）の資金協力と自衛隊輸送機の派遣を決定した。90億ドルは１日の戦費を５億ドルと見積もり、その約３カ月分（450億ドル）の２割を日本が負担するという計算に基づいたものだった。だが戦闘は２月中に終了した（I節1）。結局日本は総額で130億ドルという膨大な額の資金協力を行い、さらに戦闘終結後に海上自衛隊の掃海艇部隊６隻を自衛隊法第

99 条に基づいてペルシャ湾岸に派遣し、機雷の掃海を行った。

しかし、1991 年 3 月にクウェイト政府が『ワシントン・ポスト』紙に掲載した解放感謝広告には、日本の名前や国旗は掲載されなかった。湾岸戦争は、戦後の平和憲法を維持して経済大国となった日本が、世界各地で発生する地域紛争の問題に対してどのように行動すべきかという問いかけを残した。1992 年 6 月、国会で **PKO 法（国際連合平和維持活動等に対する協力に関する法律）** が成立した。同年 9 月には、PKO 法に基づき 3 人の日本人がアンゴラ人民共和国に派遣され、国会議員選挙と大統領選挙に際しての選挙監視の任務を果たした。

とくに日本が積極的に取り組んだのが**カンボジア和平**だった（IV 節 1）。1992 年 9 月、陸上自衛隊員 600 人と停戦監視要員 8 人がカンボジアに派遣され、現地で道路や橋の修復をはじめ社会インフラの整備などに携わった。翌 10 月には 75 人の文民警察官がカンボジアに派遣された。しかし、任務中、岡山県警から選抜された 1 人の文民警察官が殺害されるという痛ましい事件が起こった。

2　北方領土に対するソ連（ロシア）の提案

アメリカとの長い対立で疲弊したソ連は、アジア諸国との経済関係を重視するようになっており、日本との間でも対話が活発になった。1990 年 1 月、安倍晋太郎元自民党幹事長がゴルバチョフに対し、ペレストロイカに対する知的支援や経済分野での人的交流など 8 項目の日ソ協力案を示した。1991 年 4 月にゴルバチョフは、ソ連の国家元首として初めて来日した。このとき発表された**日ソ共同声明**では、海部俊樹首相とゴルバチョフが「歯舞群島、色丹島、国後島および択捉島の帰属についての双方の立場を考慮しつつ」会談を行ったことや、これら 4 島の住民交流の拡大と軍事力の削減についても発表された。国後島と択捉島が日ソの公式文書で明記されたのはこのときが初めてだった。

同年 12 月に新生ロシアが誕生すると（II 節 7）、日露の間では両国の懸案を解決しようとする機運が高まり、ロシアは 1992 年 3 月に領土問題についての踏み込んだ提案を行った。その提案内容は、（1）1956 年の日ソ共同宣言で引き渡しが決まっている、歯舞群島と色丹島の引き渡し交渉を始める、（2）歯舞群島と色丹島についての交渉の合意後、それを固めていったん横に置く、（3）続けて国後島、択捉島についての交渉を行い、（4）国後島、択捉島についての交渉が合意したら 4 島を一緒にして平和条約を結ぶ、というものだったといわれる。しかし、4 島の一括交渉の立場を重視した日本側は、ロシア側の提案に同意しなかったと

される。その後、1992 年 9 月に訪日を予定していたエリツィン大統領は 4 日前に訪日をキャンセルし、日本側を驚かせた。

　しかし、エリツィンは翌 1993 年 10 月、モスクワで議会と対立したことで騒擾事件が起こった直後にもかかわらず日本を公式に訪問した。来日中にエリツィンはシベリア抑留について謝罪の意思を表明し、また「**日露関係に関する東京宣言**」が発出された。この東京宣言では、択捉島、国後島、色丹島、および歯舞群島の帰属に関する問題について、(1) 歴史的・法的事実に立脚し、(2) 両国の間で合意の上作成された諸文書と、(3) 法と正義の原則を基礎として解決するという、北方領土問題交渉の 3 つの原則が示された。

3　金日成による国交正常化交渉の提案

　旧東側諸国の変化を受けて、日本は北朝鮮との関係改善も模索した。「南北のクロス承認」(日本とアメリカが北朝鮮を承認し、ソ連と中国が韓国を承認すること) を主唱していた韓国が、ソ連や中国と接近するなか、韓国に対抗して北朝鮮は、自民党の最大派閥・経世会の大物政治家だった金丸信・元副総理らを平壌に招待したいと日本社会党の幹部に伝えた。

　1990 年 9 月、金丸や社会党の田辺誠など約 90 人が平壌を訪れると、金日成主席は金丸に日朝国交正常化交渉を提案した。平壌では自民党・社会党・朝鮮労働党による 3 党共同宣言が発表され、このなかで日朝の国交樹立に向けた政府間交渉の開始の意向が表明された。しかし、共同宣言では、植民地支配だけでなく戦後 45 年の間に朝鮮人民が受けた損失についても日本が謝罪して償うこととされていた。植民地支配が終わったあとの時期についてまで日本が償うことに対して、日本国内では批判が出た。

　実際に日本は北朝鮮と国交正常化に向けた協議を行い、北朝鮮による核兵器の開発の問題や、北朝鮮による過去の日本人拉致の問題を取り上げたが、1992 年に協議は行き詰まった。批判の矢面に立たされた金丸は、1992 年 3 月に右翼関係者から銃撃を受けた。8 月には、東京佐川急便からの 5 億円の不正献金が明るみとなって、まもなく議員を辞職した。

　一方で日本は、天安門事件後の中国を国際社会に引きとどめて日中の経済関係を進展させるため、1990 年 11 月に ODA の凍結を解除していた (3 章Ⅳ節 4)。1992 年 10 月には天皇が中国を訪問し、日中関係はひとつの区切りを迎えた。しかし、中国とは対照的に、北朝鮮はアジアの緊張緩和と地域協力の流れに乗り遅

れて孤立していた。1993 年 5 月、北朝鮮は日本海に向けて「労働（ノドン）1号」と呼ばれる弾道ミサイルの試射を行った。これはソ連のスカッド・ミサイルを改良したものとされ、日本本土を射程内に収めていた。

4 「同盟漂流」

冷戦終結によって国際情勢が変わるなか、細川護熙首相は冷戦中の 1976 年に策定された「防衛計画の大綱」を新しい安全保障環境を踏まえて作り直すため、「防衛問題懇談会」を組織した。同会が 1994 年に提出した報告書で注目されたのは、日本の基本的考え方として、国連や ASEAN 地域フォーラム（ARF）など「多角的安全保障協力」の項が「日米安全保障協力関係の機能充実」の項より先に置かれた点だった。そのためアメリカ政府内で、この報告書は日本のアメリカ離れの傾向の表れではないかという懸念が生じた。アメリカの懸念には誤解もあったが、折しも日米の間には経済摩擦などによる溝が生まれていたため、この状況は「同盟漂流」などといわれた。

その後、細川連立政権から離脱した社会党が、野党だった自民党の求めに応じて新政権樹立に加わり、1994 年 6 月に自民党・社会党・新党さきがけの **3 派による連立政権** が発足した。社会党の村山富市首相は翌月の所信表明演説で、かつて社会党が反対していた日米安保条約を肯定して自衛隊は合憲だという立場を示し、非武装中立は役割を終えたと表明した。村山首相は対外的な戦後処理問題に取り組み、1994 年 8 月に「平和友好交流計画」に関する談話を発表して、元従軍慰安婦への「心からの深い反省とおわびの気持ち」を表明した。村山は戦前・戦中の従軍慰安婦に強制性を認め、1995 年 7 月に **「女性のためのアジア平和国民基金」** が設立された。これは、慰安所の設置・管理や慰安婦の移送に旧日本軍が関与したことを認めた 1993 年 8 月の「河野談話」の延長上にある取り組みだった。

1995 年 8 月 15 日、「戦後 50 周年の終戦記念日にあたって」と題した村山首相の談話が閣議決定された。この談話のなかで村山は、戦後の平和と繁栄と対比して、国策を誤った戦前・戦中の過去を振り返り、「信義を施政の根幹とする」としめくくった。この **村山談話** は日本政府の歴史認識の前提をなすものとなった。一方、韓国では金泳三政権が自国の歴史評価を立て直す政策を進めており、1995 年は「光復 50 周年」にあたった。同じ 8 月 15 日、韓国では旧朝鮮総督府の中央塔の撤去が発表された。日本は北朝鮮へのコメの支援を 6 月と 10 月に行ったが、

韓国は、日本が韓国の頭ごしに北朝鮮と対話していることに反発した。

5　日米安保条約の再定義と米軍基地問題

　1995年9月、沖縄で米軍の海兵隊員が少女を暴行して負傷させる重大事件が発生し、世論の怒りが高まった。同年11月に決定した新たな**「防衛計画の大綱」**では、日米安保体制の信頼性の向上に配意するとされていたが、そのためには沖縄の基地問題への対応が急務だった。橋本龍太郎首相は1996年2月にクリントン米大統領に普天間飛行場の返還に対する沖縄県民の思いを伝え、交渉の結果日米は同年4月に**普天間の返還合意**を発表した。日米は「沖縄に関する特別行動委員会（SACO）」を立ち上げて、米軍基地の再編を検討した。このSACOが同年12月にまとめた最終報告では、5年か7年以内に十分な代替施設が完成し運用可能になったのち、普天間飛行場を返還する点が明らかにされた。

　1996年3月に第3次台湾海峡危機が起こるなか（IV節5）、翌4月に橋本首相とクリントン大統領は**「日米安全保障共同宣言」**に署名し、アジア・太平洋地域とグローバルな安全保障を視野に入れて、冷戦終結後の日米安保条約の存在意義を再定義した。1997年9月には**「日米防衛協力のための指針（新ガイドライン）」**が約20年ぶりに改定された。

6　「重層的アプローチ」の提起と日露首脳会談

　橋本龍太郎首相と小渕恵三外相の下で、外務省は北方領土問題に関する「重層的アプローチ」を掲げ、日露関係は1997年に進展の兆しをみせた。1997年11月、エリツィン露大統領は橋本首相とクラスノヤルスクで会談を行った際に、2000年までに日露平和条約を結ぶという大きな提案をした。翌1998年4月には神奈川県の川奈で再び日露首脳会談が行われ、このとき日本側は北方四島の北に国境線を引き、当面はロシアによる施政を認めるとの提案をしたといわれる。

　しかし、ロシアが同年5月と8月に金融危機に陥り、日本も経済危機への対応が求められるなか、7月の参議院選挙で自民党が敗北して橋本首相が退陣した。後継の小渕恵三首相は1998年11月、1973年の田中角栄以来四半世紀ぶりに日本の首相としてモスクワ訪問を実現したが、ロシア側は川奈提案を拒否した。ただし、このとき新たにモスクワ宣言が発表され、「国境画定に関する委員会」と四島における「共同経済活動に関する委員会」の設置に対する指示や、元島民の四島の自由訪問に関する原則的な合意が発表された。その後、体調の不安を抱えたエリ

ツィンは 1999 年 8 月にプーチンを首相代行に任命して、同年末に大統領を辞職した。エリツィンが唱えた 2000 年までの平和条約の締結は実現しなかったが、2001 年 3 月に森喜朗首相がイルクーツクでプーチン大統領と会談し、歯舞・色丹と国後・択捉の並行協議を提案した。共同宣言では 1956 年の日ソ共同宣言と 93 年の東京宣言が言及された。だが小泉純一郎政権期に入り日露の協議は再び停滞した。

★橋本龍太郎（1937-2006 年）

> 橋本は 1963 年の衆議院選挙で小渕恵三とともに 26 歳の若さで初当選を果たした。父である橋本龍伍が佐藤栄作と親しかったことから佐藤派に属し、佐藤と同様沖縄に強い関心を抱いた。湾岸危機当時の大蔵大臣で、村山内閣では通産大臣としてアメリカとの自動車・自動車部品交渉を妥結させた。1996 年の日米首脳会談では普天間返還の問題を切り出してクリントンの理解を得、また新生ロシアのエリツィン大統領との信頼構築に努めた。政策通で丁寧な振る舞いが時として尊大だと批判されたが、重要な首脳会談では情の厚さが表れた首相だった。

7　金大中との「日韓パートナーシップ宣言」

　1997 年にアジア通貨危機が発生すると（Ⅳ節 3）、日本は危機の拡大を防ぐために「アジア通貨基金」の創設を提唱したが、日本の主導を警戒したアメリカや中国が反対して実現しなかった。アメリカとの貿易摩擦問題は尾を引き、クリントン大統領が 1998 年 6 月から 7 月にかけて中国を 10 日間近く公式訪問した際に（Ⅰ節 4）、日本には立ち寄らず帰国し、波紋を呼んだ。

　1998 年 2 月に韓国で金大中政権が発足し、同年 7 月に小渕恵三内閣が成立すると、日韓関係は改善した。同年 10 月に金大中が来日した際に発表された「**日韓パートナーシップ宣言**」では、日本側の過去の植民地支配に対する「痛切な反省と心からのお詫び」が表明された。1999 年 11 月には小渕首相、金大中大統領、朱鎔基・中国首相による日中韓の首脳会合が開催され、3 カ国間の交流が進展した。韓国での日本映画の上映や、日本での『冬のソナタ』など韓国ドラマの放送をはじめ、日韓の文化面の交流も進んだ。

　他方、北朝鮮は前述の金大中の来日を控えた 1998 年 8 月に、「テポドン」と呼ばれる弾道ミサイルの発射実験を行った。ミサイルの二段目は日本列島を越えて三陸沖の太平洋上に着弾し、衆参両院では北朝鮮のミサイル発射に抗議する決議が全会一致で可決された。北朝鮮の行動を背景に、日本では 1999 年 5 月に**周辺**

事態法などガイドライン（**新しい日米防衛協力のための指針**）**関連法**が成立した。さらに、世紀が変わる節目を迎えた小渕内閣は、2000年1月に「21世紀日本の構想」を発表した。

8　アメリカ同時多発テロ事件と北朝鮮問題

　2001年1月に成立したG・W・ブッシュ政権は、同盟関係を重視する立場をとり（I節7）、日本の地位は前クリントン政権期よりも高まった。同年9月11日の同時多発テロ事件の発生後、シラク仏大統領やインドネシアのメガワティ大統領などがワシントンを訪問してアメリカ支持を表明するなか、小泉純一郎首相も9月19日に対米支援策を発表した。小泉内閣は10月末に**テロ対策特別措置法**を成立させて、その後海上自衛隊の艦艇が日本を出発し、インド洋で多国籍軍への給油活動を行った。2002年1月には、緒方貞子を共同議長としたアフガニスタン復興支援国際会議が日本で開催された。

　このように、アメリカ同時多発テロ事件後の日本は多国籍軍への人的協力を早期に行った。その背景には、10年前の湾岸戦争での日本の支援が国際的に評価されなかった経験があったが、実は当時日本が水面下で北朝鮮と国交正常化に向けた協議を行っていたこととも関係していた。日本からすれば、北朝鮮との協議を進める上で、この時期のアメリカとの関係はとくに重要な意味をもっていた。

　当時の北朝鮮は、ブッシュ大統領から「悪の枢軸」の一国として名指しされており（I節8）、日本に対して経済協力（補償）だけでなくアメリカとの橋渡しを期待していた。一方の日本側は北朝鮮に、かねてより問題視されていた日本人拉致に関する情報の提供を求めた。2002年9月に小泉首相が北朝鮮を訪問すると、金正日総書記は日本人の拉致を認めて謝罪した。しかし、北朝鮮が伝えた調査結果が生存者5人、死亡者8人というにわかに信じがたい内容だったことから、日本国内では世論の反発が強まった。

　9月17日に発表された日朝平壌宣言では、日朝が国交正常化交渉を再開することや、過去の植民地支配に対する日本の「痛切な反省と心からのお詫びの気持ち」が表明された。さらに宣言では日本の経済協力の方針や、日朝がともに核兵器など安全保障問題について関係諸国間と対話を促進する必要性が確認されるなど、重要な内容が発表された。しかし、翌10月にアメリカが、北朝鮮が核兵器開発をやめていないことを公表し、北朝鮮も高濃縮ウラン施設を建設している点を認めた。小泉首相は、日米韓の3カ国首脳による共同声明を発表して北朝鮮の

核兵器の開発中止を求める一方、プーチン大統領や江沢民主席に対して、日本、北朝鮮、アメリカ、韓国、ロシア、中国による六者会合の設置を働きかけた。その後 2003 年 8 月、北朝鮮と関係の深い中国が議長となるかたちで、1 回目の六者会合が開かれた（IV 節 4）。

9　イラク戦争と日本

　2003 年 3 月にアメリカがイラクを攻撃すると、小泉内閣は戦争を支持し、戦争終結後の 6 月に武力攻撃事態対処法、安全保障会議設置法改正、自衛隊法改正の 3 つからなる**有事関連法**を成立させた。さらに 7 月には 4 年の時限立法として**イラク復興支援特別措置法**を成立させた。占領下のイラクでは米兵などへのテロ攻撃が頻発し、2003 年 11 月には日本の外交官がイラクで襲われて死亡した。2004 年 2 月、イラク復興支援特措法に基づき陸上自衛隊がサマーワに駐屯し、小学校の復旧工事など社会インフラの整備を行った。航空自衛隊は C130 輸送機を使った医療物資をはじめとする輸送任務を行った。

　2005 年 10 月には、日本の外務大臣・防衛庁長官とアメリカの国務長官・国防長官が参加して日米安全保障協議会（2 プラス 2）を行い、脅威の変化を踏まえた在日米軍の再編方針が示され、前述の SACO 最終報告の実施も確認された。また共同発表では、「台湾海峡をめぐる問題の対話を通じた平和的解決を促す」との宣言も出された。米軍再編の最終合意は 2006 年 5 月に発表され、その際に**米軍再編のロードマップ（行程表）**が示された。そこでは、普天間飛行場代替施設を 2014 年までに辺野古に建設し、約 8,000 人の第 3 海兵機動展開部隊の要員などが沖縄からグアムへ移転することとされた。

10　日米同盟とアジア外交の共鳴という外交課題

　2001 年 8 月、小泉首相が日本の首相として 16 年ぶりに靖国神社を公式参拝し、その後 2002 年 4 月に再び参拝すると、中国は態度を硬化させた。翌 5 月に瀋陽で北朝鮮からの亡命者が日本総領事館に駆け込んだ際には、中国の警察が敷地内に入って亡命者を拘束し、日本国内で中国に対する批判が強まった。小泉首相は 2003 年 1 月にも靖国神社を参拝したが、胡錦濤政権は日本との対話を重視し、5 月に小泉と胡錦濤との会談が行われ、8 月に日中平和友好条約 25 周年を祝う式典が開催された。一方で中国は、2003 年に日中の中間線付近でガス田の開発を始め、2005 年には中国各地で反日デモが続発した。小泉首相は 2006 年に 6 度目

の靖国参拝を行ったのち、9月に退陣した。

2006年9月に首相に就任した安倍晋三は、翌10月に中国を訪問し、胡錦濤主席との共同プレス発表で「**戦略的互恵関係**」という方針を示した。その後、安倍首相は北京から韓国を訪問するため移動したが、そのさなかに北朝鮮が最初となる核実験の実施を発表した。

2007年4月に温家宝中国首相が、「氷を融かす旅」というメッセージとともに来日した。時限立法だったイラク復興支援特別措置法の延長問題で行き詰まった安倍首相が職を辞すと、新首相の福田康夫は2007年10月の所信表明演説で、「日米同盟の強化とアジア外交の推進が共鳴し、すべてのアジア諸国において安定と成長が根づくよう、積極的アジア外交を進めます」と表明した。

所信表明演説を実行に移すように、福田首相は2007年12月に「迎春の旅」と名づけて中国を公式訪問する一方、翌2008年1月には米軍などへの給油を可能とする**新テロ対策特別措置法**（**特措法**）を成立させた。同年5月には、今度は胡錦濤主席が「暖春の旅」と銘打って来日し、同月に福田首相は「太平洋を内海に」と題した政策演説を行った。6月には東シナ海のガス田問題に関する日中合意が成立した。こうしたなか9月に、リーマン・ブラザーズの破綻に端を発した**金融危機**（**リーマン・ショック**）が突然、日本を襲うことになる。

まとめ

ソ連が消滅したあとのアメリカの一極体制という状況のなかで、日本は憲法第9条と日米安保条約をともに維持する政策を維持した。その政策を前提としながら、日本は断続的にロシアとの北方領土問題や北朝鮮との国交正常化に向けた協議に取り組んだ。

冷戦後の国際社会では、アメリカが非常に強い影響力を保つ一方、アジアでは中国が徐々に存在感を高めた。中国の台頭を背景に、1990年代以降の日本は、日米関係とアジア外交をどう両立させるかという点をとくに配慮するようになった。アジア諸国と向き合うときの基底をなす論点として明確化したのが、**歴史認識問題**だった。1993年の「河野談話」、1995年の「村山談話」、1998年の日韓パートナーシップ宣言、2001年の日朝平壌宣言は、「過去の克服」に対する日本の取り組みの蓄積としてとらえられる。2010年代以降も、歴史認識問題は対外的な政治争点となっていった。

	アメリカ	ヨーロッパ、ロシア
1990 年	国連安保理決議 678 号（11 月）	
1991 年	「砂漠の嵐」作戦開始（1 月）、イラクでの戦闘停止命令（2 月）、ハイチでクーデタ（9 月）	スロヴェニアとクロアチア独立（6 月）、ソ連保守派クーデタ（8 月）、CIS 結成・ソビエト連邦崩壊（12 月）
1992 年	ソマリア「希望の回復」作戦（12 月）	マーストリヒト条約調印（2 月）
1993 年	米露 START II 調印（1 月）、ソマリア・モガディシュの戦闘（10 月）、米議会が NAFTA 承認（11 月）	EU 発足（11 月）
1994 年	米軍がソマリアから撤退（4 月）、NSS1994 発表（7 月）、国連安保理決議 940 号（7 月）、カーター元大統領がハイチへ（9 月）	NATO「平和のためのパートナーシップ」開始（1 月）
1995 年	世界貿易機関発足（1 月）、NPT 無期限延長（5 月）	CSCE が OSCE に改組（1 月）、オーストリア、スウェーデン、フィンランドの EU 加盟（1 月）、シェンゲン実施協定発効（3 月）、スレブレニツァの虐殺（7 月）、NATO によるセルビア人共和国への大規模空爆（8 月）、デイトン合意に本調印（12 月）
1996 年	CTBT 調印（9 月）	
1997 年	米露 START III の交渉開始に合意（3 月）	デンバー G8 サミットでロシアが正式メンバーに（6 月）、アムステルダム条約調印（10 月）
1998 年	クリントン訪中（6 月）、京都議定書に署名（11 月）	英仏「欧州防衛に関する共同宣言」（12 月）
1999 年	米軍機の駐ユーゴスラヴィア中国大使館誤爆事件（5 月）	NATO、コソヴォ空爆（3 月）
2000 年	オルブライト国務長官が北朝鮮訪問（10 月）、国際刑事裁判所設立条約に署名（12 月）	
2001 年	米同時多発テロ（9 月）、米英「不朽の自由」作戦（10 月）、ABM 制限条約から脱退をロシアに通告（12 月）	ニース条約調印（2 月）
2002 年	国際刑事裁判所設立条約への署名撤回（5 月）、国家安全保障戦略で先制行動の方針発表（9 月）、米上下両院が大統領による対イラク攻撃を承認（10 月）	ユーロの流通開始（1 月）

中東	アジア	日本
イラクのクウェイト侵攻 (8月)	ソ韓国交正常化 (9月)	「国連平和協力法案」提出 (10月)
湾岸戦争 (1〜2月)、マドリード会議 (10月)	南北朝鮮の国連同時加盟 (9月)、カンボジア和平 (10月)、ソウルAPEC (11月)、南北朝鮮「基本合意書」(12月)	イラク多国籍軍への追加支援決定 (1月)、ゴルバチョフ訪日 (4月)、海上自衛隊ペルシャ湾派遣 (4月)
	ASEAN自由貿易地域の合意 (1月)、中韓国交正常化 (8月)	PKO法成立 (6月)、天皇訪中 (10月)
オスロI合意 (9月)	第1次北朝鮮核危機 (3月)	北朝鮮のノドン発射実験 (5月)、細川連立政権発足 (8月)、エリツィン訪日 (10月)
ヨルダン・イスラエル平和条約 (10月)	ASEAN地域フォーラム発足 (7月)、金日成死去 (7月)、米朝「枠組み合意」(10月)	
オスロII合意 (9月)、ラビン首相暗殺 (11月)		「女性のためのアジア平和国民基金」設立 (7月)、村山談話 (8月)
	第1回ASEM (3月)、台湾海峡危機 (3月)、中露「戦略的パートナーシップ」(4月)、上海ファイブ結成 (4月)	日米首脳会談 (2月)、クリントン訪日 (4月)
イランでハータミー政権発足 (8月)	香港返還 (7月)、アジア通貨危機 (7月)、第1回ASEAN＋3首脳会議 (12月)	日米ガイドライン改定 (9月)
	インド核実験 (5月)	北朝鮮テポドン発射実験 (8月)、日韓パートナーシップ宣言 (10月)
	中国のWTO加盟正式合意 (12月)、マカオ返還 (12月)	ガイドライン関連法成立 (5月)
キャンプ・ディヴィッド和平交渉 (7月)、第2次インティファーダ始まる (9月)	チェンマイ・イニシアティブ (5月)、南北朝鮮首脳会談 (6月)	
イスラエルでシャロン政権発足 (2月)	上海協力機構発足 (6月)、中露善隣友好協力条約締結 (7月)、中国のWTO加盟 (12月)	小泉政権発足 (4月)、テロ対策特別措置法成立 (10月)、海上自衛隊の艦船をインド洋に派遣 (11月)
ブッシュ「悪の枢軸」演説 (1月)、イラン、ナタンズとアラークの核施設建設が露見 (8月)	中国がASEAN「南シナ海に関する行動宣言」に署名 (11月)	小泉訪朝、日朝平壌宣言 (9月)

	アメリカ	ヨーロッパ、ロシア
2003 年	イラク戦争開始（3 月）、北朝鮮問題に関する六者会合を開始（8 月）	
2004 年	米調査団がイラクに大量破壊兵器がなかった旨を報告書で発表（10 月）	バルト三国ほか 10 カ国が EU 加盟（5 月）
2005 年	ブッシュ政権第 2 期開始（1 月）、大型ハリケーン「カトリーナ」が米南部に襲来（8 月）	
2006 年	ブッシュ政権 2 度目の国家安全保障戦略を発表（3 月）、中国との戦略的経済対話（SED）を開始（12 月）	
2007 年	イラクへの増派を発表（1 月）	ルーマニアとブルガリアの EU 加盟（1 月）

中東	アジア	日本
イラク戦争開始（3月）、イラク戦闘終結宣言（5月）、イラン、IAEA査察受け入れ（10月）	第2次北朝鮮核危機（1月）	有事法制関連法成立（6月）、「イラク特措法」成立（7月）
イランでアフマディネジャード政権成立（6月）、エジプト大統領選挙（9月）	中印「戦略的協力パートナーシップ」（4月）、第4回六者会合（9月）	
パレスチナ立法議会議員選挙でハマース勝利（1月）	北朝鮮ミサイル発射実験（7月）、北朝鮮・核実験実施を発表（10月）、胡錦濤訪印（11月）	安倍訪中「戦略的互恵関係」の形成に合意（10月）
ハマースとファタハ連立政権樹立（2月）、ハマースがガザからファタハ勢力を放逐（6月）、アナポリス会議（11月）	米印原子力協力協定（7月）	

第5章　揺らぐ国際秩序
——2008年以降

　2008年のグローバル金融危機は、それまでのアメリカ一強という国際政治の風景に変化をもたらし始めた。BRICsと呼ばれた新興国が存在感を増してG20という多国間協議の枠組みが結成されたり、イスラム国（ISIS）が地域を支配する存在として登場したりするなど、新たな主体が登場した。また、台頭する中国や西側諸国への不満と警戒を強めるロシアは、現状変更行動を活発化させ、大国間関係は厳しさを増していく。さらに、一部の欧米諸国の間でも、排外主義的な運動が高まり、一国主義的な発想に立った対外政策を追求する国が目立ち始めた。グローバル化と国際協調に彩られていたかにみえた世界はどのように変容し、各国はどのように対応しようとしたのだろうか。

I　アメリカ

　2008年にグローバル金融危機が発生したことによって、アメリカ経済は大きな打撃を受けるが、これは危機発生直後に発足したオバマ政権の対外政策にいかなる影響をもたらしたのだろうか。アメリカが推進してきた国際秩序は、どのような挑戦に直面し、それにアメリカはどう対応したのだろうか。また、2017年1月に成立したトランプ政権は、「アメリカ第一」を掲げて対外姿勢の転換を謳ったが、それはアメリカ外交にどのような変化をもたらしたのだろうか。

1　グローバル金融・経済危機のアメリカ外交への影響

　アメリカのサブプライム・ローン（信用度の低い借り手向けの住宅ローン）の債務不履行が急増したことをきっかけに、欧米の金融市場は2007年から混乱の度合いを増していたが、2008年9月にアメリカの大手投資銀行リーマン・ブラザーズが破産申請したことで国際金融資本市場が一気に動揺した。このいわゆる**リーマン・ショック**をきっかけに、主要国の株価の下落が金融機関からそれ以外へ

と広がり、また金融市場の混乱は欧米から新興国にも波及したため、グローバルな金融危機が発生した。この金融危機は、アメリカの消費、設備投資、生産を急減させ、実体経済に大きな悪影響をもたらした。

　2009年1月に大統領に就任したオバマは、グローバル金融・経済危機で傷ついたアメリカ経済を再生させ、その過程でさまざまな経済・社会改革を進めることを優先課題とした。このため、国内改革に必要なリソースや政治的影響力をなるべく保全するため、海外でのアメリカの軍事的・政治的な負担を減らそうとした。他方で、できるだけアメリカの国際的リーダーシップを維持するとともに、大国間協調を通じてグローバル・イシュー（地球規模課題）に取り組もうとした。また、オバマはアメリカを「世界の警察官」という役割から遠ざけたが、その一方でアメリカが世界でリーダーシップを発揮しているとの装いを保つ必要があったため、「ルールに基づいた国際システム」を各国が推進していくというスローガンを掲げ、諸外国を巻き込みながらアメリカの負担を抑えるようなアプローチをとっていくのである。

★バラク・オバマ（1961年-）

　コロンビア大学卒業後、シカゴでコミュニティ・オーガナイザーを経験したのち、ハーヴァード大学法科大学院を修了し、1997年にイリノイ州議会議員、2004年に連邦議会上院議員、そして2008年には大統領に選出された。オバマは若い頃から学問や実体験を通じて、立場を異にする者同士が対話によって自分の考えを相手に説得的に伝え、熟議を通じて暫定的な合意を作り上げていくプラグマティックで穏健な政治手法を信条としていたといわれる。

2　2つの戦争の終結とテロとの静かな闘い

　まずオバマは、テロとの戦いやアフガニスタンとイラクへの武力介入が、アメリカの軍事的・政治的負担を過大にしていると考え、両国からの撤兵を政権第1期の重要な目標として位置づけた。ターリバーンやアル＝カーイダは、アフガニスタンだけでなく、隣国パキスタンの領土の一部を利用してテロ活動を繰り広げていたため、オバマ政権は、新たな戦略を検討した。その結果、まずアフガニスタンに増派した上で、2011年6月から撤退を順次開始する方針を決定した。2011年7月から米軍は**アフガニスタンからの撤退**を開始し、2014年12月には戦闘任務の終了をいったん宣言した。しかし、ターリバーンはその後もアフガニス

タン各地で攻撃を続け、米軍部隊は規模を縮小して駐留を続けることになった（Ⅲ節7）。

　イラクについても、オバマ政権は2011年12月末までの米軍の撤退を決定し、同月までにアメリカの大使館・領事館関係者と警備要員を残して、米軍部隊は撤退した。その後イラクのマリキ政権はシーア派、スンナ派、クルド人の間でバランスのとれた統治を行わず、政情の安定化に失敗したため、オバマ政権はマリキに退陣を促し、よりバランスのとれた政策をめざすアバディ政権の樹立を後押しするなどした。

　なおオバマは、テロ攻撃こそを米本土への直接的な脅威とみなしていたため、対テロ作戦を静かに続行した。米兵へのリスクが低い無人機による秘密作戦を展開し、アフガニスタンやパキスタン、中東地域でテロリストの「標的殺害」を進めた。2011年5月には、パキスタンのアボタバードに潜伏中だったビン・ラーディンを急襲して殺害した。

3　「アラブの春」と内戦への対応

　オバマ政権は、2010年12月にチュニジアで起きたいわゆる「ジャスミン革命」に端を発する「アラブの春」への対応にも追われることになった（Ⅲ節1）。2011年2月から内乱状態にあったリビアについては、同年3月17日に国連安保理決議が採択され、英仏がNATO軍による空爆作戦「オデッセイの夜明け」を主導した。このときアメリカは、リビア軍の防空・通信施設を攻撃したほか、飛行禁止区域の警戒・監視を担ったが、政権崩壊後の秩序維持の任務はヨーロッパ諸国とアラブ諸国にゆだねるべきとして、「後ろから主導する」という抑制的な姿勢をとった。

　また、シリアでも2011年3月から政情が不安定化し（Ⅲ節3）、やがて内戦状態に陥ると、アサド政権が化学兵器を使用する可能性が取り沙汰されるようになった。これを受けてオバマは2012年8月に、もしアサドが化学兵器の使用に踏み切れば、アメリカが容認しえない一線（レッドライン）を越えることになり、シリア対応策に関するアメリカの判断は変わると述べて、武力による報復を示唆した。しかし、2013年8月にシリア政府軍は化学兵器を使用し、1,000人を超える犠牲者が出たと伝えられた。オバマは同月末に国民に向けた演説を行い、アサド政権によるさらなる化学兵器の使用を抑止するために限定的な空爆を実施するつもりだが、そのために連邦議会の同意を求めると述べた。連邦議会が対応のあ

り方を検討するなか、ロシアが化学兵器をシリアから撤去する提案を行い、オバマ政権がこれを受け入れたため、シリア空爆は見送られることになった。アメリカ国内では、オバマが「レッドライン」を越えたアサドに対して断固たる対応をとらなかったとして厳しい批判の声が上がり、これを機に抑制的な対応をとるオバマ外交への批判が強まっていくことになった。

4　核軍縮と気候変動への取り組み

　オバマは、グローバル・イシューに取り組む強い意欲をもっており、核管理や気候変動に関する取り組みを重視した。2009年4月にチェコのプラハを訪問したオバマは、**「核なき世界」と題した演説**を行った。この演説でオバマは、核軍縮の推進、核不拡散体制の強化、核テロの防止という3つの取り組みを進めていく方針を明らかにし、2010年4月には核セキュリティ・サミットを開催した。

　また、オバマは地球温暖化に起因する異常気象がアメリカ国民と経済に甚大な被害をもたらしているので、世界の主要国を巻き込みながら諸外国とともにこの問題に取り組むべきだと考えていた。オバマは、アメリカ国内でクリーン・エネルギーの導入を促進する政策を進めつつ、対外的には、気候変動に関する**パリ協定の締結**を主導した。2014年11月にアメリカは中国と気候変動に関する米中共同声明を発出し、2015年12月にはパリ協定が採択され、米中はともに2016年9月に協定を批准した（しかしその後トランプ政権はこの協定から離脱することになる）。

5　アジア太平洋への戦略シフトと対中関係

　2011年、オバマ政権がアフガニスタンとイラクから米軍部隊を撤退させる方針を決定したのと前後して、同年8月には連邦議会が財政緊縮策を定めた予算管理法を制定するなど、アメリカ国内では内向きのムードが広がっていた。こうしたアメリカの一連の動きを受けて、諸外国はアメリカが対外関与を後退させるのではないかと懸念するようになった。このような懸念が広がっていることを踏まえて、オバマ大統領は2011年11月にオーストラリアの議会で演説を行い、アジア太平洋地域が世界経済の成長の中心地になっていくとの判断に立って、アメリカはこの地域の安全保障、経済、政治の分野に全面的に関与していく方針を決定したと発表した。アジア重視のアメリカの対外関与の方針は、**「アジアへのリバランス」**と呼ばれることになった。

　リバランスは、経済・軍事・政治的な取り組みからなる地域関与戦略だったが、

対中封じ込めを意図したものではなく、あくまでルールに基づく地域秩序を醸成し、アメリカが安定的にアジア太平洋地域の経済活力を取り込めるような環境を整備することにあった。しかし中国は、アメリカの抗議を無視して、南シナ海や東シナ海で一方的かつ威嚇的な行動を重ねたほか、アメリカの政府・企業に対するハッキングを行って機微な情報や知的財産を窃取し続けるなどした。

　中国が現状変更行動をやめなかったため、オバマ政権の対中姿勢は 2014 年頃から徐々に硬化していき、**米中間の相互不信**が強まっていくことになった。しかし、その一方でオバマは中国をグローバル・イシューなどにおける協力相手とみなし、中国の反発を避けようと努めたため、中国への安全保障上の懸念を深めていた一部の地域諸国は、オバマの対応が不十分と感じ不信感を募らせた。

6　自由貿易の推進

　オバマ政権のアジア太平洋関与戦略の狙いのひとつは、アジアの経済活力を取り込むことにあった。オバマは自由貿易協定（FTA）の締結に積極的で、最も力を入れたのが、東アジア諸国との**環太平洋パートナーシップ協定（TPP）**と、ヨーロッパとの**環大西洋貿易投資協定（TTIP）**だった。TPP は関税の引き下げと貿易・投資に関する高水準のルール策定を主な目的とした FTA で、オバマ政権は 2010 年 3 月から交渉に参加して、工業製品や農産品の関税引き下げを進めるとともに、知的財産権、投資・金融サービスの自由化、規制緩和、紛争解決手続などに関するルールについて交渉し、2015 年 10 月に大筋合意に至った。

　また、TTIP の交渉も 2013 年 7 月から開始されたが、仲裁裁判制度や遺伝子組み換え技術の規制などをめぐって米欧間で立場が対立し、オバマ政権中には妥結に至らなかった。アメリカとヨーロッパとの関係は全般に活発さを欠き、ユーロ危機（Ⅱ節 3）や難民危機（Ⅱ節 5）などが発生した際にも、オバマ政権は、ヨーロッパ諸国が第一義的に対応すべきとして、距離を置く姿勢をとった。

7　対露関係とウクライナ問題

　アメリカの対露関係は、2008 年 8 月に**ロシアがジョージアに侵攻**したことによって（Ⅱ節 2）、悪化していた。核問題などでロシアとの協力の必要性を見出したオバマ政権は、その後「リセット」と呼ばれるようになるロシアとの関係改善に動いた。2010 年 4 月にプラハで行われた米露首脳会談では戦略兵器削減条約（START Ⅰ）の後継条約に署名し、アメリカは同年 12 月に、ロシアは翌年 1 月に

それぞれ批准して（2011年2月発効）、米露は核軍縮を進める道筋を得た。

　こうして米露関係は改善に向かっていたが、2014年に発生した**ウクライナ危機**で大きな転換点を迎えることになる（II節4）。2014年3月にウクライナのクリミア地方で、親露派の兵士ら（偽装したロシア軍兵士もいたといわれる）が議会を占拠し、一方的な住民投票によって独立を宣言し、ロシア議会がクリミア共和国とセヴァストーポリ市の編入を決定した。その後ウクライナ東部のドンバス地方でも親ロシア派の勢力が武装蜂起し、それをロシアが支援しているさなか、2014年7月にアムステルダム発のマレーシア航空機がウクライナ東部上空で、ロシア製とみられる地対空ミサイルに撃墜され、乗客298人が死亡する事件が発生した。

　これをきっかけにアメリカは、ロシアをG8から排除するとともに経済制裁をロシアに科し、プーチンの側近やその関係企業に対する制裁措置も強化して、米露関係は急速に悪化した。また、オバマ政権はNATOとの結束を強める姿勢を示した。2014年9月にオバマはエストニアのタリンで行った演説において、アメリカがNATO諸国の領土防衛義務を負っていることを再確認したほか、**欧州安心供与イニシアティブ**を打ち出し、ヨーロッパ向けの予算を増額して、武器の供与、米軍部隊の展開、NATO軍事演習の活発化などの取り組みを推進した。

8　イスラーム国に対する攻撃

　イラクとシリアで影響力を拡大しつつあった過激なスンナ派イスラーム主義勢力であるイスラーム国（ISIS）（III節3）は、2013年頃から支配する領域を急速に拡大し、2014年6月にはその指導者バグダディがカリフ制国家の樹立を宣言した。この時点でアメリカの世論は、イラクやシリアへの空爆には消極的だった。しかし、同年8月に、少数派ヤジディ教徒がISISに包囲されていると報道され、誘拐されたアメリカ人ジャーナリストがISISに殺害される映像がネットで配信されると、ISISへの空爆を求める米世論の声が高まった。オバマはバハレーン、ヨルダン、サウジアラビア、アラブ首長国連邦などとともに、ISISへの空爆を開始した。また、イラクに軍事顧問団を派遣し、その後特殊部隊も投入して、ISISと戦うイラク軍の作戦を支援した。

9　北朝鮮とイランの核問題への対応

　北朝鮮の核開発については、オバマ政権発足後まもない2009年4月に北朝鮮

が六者会合からの離脱を宣言し、翌月には 2 回目の核実験を行った（IV 節 5）。オバマ政権の北朝鮮政策は、北朝鮮が核放棄を前提条件として受け入れなければ直接交渉は行わず、核実験やミサイル発射事件などの行為に及ぶ場合には、国連安保理決議に基づいた制裁で対応し、北朝鮮への圧力を高めていき、もって北朝鮮に核開発の方針転換を迫るというものだった。こうしたオバマ政権のアプローチは、その後「戦略的忍耐」と呼ばれるようになったが功を奏せず、北朝鮮はその後も核実験を 2013 年 2 月（第 3 回）、2016 年 1 月（第 4 回）、同年 9 月（第 5 回）と繰り返した。

　一方、**イランの核問題**でオバマ政権は交渉成果を上げた（III 節 6）。2013 年 6 月のイランの選挙で穏健派のロウハーニーが大統領に選出されたのをきっかけに（8 月に就任）、対話の機運が高まり、同年 11 月から EU3（英仏独）、アメリカ、ロシア、中国、IAEA とイランとの多国間交渉が始まった。やがて 2015 年 7 月に交渉参加国は、包括的共同作業計画（JCPOA）に合意し、国連安保理もこれを追認した。その骨子は、イランが核関連活動を凍結し、平和利用を検証するための査察を受け入れるのと引き換えに、関係国は段階的に制裁を解除するというものであった。オバマ政権は、地域諸国がイランに対して抱く不安を緩和するため、湾岸協力会議（GCC）諸国に対しては、武器を提供するなどして安心供与を図ろうとした。

10　トランプの「アメリカ第一」主義

　2016 年 11 月の選挙で大統領となった共和党のトランプは、民主党の対立候補ヒラリー・クリントンこそがアメリカの既得権益とエスタブリッシュメント（有力者層）の権化だと非難して、ワシントンの政治に対する一般有権者の不満を自分への支持に結びつけた。トランプは就任演説でも、首都ワシントンのエリート層だけが栄えて、一般のアメリカ人民は苦難の道を歩まされてきたので、今後は権力をアメリカ人民の手に戻すと述べた。そして「アメリカ政府はこれまで、アメリカの産業を犠牲にしながら外国の産業を育て、外国の軍隊を支援しながら米軍を消耗させ、他国の国境を守りながら自国の国境を守らず、政府は中産階級から富を取り上げて、それを世界中にばらまいてきた」などと批判し、こうした過去と決別し、これからは「アメリカ第一（America First）」という新たなビジョンの下にアメリカは対外政策を遂行していくとの方針を明らかにした。そこにはアメリカが特別な歴史的使命を負っているといった認識はなく、他国とアメリカは

同じ土俵で公平な関係にあるべきだとして、相互主義を徹底すべきというトランプの考えがにじみ出ていた。

このようにトランプは、現状否定的な志向がきわめて強かったため、政権が発足した 2017 年から 18 年にかけて、オバマ前政権が締結した国際合意を次々と破棄したり、見直していった。2017 年には環太平洋パートナーシップ協定（TPP）からの離脱（1 月）、北米自由貿易協定（NAFTA）の改定（5 月）、気候変動に関するパリ協定からの離脱（6 月）、キューバとの関係改善の見直し（6 月）、そして 2018 年 5 月にはイラン核合意からの離脱に踏み切ったのである。

★ドナルド・J・トランプ（1946 年-）

フォーダム大学とペンシルベニア大学経済学士号を取得後、家業でもあった不動産業を拡張しつつ、テレビのリアリティショーなどで知名度を上げた。「忘れられた人々」を代表し、エスタブリッシュメント（有力者層）を一掃すると訴えて出馬した 2016 年の大統領選挙では、一般得票数で民主党候補ヒラリー・クリントンに負けたが、選挙人票で最終的に勝利した。トランプは、公職の経験も従軍経験もない史上初の大統領だった。

11　中国・ロシアとの「大国間競争」

2017 年 12 月にトランプ政権は、「**国家安全保障戦略**」（NSS2017）を発出し、抑圧的な体制と自由な社会との間で政治的な闘争が起きているという二元的な世界観を示した。その上で中国とロシアを「現状変革国家」と呼び、「ライバル国に関与して国際機関や世界貿易に包摂すれば、無害で信頼に足る提携相手になるという過去 20 年あまりの政策の前提は、ほぼ誤りであったことが明らかになった」として、ポスト冷戦期の対中・対露戦略は失敗したと断じた。この文書に登場した「**大国間競争**」という用語は、トランプ政権の対外観を象徴する用語ととらえられた。

また、2018 年 2 月にアメリカ政府は、「**国家防衛戦略**（NDS2018）」を発出し、アメリカの中心的な安全保障課題を、これまでのテロ対策から中国やロシアとの大国間競争に切り替えるという方針を明示した。NDS2018 は、現状変革国家との長期的な戦略的競争の再来こそがアメリカの繁栄と安全にとっての主たる挑戦課題であると訴え、アメリカの戦略の大きな転換を印象づけた。

なお、NSS2017 と NDS2018 は、主としてワシントンの国際主義的な勢力の対

外観を表明したものであり、必ずしもトランプ本人のそれを全面的に投影したものではなかったといわれる。トランプはしばしば同盟国をアメリカにただ乗りする存在としかみなさず、概して多国間協力や人権・民主主義といった普遍的価値を普及させるための取り組みに否定的ないし消極的な言動をみせた。

12　北朝鮮危機と米朝首脳会談

　「アメリカ第一」を掲げたトランプにとって、アメリカ本土の安全を脅かす存在には厳しい姿勢で臨み、支持者に対して強い大統領の印象を与えるとともに、脅威を除去するための取り組みをアピールすることが、政治的に重要だった。北朝鮮、ISIS、そして不法移民への対応は、そうした問題として位置づけられていたとみられる。

　北朝鮮は、米本土を射程に収める大陸間弾道ミサイル（ICBM）とそれに搭載する核弾頭を開発するための実験を重ねてきたが（Ⅳ節 5）、トランプがオバマから大統領執務案件についての引き継ぎを受けた際、最も切迫した国際問題は北朝鮮による核開発だとの説明を受けたといわれる。2017 年 8 月には、北朝鮮がグアム周辺に弾道ミサイルを発射すると脅すと、トランプはもし北朝鮮がミサイル発射実験を繰り返せば、「業火と怒り」に直面するだろうと応じ、その後も互いに武力行使をほのめかし、緊張が高まった。

　ところが、2018 年に入ると米朝間のムードが一変した（Ⅳ節 5）。韓国が北朝鮮とアメリカとの交渉を実現させるための外交を展開し、6 月にシンガポールで史上初の米朝首脳会談が行われ、金正恩が朝鮮半島の完全な非核化に向けて取り組む意思を示し、トランプが北朝鮮に安全の保障を与えると約束するなどしたシンガポール宣言が発出された。その後、2019 年 2 月にハノイで、さらに同年 6 月には北緯 38 度線の板門店で**米朝首脳会談**が行われ、トランプはアメリカ国民に対し、北朝鮮は核実験もミサイル発射実験も実施しなくなったとアピールした。たしかに朝鮮半島をめぐる緊張はシンガポール会談後に低下したが、その後「非核化」に向けた具体的な事態の進展はみられなかった。

13　自由貿易協定の見直しと管理貿易の追求

　トランプは、自らの重要な支持層の 1 つである、斜陽産業が集中するラストベルト（アメリカ中西部に位置する、鉄鋼・石炭・自動車産業などが衰退している工業地帯）の白人労働者層にアピールするために、自由貿易の行きすぎがアメリカの

貿易赤字と製造業の衰退をもたらしていると主張した。そのためトランプは、とくに対米貿易黒字が大きい国や地域との間にすでに締結されていた自由貿易協定（FTA）の見直しを要求したのである。この過程で、2018 年 3 月には鉄鋼とアルミに対する関税を引き上げ（一部の国をしばらく適用除外とした）、各国の反発を招いた。

　トランプは 2017 年 1 月に **NAFTA の再交渉**を決定し、カナダとメキシコに対してアメリカを利する条件を受け入れるように要求した。紆余曲折を経て 2018 年 11 月にアメリカ・メキシコ・カナダ協定（USMCA）に調印し、加盟 3 カ国が批准して 2020 年 7 月に発効した。また、韓国に対しても、米韓 FTA の再交渉を求め、2018 年 1 月に交渉を開始して、同年 9 月に署名、2019 年 1 月に発効した。さらに、日本とは、主に TPP の範囲内で関税を削減・撤廃する**日米貿易協定**と**日米デジタル貿易協定**に 2019 年 10 月に調印し、2020 年 1 月に協定が発効した。加えてトランプは EU に対しても、自動車に対する関税賦課をちらつかせながら、自由貿易協定の交渉を要求した。

14　米中対立の深まり

　アメリカの対外政策のなかでも、トランプ政権期にとりわけ大きく変化し、世界に影響を及ぼしたのは対中政策だったといえよう。貿易、技術覇権、地政学的影響力、人権などが争点化され、そこに新型肺炎（新型コロナウイルス）の感染拡大をめぐる責任追及などもからんだため、対中関係は悪化した。

　トランプの貿易政策の主な標的は、アメリカの最大の貿易赤字国・中国で、トランプは対中輸出、とりわけ農産品の輸出の拡大に血道をあげた。2018 年 3 月にアメリカ通商代表部（USTR）が、中国の不公正貿易慣行がアメリカに多大な損害をもたらしていると判断し、**追加関税の発動**に動いた。トランプは、第 1 弾の追加関税を 2018 年 7 月に発動したのを皮切りに、第 3 弾まで発動し、これらを梃子として対中経済交渉を進めた。第 4 弾が発表されてから交渉がまとまる兆しがみえ始め、2019 年 10 月にはさらなる追加関税の引き上げを延期すると発表し、2020 年 1 月中旬に中国側と第 1 段階の経済・貿易協定に署名した。この第 1 段階の合意では、中国によるアメリカからの工業品やエネルギー資源等の輸入の拡大、知的財産の保護と執行の強化、強制的な技術移転の禁止、農産品等の輸入拡大、金融市場の自由化、紛争解決手続などが定められた。

　また、アメリカは、中国による機微技術・データ・知的財産の窃取に対する警

戒を強め、連邦議会が立法措置をとり、関係省庁が対策を一斉に講じ始めたため、米中間に**「技術覇権競争」**が生じているといわれるようになった。たとえば、連邦議会は 2018 年 8 月に、中国企業がアメリカ企業への投資を通じて機微な技術やデータなどを入手する経路を封じるための法律（外国投資リスク審査近代化法：FIRRMA）を制定したり、新興技術や基盤技術といった軍民両用の技術が中国に輸出されるのを規制する制度を更新する法律（米国輸出管理改革法：ECRA）を制定した。また、アメリカ政府から中国製の情報通信機器・サービスを締め出すための法律や大統領令も布告された。そのなかでも、とくに中国の情報通信最大手の華為技術（ファーウェイ）などは、米商務省の厳しい輸出規制の対象とされた。アメリカ政府は第三国に対しても、同社の 5G 機器にはデータ窃取のリスクがあると警告するなどして、その排除・不使用を働きかけた。

　さらに、アメリカは中国との地政学的な競争も繰り広げた。アメリカ政府は中国の「一帯一路」構想が、経済的な手段を使って第三国への影響力を拡大し、中小国の主権と独立を脅かすものとみなして、懸念を強めた。こうした状況を受けてトランプ政権は、インド太平洋地域の諸国が主権と政治的独立を全うし、国際法と公正な競争の原則にのっとったかたちで経済成長を実現できる地域秩序を実現することを目標に掲げて、**「自由で開かれたインド太平洋戦略」**を打ち出した。

　加えて、アメリカの連邦議会は、中国の人権問題を糾弾する姿勢を強めている。2019 年 11 月には、香港人権・民主主義法を制定し、香港で人権弾圧などがあった場合に、それにかかわった中国政府関係者への制裁を科すことができるようにした。また、中国が 2020 年 6 月末に香港国家安全維持法を制定すると、アメリカは翌 7 月に、香港の自治の侵害にかかわった中国や香港当局者と取引をする金融機関に制裁を科すことを可能にする**香港自治法**を定め、台湾問題にも強い関心が集まるようになった（IV節6）。さらに、2020 年 6 月には**ウイグル人権法**も成立し、中国の新疆ウイグル自治区で少数民族ウイグル族への弾圧に関与した中国の当局者をアメリカ政府が連邦議会に報告し、それらの人物にビザ（査証）発給の停止や資産凍結などの制裁を科せるようになった。トランプは、人権問題を重視していないといわれていたが、これらの法案は議会で圧倒的な多数で可決されていたため、否応なく署名せざるをえなかったといわれる。

15　ロシアとの関係

　トランプは選挙期間中から、ロシアとの関係修復に前向きな姿勢を示していた

が、政権発足後、大統領選でトランプ陣営が秘密裏にロシアの手を借りるなどして共謀したのではないかという疑惑がもたれた（II節9）。この**「ロシア・ゲート」疑惑**は、共和党と民主党との間の一大政争となり、特別検察官が捜査を行う事態にまで発展した。またアメリカではプーチンに対する見方も厳しかったため、米露関係は進展しなかった。なおトランプは、2017年7月にドイツで、2018年7月にヘルシンキで、2019年6月には大阪で、プーチンと首脳会談を行ったが、会談内容は明らかにされていない。モラー特別検察官は、2019年4月に報告書を司法長官に提出して、トランプの選挙陣営が大統領選でロシアと共謀したという事実は確定できないとした。また、トランプが疑惑捜査を妨害した疑いについて起訴すべきかどうかは連邦議会にゆだねられるべきとして判断を見送った。

　他方、米露の戦略的関係は変化をみせていた。アメリカは2014年頃から、ロシアがINF条約で禁止されている地上発射型の巡航ミサイル（GLCM）を配備していると指摘し、それ以来ロシアに対して条約義務の遵守を求めてきた。しかし、ロシアは違反の事実はないとの主張を繰り返したため、2019年2月にアメリカはロシアに対してINF条約からの脱退を通告し、同年8月に条約からの脱退が発効した。アメリカのINF条約脱退の背景には、条約当事国ではない中国が、ミサイルを増強する一方、アメリカが地上発射型の中距離ミサイルを配備できないという事情もあったといわれている。また、アメリカは2020年5月に、締約国による軍事活動・施設の相互監視を目的とした非武装の偵察機の領空飛行を認め合うオープンスカイズ（領空開放）条約からの脱退も表明した（半年後に発効）。2021年1月には、就任まもないバイデン大統領がプーチンと新START条約の5年間延長で大筋合意し、翌月に正式な合意に達した。

　また、トランプはウクライナ大統領ゼレンスキーとの電話会談で、アメリカからの援助と引き換えに、ウクライナに、2020年度大統領選の有力候補バイデン（オバマ政権の副大統領）に関する不正疑惑の調査を要請したとの疑惑がもたれた。この件は弾劾裁判にまで発展し、民主党が多数派の下院が弾劾決議を可決したものの、共和党が多数派の上院は2020年2月に無罪の評決を下した。

16　中東政策

　トランプ政権は、中東の反米勢力への対決姿勢を強めた。シリアでは、ISISへの攻撃に加えて、2017年4月からはアサド政権に対するミサイル攻撃を実施した。また、オバマ政権が実現した**イラン核合意から一方的に離脱**して、イランへ

の圧力を大幅に強化し、2020 年 1 月にはイラン革命防衛隊の対外活動を担うコドゥス部隊の司令官ソレイマーニーを無人機による攻撃で殺害した。

　しかし、その一方でトランプの中東政策の最大の目標は、中東での軍事プレゼンスの縮小にあった（Ⅲ節 7）。トランプ政権は、イスラエルとサウジアラビアとの外交的連携を強化しつつ、在イスラエル大使館をテルアビブからエルサレムに移転したり、サウジアラビアへの大規模な武器輸出を実施したりした。また、アフガニスタン政府の頭ごしにターリバーンと交渉して米軍撤退に合意したほか、2020 年 11 月にはアフガニスタンとイラクの米軍兵力をそれぞれ 2,500 人にまで削減する大統領令を発出した。トランプ政権末期までに、アメリカが中東からの撤退に向かう流れは一層鮮明になったのだった（Ⅲ節 7）。

17　新型コロナウイルス感染症の襲来と 2020 年大統領選挙

　アメリカにおける新型コロナウイルス感染症の 1 日あたりの感染者数が 100 人を超えたのは、2020 年 3 月に入ってからだった。トランプ大統領は当初、リスクはなく、事態を管理できているなどと説明していたが、またたく間に感染が拡大し、1 日あたりの感染者数は 3 月下旬には 1 万人、7 月中旬には 6 万人を超え、11 月の大統領選挙後にさらに急増して、2021 年 1 月上旬には 1 日あたり 20 万人を超えた。トランプ退任時の全米の累計死者数は、42 万人に達した。トランプ政権は、中国当局がウイルスの感染拡大に関する情報を当初隠匿し初動の対応を誤ったとして糾弾し、中国共産党の統治体制そのものを批判するなどして、対中姿勢を硬化させた（Ⅳ節 8）。

　2020 年の大統領選挙は、現職のトランプと民主党候補のバイデンが争い、僅差でバイデンが勝利したが、トランプは選挙での投票に不正があったとして敗北を認めず、トランプの支持者らも選挙結果に対して各地で抗議を行った。2021 年 1 月 6 日には、大統領選挙の結果を認定しようとする連邦議員らが集まった連邦議会議事堂に、選挙不正を訴えるトランプの演説を聞いた群衆が乱入するという事件が起こった。その後連邦議会はバイデン当選を認証し、トランプは 1 月 8 日にバイデンの勝利を受け入れる声明を発した。乱入事件への関与の責任を問われたトランプは、連邦議会下院から 2 度目の弾劾訴追を受けたが、上院はトランプ退任後の 2 月に無罪評決を下した。

まとめ

　グローバル金融・経済危機が発生するさなかに大統領に就任したオバマは、イラクとアフガニスタンでの戦争を終結させ、内戦への本格介入を控えることによって、安全保障面でのアメリカのコストを軽減しようとした。また、オバマは大国間協調を通じて核問題と気候変動問題への取り組みを進め、自由貿易を促進するなど、多国間主義に軸足を置いた対外政策を展開した。しかしその一方で、ロシアと中国が実力で現状を変更する行動に出たときに、オバマは抑制的な対応をとったため、それらは既成事実化した。他方、オバマ政権は、テロ組織に対しては武力を容赦なく行使した。つまり、国内再建に注力するオバマ政権は、孤立主義に走ったわけではなかったが、テロ対策を例外にして、武力行使を自制し、国際協調によって地域安全保障やグローバル・イシューに取り組むアプローチをとった結果、中国やロシアによる現状変更の既成事実化を許すことになったともいえる。

　オバマの後に大統領となったトランプは、再選を狙い、「アメリカ第一」主義の下で、もっぱら貿易問題など経済的な利益を短期間で獲得することに固執した。トランプは、シリアやイランに対して限定的な武力を行使し、米朝首脳会談を実現したものの、特段の成果は上がらなかった。「**国家安全保障戦略**（NSS2017）」は、主権国家の存立と平和、繁栄を追求する対外観を示し、中国やロシアとの大国間競争を謳っていたが、米中対立は厳しさを増して、「反中コンセンサス」ともいうべきものが現れ、米露関係も停滞した。しかし、その一方でトランプは、習近平やプーチンといった政治指導者個人に対しては友好的な態度を示し、国内外で不信を買った。また、トランプは同盟関係をいぶかり、国連や世界貿易機関（WTO）、G7、東アジア首脳会議、世界保健機関（WHO）といった多国間制度に対しても否定的な態度をとったため、アメリカの国際的リーダーシップは後退した。その結果、リベラルな価値規範に依拠した国際秩序を推進する担い手としてのアメリカの国際的な威信は失墜した。新型コロナウイルスはアメリカに未曾有の災禍をもたらし、2020年の大統領選が白熱する過程でアメリカの政治・社会の分断も一層際立った。2021年1月にバイデン新政権が発足したものの、政治的分極化はアメリカの行く末に暗い影を落としている。

II　ヨーロッパ・ロシア

　2008 年以降のヨーロッパは、「**複合危機**」に直面しているといわれる（遠藤 2016）。ここで重要なのは、ユーロ危機、ウクライナ問題と難民問題、そしてイギリスの EU 離脱問題といった複数の危機がそれぞれ独自のダイナミズムをもちつつも、相互に関連しあいながら起きていることである。これらの危機は、なぜどのようにして発生したのだろうか。そしてこうした「複合危機」は、ヨーロッパの秩序にどのような影響をもたらしているのだろうか。一方、ロシアはジョージアとの戦争やウクライナ危機を通じて、既存の国際秩序に挑戦する姿勢を鮮明にしたが、そこにはどのような背景や思惑があったのだろうか。ロシアは欧米諸国との関係が悪化していくなかで、外交上の活路をどのように見出そうとしているのだろうか。

1　ロシアのタンデム体制と国際環境の変化

　2000 年代半ば以降、ロシアはプーチン政権のもとで経済成長と政治的安定を達成するなかで、「シロヴィキ」と呼ばれる軍・治安機関出身者が政治的影響力を増し、ロシアの「大国」としての立場を対外的に強く発信するようになった。その一方で、バルト諸国の NATO 加盟、アメリカによる中東欧諸国へのミサイル防衛（MD）システムの配備、さらにジョージアやウクライナによる NATO 加盟意思表明など、ロシアは自らの安全保障に対する脅威が増大していると感じるようになっていた（Tsygankov 2016, 178–180）。

　2008 年には、ロシアの対外政策を決める上で 2 つの大きな変化があった。ひとつは、プーチン大統領の任期満了にともない、新たにメドヴェージェフが大統領に就任したことである。ただし、プーチンはメドヴェージェフ政権で首相を務めることになり、この「**タンデム（双頭）」体制**の下でも、基本的にプーチン大統領時代の外交政策が継続されることになった。大統領退任前にプーチンは通称「プーチン・プラン」と呼ばれる発展戦略を発表したが、これをもとにして 2009 年 5 月には、「2020 年までのロシア連邦の国家安全保障戦略」が策定された。

　この「安保戦略」は、多極世界の一角を担うというロシアの従来の立場を維持しつつ、経済分野を中心とした国家発展により、国際社会での影響力拡大をめざすというものだった。そして、2020 年までにアメリカ、中国、インド、日本に次ぐ「経済 5 強入り」することを目標として掲げた。すでに 2000 年代半ばから

経済に対する国家介入や企業の再国有化が強まり、ロシア経済のあり方は「国家資本主義」と特徴づけられるようになっていた。このように国家主導で経済発展を促し、国際的影響力を強化するという方針もプーチン政権から継承したものである。

　2008年には、国際環境も大きく変化した。リーマン・ショックを契機に生じた**グローバル金融危機**（I節1）は、ロシア経済にも大きな影響を及ぼし、それまでの高成長から一転して2009年の成長率はマイナス7.9%を記録した。ロシア経済はその後回復したものの、金融危機発生前と比べれば経済は減速した。しかしそれ以上に大きかったのは、アメリカの経済的脆弱性が明らかになり、国際的影響力の減退が目立つようになったことだった。そのため、ロシアはこれまで以上に積極的に自国の国益を追求するようになった。とくに、自国の勢力圏を守るために、「防衛的」という性格づけをした上で軍事力を行使する事例が増加し、これがこの時期のロシアの対外政策を大きく特徴づけることになった。

★ウラジーミル・ウラジーミロヴィチ・プーチン（1952年–）

　　KGB（旧ソ連国家保安委員会）出身であるプーチンは、その後継機関であるFSB（ロシア連邦保安局）長官時代に、大統領弾劾の謀議を未然に防いだことで、エリツィン大統領の信任を得たといわれている。しかし、当初プーチンの知名度はあまり高くなく、ロシア国内にも暫定的な指導者とみなす声があった。プーチンのなかには、冷徹な現実主義者という面と、過去の帝国的秩序に対する郷愁を思わせるロマンチックな面の双方が存在しているが、近年は後者の面が強まってきている。

2　ロシア・ジョージア戦争

　前章で述べたように、ソ連解体によって15の連邦構成共和国は独立国家となった。しかし、ソ連は各共和国内部にも民族地域を抱える「マトリョーシカ」的な構造をもっていたため、そうした地域のなかには民族自決権を主張して独立を志向する勢力もいた。チェチェン共和国の独立運動は、紛争の末にロシアに制圧されたが、アゼルバイジャンのナゴルノ・カラバフやモルドヴァの沿ドニエストルは、事実上独立した**非承認国家**となった。

　ジョージアでも1990年代初頭に南オセチアとアブハジアで独立を求める運動が発生し、その後ロシアの支援を受けたこれらの地域は、非承認国家となった。2003年のバラ革命によってジョージアに生まれたサアカシヴィリ政権は、軍事

図 5-1　黒海周辺

力で国家を再統一しようとしたため、これらの地域で緊張が高まると同時に、ロシアとの関係も悪化した。そして、2008 年 8 月上旬に、ジョージアは南オセチア共和国に対する攻撃を開始した。この攻撃によって、南オセチア市民が約 400人犠牲になり、平和維持軍として駐留していたロシア兵 10 人も殺害された。ロシアは圧倒的な軍事力で反撃し、わずか 5 日間でジョージア軍を駆逐した。さらに、ロシアはその後南オセチアとアブハジアを国家承認した。

　この戦争によってロシアとジョージアの関係悪化は決定的になった。ジョージアは 2009 年 8 月に CIS を脱退し、ロシアとの外交関係を断絶した。また、国名をロシア語読みの「グルジア」から英語読みの「ジョージア」へと変更するよう各国に要請した。

　また、このロシアの軍事行動は、国際社会からも強く非難された。ロシア政府は、この戦争のそもそもの原因はジョージア軍による南オセチアへの侵入にあり、ロシアの軍事行動はそれに対する防衛的な報復行動だと主張した。しかし、ロシアが南オセチアやアブハジアの範囲を越えて、ジョージア政府の実効支配地域にまで軍を進めたことは過剰な武力行使であり、ジョージアの主権と領土的一体性

を侵害するものととらえられた（Allison 2008）。

　このような事態の展開は、米露関係を悪化させた（I 節7）。ロシアにとって、NATO の拡大、アメリカによる MD システムの配備、そして**ロシア・ジョージア戦争**は、いずれも自国とその勢力圏の安全確保という伝統的安全保障に関する問題であり、やがてウクライナ危機やシリア内戦をめぐる米露対立にもつながっていく。ただし、オバマ政権が対露関係の「リセット」を掲げたことにより、国際テロ対策や大量破壊兵器の不拡散といった非伝統的安全保障分野では協力が進んだ。2010 年 4 月には、START I の後継条約となる**新 START 条約**が調印された上、ロシアは米軍によるアフガニスタンでの軍事作戦を支援するために、補給ルートの開設なども認めて協力した。このように、伝統的安全保障分野での対立と、非伝統的安全保障分野での協力という二重構造が米露間には生まれた（兵頭 2013）。

3　ギリシャの経済危機からユーロ危機へ

　2008 年のリーマン・ショックは、ヨーロッパ諸国の銀行にも深刻なダメージをもたらしていたが、2009 年 11 月にギリシャで新たに成立した政権が、前政権の財政赤字の隠蔽を明らかにすると、ギリシャ国債の格づけが引き下げられ、共通通貨ユーロの安定性が大きく揺らぐという危機的な事態が発生した。こうした状況を受けて、まず EU や IMF（国際通貨基金）がギリシャ救済に乗り出した。融資と引き換えにギリシャ政府は厳しい構造改革を迫られ、これにギリシャの一般市民が激しく反発し、路上で暴動を起こす姿も報じられた。さらに、ギリシャに端を発した危機は、ポルトガル、イタリア、アイルランド、スペイン（これら 4 カ国とギリシャはその頭文字から「PIIGS（ピッグス）」と揶揄された）などに債務危機という形で波及し、EU としてユーロ防衛のためにこれらの国々を断続的に支援することを余儀なくされたのである。

　この**ユーロ危機**は、単一通貨のように金融政策を統一させる一方で、財政政策は原則として加盟各国の裁量にゆだねるという、EU の抱える構造的な問題を一因としていたので、EU の財政政策をいかに集権化させるかが課題として浮上した。たとえば、2013 年 1 月に発効した財政条約（イギリスとチェコ以外の当時の加盟 25 カ国が参加）は、締約国の財政規律を強化し、さらにはユーロ圏内の銀行監督、破綻処理、預金保険の一元化などをめざす「銀行同盟」の創設に向けて歩みを進めようとした。一方 2011 年 11 月に ECB 総裁に就任したドラーギは、混乱の続いていたギリシャやイタリア、スペインなどを積極的に支援するとのメッセ

ージを送ったほか、2012 年 7 月には、ユーロを守るために「どんなことでも」すると言明した。こうした一連の発言は、従来にはない ECB の危機克服に向けた責任を引き受ける覚悟を示すものとして市場で受けとめられ、危機の鎮静化に寄与することになった。

　とはいえ、**ギリシャの経済危機**がただちに解決されたわけではなかった。融資の受け入れの条件として課せられた厳しい緊縮財政に苦しむ国民の不満を背景に、2015 年 7 月に緊縮財政の受け入れを問う国民投票が行われ、反対派が 6 割以上の投票を獲得したのである。しかし、このギリシャ国民の意思表明にもかかわらず、EU の側では、ギリシャをユーロから離脱させることも辞さない意見が広がりをみせた。これにはギリシャ側もついに折れ、引き続き緊縮財政を条件とした援助を受け入れることになったのであった。その後、ギリシャ経済自体はこの緊縮財政の影響で厳しい状況に追い込まれていたが、ようやくゆるやかな成長基調に乗り始めていることなどを受け、2018 年 8 月に EU 側は金融支援の終了を発表した。とはいえ、引き続き抱えている膨大な債務や高い失業率など、ギリシャの前途は決して楽観視できるものではない。

4　ウクライナ危機と国際秩序への挑戦

　2013 年末から 2014 年にかけて起きた**ウクライナ危機**は、冷戦後のロシア外交における最大の転機となった。この危機は、ウクライナのヤヌコーヴィチ政権が EU との連合協定締結交渉を中断したことに始まる。このとき、ウクライナは EU と自由貿易協定を含む連合協定の締結交渉を進めていたが、同時に、ロシアが準備していたユーラシア経済連合への参加も求められていた。財政危機に直面していたヤヌコーヴィチ大統領は、2013 年 11 月に EU との交渉を中断してロシアに接近することを選んだ。ロシア側は素早くこれに反応し、ウクライナに対しガス価格の値下げと 150 億ドルの借款を決定した。

　しかし、この決定に反発したウクライナ市民が、首都キエフの独立広場（マイダン・ネザレージュノスチ）で「**ユーロマイダン**」と呼ばれる大規模な抗議運動を行った。2014 年 2 月に起こったデモ隊と治安部隊の衝突をきっかけに、ヤヌコーヴィチ政権が譲歩するかたちで反政府勢力との合意がなされた。しかしその後すぐに、ヤヌコーヴィチと主要閣僚がキエフから姿を消して政権が崩壊し、反政府勢力が暫定政権を組織した。

　暫定政権成立によって、ウクライナ東部や南部では政情が不安定化した。特に

多民族地域であるクリミアでは、ロシア系住民とクリミア・タタールとの衝突によって死者が出るなど、緊張が高まった。ロシアもウクライナ暫定政権の成立を認めず、「ロシア系住民の保護」を理由にクリミアに侵入し、軍事施設や行政機関など主要施設を次々と占拠した。クリミアでは親ロシア派の政権が成立し、2014年3月の住民投票によってウクライナからの独立を宣言した。その後、ロシア議会はクリミア共和国とセヴァストーポリ市を編入することを決定した。

　その式典が行われたクレムリン宮殿で演説したプーチンは、**クリミア併合**の正当性とアメリカに対する不信感を表明した。前者については、ロシアとクリミアの歴史的つながり（ソ連時代の1954年にウクライナに移管されるまで、クリミアはロシアに帰属していた）に言及した上で、クリミアの住民自身がロシアへの編入を望んだことを強調した。プーチンは、コソヴォ独立（4章II節3）の論理を援用して、クリミア併合を正当化したのである。後者については、ウクライナの政変には、背後で欧米諸国が関与していること、冷戦後のアメリカ中心の国際秩序が武力によって成立しており、アメリカは国際的ルールを自国に都合よく変更していること、そして欧米諸国のロシアに対する「封じ込め」策がいまも続いていることなどを指摘した。プーチンはこうした批判をそれまでも繰り返していたが、ロシアの利益を守るために既存の国際秩序に挑戦する姿勢を明確にしたという点が、これまでとは大きく異なった。

　2014年4月から5月にかけて、今度はウクライナ東部のドネツィク州とルハンシク州（ロシア語ではドネツクとルガンスク。両州をまとめてドンバス地方と呼ばれる）で、クリミアと同じくロシアへの編入を求める分離独立派が蜂起して、それぞれ人民共和国の設立を宣言した。ロシアは公式には同地域への軍事的支援を認めていないが、実際には「人道支援」や「平和維持」という名目で資金や兵器を分離独立派に提供した。クリミア併合がほぼ無血状態でなされたのに対し、ドンバスの紛争では多数の死者を出す激しい戦闘が起こった。

　ウクライナ、ロシア、OSCEは、外交的手段によってこの紛争を解決することを模索した。その後、人民共和国代表も交渉に加わり、2014年9月に、ウクライナ、ロシア、ドネツク人民共和国、ルガンスク人民共和国の各代表は、停戦合意（**ミンスク合意**）に調印した。この合意は、双方の即時停戦を定めるとともに、「特別地位法」の制定によって分権化を進め、同地域で地方選挙を実施することも定めた。

　しかし、ミンスク合意による停戦は長続きせず、すぐに戦闘が再開した。2015

年２月には、オランド仏大統領とメルケル独首相の仲介により、新たな合意文書（ミンスクⅡ）がまとめられたが、それでも紛争解決のめどは立たなかった。ウクライナ政府としては、分権化を進めながら、戦闘も経験した地域を再統合することは、中央政府に反抗的な勢力を再び国内に抱え込むことになり、リスクが大きい。ロシアとしては、ドンバス地方の編入は国際社会からの一層の孤立を招く上、経済的負担も大きい。その一方で、ウクライナへの復帰を強く要請すると、人民共和国の反発も招きかねない。結局ロシア、ウクライナともに、接触線上での小ぜりあいを断続的に繰り返すという膠着状態を維持し続けている。

　このように、クリミア併合とドンバス紛争でロシアの対応は異なったが、どちらも正規軍による通常戦力の行使だけでなく、民兵や民間軍事会社などの非国家主体も参加し、かつサイバー戦や情報戦といった非軍事的手段も用いた点が、新しい戦争のかたちであると注目された。多様な主体と方法をハイブリッドさせて戦うという意味で、これは「**ハイブリッド戦争**」と呼ばれた。

　ウクライナ危機を受けて、ロシアは国際社会から孤立した。1997年のロシア参加により、主要国首脳会議はG7からG8になっていたが、ロシアはここから除名され、欧米諸国や日本からは経済制裁を受けた（Ⅰ節7）。さらに、原油価格下落やルーブル安が同時に起こり、クリミアやウクライナ東部への支援も負担となって、ロシア経済は打撃を受けた。しかし、経済状況の悪化にもかかわらず、愛国主義を高揚させたロシア国民は、欧米諸国との対決姿勢を明確にしたプーチンを支持した。このように、強硬策が国内で支持される状況において、2015年に策定された「ロシア連邦の安全保障戦略」は、ロシアの安全保障にとっての脅威のひとつとして、初めてアメリカを名指しした。

　ロシアの軍事的介入は旧ソ連地域に集中し、その域外で軍事行動をとることは稀である。ただし、例外的に**シリア内戦**（Ⅲ節3）には介入した。2011年の「アラブの春」の影響で内戦が始まったシリアでは、アメリカを中心とする有志連合の空爆が行われていたがロシアはこれが効果的でないとして、2015年9月に「テロと過激主義に対する一種の国際的連合」を呼びかけた。これは、シリア内戦の解決にはロシアの存在が不可欠であることをアピールし、欧米諸国を揺さぶり、分断しようというものだった。そして、アサド政権からの要請というかたちで**シリアでの空爆作戦**を開始し、崩壊寸前だったアサド政権の勢力回復を助けた（Ⅲ節5）。中東地域ではさらに、イランやトルコとの間でも、エネルギーや安全保障分野での協力が強まった。このような積極的な中東外交は、ひとつにはアメリカのこの

地域への影響力の低下に起因している。また、中東地域の不安定化がロシア国内のイスラーム地域に波及することへの懸念も、政策決定に影響を及ぼしている。

5 シリア空爆からヨーロッパ難民問題へ

　ロシアのシリア空爆などによってシリア情勢は混迷の度合いを増し、ヨーロッパに押し寄せる難民はさらに増加することになった。すでに「アラブの春」（Ⅲ節1）の影響を受けて、2011年にはアサド政権と反体制派の内戦が本格化しており、シリアなどからヨーロッパをめざす難民の数が増加し続けていた。当初は中東や北アフリカから地中海を渡るルートが主だったが、海難事故が相次いだことで犠牲者が増加していた。そのため、EUの欧州対外国境管理機関（FRONTEX）を通じた地中海パトロールが強化されたことを受け、トルコやギリシャなどを経由してヨーロッパに入る**「バルカン・ルート」からの難民**が急増することになった。そして、難民数の増加にさらに拍車をかけたのが、2015年8月のメルケル首相による積極的な難民受け入れのメッセージである。EUに入ってくる難民受け入れに関するダブリン規定では、最初の到着国が難民希望者の庇護申請を受けることとする一方、申請せずに別の国へ移動しても最初の到着国に送還して庇護申請させることが定められていた。しかし、メルケルは例外措置として、たとえばギリシャからハンガリーやオーストリアなどを経由してやってくる難民については、それらの最初の到着国に送還せずに、ドイツでの庇護申請手続を認めたのである。

　このメルケル首相の対応は、「歓迎する文化（Wilkommenskultur）」として称賛されたが、バルカン・ルートを通ってEUをめざす難民数がさらに急増したため（その数は2015年だけで100万人を超えるとされた）、ハンガリーのオルバン首相は、ドイツが混乱を招いたとしてその対応を「道徳的帝国主義」などと批判した。また、EU内で難民を加盟国に割り当てる措置についても、負担の増加を嫌って反対するハンガリー、チェコ、スロヴァキア、ルーマニアなどを押し切り何とか合意に漕ぎつけたが、その実現に向けた見通しは暗く、シェンゲン協定の締約国でありながら国境管理を復活させる国も出てきた。

　こうしたなか2015年11月にパリで同時多発テロが発生し、実行犯がシリア難民に紛れてパリに滞在していたことが判明すると、これは大きな衝撃をもって受けとめられた。フランスはすでに2015年9月からシリアを空爆していたが、テロ発生後には、「武力侵攻」発生時のEU加盟国間の相互援助を定めたリスボン条約第42条第7項の「相互援助条項」に基づいて、過激派組織「イスラーム国

(ISIS)」に対する軍事作戦にイギリスやドイツも参加した。ただし、このパリ同時多発テロ以降もヨーロッパ各地で民間人をターゲットにしたテロ事件が発生し続けたため、テロへの報復として軍事行動がはたして有効なのか疑問視する声も上がった。

　こうしたテロ事件の続発もあってメルケル首相への風当たりは強まり、ドイツ国内では排外主義的な政党「**ドイツのための選択肢（AfD）**」が台頭した（初めて議席を獲得した 2017 年 9 月の連邦議会選挙では 12.6％ を獲得し第 3 党に躍進した）。EU は、域内の自由移動を定めるシェンゲン協定や EU 内務警察協力が限界に直面していくなかで、FRONTEX を強化した。さらに難民の通過するトルコとの間で、非正規移民や難民認定を受けられなかった庇護申請者のトルコへの送還や、トルコへの資金援助などを定めた協定を結ぶなどして、難民流入対策を講じた。その結果、バルカン・ルートを通じた難民の数が減少し、ひとまず小康状態を取り戻した。しかし、政情不安定なトルコとの協定が今後も維持されるのかどうかは不透明であり、難民流入を防ぐための抜本的な解決につながる中東地域の安定化に向けて、EU がどのように中長期的にかかわっていくのかも問われている。

6　イギリスの EU 離脱問題

　難民問題に揺れるヨーロッパが、2016 年 6 月以降直面したのが**イギリスの EU 離脱問題**（「ブレグジット（Brexit は Britain と Exit を合わせた造語)」）である。このとき実施された国民投票では、EU 離脱派が 51.9％ の得票率を獲得し、残留派の48.1％ を上回った。離脱派の勝利の背景には、与党保守党の内部対立とキャメロン首相の見込みの甘さ、グローバル化や移民の増加による雇用や生活面での不安の高まり、イギリスで広がっていたヨーロッパ懐疑主義、さらに EU への権限集中による規制や介入の強化などに反発して増幅した「主権を取り戻す」意識など、さまざまな要因があった。とりわけ、中高年の白人労働者層に代表される、既成政党に「置き去りにされた」人々は、イギリスだけでなく、他国でも政治的な存在感を増した。

　2017 年 5 月のフランス大統領選で敗れたものの、決選投票に進出したマリーヌ・ルペン率いる国民戦線が勢力を拡大するフランスや、前出の AfD が躍進したドイツなど、他の西欧諸国でも「置き去りにされた」人々の政治参加が活発化するという現象が共通してみられた。こうした「**ポピュリズム**」とも呼ばれる動きは、ハンガリー、ポーランド、オーストリア、チェコなど中東欧諸国でも広が

りをみせている。統合を深化させようとする EU への反感の強まりが、各国の政治に与える影響は引き続き無視できないだろう。イギリスは紆余曲折の末、2020年1月31日をもってついに EU を離脱したが、今後どのように EU と関係を築いていくのかが注視される。

7　今後のヨーロッパと「新しいドイツ問題」？

　このようにヨーロッパは、「複合危機」に向かい合ってきたが、その反面、第二次世界大戦後に培ってきた自由や民主主義といった価値を体現する役割を期待する声も聞かれる。とりわけドイツでは、メルケル首相が「自由世界のリーダー」ともてはやされ、国内では AfD の台頭など不安を抱えながらも、好調な経済を背景に、「複合危機」に立ち向かってきたことから、ヨーロッパにおけるドイツの存在感は増しつつある。ただし、ここまでにみた「複合危機」が完全に克服されたとはいいがたく、ドイツに一層積極的な役割を求める声がある一方で、ドイツ経済が堅調を維持できる保証もない。ドイツ自身の行動がヨーロッパに危機をもたらす新たな要因にすらなりうるとの見方もあり、メルケル退任後のドイツ政治の展開は決して楽観視できない。ドイツをヨーロッパ秩序における不安定要因としてみる「ドイツ問題」という言葉があるが、ヨーロッパは、かつてないほどの不透明な対米関係や、くすぶり続ける「複合危機」といった問題に加えて、いま「新しいドイツ問題」（Ash 2013）にも直面しているといわれ、ヨーロッパ秩序の今後の展望は予断を許さない。

8　ロシアの東方シフト

　2008年の世界金融危機は、資源依存型のロシア経済の脆さを改めて浮き彫りにした。ロシアは、産業構造を多角化しようとしてきたがいまだその試みは成功しておらず、依然として資源分野が経済を牽引する状況にある。また、ロシアは冷戦時代からヨーロッパ市場に石油・天然ガスを供給してきたが、それに代わる新たな市場として、近年発展が著しいアジア太平洋地域に目を向け、東シベリアの資源開発や太平洋パイプラインの建設などを進めた。このように、ロシア外交におけるアジアの重要性が増している近年の状況は、**「東方シフト」**と呼ばれる。

　これまでにもロシアは、北朝鮮問題をめぐる六者会合や上海協力機構など、アジアにおける多国間の枠組みに参加してきており、2011年からはアメリカとともに**東アジア首脳会議（EAS）**に正式参加し、2012年9月にはウラジオストクで

APEC 首脳会議を主催した。こうした戦略は、経済的後進地域であるシベリアや極東の開発を進め、これらの地域の経済を発展させたいという国内的な要請にもかなっている。

　中国との関係は、ロシアがアジアで最重要視する関係である。ウクライナ危機後の米露関係の悪化に加え、米中対立の深刻化により、ロシアにとっての対中関係の意義は増している。また、経済大国となった中国の存在は、ロシア経済にとってますます重要になっている。中国向けの天然ガス・パイプライン建設や、中国が主導する「一帯一路」構想とロシアが主導するユーラシア経済連合との接合なども計画されている。その一方で、経済的にも軍事的にも強大化する中国にどのように向き合うべきかが安全保障上の課題となっている（兵頭 2013, 125–126）。

　日本との関係では、大統領復帰直前の 2012 年 3 月にプーチンは「引き分け」という言葉を使って、停滞していた平和条約締結問題の交渉を再開する態度をみせた。ウクライナ危機後の空白期間はあったものの、プーチン大統領と安倍首相との間では 2012 年以降 24 回もの首脳会談が行われた。2018 年 11 月に安倍首相は、従来の「四島返還」を求める立場から「二島引き渡し」で結着をめざすという方針転換を行ったが、ロシアはむしろ態度を硬化させており、**北方領土の開発**も進めている。

9　ロシアによるアメリカ大統領選介入とトランプ政権下の米露関係

　2016 年アメリカ大統領選挙へのロシアの介入疑惑は、国際的に大きなスキャンダルとなった。前に述べたように、民主党陣営へのサイバー攻撃をめぐるトランプ陣営との「共謀」疑惑は「**ロシア・ゲート**」（Ⅰ節 15）と呼ばれたが、同様のサイバー攻撃や情報戦を駆使して、ロシアは欧米諸国への影響力を強めようとした。

　その背景には、ロシアにおいて根強い「カラー革命」に対する脅威認識がある。ロシアでは、旧ソ連諸国における「カラー革命」が欧米諸国による陰謀であるという考え方が政権内部だけでなく一般社会にも広がった。アメリカは、ロシアの「勢力圏」へ進出し、ロシアの安全保障を脅かす存在であるだけでなく、プーチン政権の転覆も狙う脅威であると認識されているのである。サイバー攻撃のような手法は、ロシアの視点からすると、あくまでこのような脅威に対抗するための「防衛的な」手段ということになる。

　ウクライナ危機以降悪化した米露関係は、トランプ政権下で改善することが期待されたが、「ロシア・ゲート」疑惑の浮上や**対露制裁強化法**の成立などによっ

て、結局大きな進展をみなかった。ロシアとしても、アメリカ国内にロシアとの関係改善を望む声が小さい状況で、トランプ政権と交渉しようとする機運は高まらなかった。

　一方、トランプ政権下で米中対立が進行したことによって、中露は合同軍事演習の規模を拡大し、一層軍事的に接近した。ただし、両国がアメリカと対峙する領域はそれぞれ異なっており、中露関係が一枚岩の軍事同盟に発展することは現時点では考えにくい（小泉 2021）。

10　コロナ禍でのロシアの憲法改正

　ロシアで新型コロナウイルスへの感染が最初に確認されたのは、2020 年 1 月だった。この感染者が中国人留学生だったこともあり、ロシア政府はすぐに中国との往来を制限し中国経由での感染拡大を防ぐことには成功した。しかし、その後ヨーロッパ経由で感染が急速に拡大したため、政府は 3 月から 5 月にかけて全国的にロックダウンを実施した。また、新型コロナウイルス感染症用ワクチン「スプートニク V」を世界で最初に承認し、いわゆる「ワクチン外交」を積極的に展開した。このような政策をとったにもかかわらず、国内の感染拡大を防ぐことはできなかった。2021 年 12 月現在で累計感染者数は 960 万人以上となり、死者数も公式発表で 13 万人を超えた。実際には、さらに多くの人が新型コロナウイルスに感染して死亡したともいわれる。

　2020 年 7 月には、ロシアで大規模な**憲法改正**が実施された。当初 4 月に予定されていた国民投票がコロナ禍で延期されたため予定より遅れたが、国内で大きな議論もなく成立した。この憲法改正によりプーチン大統領が 2036 年まで大統領を務めることが可能になったほか、領土割譲の禁止、在外同胞の利益保護、ロシア憲法と矛盾する国際機関の決定の不適用なども憲法に書き加えられた。近年のロシア外交は、自らの「主権」を強調して外国からの干渉を防ごうとする一方で、「在外同胞の保護」という名目で周辺諸国への介入を正当化する傾向があるが、この憲法改正はそのような行動様式を裏書きするような形となった。

11　新型コロナウイルス感染症とヨーロッパ

　国際社会に未曾有の危機をもたらした**新型コロナウイルス**の感染は、ヨーロッパでは 2020 年 2 月にイタリア、スペイン、フランスなどで拡大し、3 月になると他の国でも感染者が爆発的に増加していった。そのなかで浮上した問題は、初

動で EU として十分に有効な対応をすることができず各国が自国優先的な行動を
とったため、ヨーロッパ諸国間の連帯に亀裂が走ったことである（遠藤 2020）。
たとえば感染爆発に見舞われ苦境に立ったイタリアに対して、ドイツやフランス
はマスクの輸出を禁じるなど、当初は救いの手を差し伸べなかった。その上両国
は、イタリアが他国から購入するはずだったマスクを、自国のために逆に押さえ
るといったあからさまな単独行動に走るなど、EU の連帯は大きく損なわれたの
である。これに対して注目を浴びたのは、イタリアやセルビアなど感染拡大や医
療品不足に苦しんでいた国に向けて積極的に展開された、中国のいわゆる「**マス
ク外交**」だった（IV 節 8）。セルビアは EU に加盟申請中だったが、EU による域
外への医療器具や備品の輸出禁止の措置に対して、「われわれを助けられるのは
中国だけだ」と失望の色を隠そうともしなかった。

　また新型コロナの危機は、シェンゲン協定以来 EU の統合を象徴する人の自由
移動にも大きな挑戦を突きつけた。感染拡大を阻止する観点から EU はその対外
国境を閉めたが、域内国境に関してここでも各国が国境管理を導入するといった
自国中心的な対応に出たのである。域内の自由移動が（すでに先述の難民危機以来
国境管理を導入していた国があったとはいえ）厳しく制限されたことは、経済活動
の停滞など市民の生活に大きな混乱を招いただけでなく、EU の理念の根幹を揺
るがすものとして改めて深刻に受けとめられた。

　このようにヨーロッパ諸国間の足並みの乱れが顕著になるなかで、EU もただ
手をこまねいていたわけでない。初動でこそ十分な対策を講じることができなか
ったものの、域外に残された EU 市民の帰還や財政規律の一時的緩和、ECB の量
的緩和策に加え、4 月初めにはユーロ圏内向けの計 5,400 億ユーロ規模の緊急対
策に合意した。さらにより長期的な支援策として、それまで案としては浮上しな
がらも実現に至っていなかった**EU 共同での債券の発行による復興基金**と、複数
年度にまたがる中期予算枠組みの導入を決定したことは、注目に値する（高屋
2021）。これは 2021 年から 24 年にかけて 7,500 億ユーロ規模を復興計画に供出す
るもので、「次世代 EU」とも呼ばれた。こうした対応に至るプロセスにおいて
は、倹約 4 カ国とも呼ばれるオーストリア、デンマーク、オランダ、スウェーデ
ンが消極的な態度をなかなか崩さず、また法の支配や人権、民主主義を理由に支
援を停止する措置の導入に対してハンガリーやポーランドなどが反発するなど、
決して円滑なものではなかった。とはいえこのかつてない規模の支援策に関する
合意は、EU の連帯と結束を示し統合を強化するものとしておおむね高く評価さ

れ、なかでも従来は財政移転に慎重な立場を示すことの多かったドイツが同意した意義は小さくない。

　しかしこうしたコロナ危機への対応で改めて表面化した EU 内の対立を踏まえると、イタリアをはじめ資金を借り入れる国の返済などを含めその見通しは必ずしも明るいものではない。また、トランプ政権下のコロナ危機で混乱を極めたアメリカとの間に、協働のイニシアティブが発揮されずにいたことも、冷え込む米欧関係を象徴するものだった。課題を抱えつつも EU としての解決に取り組んでいるヨーロッパが、今後アメリカとの関係をいかに修復し、ポスト・コロナを見据えた国際秩序にどのように関与していくのかが、注目される。

まとめ

　ウクライナ危機を転機として、ロシアは既存の国際秩序に挑戦する姿勢を明確にしていった。アメリカの抑制的行動もあり、クリミア併合は既成事実化し、中東地域への影響力を拡大するなど、その行動は部分的には成功した。その一方で、経済制裁などの影響でロシア経済は落ち込んでおり、プーチンの支持率は高いものの、国内には不安要素を抱えており、国際的には中国への依存を強める結果となった。またヨーロッパでは、「複合危機」を経て EU におけるドイツの存在感が増すなか、行きすぎた統合に反対する「ポピュリズム」勢力が各国で支持を広げるなど、やはり不安定要因を抱えており、戦後の安定した米欧関係の基盤をなしてきた大西洋同盟の今後は、不安視されている。

III　中東

　「アラブの春」と呼ばれる、アラブ諸国における一連の反政府抗議行動は、いくつかの政府を退陣に追い込んだばかりでなく、シリア内戦の引き金ともなり、中東域内の国際関係を不安定化させることとなった。「アラブの春」は、どのような背景をもち、各国でどのように進行し、どのような帰結をもたらしたのだろうか。一方、域外大国の中東への関与は、緩慢ながら大きく変化しつつある。アメリカの覇権的な中東政策は、どのように変化したのだろうか。そして、ロシアと中国は中東にどのように関与し、域内の国際関係にどのような影響をもたらしているのだろうか。

1　「アラブの春」

　2010年12月から2011年にかけて、北アフリカからペルシャ湾に至る地域の多くのアラブ諸国で、政府に対する抗議行動が発生した。「アラブの春」と呼ばれる、この一連の抗議行動は、短期間のうちに連鎖的に発生し、既存のさまざまな政治的組織だけでなく、組織されていない大衆が参加したことにその特徴があった。この同時性と非組織性には、ソーシャル・ネットワーキング・サービス（SNS）が情報共有や動員の手段として用いられたことが大きく関係していたといわれる。しかし、広範な抗議行動が発生した背景として、これらの諸国で政治的自由が大きく制限され、貧富や機会の格差拡大や若年層失業者の増大に代表される社会的・経済的問題への不満が鬱積していたことを見逃してはならない。

　一連の抗議行動の発端となったチュニジアでは、警官と市民とのいさかいをきっかけにして始まった抗議活動が、労働組合、法律家、学生、イスラーム主義者、世俗主義野党などの諸団体に拡大した。ベン・アリー政権は、経済改革などの譲歩を示したが、抗議行動は収まらず、2011年1月半ばにベン・アリーが亡命して体制が崩壊した。

　エジプトでは、ベン・アリー亡命と同時期に、ムバーラク政権に対する反政府抗議行動が急速に拡大した。アメリカのオバマ政権は、当初ムバーラクに改革を受け入れさせることで事態を沈静化させることをめざしていたが、抗議運動の高まりを前にして、2011年2月初めにムバーラクの即時辞任を求める姿勢に転じた。まもなくエジプト軍もムバーラクを見捨て、軍とアメリカという後ろ盾を失ったムバーラクは辞任した。

　リビアでは、2011年2月にカダフィー政権に対する抗議行動が始まり、反政府勢力は国民暫定評議会に結集した。カダフィー政権が、これを軍事的に鎮圧する姿勢を示したため、フランスとアメリカが主導して、リビアの民間人を保護するために必要な措置をとることを承認する国連安保理決議を成立させ、同決議に基づいてNATOはリビア政府軍に対する空爆を実施した（Ⅰ節3）。NATOからの事実上の支援を受けた国民暫定評議会は攻勢に転じ、2011年8月にカダフィー政権を打倒した。

　イエメンでは、2011年1月に抗議行動が始まったが、サーレハ大統領は、部分的な譲歩を示しながら反政府活動を弾圧する硬軟織り交ぜた対応で政権の存続を図ろうとした。しかし、抗議行動は終息しなかったため、2012年2月にサーレハは退任し、副大統領だったハーディーが大統領に就任した。

その他の多くのアラブ諸国では、政府が部分的な改革や譲歩を約束すると抗議行動は収束に向かったが、抗議行動が政府によって鎮圧された例もある。バハレーンでは、2011 年 2 月に民主化を要求する運動が高揚したが、サウジアラビアと UAE の支援を受けた政府が、反政府運動を武力で鎮圧し、非常事態宣言を発して政党を解散させた。アメリカを含む国際社会は、これを黙認した。

2 「アラブの春」の帰結

「アラブの春」の結果、安定した民主的な体制が出現したのは、2014 年に新憲法の制定と議会選挙にこぎ着けたチュニジアのみであった。

エジプトでは、軍による暫定統治の下で自由な選挙が実施され、ムスリム同胞団のムルスィーが大統領に選出された。しかし、ムルスィー政権は失政を重ねて政治的にも経済的にも混乱を招いた。2013 年 7 月、エジプト軍は混乱の収拾を口実としてクーデタによってムルスィー政権を打倒し、軍による暫定統治を開始した。2014 年 5 月に実施された大統領選挙では、当局による選挙干渉が復活し、クーデタ後の暫定政府を実質的に率いていたスィースィーが圧倒的多数で大統領に選出された。

旧体制が倒れたその他の国では、内戦が勃発し、国家が分裂状況に陥った。リビアでは、カダフィー政権崩壊後に成立した政府が新憲法を制定し、議会選挙も実施されたが、新政府はさまざまな政治勢力や民兵組織の対立を抑制することができず、2014 年には、東西に 2 つの政府が並立する状態に陥った。

イエメンでは、2015 年に「フーシー派」と通称されるイスラーム主義組織アンサール・アッラーとハーディー政権の間に内戦が勃発した。これらのいずれとも対立するアル゠カーイダ系組織が南部で勢力を維持したのに加え、ハーディー政権をサウジアラビアが、フーシー派をイランが、それぞれ支援したために、内戦は多くの犠牲者を生み出しながら長期化した。

3 シリア内戦と「イスラーム国」の衝撃

シリアにも「アラブの春」の影響が波及し、2011 年 3 月にバッシャール・アサド政権に対して民主化を要求する抗議行動が発生した。政権側がこれを弾圧する姿勢を示すと、抗議行動はバアス党支配の打倒をめざす全国的な反政府闘争へと発展し、**シリアは内戦**状態に陥った。しかし、反政府勢力は一枚岩ではなかった。2012 年に反政府勢力を統括すると称する「国民連合」が出現したが、その

図 5-2　イスラーム国（ISIS）の支配地域

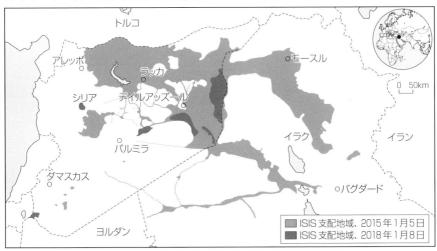

出所：BBC News, March 28, 2018.（https://www.bbc.com/news/world-middle-east-27838034）

実態は多様な世俗的政治勢力とイスラーム主義勢力の寄り合い所帯であった。シリア北部に住む**クルド人**は、2012 年に事実上の自治政府を設立して支配地域を北東部に拡大し、政権とも他の反政府勢力とも一定の距離を保つ姿勢をとった。

　このようななか、スンナ派の過激なイスラーム主義組織が台頭した。それらのなかでとりわけ勢力を拡大したのは、シリア西部で台頭したアル＝カーイダ系の「ヌスラ戦線」と、もともとイラク西部で勢力を拡大していた**「イスラーム国」**（略称が時期によって IS、ISIS、ISIL と変わるが、以下 **ISIS**）を自称する過激派組織であった。ISIS は、イスラーム世界の統一を掲げて既存の国家や国境を否定する立場をとり、2013 年から 2016 年にかけてイラク西部からシリア東部に至る広大な地域を支配下に置いた。

4　宗派意識と国家

　ISIS が勢力を拡大できた背景には、シリアとイラクにおける宗派意識の高まりがあったといわれる。歴史的にみれば、中東では多くの宗派が平和的に共存していた期間の方が圧倒的に長い。この時期に両国で宗派意識が政治的対立に発展した背景には、特殊な事情がある。

　かつて宗派対立を基調とする長期の内戦を経験したレバノンと同じく、シリアとイラクも、人工的に構築された植民地国家を起源とする。バアス党統治下のシ

リアとイラクでは、強く大きな国家が国民を統制するとともに、国民に利益の分配を行うシステムによって国民統合が維持されていた。これとは対照的に、バアス党体制崩壊後のイラク国家は弱体であり、シーア派とクルド人が政府の要職を占めた。かつてバアス党体制の下で権力者の側にあったスンナ派は、冷遇され、現状への不満を強めていた。シリアでも、内戦によって国家が弱体化したところで、イラクと同様の現象が発生した。アサド政権では、シーア派の分派とされるアラウィ派が特権的な地位を占めており、アサド政権の反政府勢力への攻撃がスンナ派地域に集中したことなどから、スンナ派の宗派意識が強まった。このようにして生じたスンナ派の被差別意識がISISを受容する素地になったといわれる。イラクとシリアにおいて、クルド人が自治拡大や独立に向けた動きを活発化させたのも、強く大きな国家の弱体化にともなう現象であった。

　さらに、域内国家間の対立が、宗派間の対立を促進した。イランと緊密に連携する勢力のなかには、イラクの民兵組織、レバノンのヒズブッラー、イエメンのフーシー派など、シーア派系が多い（ただし、イランはパレスチナのスンナ派イスラーム主義組織ハマースや世俗的なシリアのアサド政権とも連携しており、連携相手を宗教や宗派で決定しているわけではないことにも留意する必要がある）。一方、イランを敵視するサウジアラビアなど湾岸アラブ諸国は、さまざまなスンナ派イスラーム主義組織に資金などを援助しているとされる。対立しあう域内諸国が影響力を拡大するために、自らに友好的な勢力を支援したことで、シリアとイラクでは宗派対立が増幅され、混乱が長期化した。外部からの干渉が内戦を長期化させているという点でも、レバノンと同様の構図が出現しているのである。

5　シリア内戦の展開と影響

　シリア内戦は、アサド政権を含むさまざまな勢力が複数の対立軸で抗争し、さらに外部勢力が各々の思惑から介入したことで複雑化し、長期化した。

　アサド政権は、一貫してロシア・イラン・ヒズブッラーの支援を受けている。これに対して、アメリカ・イギリス・フランス・トルコ、およびサウジアラビアなど湾岸アラブ諸国は、反アサド政権という基本的立場では一致したものの、足並みがそろわなかった。米・英・仏は、アサドの退陣を求めつつ、自由主義的な世俗勢力がその中心にいるという前提で「国民連合」やクルド人勢力を支援した。しかし「国民連合」は、実体の希薄な寄り合い所帯だったため、援助の効果は薄く、援助された武器の一部はISISを含む過激なイスラーム主義組織にも流れた

といわれる。サウジアラビアなどの湾岸アラブ諸国は、イランに対抗する思惑からアサド政権の打倒をめざし、過激な勢力も含むスンナ派イスラーム主義諸組織に資金や武器を提供した。トルコは、基本的には反アサド政権の立場にあるものの、自国内のクルド人を抑制することを最優先した。それゆえトルコは、シリアのクルド人勢力を弱体化させるためであれば、反クルドのイスラーム主義組織への支援ばかりか、親アサド政権のロシアやイランとの外交的協調をも辞さぬ姿勢をとり、自らシリア北部のクルド人自治地域への越境攻撃も行った。

ISIS の最盛期であった 2014 年から 15 年にかけての時期には、アサド政権と反政府勢力の多くが並行して ISIS を攻撃した。外部勢力もこれを支援し、アメリカと有志連合は 2014 年から ISIS への空爆を実施した（I 節 8）。しかし、シリア内戦の帰趨に最も大きな影響を及ぼしたのは、2015 年 9 月から本格化した**ロシアの軍事介入**であった。ソ連時代からシリアと同盟関係にあり、シリアの軍事基地の使用権も保持しているロシアは、ISIS を攻撃するとの名目で、実際には ISIS 以外の反政府勢力にも攻撃を加え、アサド政権の支配地域の回復に大きく貢献した。その結果、2017 年以降、ISIS のみならず、ほかの反政府勢力の支配地域も急速に縮小した。2021 年時点でシリアは、アサド政権支配地域、クルド人自治地域、そしてシリア・トルコ国境地帯のトルコ占領地域に三分された状況にある。

シリア内戦では、戦闘にともなう生活の破壊に加えて、宗教的・宗派的な迫害が、大量の難民を生み出した。とりわけ ISIS を含むイスラーム主義勢力の支配地域では、宗教的・宗派的マイノリティが迫害される事態がしばしば発生した。2017 年までに、シリアの約 2,200 万人の人口のうち、1,400 万人あまりが内戦前の居住地を離れることを余儀なくされ、このうち 500 万人以上が難民として国外に流出した。前節でみた通り、ドイツなどヨーロッパ諸国では、**難民問題**が政治的な争点となり、排外主義的な政治勢力の躍進につながった。

6　イラン核合意

2002 年 8 月にイランの反体制勢力が、イラン中部のナタンズとアラークに IAEA に未申告の核施設が存在するとの情報を発表した。これを受けて現地査察を実施した IAEA は、イランが核拡散防止条約（NPT）の保障措置協定に違反していると認定した。イラン政府は、自国の核開発はもっぱら平和利用目的であるとの主張を堅持しながらも、2003 年 10 月に英・仏・独（EU3）との間でウラン濃縮活動を停止することに合意し、IAEA の査察を受け入れた。しかし、2005 年

6月に強硬派のアフマディーネジャード政権が誕生した後、EU3との交渉は停滞し、イランはウラン濃縮を再開する方針を発表した。

2006年から2010年にかけて国連安保理はイランに対し、IAEA査察への全面協力、ウラン濃縮の停止、弾道ミサイル開発の停止などを求め、これらを実現するために対イラン経済制裁を実施することなどを盛り込んだ一連の決議を採択した。これらの安保理決議を受けて、アメリカが主導する形で国際的な**対イラン経済制裁**が発動され、イランは石油輸出の減少などによって経済的な打撃を受けた。

一方、2006年以降、EU3に代わり、国連安保理常任理事国にドイツを加えた6カ国（P5プラス1）とイランとの間で断続的に交渉が行われた。2013年8月に穏健派のロウハーニーが大統領に就任すると、交渉は加速した。この結果、イランとP5プラス1は、2013年11月にイランの核開発の一部制限と経済制裁の限定的解除を骨子とする暫定協定である共同行動計画（JPA）に、2015年7月には最終協定である包括的共同作業計画（JCPOA）に、それぞれ調印した（I節9）。JCPOAは、イランの核施設や核物質の保有量を短期間での核兵器製造につながらない水準に10-15年間凍結することを条件に、関連する国連安保理決議を停止し、経済制裁を解除するという枠組みであった。IAEAがイランのJCPOA履行を確認したのを受け、2016年にイラン核開発に関連する一連の国連安保理決議は停止され、国際的な対イラン経済制裁は段階的に解除された。

しかし、アメリカのトランプ政権は、JCPOAの枠組みでは、イランの弾道ミサイル開発を抑制できず、中長期的にイランの核兵器開発の防止も保証できないこと、そしてイランがアサド政権やヒズブッラーなど反米的な勢力への支援を強化していることを理由に、2018年5月にJCPOAから一方的に離脱した。政治的・経済的な「最大限の圧力」を加えることでイランからの譲歩を引き出そうとするトランプ政権は、2019年5月には、イラン産石油を輸入する国などに対する二次制裁の適用除外措置を停止し、国際社会にアメリカの対イラン制裁への同調を事実上強制する政策を採用した。国際社会はアメリカのJCPOA離脱を批判したが、多くの国はアメリカの二次制裁の対象となることを避けるために、アメリカの対イラン経済制裁に同調することを迫られた。2020年1月にアメリカがイラン革命防衛隊の要人であるソレイマーニーを軍事攻撃により殺害し、その直後にイランがイラク駐留米軍の基地に報復攻撃を加えたことに典型的に表れているように、トランプ政権期を通じて、米・イラン間ではときに軍事的緊張をもはらむにらみ合いが続いた。

7　アメリカの中東からの軍事的撤退

　G・W・ブッシュ政権末期以降、アメリカは中東からの軍事的撤退の方向に舵を切り始めた。しかし、オバマ政権期には、現地の情勢変化に対応することが優先されたため、軍事的撤退は政権の思惑通りには進まなかった。アメリカはイラクに駐留していた米軍戦闘部隊を 2011 年末にいったん完全に撤退させたものの、まもなく勢力を拡大した ISIS への対応を迫られた（I 節 2）。アメリカは、2014 年 8 月から有志連合とともにイラクとシリアで ISIS に対する空爆を開始し、イラク軍の訓練や助言提供の任務にあたる米軍をイラクに再派遣した。シリアにおいても、2014 年 9 月から ISIS への攻撃および反政府勢力への支援のために米軍が派遣された。アフガニスタンでは、ターリバーン政権の崩壊後、国連安保理決議に基づいて NATO が国際治安支援部隊（ISAF）を組織し、治安維持とアフガニスタン軍の訓練などの任務にあたっていた。オバマ政権は 2011 年に、米軍を含む駐留 NATO 軍の任務をアフガニスタン軍の訓練などに限定する方針をとったが、ターリバーンが政府や ISAF に対する攻撃を激化させたため、NATO 軍はアフガニスタンでの戦闘を継続せざるをえなかった（I 節 2）。

　トランプ政権は、中東現地の情勢にかかわりなく、米軍の撤退を加速する姿勢を明確化した。アメリカは、2018 年 12 月以降、**シリアからの軍の撤退**を加速し、2019 年末までにアメリカのシリア反政府勢力への支援およびシリア派遣の米軍戦闘部隊は大幅に縮小された。また、トランプ政権は、アフガニスタン政府の頭ごしにターリバーンとの交渉を行い、2020 年 2 月、14 カ月で**全外国軍を撤退させることを骨子とする協定**を締結した。

　トランプ政権の中東政策は、オフショア・バランシング政策への回帰と位置づけることができる。トランプ政権は、イランを敵視するイスラエルとサウジアラビアを代理勢力として強化することにより、アメリカの中東からの軍事的撤退と対イラン封じ込めを両立しようとした。しかし、ヨルダン川西岸のユダヤ人入植地建設やイスラエルによるゴラン高原併合の容認などに代表される、アメリカの従来の方針を大きく逸脱する親イスラエル的政策や、サウジアラビア人ジャーナリスト暗殺の事実上の黙認にみられるようなサウジアラビアの人権抑圧を放任する姿勢は、アメリカを国際的に孤立させる方向に作用した。

　トランプ政権の中東和平政策も同様の文脈で進められた。2019 年 2 月、アメリカはワルシャワで多国間の中東和平会議を開催した。ワルシャワ会議は、アラブ諸国とイスラエルがともに公式に参加する多国間和平会議としては 1991 年の

マドリード会議以来のものとなり、70 カ国あまりが参加したが、アメリカがイスラエルとともに対イラン包囲網を構築するために会議を利用する姿勢を示したことは参加国から批判された。その後もアメリカは対イスラエル穏健派とされるアラブ諸国への働きかけを継続し、2020 年には UAE、バハレーン、モロッコ、スーダンが、イスラエルとの関係正常化を発表した（ただし正式な平和条約を締結したのは、2021 年時点で UAE のみ）。アメリカは、UAE には大規模な武器供給、モロッコには係争中の西サハラの領有権承認、スーダンには同国のテロ支援国家指定解除など、手厚い報償を提供することでアラブ諸国とイスラエルの関係改善を強く後押しする姿勢を示した。しかし、トランプ政権が最大の目標としていたサウジアラビア・イスラエル間の関係正常化は実現できなかった。また、トランプ政権は、2020 年 1 月に独自のパレスチナ和平提案を発表したが、オスロ合意以来の国際的なコンセンサスであるイスラエル・パレスチナ二国家解決方針を覆すほどに親イスラエル的な内容は、パレスチナ自治政府のみならず国際社会からも批判され、パレスチナをめぐる和平交渉にはつながらなかった。

　バイデン政権は、イランとの核合意を再構築する方針に転換し、イスラエルの入植地拡大に反対する立場に回帰するなど、就任早々にトランプ政権の中東政策に一定の変更を加えた。しかし一方で、バイデン政権は、**アフガニスタンからの一方的な撤退方針を追認（2021 年 8 月に撤退完了）**し、アラブ諸国とイスラエルの関係正常化の流れを基本的に評価する姿勢を示すなど、トランプ政権の政策の多くを継承している。バイデン政権内には、中東現地の情勢にかかわらずアメリカ自身の国益に従って一方的な中東からの撤退を進めるべきであると主張する強硬な中東撤退論が確実に存在している。それゆえ、中東からの軍事的撤退を進めるというアメリカの基本方針に変化はなく、政策変更はそれを実現するための手段や戦術のレベルにとどまっているのである。アメリカの中東政策は、オフショア・バランシング政策への回帰を一層鮮明にしている。

8　中東と域外大国

　アメリカが中東での覇権的な政策を後退させるにつれ、中東の親米諸国はアメリカから距離をとる動きをみせている。顕著な例は、エジプトである。「アラブの春」に際して、オバマ政権がムバーラク政権を見限り、ムスリム同胞団のムルスィー政権を支援したことは、サウジアラビアをはじめとする親米君主国にアメリカへの根強い不信感を植えつけた。クーデタで実権を握ったスィースィー政権

に対してオバマ政権が制裁を実施すると、スィースィー政権は急速にロシアに接近した。まもなくアメリカはスィースィー政権への制裁を緩和したが、後述するように、アメリカの制裁緩和後もエジプト・ロシア関係は拡大し続けている。一方で、アメリカが民主化よりも地政学的な考慮を優先してスィースィー政権との関係改善に動いたことは、エジプトはもとより、広く中東の民主化を求める勢力を幻滅させたといわれる。

　このほかにも、親米諸国のアメリカ離れが進んでいる。オバマ政権がイランに寛大な内容のJCPOAを締結したことで、サウジアラビアをはじめとする湾岸諸国は、アメリカへの不信感を一層強めた。NATO加盟国であるトルコは、シリアのクルド人への対応をめぐってアメリカと対立した。2016年7月のクーデタ未遂事件以降、強権的姿勢を強めるトルコのエルドアン政権は、シリア難民問題などもあいまって、アメリカだけでなく西欧諸国との関係も悪化させている。トランプ政権は、オバマ政権の下で関係が冷え込んでいたサウジアラビアやエジプトとの関係改善に動いた。しかし、親米諸国の多くは、アメリカの関与縮小方針を見据えて、対外関係の多角化に向けた動きを継続している。

　アメリカの後退で生まれた間隙を突くように、ロシアは中東で影響力を拡大している。ロシアは、1990年代以降イランと友好関係にあり、主要な武器供給国ともなっているが、シリア内戦をめぐってもイランとの連携を強化している。また、ロシアは2013年に武器供給を開始してから、エジプトとの関係を急速に拡大し、両国の軍事的協力関係は、定期的に合同軍事演習を実施するほどにまで緊密化している。2017年12月には、エジプト初の原子力発電所の建設や発電用核燃料の提供をロシアが全面的に引き受ける契約が結ばれた。また、アメリカや西欧諸国との関係を悪化させつつあるトルコは、ロシアの最新鋭の対空防衛システムを導入し、このことが米・トルコ間の軋轢を一層増大させている。ペルシャ湾岸諸国やイスラエルは、イランと連携するロシアに対する警戒感を維持しているが、サウジアラビアやイスラエルは、ロシアとの関係を改善する動きも同時にみせている。

　一方、2010年代には、中国が中東に経済的に進出した。中国は世界最大の石油輸入国となり、その約半分を中東から輸入している。「一帯一路」構想を進める過程で、中東諸国への投資も急増させている。中国は、紅海南端の要衝ジブチに初の海外軍事基地を建設し、ソマリア沖の海賊対策の軍事活動にも参加しているが、中東域内の政治的対立には関与せずに中東との経済関係の強化のみを望む

立場を示し、アメリカの中東政策にも表立って挑戦しない姿勢をとっている。しかしながら、新型コロナウイルス感染症の拡大に際して欧米に先行して中東でワクチン外交を展開したことにも表れているように、中国がさまざまな形で中東における影響力拡大をめざし、実際に中東諸国への影響力を増大させつつあるのは、まちがいない。

9　新型コロナウイルス感染症の影響

　新型コロナウイルス感染症の世界的な感染拡大を受け、多くの中東諸国では、強権的な統治システムを発動する形で、ロックダウンや外出禁止令など居住者への強制的な行動制限を含む感染防止措置が迅速に導入された。これらの措置の効果もあり、2020年初めの数カ月間は、中東諸国の感染者数は比較的少なかったとされる。しかし、経済情勢の悪化を食い止めるために感染防止措置が緩和された夏以降、国によって速度の相違はあったものの、各国で感染者が増大した。

　中東諸国にはさまざまな経路から経済的な悪影響が及んだ。世界的な経済の減速は、域外から中東地域への直接投資や、ヨーロッパやペルシャ湾岸諸国で出稼ぎ労働に従事する移民労働者の中東諸国への送金を減少させた。また、世界的な経済の減速は、石油生産の縮小と石油価格の低下につながり、ペルシャ湾岸産油国の石油収入も減少した。さらに、サウジアラビアが感染対策として聖地巡礼を禁止したことに象徴的に表れているように、国境を越えた人の移動の縮小は、多くの中東諸国の重要な外貨収入源であった旅行・観光セクターに打撃を与えた。経済の悪化は、とりわけ若年層でもともと高水準にあった失業率をさらに悪化させた。多くの中東諸国は、金融緩和や国民への現金・現物給付などの対策により、国民経済の悪化に対処しようとした。

　感染拡大から1年あまりを経た2021年秋の時点で、新型コロナウイルス感染症の影響は国によって大きく異なっている。迅速にワクチン接種を進めたイスラエルやペルシャ湾岸諸国では感染が早期に抑制された一方で、イランやイラクなどでは感染拡大と経済情勢の悪化が続いている。もともと劣悪な公衆衛生環境に置かれていたパレスチナのイスラエル占領地域や、各国に散在する難民居住地域では、感染対策が遅れ、パレスチナやシリアからの難民を多く抱えるレバノンやヨルダンでは政治情勢の不安定化につながった。また、内戦が継続するシリアやイエメンでは、コロナ禍の間隙を突く形で、過激なイスラーム主義勢力の影響力が再拡大しつつあるとの指摘もある。一方、世界経済の復調や石油価格の上昇に

より、ペルシャ湾岸産油国への経済的打撃は当初予想されたよりも軽微にとどまった。しかし、ペルシャ湾岸産油諸国は、世界的な脱化石燃料の潮流を受けて、石油輸出に大きく依存する経済を改革することを目標とする自国内向け投資を拡大していることもあり、他の中東諸国への投資や援助がコロナ禍前の水準に回復するか否かは定かではない。

　新型コロナウイルス感染症は、短期的には、中東にそれ以前から存在していた潮流や傾向をいっそう拡大する方向に作用した。すなわち、富める安定した国々は安定を維持し、貧困や政治的不安定を抱える国や地域ではそれらの問題が一層前景化した。ただし、短期的な悪影響を免れた国も含め、その中長期的な影響はなお見通すことができない。

まとめ

　中東における国際秩序の変容には、2 つの焦点が存在する。ひとつは、域外大国の中東への関与のありようの変化であり、具体的には、アメリカの影響力の後退と、ロシアおよび中国の影響力拡大である。2021 年時点で、アメリカは依然として中東で最も影響力をもつ域外大国であり続けており、近い将来にロシアあるいは中国がそれに取って代わるとは考えにくい。しかしながら、アメリカが中東における軍事的プレゼンスを縮小し、中東における責任や負担を回避する姿勢を明確にしていることは、エジプトやトルコの対露関係拡大の例にみられるように、個々の中東諸国の行動に確実に影響を及ぼしている。そして、このような個々の諸国の行動の変化が累積していくことで、結果的に域内の国際関係全体が大きく変化していく可能性がある。

　もうひとつの焦点は、中東各国の国内政治や国家のありようである。「アラブの春」は、多くのアラブ諸国において、国民を上から管理・統制することによって国民統合を維持してきた国家のありようを激しく揺さぶった。イラク、シリア、リビアという植民地国家に起源をもつ諸国では、国家と国民統合の弱体化にともない、内戦や政治的混乱が続いている。そして、シリア、イエメン、リビアの内戦が域内諸国の勢力争いの舞台ともなっていることは、それぞれの内戦を長期化させるばかりではなく、域内の国際関係全体を流動化させている。

　一方、エジプトのように、国民意識の強固な国家は、「アラブの春」の政治的動揺を経た後に新たな安定に向かった。しかし、アラブ諸国の権威主義的な体制が国民から正統な権力とみなされているかは、必ずしも明らかではない。2019

年にも、エジプト、レバノン、ヨルダン、イラクなどで、大衆の抗議行動が発生した。これらの抗議行動の発生に至る経緯はさまざまであったが、その背景には、政治的自由を制限しながら一般国民の経済状況を改善できずにいる各国政府への不満が存在する。「アラブの春」を惹き起こす原因となった中東諸国の政治的・経済的状況は改善されておらず、たとえば新型コロナウイルス感染症のような想定外の衝撃が政治的変化を加速させる可能性もある。

　植民地国家を起源とするアラブ諸国では国民統合の再構築の可否が、そしてほぼすべての中東諸国において国民の政治的権利と経済生活の改善の成否が、それぞれの国家や政治体制のありようの焦点となる。国内政治や国家のありようの変容という経路からも、中東域内の国際関係は大きく変化していく可能性を秘めている。

IV　アジア

　中国の台頭が既存の秩序にどのような影響を与えるかという問題は、アジア地域にとどまらず、グローバルな国際社会全体の関心事となった。国家としてはめざましい経済発展を遂げつつも、国内には貧富の格差や社会保障制度の未整備などさまざまな問題を抱える中国の存在は、アジアの近隣諸国にどのような影響を与えているのだろうか。それを観察することは、中国の大国化が国際秩序に与える影響を見通すことにもつながるだろう。

1　新たな米中関係の模索

　自らが「大国」であることを意識するようになった中国の指導部は、グローバル金融危機以降、アメリカの国力が低下し、「発展途上国の集団的台頭」が起きるなかで、国際秩序の担い手は変化すると考えた。また、冷戦後の国際秩序は、アメリカという超大国主導の下、先進7カ国（G7）が中心となって維持してきたが、G7に中国、ロシアなど新興国・地域を加えたG20の役割が次第に増大するという見方も出てきた。さらに、中国はアメリカとともに世界を主導するというG2の考え方も現れた。胡錦濤政権期には、中国がアメリカと肩を並べるというG2論に対する慎重論も存在したが、習近平政権は「**新型大国関係**」という概念を提起して、アメリカにも同意を求めるようになった。「新型大国関係」は、「互いを尊重し、ウィンウィンの関係を構築する」とされ、そこにはアメリカとの摩

擦を回避したいという意図と、アメリカと対等な大国として国際社会から尊重されたいという志向をともにみてとることができる。

★習近平（1953 年-）

　党の重鎮だった習仲勲（ちゅうくん）の息子として、陝西省に生まれる。文化大革命で父親が批判されたため、陝西省延安市に下放されたが、1973 年に共産党に入党した。1990 年代後半から福建省や浙江省の地方幹部として、地方軍区の要職も兼務しつつ頭角を現す。2007 年には、共産党中央政治局入りと同時に同常務委員にまで一気に昇格する「2 階級特進」を果たした。2012 年から 13 年にかけて、胡錦濤の後を継いで国家（国家主席）、党（総書記）、軍（中央軍事委員会主席）の権限を掌握し、最高指導者となった。近年の慣例となっていた最高指導者の「2 期 10 年」の任期を 2018 年に撤廃し、2022 年の第 20 回党大会では第 3 期を迎える可能性が高まっている。

　この時期を境に、中国は鄧小平時代から続いてきた「韜光養晦（とうこうようかい）」という対外方針を転換し、より積極的な対外方針に打って出ようとしているとの観測が頻繁になされた。鄧小平が 1990 年前半に提起したといわれる「韜光養晦、有所作為（時を待ち、できることをする）」という戦略方針は、「能ある鷹は爪を隠す」に近い考え方で、当面は経済建設を優先し、対外攻勢には出ない方針だった。ところが、2009 年前後に、このような戦略方針自体がすでに放棄されたとする見方や、この方針は保持されるが、「韜光養晦」が後景に退き、「有所作為」が前面に出る（つまり「爪は隠さない」）という見方が中国の有識者などから相次いで示された。これらの議論の真偽は定かでないが、こうした議論が出てきたこと自体、中国の対外政策が国力の増大にともなってひとつの転機を迎えたことを示していたとも考えられる。

　このように、グローバル金融危機後、中国は「大国」としてアメリカと肩を並べることを明らかに意識し、より積極的な対外政策へと転じた。この文脈で、中国政府が頻繁に展開したのが「核心的利益」の主張である。2000 年代以降の中国は、主にアメリカに対して台湾における中国の主権を尊重するよう訴える際に、「核心的利益」という言いまわしを用いてきた。しかし、2009 年以降、中国が「核心的利益」を主張する頻度は急増し、その相手や対象も拡大した。そして、2011 年に中国政府は『中国の平和発展』という白書を発表し、(1) 国家主権、(2) 国家の安全、(3) 領土保全、(4) 国家の統一、(5) 国家制度と社会の安定、

および（6）経済社会の持続的な発展にかかわるものは中国の「核心的利益と重大な関心」であるとし、それらのためには武力の行使も辞さないと宣言した。この白書は、「核心的利益」にあたる具体的な対象を明示していない。しかし、中国政府は台湾のほか、香港、新疆ウイグル、チベットは「核心的利益」だと主張したことがあり、南シナ海や東シナ海もこれに含まれる可能性があるとの議論もあった。

2　中国の周辺外交と「一帯一路」構想

　アメリカとの大国間関係を強く意識するなかで、中国は**「周辺外交」**に力を入れ始めた。冷戦後の中国は、周辺諸国を対象とする周辺外交を一貫して重視してきた。しかし、習近平は政権発足後まもない 2013 年 10 月に、「周辺外交工作会議」を初めて開き、同年秋にアジア諸国を歴訪したことに現れるように、とりわけ「周辺外交」に力を入れているとみられる。

　習近平は周辺外交の範囲と規模をさらに拡大して**「一帯一路」構想**を打ち出し、自身の外交政策上の看板プロジェクトと位置づけた。2013 年 11 月の第 18 期 3 中全会で、中国共産党は「シルクロード経済ベルト（一帯）」と「21 世紀海上シルクロード（一路）」の構築を経済改革プランに盛り込んだ。また、2015 年 3 月には国家発展改革委員会、外交部、商務部が連名で、「一帯一路に関するビジョンとアクション」を発表し、「一帯一路」構想の基本方針を示した。さらに、このような動きと前後して、中国は国際金融組織である**アジアインフラ投資銀行（AIIB）**の設立を主導し、創設メンバーを募った。アジア太平洋地域には、日米などを中心に運営されてきたアジア開発銀行（ADB）があったが、AIIB は ADB のように厳しい融資条件を課さずに途上国に対する融資を行うと謳い、2015 年 12 月に設立協定が発効し（57 カ国が参加）、2016 年 1 月から開業した。

　このような経緯からみても、習政権が「一帯一路」構想を打ち出した背景には、複合的な要因があったと考えられる。まず、国内経済の成長が減速しつつあるにもかかわらず、内陸部の経済が未発達な状態を改善するために、「一帯一路」の名の下にユーラシアや東南アジア諸国との経済関係を促進し、中国の地方都市と諸外国をつなぐ交通インフラなどを構築することによって、とりわけ中国内陸部の経済を活性化したいという思惑があった。また、中国の西側に進出することは、アメリカとの緊張や対立を回避する上で好都合だという戦略的判断もあっただろう。さらに、中国は経済関係を強化した周辺国や地域に、政治外交的な影響力を

拡大することも意図していたようにみえる。

　「一帯一路」構想が提起される以前から、同構想の範囲に含まれる地域では、中国政府が援助プロジェクトを立ち上げたり、中国企業が進出したりしていたが、この構想が打ち出されると、新たに多くのプロジェクトがスタートした。なかでも、中国とヨーロッパを結ぶ貨物鉄道は「一帯」の象徴とされ、これまで以上に多量の物資が中国とヨーロッパの間で流通するようになった。しかし、近年では**支援対象国の対中国債務の増加**、援助プロジェクトにおける諸問題の判明、現地における対中感情の変化などにより、「一帯一路」に関連するプロジェクトは失速する傾向にあるともいわれる。

3　複雑化する中露・中印関係

　習近平政権が「一帯一路」構想に象徴されるような周辺外交を積極的に展開し、地域における存在感を増すと、同じ新興大国であるロシアやインドとの関係はさらに複雑になった。グローバル金融危機の発生後、財政出動によって危機の影響を最小限にとどめた中国は、新興国との連携を強め、ともに先進国への異議を申し立てるようになった。このようなグローバルな文脈のなかで、中国にとってロシアやインドは強力なパートナーであるが、地域政治の文脈においてはロシアやインドとの利害の衝突もみられるようになった。

　中国とロシアの関係をみてみると、グローバル金融危機後も両国の貿易額は増加し、2009年には中国の東北地域とロシアの極東シベリア地域の協力プログラムが調印された。また、2005年以降は上海協力機構の枠組みにおいて、中露2国間の合同軍事演習も行われるようになった。さらに、中国はジョージアやウクライナの問題（Ⅱ節4）で欧米諸国のロシア批判に同調せず、これらの地域への経済進出を着々と進めた。しかし他方で、ロシアでは中国への貿易依存拡大や中国の軍事力増強に対する脅威認識も高まっており、上海協力機構における中国とロシアの競合も激しくなっている。

　中国とインドの関係も、経済関係を中心に大きく発展した。中国はインドの貿易にとって最大の輸出入先となり、中国からインドへの投資も拡大した。このような経済関係を背景に中印間の首脳会談も頻繁に行われた。他方で、中印両国の首脳は国境問題を平和的に管理する意思を示し続けているものの、2017年や2020年には国境地帯で軍事危機が勃発した。また、中国が周辺外交を推進するなかで、パキスタンとの関係を強化したことも、インドの安全保障上の警戒を招

いた。

4　南シナ海の緊張

　中国は「周辺外交」の名の下に、周辺諸国との経済関係を強化し、政治的な取り込みも試みている。しかしその一方で、領土や安全保障の問題をめぐって、周辺諸国との緊張が高まり、**南シナ海問題**はその最たるものとなった。

　南シナ海で中国が実効支配を強めようとする動きは、2010年代に入ってさらに活発化し、質的にも異なる段階に突入した。まず2009年頃から、中国は漁業監視船や巡視船などの公船を南シナ海に積極的に配備し、ベトナムやフィリピンの漁船などを拿捕し、その船員を拘留するなどして、これらの諸国との間で緊張が高まる頻度が増えた。2014年5月にフィリピン外務省は、中国が南シナ海のジョンソン南礁を埋め立てている様子を撮影した一連の写真を公開した。それらによって、2012年には何も確認されなかったこの岩礁に、2013年には建造物が確認され、2014年には岩礁が埋め立てられた様子が確認された。中国は同様の人工島を7つの岩礁に建設しており、2014年秋には中国政府も、そのひとつであるファイアリー・クロス礁に滑走路を備えたことを認めた。

　中国は埋め立てによる人工島の造成を完了すると、それらを軍事基地にするための工事を進めた。上記のファイアリー・クロス礁のほか、スビ礁、ミスチーフ礁などにも港湾施設や滑走路を建設し、各種軍機の運用を始めた。また、これらの人工島にレーダーや対空ミサイルなどを配備するとともに、大量の人員が滞在可能な施設や病院なども建設して、軍事基地としての機能の強化を図った。そして、これらの軍事拠点を活用しながら、南シナ海における軍事演習を繰り返した。東シナ海においても、この時期から日本の領海への中国公船の侵入が見られるようになり、2012年9月の日本政府による尖閣諸島所有権の取得（Ｖ節4）以降、中国公船の活動は著しく活発化した。また、海軍艦艇や空軍機による活動も頻繁に見られるようになった。

　こうした中国による南シナ海の実効支配の強化と軍事拠点化を受けて、東南アジアの周辺諸国は「**南シナ海における行動宣言**」への違反を訴えた。とくにフィリピンは、2013年1月に国連海洋法条約に基づいた仲裁を申し立て、2014年5月のASEAN首脳会議で非公式に中国の行動に対して問題提起をするなど、早い時期から抗議を行っていた。しかし、中国は主権の範囲内で行動していると主張し、この抗議を退けた。また、ASEAN諸国も、南シナ海問題で中国と対立する

フィリピンやベトナムと、親中的なカンボジアなどの国々との間で足並みがそろわず、中国に対して断固とした姿勢をとることができなかった。2016 年 7 月、フィリピンの申し立てにより審理を行っていた国際仲裁裁判所は、中国が南シナ海で主張する「九段線」の国際法上の根拠を否定する判断を下した。しかし、中国はこれを無視したばかりか、南シナ海で爆撃機によるパトロールや水上艦艇による実弾演習などを行い、実力を誇示した。

　中国の南シナ海における実効支配強化は、東南アジア諸国だけでなく、アメリカとの間に秩序をめぐる緊張をもたらした。2013 年 12 月、海南島の南方沖を航行していた米海軍の巡洋艦に中国海軍の揚陸艦が接近し、安全な航行を妨害した。また、2014 年 8 月には、南シナ海の上空を飛行していた米海軍の哨戒機に対して、中国軍の戦闘機が異常接近する事件も起きた。これらはいずれも中国の領海・領空の外で、国際法で認められた航行や飛行の自由に沿って行動していた米軍に対する妨害行為だった（飯田 2017，126-127）。アメリカは、南シナ海の領有権争いについて、特定の当事国の立場を支持していなかったが、中国の実力による現状変更行動を批判し、海洋における法の支配や航行の自由を尊重するように求めた。こうした背景もあり、オバマ政権はアジアへのリバランス（Ⅰ節5）のなかで、とくにフィリピンやベトナムとの関係を強化し、2015 年以降は南シナ海において断続的に航行の自由作戦を行った。トランプ政権も航行の自由作戦を継続し、2020 年には、南シナ海における中国の主張は「完全に違法」だとする、領有権争いにも踏み込んだ立場を示した。

5　北朝鮮情勢の混迷

　南シナ海をめぐって緊張を高めている中国とアメリカであったが、北朝鮮の問題に関しては協調的な関係を保持した。北朝鮮では、2011 年 12 月に金正日が死去すると、息子の金正恩がその権力をすべて継承し、党、軍、および政府の最高指導者となった。金正恩は若く、スイスへの留学経験もあるため、政策の柔軟化や穏健化を期待する見方もあった。しかし、金正恩は金正日が掲げていた軍事優先の「先軍政治」を継承し、「核抑止力」を保持することを強調した。実際に、オバマ政権が「戦略的忍耐」の方針をとっている間に（Ⅰ節9）、北朝鮮は 2012 年 12 月に人工衛星の打ち上げに成功し、2013 年 2 月には**第 3 次核実験**を行った。さらに、2016 年から 17 年の間に核実験と**ミサイル発射実験**をそれぞれ複数回、立て続けに行った。

★北朝鮮の最高指導者

> 北朝鮮は、社会主義国としては異例の世襲制をとっている。建国者とされる金日成（1912-94年）に続き、金正日（1941（?）-2011年）、金正恩（1984（?）年-）は、いずれも朝鮮民族発祥の地とされ、金日成が抗日ゲリラ戦を行った「白頭山の血統」を継ぐ者であり、この金一族の血統が統治の正統性を生み出す最大の源泉となっている。北朝鮮の最高指導者は一貫して国家、党、軍の権力を独占し、指導者への個人崇拝と絶対的な服従を国民に求めている。

　このように、オバマ政権の「戦略的忍耐」に基づく政策は、十分な成果をあげていないことが明らかとなった。するとアメリカ国内では、朝鮮半島における中国の対米協力姿勢に対する疑念が強まり、中国に対して圧力をかけるべきだとの議論もみられるようになった。これに対し中国は北朝鮮が核・ミサイル開発を続け、挑発行動を繰り返していることを快く思ってはいない。実際、2016年以降、北朝鮮が核・ミサイル実験を繰り返すようになると、中朝関係はかなり冷え込んだ。しかしその一方で、中国は北朝鮮の体制の崩壊や転換を望んでいるわけでもない。中国はオバマ政権の「戦略的忍耐」を、北朝鮮に圧力をかけ続けることによってその崩壊や体制転換を狙う政策であるとみていたため、全面的に協力したわけではなかった。

　トランプ政権は、北朝鮮の核・ミサイル開発に対して、追加的な経済制裁、国際的圧力の強化、不拡散に向けた取り組みの強化を柱とした経済的圧力を強めるという、「戦略的責任」政策を追求した。繰り返される北朝鮮の挑発行動を受けて、トランプ政権は同国に対する軍事的圧力を強化して緊張が高まったが、2018年に入って北朝鮮が対話の姿勢を示し、それに韓国の文在寅（ムン・ジェイン）政権が呼応して同年3月に**南北首脳会談**が行われると、トランプ政権は一転して北朝鮮との交渉に乗り出した（Ⅰ節12）。しかし、2018年6月にシンガポールで開催された**米朝首脳会談**では、アメリカは北朝鮮の体制保障を、北朝鮮は朝鮮半島の完全非核化を約束するにとどまり、北朝鮮の核廃棄に至る具体的なプロセスについて、具体的な合意はなされなかった。さらに、2019年2月に再びベトナムのハノイで米朝首脳会談が開催されたが、そこでも進展はみられなかった。金正恩は米韓との駆け引きと並行して、中国にも接近し、2018年3月、5月、6月と2019年1月の4度にわたり中国を訪問した。そのため、トランプ政権も北朝鮮問題における中国の存在感を無視できなくなった。交渉が停滞するなか、北朝鮮は短距離ミサイル

を発射する行為を繰り返した。

6　台湾海峡情勢の複雑化

　中国の胡錦濤政権は2005年3月に「**反国家分裂法**」を制定し、台湾が中国から分裂するか、中国との統一に応じる可能性がなくなった際に、「非平和的手段」を用いることを立法化した。その上で、国民党を中心とする台湾野党に的を絞って経済交流を促進した。このことは、中国が対台湾政策を統一促進から独立阻止へと調整したことを意味した。このような戦略は功を奏し、2008年3月の台湾総統選挙および立法委員選挙では中国との関係改善による政治的安定と経済振興を掲げる馬英九・国民党陣営が勝利した。馬英九政権が発足すると、中断していた中台間の公式な交渉ルートがただちに再開し、経済交流を下支えする中台間の実務協定が次々と締結された。1980年代から中国側が呼びかけてきた中台間の通商や通航などが制度化され、2010年6月には実質的な自由貿易協定である中台経済協力枠組み協定（ECFA）も締結された。

　中台関係の変化の影響を受け、オバマ政権期には、台湾に対するアメリカの関与を見直すべきではないかという議論も出てきた。しかし、こうした議論は主流とならず、オバマ政権期後半はむしろ、南シナ海情勢などをにらみ、台湾に対する関与を強化するようになった。また、台湾でも中国との交流拡大にともなう影響力の浸透に対する警戒感が強まった。2016年5月に発足した蔡英文政権は、中国との関係について「一つの中国」の立場を受け入れず、中国との公式な対話を行えていない。しかし、「現状維持」を掲げて中国を刺激せず、米政府とのコミュニケーションを重視する蔡英文政権の姿勢をオバマ政権は評価し、事態を静観した。米議会では台湾への関与強化を促す法案が次々と成立し、トランプ政権は歴代政権の「一つの中国」政策に否定的な立場すらとった。

　このような状況に、習近平政権はいら立ちを強めた。2016年以降、中国は台湾との公式な対話を一方的に停止し、経済、外交、軍事など多方面から台湾に対する圧力を加えた。とくに、中国軍機が台湾を囲むように飛行したり、中国の空母が台湾海峡を通過したりする現象が頻繁にみられるようになり、こうした軍事行動はやがて常態化した。台湾側もこれらが「きわめて深刻な脅威である」という認識を示し、自主防衛能力を高める軍需産業の振興や対米防衛協力の強化などに力を入れた。これに応じたアメリカが台湾への関与を強化すると、中国は台湾に対する圧力をさらに強め、台湾海峡における軍事的な緊張が高まっている。

7 交錯する地域秩序

2016 年 8 月にケニアで開催されたアフリカ開発会議 (TICAD) で、日本の安倍晋三首相は**「自由で開かれたインド太平洋」**という新たな外交構想を打ち出した。これは、アジアとアフリカを日本にとって重要な地域ととらえ、2 つの地域を結びつける太平洋とインド洋を連結させて、自由で開かれた秩序を維持しようとする試みである。この構想は中国に直接言及してはいなかったが、中国の「一帯一路」構想を意識したものだととらえられた。この点に関して、日本政府は、法の支配や自由などの大きな方向性が一致するならば、中国とも協力するという立場を繰り返し示している。

2017 年 11 月のトランプ大統領の東南アジア諸国歴訪以来、アメリカも**「インド太平洋戦略」**を積極的に打ち出すようになった（ I 節 14）。アメリカの戦略はこの地域に対する安全保障上の関与を中心としており、中国を牽制する意味合いがさらに強いものだった。さらに、2017 年 12 月に発表された「国家安全保障戦略（NSS2017）」（ I 節 11）において、アメリカは中国を「戦略的競争相手」と位置づけ、インド太平洋地域においては、中国の軍事的脅威や「一帯一路」構想に対抗する必要性を示し、とくに日本、オーストラリア、インドとの日米豪印安全保障協力を強化し、韓国、ニュージーランド、および東南アジア諸国との協力関係も推進する姿勢を打ち出した。その後、アメリカの対中警戒は緩むことがなく、両国の対抗から生まれる構図を「新しい冷戦」だととらえる見方もある。

このように、国際秩序をめぐってアメリカと中国が対抗する構図が明確になるなかで、アジアにおいては地域秩序の行方に影響を及ぼす国家や国家群の動向が重要性を増した。具体的には、日本、韓国、オーストラリア、インド、ASEAN諸国などをめぐり、米中の綱引きが活発化している。これらの諸国では経済的には中国への依存が拡大し、経済関係を通じた中国の政治的影響力も強まっている。しかし、安全保障や価値・規範といった側面では、中国の影響力強化に対する不安や懸念も抱えている。これらの諸国は、対抗する米中両国の間でバランスをとりながら、自らに望ましい環境を模索している。

8 新型コロナウイルス流行と米中対立

米中間の緊張関係と、その間で地域諸国が選択を迫られる状況を顕在化させ、加速させたのが、新型コロナウイルスの流行だった。新型コロナウイルスは2019 年 12 月に中国の武漢で感染者が確認され、その後 2020 年 3 月頃までには

世界各地に拡大した。アジアでは、過去の重症急性呼吸器症候群（SARS）や鳥イ
ンフルエンザ流行の経験もあり、フィリピンなどの例外を除き2020年の前半は
感染者数を比較的低く抑えることのできた国・地域が多かった。しかし、インド
ネシアやインドをはじめ、欧米で感染拡大の第2波、第3波が起きた時期になっ
て感染者数が急増した国・地域も多く、ワクチンの獲得および接種でも後れをと
ったことから、新型コロナウイルスとアジア諸国の闘いは長期化した。

　中国政府は感染が最初に拡大した武漢の都市封鎖を行うなど、徹底した対応を
とり、2020年3月には習近平がウイルスを「抑え込んだ」と宣言した。その後、
習近平政権は同ウイルスの感染拡大源としてのイメージを回復するため、第1波
を乗り切った政府の対応を自賛し、マスクや医療用ガウンを世界各国に提供する
「マスク外交」を展開した。しかし、感染拡大発生当初の情報隠蔽、世界保健機
関（WHO）への過剰な影響力行使、また権威主義的な対応の自賛などにより、
欧米民主主義諸国においては中国のイメージが悪化した。とくに、感染拡大が継
続したアメリカにおいては、トランプ大統領が中国の責任を追及する発言を繰り
返し、米中関係はさらに緊張した。

　世界各国が感染拡大への対応に苦しむなか、中国は周辺地域や国際社会におけ
る軍事的、政治的、経済的な攻勢をさらに強めた。2020年6月末、中国人民代
表大会は「**香港国家安全維持法**」を全会一致で可決し、同日から施行した。同法
の制定経緯と内容は、中国政府が返還後の香港に「高度な自治」を与え、それを
少なくとも50年間は維持するという香港返還時の約束を反故にするものであり、
香港だけでなく国際社会にも大きな衝撃を与えた。台湾海峡においても、中国は
台湾周辺における軍事訓練や演習を活発化し、同時に「台湾独立」に対する警告
を繰り返した。また、中国とインドの国境地帯、南シナ海や東シナ海においても、
中国の軍事的攻勢が周辺諸国との緊張や摩擦を招いた。さらに、より広範な国際
社会において、中国の高官や外交官が「戦狼外交」と呼ばれる攻撃的な言動を繰
り返し、波紋を呼んだ。

　2020年後半に入ると、各国で新型コロナワクチンの開発が進んだが、その流
通や接種は各国のナショナリズム、イデオロギー、国際的な立場と結びついた。
欧米諸国の製薬会社に加え、中国およびロシアの製薬会社もワクチン開発を進め、
東欧、北アフリカ、南米などの諸国で承認、使用された。また、中国やロシアは
自国製以外のワクチンを承認しておらず、逆に欧米諸国の多くは中国やロシア製
を承認していない。そして、ワクチンの供給が安定しない状況下で、中国やロシ

272

アはワクチンの供給を通じて特定の国・地域とのパイプを強化する「ワクチン外交」を展開した。これに対し、アメリカを筆頭とする欧米先進諸国は、2021年前半は自国内での接種率向上を優先させたが、同年後半には中露への対抗姿勢を強めた。このような状況下で、アジア諸国はいずれも、国内でどのようなワクチンを承認し、獲得や接種を進めるのか、選択を迫られている。

まとめ

　このように、2010年代以降のアジア地域秩序は、大国化する中国によって大きく書き換えられようとしているようにみえる。しかし、これまでこの地域の秩序に影響力を及ぼしてきたアメリカ、日本、ASEAN諸国なども、自らにとって望ましい秩序の維持、ないしは形成をあきらめたわけではない。アジアにおいては、今後も当面はアメリカと中国の競争を中心に、望ましい国際秩序をめぐる駆け引きが継続するだろう。

V　日本

　2008年9月に発生したリーマン・ショックと、2020年に深刻化した新型コロナウイルス感染症の問題は、いずれも日本の経済と社会に大きな影響を及ぼした。これらに加えて2010年代には、政治・経済・軍事面での中国の台頭と、それにともなう米中の対立が鮮明化した。本節ではリーマン・ショックから現在までの日本外交の推移をみながら、本書で取り上げてきた第二次世界大戦後の国際政治史のなかに日本外交の現在を位置づけたい。

1　リーマン・ショックと新自由主義的政策の見直し

　リーマン・ショック（I節1）によって日本が受けた経済的打撃は、1929年の世界大恐慌以来といわれるほど大きかった。リーマン・ブラザーズが破産申請する直前（2008年9月12日）の日経平均株価は1万2,214円76銭だったが、10月28日には一時6,994円90銭にまで下がった。危機の深刻さから、経済通の麻生太郎首相は予定していた衆議院の解散・総選挙を先送りして景気対策を優先した。G・W・ブッシュ大統領が金融危機に対応するG8サミットの開催を提案すると、麻生首相は参加国の拡大を求め、その結果11月にアジアや中南米諸国も含む20カ国首脳会合（G20）が開かれた。G20では各国による即効性のある財政施策や、

金融機関、金融市場・商品の規制・監督などが宣言された。

　日本銀行は 10 月末と 12 月に政策金利を引き下げ、長期国債の買い入れを行うなどして企業金融を支援したが、2009 年 1 月から 3 月期の実質 GDP は 481 兆円で、1 年前の 529.7 兆円から 48.7 兆円も減少した。2009 年 7 月には完全失業率（季節調整値）が 5.6％ と過去最高になり、同月の有効求人倍率（ハローワークで仕事を探す人 1 人に対して何件の求人があるかを率で示したもの）も 0.42 倍に落ち込んだ。各国が金融危機対策に取り組むなか、北朝鮮は 2009 年 4 月 5 日にミサイル発射を行い（ブースターは日本海に、残りは太平洋に落下）、5 月 25 日には 2 回目の核実験を実施して、極東での緊張が高まった。

　リーマン・ショック後、市場原理主義が国際的に批判され、新自由主義的政策に基づきグローバル化に適応しようとした従来の日本の路線は再検討を迫られた。麻生首相は予算を 4 度成立させて景気対策を打ち続けたが、成果が出るには時間が必要だった。格差社会の広がりに対する国民の批判も背景に、2009 年 8 月に行われた総選挙では民主党が 308 議席を獲得して勝利し、**自民党が下野**して政権が交代した。

2　民主党を中心とした政権の成立と対米関係の再検討

　2009 年 9 月、民主党・社民党・国民新党の 3 党からなる鳩山由紀夫内閣が成立した。民主党を中心とした政権は、自民党を中心とした政権の政策のしがらみから距離を置きやすく、それは対米関係の再検討という形で現れた。リベラルな国際秩序観をもつ鳩山首相は、（1）日本のアイデンティティをアジアに置き、東アジア共同体を構築する、（2）その結果、アメリカと一定の距離をとり日米を対等化する、という考えを行動に移した。2009 年 10 月、鳩山首相は国際会議を除く初の外国訪問先として韓国を訪れ、翌日に中国に移動して北京の人民大会堂で日中韓の首脳会談を行った。日中韓首脳会談で鳩山は、「日本はアメリカに依存しすぎていた。日米同盟は重要と考えながら、アジアももっと重視する政策を作りあげていきたい」と述べ、注目を集めた。

　また岡田克也外相は、日本がアメリカと過去に結んでいたのではないかといわれた**「密約」**問題の調査を外務省に指示し、調査の結果、1960 年の安保改定時（1 章 V 節 7）に「討議の記録（Record of Discussion）」という秘密文書が作られ、アメリカがこの文書を核兵器を搭載した艦艇の日本への寄港を認めた秘密合意文書だと理解していたことが明らかになった。しかし、日本側はこの文書（「討議の

記録」）は核搭載艦艇の寄港を保証した合意文書ではないと解釈しており、日米間で秘密文書をめぐり解釈の不一致が生じていたことが明らかになった。一方で調査からは、冷戦時代の日本政府が、アメリカの核搭載艦艇が日本に寄港していた実態について事実上認識していたことがわかった。この調査からは、非核三原則と日米安保体制との間に交差する「灰色の領域」が存在していた厳しい現実が明らかになった。

　対米関係上の自主性を重視した鳩山首相は、持論だった沖縄の**普天間基地の県外移設**を試みた。すでに日米は 2006 年 5 月に、普天間基地を名護市辺野古のキャンプ・シュワブ沿岸部に移設し（Ｖ字型滑走路）、沖縄から海兵隊員約 8,000 人をグアム基地へ移すことで合意していた（4 章Ⅴ節 5）。だが新基地の建設に対する沖縄県民の反対は強く、鳩山首相の提起により、与党 3 党内では普天間基地の嘉手納基地への統合案、キャンプ・シュワブ陸上部への移設案、うるま市の勝連半島沖への移転案、普天間のヘリ部隊の徳之島への移動をはじめ、多数の移転案が検討された。これらの案は現地で反対され、アメリカも上記の日米合意を主張し続けた結果、結局、鳩山内閣は 2010 年 5 月に再び辺野古への移設を閣議決定した。

★政治主導と外交

　鳩山内閣は「官僚主導」に対置する「政治主導」を唱えたが、普天間移設問題に取り組む際に、沖縄返還や日中国交正常化の時のように、官僚が専門知識を駆使させ首相が大局的視点から高度な政治判断を下すという役割分担ができなかった。一方で 2012 年に成立した安倍晋三政権期には、「官邸官僚」と呼ばれる首相秘書官・補佐官・内閣府の官僚がロシア外交や中国外交で影響力を及ぼしたが、「官邸官僚」の主導に対する不満が与党や外務省関係者に生じた。政治主導の形は各政権で異なり、どのような形が望ましいのかは、外交政策上の大きな論点となっている。

　2010 年 8 月、菅直人首相は韓国併合 100 年にあたり**首相談話**を発表して植民地支配に対する痛切な反省と心からのお詫びの気持ちを表明し、朝鮮王室儀軌を韓国に引き渡すことを決定した。同年 11 月には、環太平洋パートナーシップ（TPP）協定（Ⅰ節 6）について関係国との協議を開始する方針が閣議決定された。しかし、TPP 協定によって原則として関税が撤廃されることに対し、全国各地の農業関係者は反発した。

3　尖閣諸島問題

　2010 年に GDP で日本を抜いて世界第 2 位となった中国は、経済成長を背景に海洋進出への関心を強めていた。こうしたなか 2010 年 9 月に、**尖閣諸島**沖の日本領海で違法操業していた中国の漁船が、海上保安庁の巡視船に衝突する事件が起こった。石垣海上保安部は中国人船長を公務執行妨害で逮捕したが、その後中国人船長の拘留が延長されると、中国は態度を硬化させた。河北省の国家安全局が建設会社フジタの日本人社員 4 人を軍事管理区域への侵入と違法撮影を理由に拘束し、さらに中国はレアアースの輸出手続を停止した。最終的に那覇地検は中国人船長を処分保留で釈放した。

　漁船衝突事件の際に、アメリカは日本の立場を支持し、尖閣諸島は日本の施政権下にあるという立場を示した。もともとアメリカは 1945 年の沖縄占領後、尖閣諸島をアメリカの施政権の範囲に含めており、射撃場として尖閣諸島を使用したこともあった。その後 1968 年の国連機関の調査の結果、1969 年に東シナ海海域に石油の埋蔵の可能性が発表されると、中華民国政府が尖閣諸島の領有権を主張した。さらに中華人民共和国政府も領有権を主張するようになった。

　沖縄返還交渉（2 章 V 節）でアメリカは、施政権と領有権（sovereignty）とを分け、尖閣諸島の施政権は日本に返還するが、領有権については当事国同士で解決すべきという中立的な立場を示した。1971 年 6 月に沖縄返還協定が署名された際には、「合意された議事録」が作られ、そのなかでアメリカが日本に施政権を返還する区域が緯度と経度とで説明されたが、このなかに尖閣諸島が含まれた。その後、中国は 1992 年に「**中華人民共和国領海および接続水域法**」（領海法）を定め、このなかで尖閣諸島を領土として制定した。

　そして、中国人の漁船船長が釈放されたあとの 2010 年 11 月には、今度はロシアのメドヴェージェフ大統領が国後島を訪問して、日本の反発を招いた。その後メドヴェージェフは 2012 年 7 月にも再び国後島を訪問した。

　2011 年 3 月 11 日に起こった**東日本大震災**では、津波とそれによる原発事故が発生して未曾有の危機となった。諸外国、地域、国際機関から、水や食料品、衣類、発電機、ポンプ、毛布、テント、ストーブ、放射能測定器、医薬品をはじめ大量の支援物資が届けられた。とくに同盟国のアメリカは「トモダチ作戦」と名づけて、放射線防護服、消防車、ホウ素をはじめとする大量の物資を輸送して支援した。

4　中国や韓国との関係の悪化

　当時、日本政府は埼玉県在住の尖閣諸島の地権者から同島を借り上げる契約を結んでいた。ところが、2012 年 4 月に石原慎太郎東京都知事がワシントンで、東京都が尖閣諸島を地権者から買い取る意向を表明すると、買い取りのための寄付金が東京都に集まり始めた。政府は事態の悪化を防ぐ方法を検討せざるをえなくなり、国が地権者から尖閣諸島を買い取ることを決定した。

　ところが**尖閣諸島の国有化**は、日本との対話を重視した胡錦濤主席に批判的な中国の政治勢力（江沢民派）が、胡錦濤主席らを批判する材料となった。同年 8 月、沖縄県警と海上保安庁が**魚釣島**に上陸した中国人を逮捕すると、中国各地で反日デモが巻き起こった。胡錦濤は同年 9 月にウラジオストクで行われた APEC 首脳会議で野田佳彦首相に対し、尖閣諸島の国有化を再考するよう求めた。だが野田内閣は 9 月 11 日の閣議で魚釣島など尖閣諸島の 3 島の購入費を拠出することを決定し、地権者と売買契約を結んだ。中国は猛反発し、中国の 50 以上の都市で**反日デモ**が起こり、日系企業や日本人の商店が襲われた。同月、中国は「釣魚島とその付属島嶼の領海基線に関する声明」を発表しており、尖閣諸島周辺には中国の監視船や航空機が頻繁に現れるようになった。

　また 2011 年 12 月、韓国の市民団体が在韓国日本大使館の前に慰安婦をモチーフにした少女像を設置した。日本はウィーン条約違反を理由に撤去を求めたが、韓国は撤去を拒否した。少女像の設置直後に来日した李 明 博大統領は、京都で野田佳彦首相と会談した際に**従軍慰安婦問題**を取り上げて解決を求めた。しかし、野田首相は解決済みという立場を伝え、両者は激論になった。2012 年 8 月、李明博は歴代大統領として初めて竹島に上陸した。これに対して日本は駐韓大使を一時帰国させた。国内で求心力が低下していた李大統領は、同月には韓国内の会合で天皇の韓国訪問の条件として天皇の謝罪を求める発言も行い、日本は不快感を表明した。

5　第 2 次安倍晋三政権の成立と官邸機能の強化

　2012 年 12 月に成立した第 2 次安倍晋三内閣は、長引くデフレから脱却するため、（1）大規模な金融政策（通貨供給量を増やして 2% の物価上昇を図る）、（2）機動的な財政政策（大規模な予算編成）、（3）民間投資を喚起する成長戦略（規制緩和などで投資の増大を図る）という「**3 本の矢**」からなる経済政策（**アベノミクス**）を提示した。金融緩和の有効性を疑う意見もあったが、第 1 次安倍内閣期の日銀

の政策に批判的だった安倍首相は「異次元」の金融緩和を求め、その結果 1 万円を切っていた日経平均株価は 2 万円代に上昇し、円安が進み日本の輸出に有利な状況ができた。

★安倍晋三（1954 年-）

> 安倍晋三は、2006 年 9 月から 07 年 9 月まで首相を務めた後、2012 年 12 月に再び首相に就任し、以後 2020 年 9 月まで約 7 年 8 カ月にわたり長期政権を担った（通算の首相在職日数は 3,188 日で歴代最長）。憲法改正を持論とした岸信介を祖父にもつ。アベノミクスで景気浮揚を図ったのち、現行憲法下での集団的自衛権の容認を決定した。政権の安定後はとくにプーチンとの首脳会談を重ね、北方領土問題の進展と日露平和条約締結の道を探り続けた。

　2013 年 1 月にアルジェリアの天然ガス施設がテロ集団に襲われ、アルジェリア軍の軍事作戦のなかで、日揮の社員として施設に勤めていた日本人 10 人が死亡する痛ましい事件が起こった。その際に、首相官邸の迅速な情報収集を可能とする態勢づくりが論点となり、安倍首相は同年 12 月に**国家安全保障会議**を発足させた。イギリスをモデルとした国家安全保障会議は、首相、官房長官、外相、防衛相の 4 大臣（副総理がいる場合は 5 大臣）の会合と、事務局である国家安全保障局等から構成された。同月、国家安全保障会議は陸上自衛隊の弾薬 1 万発を、国連南スーダン派遣団を通じて韓国軍に譲渡する方針を決め、閣議で決定された。2014 年 5 月には内閣官房に**内閣人事局**が新設され、官邸主導の態勢づくりが進んだ。

　2013 年 2 月の日米首脳会談で安倍首相は、日本には農産物、アメリカには工業製品など貿易上のセンシティビティーが存在することを確認したうえで、TPP（環太平洋パートナーシップ）協定交渉に踏み出す姿勢を示した。日本は、従来の通商交渉で外務省・経産省・農林水産省が縦割りで対応してきた態勢を変え、甘利明・経済再生担当大臣が TPP 担当大臣となり、アメリカの通商代表部（USTR）代表との包括的交渉を行った。

6　歴史認識問題と中韓との対立

　2010 年代には、中国や韓国との対立が目立つようになった。2013 年 1 月に中国海軍のフリゲート艦が海上自衛隊の護衛艦にレーダー照射を行い、緊張が高ま

った。また中国は同年11月に東シナ海に**防空識別圏（ADIZ）**を設定したことを発表したが、中国が発表した防空識別圏には沖縄県の尖閣諸島が含まれており、日本の防空識別圏との重なりが生じる状態になった。

　また韓国の朴槿恵<ruby>パク<rt></rt></ruby>大統領は、歴史認識問題が進展するまで安倍首相と首脳会談を行わない姿勢を示していた。こうしたなか安倍首相が2013年12月に靖国神社を参拝すると、韓国や中国が反発しただけでなく、EU、ロシアが懸念を表明した。在日米大使館は「失望（disappointment）している」という強い表現で、安倍首相の靖国参拝を批判する声明を出した。

7　安全保障法制と歴史認識問題

　2014年5月、「安全保障の法的基盤の再構築に関する懇談会」が報告書を提出し、このなかで自衛のための措置は「必要最小限度の範囲にとどまるべき」という従来の日本政府の憲法解釈に立ったとしても、「必要最小限度」のなかに**集団的自衛権**の行使も含まれると解すべきだと提言した。

　この報告書を踏まえて同年7月、安倍内閣は集団的自衛権の行使を限定的に容認する閣議決定を行った。そして戦後70年の節目となる2015年7月に、**安全保障法制**の関連11法案が衆議院で可決された。安保法制によって、「我が国と密接な関係にある他国に対する武力攻撃が発生し、これにより我が国の存立が脅かされ、国民の生命、自由及び幸福追求の権利が根底から覆される明白な危険がある事態」（「存立危機事態」）と日本が判断した場合には、他に手段がなく必要最小限度の実力行使であるという要件を満たせば、集団的自衛権を行使することが可能となった。背景には中国の軍事的台頭や、湾岸戦争以来の論点だった日本の軍事

★安全保障に関連する法整備

　平和安全法制（いわゆる安保法制）は、「平和安全法制整備法」と「国際平和支援法」とからなる。このうち「平和安全法制整備法」は、従来の10の法律を改正したものを一括して指す名称である。10の法律のうちたとえば武力攻撃事態対処法（2003年成立）の改正法では、集団的自衛権の行使要件として「存立危機事態」を明記した。また1999年に北朝鮮問題を背景に定められた周辺事態安全確保法は、重要影響事態法案へと改正され、自衛隊の支援対象を米軍だけでなく諸外国の軍隊に広げ、また活動の地理的制限をなくした。いまひとつの「国際平和支援法」は、自衛隊による諸外国の軍隊などへの協力支援活動について定めた新しい法律で、自衛隊の海外派遣に関する恒久法である。

的支援に対するアメリカの期待があったが、事前の世論調査では反対が多く、国会周辺をはじめ全国各地で反対運動が起こった。

　他方、国内外で日本の歴史認識問題に対する関心が強まるなか、2015 年 8 月には**戦後 70 年の内閣総理大臣談話**が閣議決定された。談話では、19 世紀に植民地支配の波がアジアに押し寄せるなか、日本は近代化と立憲政治を打ち立てたものの、世界恐慌後に世界の大勢を見失い、国際秩序への挑戦者となった過去が振り返られている。その上で談話では、戦後日本の平和国家としての歩みに触れた上で、「私たちの子や孫、そしてその先の世代の子どもたちに、謝罪を続ける宿命を背負わせてはなりません」、「それでもなお、私たち日本人は、世代を超えて、過去の歴史に真正面から向き合わなければなりません」と述べられた。

　9 月には中国が北京で「抗日戦勝 70 周年」の軍事パレードを行っており、習

★日韓歴史認識問題の経緯

1965 年　6 月	日韓請求権・経済協力協定が締結され、請求権問題が「完全かつ最終的に解決された」ことを確認（第 2 条）。韓国に 5 億ドル（1,800 億円相当）の経済協力金を供与。
1991 年 12 月	元慰安婦、軍人、軍属だった韓国人と遺族が日本政府に補償を求めて提訴。
1993 年　8 月	河野洋平官房長官談話の発表、元慰安婦へのお詫びと反省の気持ちを表明。
1995 年　7 月	「女性のためのアジア平和国民基金」の設立。
8 月	村山富市首相談話（「戦後 50 周年の終戦記念日にあたって」）を閣議決定。
1998 年 10 月	金大中大統領が来日し、「日韓パートナーシップ宣言」を発表。植民地支配について「痛切な反省と心からのお詫び」を表明。
2011 年 12 月	韓国の市民団体がソウルの日本大使館の前に慰安婦少女像を設置。
2012 年　5 月	韓国大法院（最高裁）が、元徴用工の個人の損害賠償を求める権利を認めるとの判断を初めて下した。
2015 年 12 月	日韓外相会談で、慰安婦問題の「最終的かつ不可逆的な解決」と元慰安婦の心の傷を癒やす措置に 10 億円を拠出することで合意。
2017 年　8 月	文在寅大統領、元徴用工の日本企業に対する個人の損害賠償請求権を認めると表明。
2018 年 10 月	韓国大法院（最高裁）が、元徴用工の個人の請求権を認めた控訴審判決を支持して新日鉄住金の上告を退け、賠償を命じた。

近平国家主席とプーチン大統領と朴槿恵大統領が並んで観閲した。2015 年の「外交青書」では、韓国について従来は自由と民主主義、基本的人権を共有する重要な隣国として説明されていたのが、「最も重要な隣国」とのみ表現されるようになった。

こうしたなか 2015 年 12 月、日本は韓国と慰安婦問題の解決について電撃的に合意した。日本は旧日本軍の関与と責任を認め、安倍首相が元慰安婦の女性に心からおわびと反省の気持ちを表明し、日本政府が元慰安婦の支援を目的に設立する財団に 10 億円を拠出し、韓国と協力して事業を行うこととされた。日本と韓国は、問題が最終的かつ不可逆的に解決されることを確認し、アメリカも合意を歓迎する声明を出した。

しかし、2017 年 5 月に成立した文在寅政権は、上記の慰安婦問題に関する合意を空文化させ、さらに同年、韓国光州地裁が**元徴用工問題**で日本企業に対して賠償を命じる判決を出した。2019 年 7 月、日本が韓国に対する輸出規制を強化することを発表すると、韓国は翌月、対抗措置として日韓の軍事情報包括保護協定（GSOMIA）の破棄を日本に通告した。アメリカの説得によって韓国は GSOMIA の破棄をやめたものの、2010 年代後半には日韓関係は悪化した。

8　北方領土問題へのアプローチ

2015 年の安保法制の施行と慰安婦問題の合意の後、日本では首相官邸が主導して、ロシアとの共同経済活動を推し進めて北方領土問題の進展を図った。日本側では北方領土問題の進展への期待が高まり、2016 年 12 月にプーチンが来日して山口県で**日露首脳会談**が行われたが、大きな進展はなかった。ロシアでは 2014 年 3 月にクリミアの併合が決定されるなど、領土ナショナリズムが強まっており、またアメリカとも対立していた。ロシアでは、北方領土問題を動かす機運が生じにくかったのである。

安倍首相とプーチンは 2018 年 11 月にシンガポールで会談し、1956 年の日ソ共同宣言（1 章 V 節 5）を基礎に平和条約交渉を加速させることで合意した。ちなみに 1993 年の東京宣言では、北方四島の帰属の問題を解決してから平和条約を締結することを発表していたが（4 章 V 節 2）、2018 年の会談では、安倍首相らは 1956 年の日ソ共同宣言に基づき、歯舞群島と色丹島の 2 島返還を先にめざす方針とした。

しかし、2019 年 8 月にはメドヴェージェフ首相が択捉島を訪問した。翌 9 月、

安倍首相はウラジオストクで開催された東方経済フォーラムの際に、通算 27 回目となるプーチンとの会談を行ったが、直前にプーチンは色丹島に新設された水産加工場の稼働式に、ウラジオストクから中継映像を通して参加した。さらにプーチンは同フォーラムの全体会合の場で、日本が国内への設置を検討していた**イージス・アショア**が、日露平和条約交渉の対象に含まれるという考えを示し、北方領土問題を米軍基地問題と結びつける意向を示したのだった。ロシアは第二次世界大戦の結果、ロシアが北方領土を合法的に獲得したことを認めるよう日本に要求し、さらに 2020 年 7 月にはロシアの憲法が改正されて、**領土の割譲の禁止が明記**されるに至った。

9　トランプ政権の成立と日本外交

2016 年 8 月に安倍首相は、アフリカ開発会議で**「自由で開かれたインド太平洋戦略」**を打ち出したが、2017 年 1 月に大統領に就任したトランプも同じ構想を示すようになった（I 節 14、IV 節 7）。アメリカ社会の分極化を背景に、トランプは TPP や地球温暖化対策を定めたパリ協定からの離脱を表明し、国際社会に混乱をもたらしたが、同年 7 月の G20 首脳会議ではパリ協定の推進を確認した。

安倍首相は、「地球儀を俯瞰する外交」を掲げて相当数の外遊を重ねたが、中国が唱えた「一帯一路」構想とは一定の距離を置いた。2017 年に北京で「一帯一路」構想の国際会議が開かれた際に、二階俊博自民党幹事長らは「一帯一路」構想に関する日中協力に言及した安倍首相の親書を携えていた。しかし、親書が起案された段階では、「一帯一路」構想に対する慎重な対応を基調とした内容が検討されていた。このように、政府・与党内で、対中外交をめぐって意見の対立があったことがわかる。その後も日本は中国との関係の維持と日米関係の安定に取り組むことになった。

10　新型コロナウイルス感染症問題

2020 年 2 月に、日本で新型コロナウイルスの感染者が死亡し、その後、同年予定されていた東京オリンピック・パラリンピックが 1 年延期された。共和党のトランプ政権は中国との対立姿勢を明確にしたが、2021 年 1 月に成立した民主党のバイデン政権も、中国の対応を問題視して批判を強めた。2021 年 4 月に発表された**日米共同声明**（「新たな時代における日米グローバル・パートナーシップ」）では、日米安保条約が尖閣諸島に適用されることが再確認され、さらに「日米両

国は、台湾海峡の平和と安定の重要性を強調する」という文言が盛り込まれた。日米共同声明で台湾地域に対するコミットメントが明記されたのは、1969 年の日米共同声明の台湾条項（2 章 V 節）以来、半世紀ぶりのことである。

　また同年 6 月にイギリスで行われた G7 サミットの首脳宣言では、「自由で開かれたインド太平洋（Free and Open Indo-Pacific）」の重要性が示され、上記の日米共同声明にあった「台湾海峡の平和と安定の重要性を強調する」という同じ文言が入った。このように日本は「**自由で開かれたインド太平洋戦略**」を示して、中国が求める「一帯一路」構想とは距離を置きつつ、中国とアメリカとともに安定した政治外交関係を維持することを試みている。

まとめ

　小泉純一郎内閣が終わった頃から、日本では「価値観外交」、「自由と繁栄の弧」、「日米同盟とアジア外交の推進の共鳴」、「地球儀を俯瞰する外交」、「自由で開かれたインド太平洋」といったさまざまな外交構想や方針が示された。こうした日本の外交構想・方針の活発な提示は、ソ連の消滅により顕著となったアメリカの国際的影響力の拡大や、アジアでの中国の台頭といった冷戦後の国際秩序の変化を反映したものである。

　一方で日本外交をめぐっては、ロシアとの北方領土問題、北朝鮮との国交問題、韓国や中国との歴史認識問題といった、東西冷戦時代、さらには第二次世界大戦中に起因する論点が存在する。現在の日本外交について理解を深めるためにも、本書で取り上げた第二次世界大戦以降の国際政治史を学ぶ意義は大きいといえよう。

	アメリカ	ヨーロッパ、ロシア
2008 年	北京オリンピック開会式に大統領夫妻参加（8 月）、大手証券会社リーマン・ブラザーズの破綻（リーマン・ショック）（9 月）	ロシアのジョージア侵攻（8 月）
2009 年	オバマ「核なき世界」演説（4 月）、第 1 回核セキュリティサミット（4 月）	プーチン「2020 年までのロシア連邦の国家安全保障戦略」策定（5 月）、ジョージア CIS 脱退、ロシアとの外交関係断絶（8 月）、ギリシャで経済危機発生（11 月）、リスボン条約発効（12 月）
2010 年	TPP 交渉に参加（3 月）、米露、新 START 締結（4 月）	
2011 年	ビン・ラーディン殺害（5 月）、アフガニスタンからの撤退開始（6 月）、オバマ「リバランス」演説（11 月）、イラクからの撤退完了（12 月）	
2012 年	オバマ、シリアに関する「レッドライン」発言（8 月）、リビアのベンガジの米大使館襲撃（9 月）、オバマ再選（11 月）	
2013 年	TTIP 交渉開始（7 月）、イランとの核交渉開始（11 月）	財政条約発効（1 月）
2014 年	ヨーロッパ安心供与イニシアティブ（9 月）、気候変動に関する米中共同声明（11 月）、アフガニスタンでの戦闘終了宣言（12 月）	ロシアのクリミア編入決定（3 月）、ウクライナ上空でマレーシア航空機撃墜事件（7 月）、ミンスク合意（9 月）
2015 年	米・キューバ国交正常化（7 月）、TPP 大筋合意（10 月）、パリ協定採択（12 月）	ミンスク II（2 月）、ギリシャ国民投票（7 月）、ロシア、シリアで「テロと過激主義に対する一種の国際的連合」呼びかけ（9 月）、パリ同時多発テロ事件（11 月）

中東	アジア	日本
イスラエル、ガザ侵攻（12月）	台湾で馬英九総統選出（3月）	新テロ対策特措法成立（1月）、東シナ海ガス田に関する日中合意（6月）
	北朝鮮、六者会合離脱宣言（4月）、北朝鮮2度の核実験（4月）	総選挙で民主党勝利（8月）、鳩山内閣成立（9月）、鳩山訪中（10月）
チュニジアで抗議行動始まる（12月）	中台間の経済協力枠組み（ECFA）締結（6月）	普天間基地の辺野古移設の閣議決定（5月）、鳩山辞任（6月）、尖閣諸島沖中国漁船衝突事件（9月）
チュニジアでベン・アリー亡命（1月）、ムバーラク辞任（2月）、バハレーン民主化運動弾圧（2月）、リビア抗議運動（2月）、シリア内戦勃発（3月）、リビアのカダフィー政権打倒（8月）	北朝鮮で金正日死去（12月）	東日本大震災（3月）、韓国市民団体少女像の在韓日本大使館前設置（12月）
	ウラジオストクAPEC（9月）、北朝鮮・人工衛星打ち上げに成功（12月）	メドベージェフ露首相、国後島を訪問（7月）、李明博大統領、竹島に上陸（8月）、尖閣諸島の政府所有を閣議決定（9月）、第2次安倍政権発足（12月）
エジプト軍クーデタ（7月）、イランでロウハーニー大統領就任（8月）、イラン核問題に関するJPA合意（11月）	フィリピンが南シナ海で仲裁申し立て（1月）、北朝鮮3度目の核実験（2月）、中国「周辺外交工作会議」（10月）、「一帯一路」が中国経済改革計画に入る（11月）、海南島南方沖で米中艦が接近（12月）	アルジェリア人質事件（1月）、中国軍艦が海上自衛隊艦にレーダー照射（1月）、日米首脳会談（2月）、中国が東シナ海に防空識別圏（ADIZ）設定（11月）、国家安全保障会議発足（12月）、安倍首相が靖国神社を参拝（12月）
エジプト、スィースィー政権成立（5月）、米軍が対ISIS空爆開始、イラクに再派兵（8月）、米がシリアに派兵（9月）	フィリピンが南シナ海での中国の埋め立てを公表（5月）、南シナ海上空で米中軍機が接近（8月）	「安全保障の法的基盤の再構築に関する懇談会」報告書（5月）、集団的自衛権の行使を限定的に認める閣議決定（7月）
イエメン内戦勃発（1月）、イラン、包括的共同行動計画（JCPOA）合意（7月）、シリアへのロシアの軍事介入本格化（9月）	中国「一帯一路に関するビジョンとアクション」策定（3月）、AIIB設立協定が発効（12月）	安全保障関連法制が衆議院で可決（7月）、安保法制成立（9月）、日韓慰安婦問題合意（12月）

	アメリカ	ヨーロッパ、ロシア
2016 年	オバマのキューバ訪問（3 月）、パリ協定批准（9 月）、トランプ大統領選出（11 月）	イギリスの EU 離脱をめぐる国民投票（6 月）
2017 年	TPP 離脱（1 月）、シリアへのミサイル攻撃（4 月）、NAFTA 改定（5 月）、パリ協定離脱（6 月）、キューバとの関係見直し（6 月）、米露首脳会談（7 月）、NSS 2017（12 月）	
2018 年	NSD2018（2 月）、鉄鋼とアルミへの関税引き上げ（3 月）、対シリアの化学兵器施設へのミサイル攻撃（4 月）、第 1 回米朝首脳会談（6 月）、対中追加関税第 1 弾（7 月）、米露首脳会談（7 月）、FIRRMA 制定（8 月）、米韓 FTA 改定（9 月）、USMCA 調印（11 月）	EU 側が対ギリシャ金融支援終了を発表（8 月）
2019 年	米韓 FTA 発効（1 月）、第 2 回米朝首脳会談（2 月）、「ロシア・ゲート事件」報告書（4 月）、第 3 回米朝首脳会談（6 月）、米露首脳会談（6 月）、INF 条約脱退発効（8 月）、香港人権・民主主義法制定（11 月）	
2020 年	米中第 1 段階の経済・貿易協定に署名（1 月）、オープンスカイズ条約脱退通告（5 月）、ウイグル人権法成立（6 月）、USMCA 発効（7 月）	イギリス EU 離脱（1 月）、ロシアの憲法改正国民投票（7 月）
2021 年	連邦議会議事堂乱入事件（1 月）、米露が新 START を 5 年延長（1 月）	

中東	アジア	日本
トルコでクーデタ未遂事件（7月）	北朝鮮4度目の核実験（1月）、台湾で蔡英文政権発足（5月）、南シナ海に関する国際仲裁裁判所の判断（7月）、北朝鮮5度目の核実験（9月）	安倍首相「自由で開かれたインド太平洋戦略」演説（8月）、プーチン訪日（12月）
ロシア・エジプト原発建設契約（12月）	トランプ大統領東南アジア諸国歴訪（11月）、韓国・文在寅政権発足（5月）	
米 JCPOA 離脱を発表（5月）	南北首脳会談（3月）	日露首脳会談（11月）
米対イラン二次制裁の適用除外措置を停止（5月）	新型コロナウイルス感染者が中国武漢で発見される（12月）	韓国への輸出規制強化（7月）、日米貿易協定・デジタル貿易協定調印（10月）
アメリカ、イランのソレイマーマー暗殺（1月）、UAE・イスラエル関係正常化に合意（8月）、バハレーン・イスラエル　〃（9月）、スーダン・イスラエル　〃（10月）、モロッコ・イスラエル　〃（12月）	中国・習近平の新型コロナ「抑え込み」宣言（3月）、中国・香港国家安全維持法を制定（6月）	
		日米共同声明（4月）

参考文献リスト

関心をもった国・地域のセクションで、調査に役立ちそうな文献を探してみよう。

〈総説・共通〉

石井修『国際政治史としての 20 世紀』有信堂高文社、2000 年。

ヴァイス、モーリス（細谷雄一・宮下雄一郎監訳）『戦後国際関係史―二極化世界から混迷の
　　時代へ』慶應義塾大学出版会、2018 年。

ウェスタッド、O・A（佐々木雄太監訳、小川浩之・益田実・三須拓也・三宅康之・山本健訳）
　　『グローバル冷戦史―第三世界への介入と現代世界の形成』名古屋大学出版会、2010 年。

ウェスタッド、O・A（山本健・小川浩之訳、益田実監訳）『冷戦―ワールド・ヒストリー』上
　　／下、岩波書店、2020 年。

小川浩之・板橋拓己・青野利彦『国際政治史―主権国家体系のあゆみ』有斐閣、2018 年。

ガディス、ジョン・L（河合秀和・鈴木健人訳）『冷戦―その歴史と問題点』彩流社、2007 年。

佐々木卓也『冷戦―アメリカの民主主義的生活様式を守る戦い』有斐閣、2011 年。

佐々木雄太『国際政治史―世界戦争の時代から 21 世紀へ』名古屋大学出版会、2011 年。

田所昌幸『「アメリカ」を超えたドル―金融グローバリゼーションと通貨外交』中公叢書、中
　　央公論新社、2001 年。

田中明彦・中西寛『新・国際政治経済の基礎知識』新版、有斐閣、2010 年。

マクマン、ロバート（平井和也訳、青野利彦監訳）『冷戦史』勁草書房、2018 年。

Immerman, Richard H. and Petra Goedde eds., *The Oxford Handbook of the Cold War*, Oxford: Oxford Univer-
　　sity Press, 2013.

Leffler, Melvyn P. and Odd Arne Westad eds., *The Cambridge History of the Cold War, Volume 1, Origins*, Cam-
　　bridge: Cambridge University Press, 2010.

Leffler, Melvyn P. and Odd Arne Westad eds., *The Cambridge History of the Cold War, Volume 2, Crises and
　　Détente*, Cambridge: Cambridge University Press, 2010.

Leffler, Melvyn P. and Odd Arne Westad eds., *The Cambridge History of the Cold War, Volume 3, Endings*, Cam-
　　bridge: Cambridge University Press, 2010.

Young, John W. and John Kent, *International Relations Since 1945: A Global History*, 2d ed., Oxford: Oxford
　　University Press, 2013.

〈アメリカ〉

青野利彦・倉科一希・宮田伊知郎編著『現代アメリカ政治外交史―「アメリカの世紀」から
　　「アメリカ第一主義」まで』ミネルヴァ書房、2020 年。

有賀貞『現代国際関係史―1945 年から 21 世紀初頭まで』東京大学出版会、2019 年。

ギャディス、ジョン・ルイス（赤木完爾・齊藤祐介訳）『歴史としての冷戦―力と平和の追求』
　　慶應義塾大学出版会、2004 年。

久保文明『アメリカ政治史』有斐閣、2018 年。

佐々木卓也編著『ハンドブックアメリカ外交史―建国から冷戦後まで』ミネルヴァ書房、2011

年。

佐々木卓也編『戦後アメリカ外交史』第 3 版、有斐閣アルマ、有斐閣、2017 年。

松岡完『超大国アメリカ 100 年史―戦乱・危機・協調・混沌の国際関係史』明石書店、2016 年。

村田晃嗣『アメリカ外交―苦悩と希望』講談社現代新書、講談社、2005 年。

村田晃嗣『現代アメリカ外交の変容―レーガン、ブッシュからオバマへ』有斐閣、2009 年。

ラフィーバー、ウォルター（中嶋啓雄・高橋博子・倉科一希・高原秀介・浅野一弘・原口幸司訳、平田雅己・伊藤裕子監訳）『アメリカ vs ロシア―冷戦時代とその遺産』芦書房、2012 年。

ルカーチ、ジョン（菅英輝訳）『評伝ジョージ・ケナン―対ソ「封じ込め」の提唱者』法政大学出版局、2011 年。

Brands, Hal, *Making the Unipolar Moment: U. S. Foreign Policy and the Rise of the Post-cold War Order*, Ithaca and London: Cornell University Press, 2016.

Brands, Hal, *American Grand Strategy in the Age of Trump*, Washington D. C.: Brookings Institution Press, 2018.

Craig, Campbell and Fredrik Logevall, *America's Cold War: The Politics of Insecurity*, Cambridge（Mass）: Belknap Press of Harvard University Press, 2009.

Gaddis, John Lewis, *Strategies of Containment: A Critical Appraisal of American National Security Policy during the Cold War*, Revised and Expanded Edition, New York: Oxford University Press, 2005.

Leffler, Melvyn P., "National Security and US Foreign Policy," in Melvyn P. Leffler and David S. Painter, *Origins of the Cold War: An International History*, London: Routledge, 1994.

Leffler, Melvyn, P., *For the Soul of Mankind: The United States, the Soviet Union, and the Cold War*, New York: Hill and Wang, 2007.

Leffler, Melvyn P., *Safeguarding Democratic Capitalism: U. S. Foreign Policy and National Security, 1920–2015*, Princeton and Oxford: Princeton University Press, 2017.

Litwak, Robert S., *Détente and the Nixon Doctrine: American Foreign Policy and the Pursuit of Stability, 1969–1976*, Cambridge: Cambridge University Press, 1984.

Mandelbaum, Michael, *Mission Failure: America and the World in the Post-Cold War Era*, New York: Oxford University Press, 2016.

Ninkovich, Frank, *The Global Republic: America's Inadvertent Rise to World Power*, Chicago: Chicago University Press, 2014.

Suri, Jeremi, *The Impossible Presidency: The Rise and Fall of America's Highest Office*, New York: Basic Books, 2017.

Thompson, Jonathan A., *A Sense of Power: The Roots of America's Global Role*, Ithaca and London: Cornell University Press, 2015.

Zelizer, Julian E., *Arsenal of Democracy: The Politics of National Security from World War II to the War on Terrorism*, New York: Basic Books, 2010.

〈ソ連・ロシア〉

小泉悠『現代ロシアの軍事戦略』ちくま新書、筑摩書房、2021 年。

下斗米伸夫『アジア冷戦史』中公新書、中央公論新社、2004 年。

兵頭慎治「プーチン・ロシアの国家発展戦略—多極世界下の米中印露関係」岩下明裕編『シリーズ・ユーラシア地域大国論 3　ユーラシア国際秩序の再編』ミネルヴァ書房、2013 年、111–134 頁。

藤沢潤「東西冷戦下の経済関係—ソ連・コメコンと西欧」松戸清裕・浅岡善治・池田嘉郎・宇山智彦・松井康浩編集委員『ロシア革命とソ連の世紀 3　冷戦と平和共存』岩波書店、2017 年、225–250 頁。

藤沢潤『ソ連のコメコン政策と冷戦—エネルギー資源問題とグローバル化』東京大学出版会、2019 年。

マストニー、ヴォイチェフ（秋野豊・広瀬佳一訳）『冷戦とは何だったのか—戦後政治史とスターリン』柏書房、2000 年。

松村史紀「中ソ同盟の成立（1950 年）—『戦後』と『冷戦』の結節点」『宇都宮大学国際学部研究論集』第 34 号、2012 年 9 月、43–56 頁。

吉岡潤「ソ連による東欧『解放』と『人民民主主義』」松戸清裕・浅岡善治・池田嘉郎・宇山智彦・松井康浩編集委員『ロシア革命とソ連の世紀 2　スターリニズムという文明』岩波書店、2017 年、289–314 頁。

Allison, Roy, "Russia Resurgent? Moscow's Campaign to 'Coerce Georgia to Peace,'" *International Affairs*, Vol. 84, No. 6, 2008, pp. 1145–71.

Naimark, Norman, "The Sovietization of Eastern Europe, 1944–1953," in Melvyn P. Leffler and Odd Arne Westad eds., *The Cambridge History of the Cold War, Volume 1 Origins*, Cambridge: Cambridge University Press, 2010, pp. 175–197.

Nezhinskii, L. M. and Chelyshev, I. A., "Problemy vneshnei politiki"（対外政策の問題）in Lel'chuk, V. S. and Pivovar, E. I.（eds.）, *SSSR i kholodnaia voina*（ソ連と冷戦）, Moscow: Mosgorarkhiv, 1995, pp. 39–75（ロシア語）.

Pechatnov, Vladimir O., "The Soviet Union and the World, 1945–1953," in Melvyn P. Leffler and Odd Arne Westad eds., *The Cambridge History of the Cold War, Volume 1 Origins*, Cambridge: Cambridge University Press, 2010, pp. 90–111.

Tsygankov, Andrei P., *Russia's Foreign Policy: Change and Continuity in National Identity*, Fourth Edition, Lanham, Maryland: Rowman & Littlefield, 2016.

Zubok, Vladislav M., *A Failed Empire: The Soviet Union in the Cold War from Stalin to Gorbachev*, Chapel Hill: The University of North Carolina Press, 2007.

Zubok, Vladislav M., "Soviet Foreign Policy from Détente to Gorbachev, 1975–1985," in Melvyn P. Leffler and Odd Arne Westad eds., *The Cambridge History of the Cold War, Volume 3 Endings*, Cambridge: Cambridge University Press, 2010, pp. 89–111.

〈ヨーロッパ〉

網谷龍介・伊藤武・成廣孝編『ヨーロッパのデモクラシー』改訂第 2 版、ナカニシヤ出版、2014 年。

池田亮『植民地独立の起源—フランスのチュニジア・モロッコ政策』法政大学出版局、2013 年。

板橋拓己「EU とドイツ」西田慎・近藤正基編著『現代ドイツ政治—統一後の 20 年』ミネル

ヴァ書房、2014 年。

板橋拓己『アデナウアー―現代ドイツを創った政治家』中公新書、中央公論新社、2014 年。

岩間陽子『ドイツ再軍備』中公叢書、中央公論社、1993 年。

ヴィンクラー、H・A（後藤俊明・奥田隆男・中谷毅・野田昌吾訳）『自由と統一への長い道 2 ドイツ近現代史 1933-1990 年』昭和堂、2008 年。

梅川正美・阪野智一・力久昌幸編著『イギリス現代政治史』第 2 版、ミネルヴァ書房、2016 年。

遠藤乾編『原典ヨーロッパ統合史―史料と解説』名古屋大学出版会、2008 年。

遠藤乾『統合の終焉―EU の実像と論理』岩波書店、2013 年。

遠藤乾編『ヨーロッパ統合史【増補版】』名古屋大学出版会、2014 年。

遠藤乾『欧州複合危機―苦悶する EU、揺れる世界』中公新書、中央公論新社、2016 年。

遠藤乾「ヨーロッパの対応―コロナ復興基金の誕生」『国際問題』695 号、2020 年。

ガートン・アッシュ、ティモシー（杉浦成樹訳）『ヨーロッパに架ける橋』上／下、みすず書房、2009 年。

川嶋周一『独仏関係と戦後ヨーロッパ国際秩序―ドゴール外交とヨーロッパの構築　1958- 1969』創文社、2007 年。

木戸蓊『激動の東欧史―戦後政権崩壊の背景』中公新書、中央公論社、1990 年。

小久保康之編『EU 統合を読む―現代ヨーロッパを理解するための基礎』春風社、2016 年。

篠原一『ヨーロッパの政治―歴史政治学試論』東京大学出版会、1986 年。

芝崎祐典「ドイツ統一とヨーロッパ再編―ミッテランとコール」益田実・小川浩之編著『欧米政治外交史―1871〜2012』ミネルヴァ書房、2013 年。

ジャット、トニー（森本醇・浅沼澄訳）『ヨーロッパ戦後史』上／下、みすず書房、2008 年。

庄司克宏『欧州ポピュリズム―EU 分断は避けられるか』ちくま新書、筑摩書房、2018 年。

妹尾哲志『戦後西ドイツ外交の分水嶺―東方政策と分断克服の戦略、1963〜1975 年』晃洋書房、2011 年。

高橋進・平島健司「西ドイツ」成瀬治・山田欣吾・木村靖二編『世界歴史大系　ドイツ史 3 1890 年〜現在』山川出版社、1997 年。

高橋進『歴史としてのドイツ統一―指導者たちはどう動いたか』岩波書店、1999 年。

高屋定美「新型コロナ危機の欧州経済への影響と EU 経済政策」植田隆子編著『新型コロナ危機と欧州―EU・加盟 10 カ国と英国の対応』文眞堂、2021 年。

月村太郎『民族紛争』岩波新書、岩波書店、2013 年。

西田慎・近藤正基編著『現代ドイツ政治―統一後の 20 年』ミネルヴァ書房、2014 年。

細谷雄一編『イギリスとヨーロッパ―孤立と統合の二百年』勁草書房、2009 年。

益田実・小川浩之編著『欧米政治外交史―1871〜2012』ミネルヴァ書房、2013 年。

益田実「ヨーロッパ・アメリカ・ポンド―EC 加盟と通貨統合をめぐるヒース政権の大西洋外交、1970〜1974 年」益田実・池田亮・青野利彦・齋藤嘉臣編著『冷戦史を問いなおす―「冷戦」と「非冷戦」の境界』ミネルヴァ書房、2015 年。

マゾワー、マーク（中田瑞穂・網谷龍介訳）『暗黒の大陸―ヨーロッパの 20 世紀』未来社、2015 年。

水島治郎『ポピュリズムとは何か―民主主義の敵か、改革の希望か』中公新書、中央公論新社、

2016 年。

ミュラー、ヤン゠ヴェルナー（板橋拓己訳）『ポピュリズムとは何か』岩波書店、2017 年。

森井裕一「国民国家の試練―難民問題に苦悩するドイツ」『アステイオン』84 号、2016 年。

森井裕一「ドイツ―人の移動と社会変容」岡部みどり編『人の国際移動と EU―地域統合は「国境」をどのように変えるのか？』法律文化社、2016 年。

山本健「天然ガス・パイプライン建設をめぐる西側同盟、1981〜1982」益田実・青野利彦・池田亮・齋藤嘉臣編『冷戦史を問いなおす―「冷戦」と「非冷戦」の境界』ミネルヴァ書房、2015 年。

ルンデスタッド、ゲア（河田潤一訳）『ヨーロッパの統合とアメリカの戦略―統合による「帝国」への道』NTT 出版、2005 年。

Garton Ash, Timothy, "The New German Question," *The New York Review of Books*, August 15, 2013.

Hanrieder, Wolfram F., *Germany, America, Europe: Forty Years of Germany Foreign Policy*, New Haven: Yale University Press, 1989.

Ludlow, N. Piers, "European Integration and the Cold War," in Melvin P. Leffler and Odd Arne Westad eds., *The Cambridge History of the Cold War, Volume 2, Crises and Détente*, Cambridge: Cambridge University Press, 2010.

〈中東〉

今井宏平『トルコ現代史―オスマン帝国崩壊からエルドアンの時代まで』中央公論新社、2017 年。

小野沢透『幻の同盟―冷戦初期アメリカの中東政策』上／下、名古屋大学出版会、2016 年。

ゴラン、ガリア（木村申二・花田朋子・丸山功訳）『冷戦下・ソ連の対中東戦略』第三書館、2001 年。

サンプソン、アンソニー（大原進・青木榮一訳）『セブン・シスターズ―不死身の国際石油資本』日本経済新聞社、1976 年。

シール、パトリック（佐藤紀久夫訳）『アサド―中東の謀略戦』時事通信社、1993 年。

高橋和夫『アラブとイスラエル―パレスチナ問題の構図』講談社現代新書、講談社、1997 年。

立山良司『中東和平の行方―続・イスラエルとパレスチナ』中公新書、中央公論社、1995 年。

トリップ、チャールズ（大野元裕監修、岩永尚子・大野美紀・大野元己・根津俊太郎・保苅俊行訳）『イラクの歴史』明石書店、2004 年。

ブロンソン、レイチェル（佐藤陸雄訳）『王様と大統領―サウジと米国、白熱の攻防』毎日新聞社、2007 年。

ヘイカル、モハメド（朝日新聞外報部訳）『ナセル―その波乱の記録』朝日新聞社、1972 年。

堀口松城『レバノンの歴史―フェニキア人の時代からハリーリ暗殺まで』明石書店、2005 年。

ヤーギン、ダニエル（日高義樹・持田直武共訳）『石油の世紀―支配者たちの興亡』日本放送出版協会、1991 年。

山口直彦『エジプト近現代史―ムハンマド・アリー朝成立からムバーラク政権崩壊まで』新版、明石書店、2011 年。

レンツォウスキー、ジョージ（木村申二・北沢義之訳）『冷戦下・アメリカの対中東戦略―歴代の米大統領は中東危機にどう決断したか』第三書館、2002 年。

Bill, James A., *The Eagle and the Lion: The Tragedy of American-Iranian Relations*, London and New Heaven: Yale University Press, 1988.

Brownlee, Jason, *Democracy Prevention: The Politics of the U. S.-Egyptian Alliance*, New York and Cambridge University Press, 2012.

Dawisha, Adeed, *Arab Nationalism in the Twentieth Century: From Triumph to Despair*, Princeton: Princeton University Press, 2003.

Gerges, Fawaz A., *The Superpowers and the Middle East: Regional and International Politics, 1955–1967*, Boulder: Westview Press, 1994.

Haas, Mark L. and David W. Lesch eds., *The Arab Spring: The Hope and Reality of the Uprising*, Second Edition, Boulder: Westview Press, 2017.

Hahn, Peter L., *Crisis and Crossfire: The United States and the Middle East since 1945*, Washington D. C: Potomac Books, 2005.

Kaufman, Burton I., *The Arab Middle East and the United States: Inter-Arab Rivalry and Superpower Diplomacy*, New York: Twayne Publishers, 1996.

Kurtzer, Daniel C., Scott B. Lasensky, William B. Quandt, Steven L. Spiegel and Shibley Z. Telhami, *The Peace Puzzle: America's Quest for Arab-Israeli Peace, 1989–2011*, Ithaca: Cornell University Press, 2013.

Lesch, David W. and Mark L. Haas, eds., *The Middle East and the United States: History, Politics, and Ideologies*, 5th ed., Boulder: Westview Press, 2012.

Leverett, Flynt and Hillary Mann Leverett, *Going to Tehran: Why the United States Must Come to Terms with the Islamic Republic of Iran*, New York: Metropolitan Books, 2013.

Oren, Michael B., *Power, Faith, and Fantasy: America in the Middle East 1776 to the Present*, New York: W. W. Norton &Co., 2007.

Painter, David S., *Oil and the American Century: The Political Economy of U. S. Foreign Oil Policy, 1941–1954*, Baltimore: Johns Hopkins University Press, 1986.

Quandt, William B., *Peace Process: American Diplomacy and Arab-Israeli Conflict since 1967*, revised ed., Washington D. C.: Brookings Institution Press, 2001.

〈アジア〉

青山瑠妙『中国のアジア外交』東京大学出版会、2013 年。

阿南友亮『中国はなぜ軍拡を続けるのか』新潮社、2017 年。

飯田将史「中国はなぜ南シナ海へ進出するのか」加茂具樹編『「大国」としての中国—どのように台頭し、どこに行くのか』一藝社、2017 年、115-128 頁。

家近亮子ほか編『新版　5 分野から読み解く現代中国—歴史・政治・経済・社会・外交』晃洋書房、2016 年。

岩崎育夫『アジア政治を見る眼』中公新書、中央公論新社、2001 年。

岩崎育夫『アジア政治とは何か—開発、民主化、民主主義再考』中公叢書、中央公論新社、2009 年。

大庭三枝『重層的地域としてのアジア—対立と共存の構図』有斐閣、2014 年。

大庭三枝「アジアにおける地域共同体構想の変遷—『東アジア共同体』の背景」和田春樹ほか編『岩波講座　東アジア近現代通史』第 10 巻、岩波書店、2011 年、316-336 頁。

岡部達味『中国の対外戦略』東京大学出版会、2002 年。

片山裕・大西裕編『アジアの政治経済・入門（新版）』有斐閣、2010 年。

加茂具樹編『「大国」としての中国―どのように台頭し、どこにゆくのか』一藝社、2017 年。

加茂具樹・飯田将史・神保謙編『中国・改革開放への転換―「一九七八年」を越えて』慶應義塾大学出版会、2011 年。

川島真・服部龍二編『東アジア国際政治史』名古屋大学出版会、2007 年。

川島真・森聡編『アフターコロナ時代の米中関係と世界秩序』東京大学出版会、2020 年。

佐橋亮『米中対立―アメリカの戦略転換と分断される世界』中公新書、中央公論新社、2021 年。

下斗米伸夫『アジア冷戦史』中公新書、中央公論新社、2004 年。

高原明生・服部龍二編『日中関係史 1972-2012　1　政治』東京大学出版会、2012 年。

田中明彦『日中関係 1945-1990』東京大学出版会、1991 年。

田中明彦『新しい中世―相互依存の世界システム』講談社学術文庫、講談社、2017 年。

田中明彦『ポストモダンの「近代」―米中「新冷戦」を読み解く』中央公論新社、2020 年。

田中明彦・川島真編『20 世紀の東アジア史』全 3 巻、東京大学出版会、2020 年。

中野亜里ほか編『入門　東南アジア現代政治史』福村出版、2010 年。

西村成雄・小此木政夫編著『現代東アジアの政治と社会』放送大学教育振興会、2010 年。

福田円『中国外交と台湾―「一つの中国」原則の起源』慶應義塾大学出版会、2013 年。

益尾知佐子『中国の行動原理―国内潮流が決める国際関係』中公新書、中央公論新社、2019 年。

益尾知佐子・青山瑠妙・三船恵美・趙宏偉『中国外交史』東京大学出版会、2017 年。

増田弘編著『ニクソン訪中と冷戦構造の変容―米中接近の衝撃と周辺諸国』慶應義塾大学出版会、2006 年。

毛里和子『現代中国外交』岩波書店、2018 年。

若林正丈『台湾の政治―中華民国台湾化の戦後史』増補新装版、東京大学出版会、2021 年。

和田春樹ほか編『岩波講座　東アジア近現代通史』第 7 巻〜第 10 巻、岩波書店、2011 年。

〈日本〉

五百旗頭真編『戦後日本外交史』第 3 版補訂版、有斐閣、2014 年。

折田正樹著、服部龍二・白鳥潤一郎編『外交証言録　湾岸戦争・普天間問題・イラク戦争』岩波書店、2013 年。

北岡伸一「日本外交の座標軸―外交三原則再考」『外交』第 6 号、2011 年 2 月、8-15 頁。

楠綾子『吉田茂と安全保障政策の形成―日米の構想とその相互作用 1943〜1952 年』ミネルヴァ書房、2009 年。

国分良成・添谷芳秀・高原昭生・川島真『日中関係史』有斐閣、2013 年。

古関彰一『平和憲法の深層』ちくま新書、筑摩書房、2015 年。

清水真人『平成デモクラシー史』ちくま新書、筑摩書房、2018 年。

瀬川高央『米ソ核軍縮交渉と日本外交―INF 問題と西側の結束 1981-1987』北海道大学出版会、2016 年。

谷野作太郎著、服部龍二・若月秀和・昇亜美子編『外交証言録　アジア外交―回顧と考察』岩

波書店、2015 年。

丹波實『日露外交秘話』増補版、中公文庫、中央公論新社、2012 年。

千々知泰明『安全保障と防衛力の戦後史 1971〜2010―「基盤的防衛力構想」の時代』千倉書房、2021 年。

東郷和彦『北方領土交渉秘録―失われた五度の機会』新潮文庫、新潮社、2011 年。

内閣府編『平成 21 年度年次経済財政報告（経済財政政策担当大臣報告）―危機の克服と持続的回復への展望』内閣府、2009 年 7 月。

中曽根康弘著、中島琢磨・服部龍二・昇亜美子・若月秀和・道下徳成・楠綾子・瀬川高央聞き手『中曽根康弘が語る戦後日本外交』新潮社、2012 年。

波多野澄雄編『日本の外交 第 2 巻 外交史 戦後編』岩波書店、2013 年。

服部龍二『大平正芳―理念と外交』増補版、文春学藝ライブラリー、文藝春秋、2019 年。

原彬久『戦後日本と国際政治―安保改定の政治力学』中央公論社、1988 年。

防衛問題懇談会『日本の安全保障と防衛力のあり方―21 世紀へ向けての展望』防衛問題懇談会、1994 年 8 月。

宮城大蔵『現代日本外交史―冷戦後の模索、首相たちの決断』中公新書、中央公論新社、2016 年。

村井良太『佐藤栄作―戦後日本の政治指導者』中公新書、中央公論新社、2019 年。

薬師寺克行『現代日本政治史―政治改革と政権交代』有斐閣、2014 年。

吉次公介『日米安保体制史』岩波新書、岩波書店、2018 年。

李鍾元・木宮正史・磯崎典世・浅羽祐樹『戦後日韓関係史』有斐閣、2017 年。

若月秀和『冷戦の終焉と日本外交―鈴木・中曽根・竹下政権の外政　1980〜1989 年』千倉書房、2017 年。

和田春樹『「平和国家」の誕生―戦後日本の原点と変容』岩波書店、2015 年。

索　引

【人名】

ア行

アイゼンハワー，ドワイト　10-12, 14, 15, 31-34, 62

アサド，ハーフェズ（父）　82, 84

アサド，バッシャール（子）　225, 226, 234, 243, 244, 252-256

芦田均　47

アデナウアー，コンラート　25, 50

アハティサーリ，マルッティ　179

安倍晋三　217, 247, 270, 274, 276-278, 280, 281

アラファート，ヤーシル　82, 191, 193, 195, 196

アンドロポフ，ユーリ　75, 118, 153

イーデン，アンソニー　23, 46

池田勇人　53

李承晩　48, 49

ウィルソン，ハロルド　78

エリツィン，ボリス　124, 182, 183, 185, 211, 213, 214, 238

エルドアン，レジェップ・タイイップ　259

大平正芳　99, 102, 106, 151

オバマ，バラク　223-231, 234, 236, 240, 251, 257-259, 267-269

オルバン・ヴィクトル　244

カ行

カースィム，アブドゥルカリーム　34, 36

カーター，ジミー　68, 79, 87, 114, 115, 125, 134, 136, 151, 167

カダフィー（カッザーフィー），ムアンマル　85, 251, 252

岸信介　51, 52, 101, 277

キッシンジャー，ヘンリー　61, 62, 64, 65, 67, 77, 86, 87, 93, 104, 153

金日成　10, 37, 41, 42, 68, 95, 211, 268

金正恩　267, 268

金大中　200, 214, 279

金泳三　212

キャメロン，デーヴィッド　245

クリントン，ウィリアム（ビル）　164-167, 170, 171, 178, 189, 190, 193, 213-215

グロムイコ，アンドレイ　52, 75, 103, 153

ケナン，ジョージ　5, 9

ケネディ，ジョン　15-17, 53, 58, 59, 62

小泉純一郎　214-216, 282

江沢民　202, 216, 276

コール，ヘルムート　127, 130-132

胡錦濤　208, 216, 217, 263, 269, 276

ゴムウカ，ヴワディスワフ　26

胡耀邦　148, 154, 155

ゴルバチョフ，ミハイル　118, 119-125, 128, 129, 131-133, 137, 149, 153, 155, 157, 182, 198, 210

サ行

サーダート，アンワル　84, 87, 88

蔡英文　269

サッチャー，マーガレット　126, 129, 130

佐藤栄作　95, 100-102, 153, 214

サルコジ，ニコラ　181

ジスカールデスタン，ヴァレリー　77, 78, 126, 151, 153

幣原喜重郎　47

シャロン，アリエル　193, 195

周恩来　32, 43, 45, 51, 60, 92, 93, 95, 101, 102

習近平　263-265, 269, 271

シュミット，ヘルムート　77-79, 126, 127

シュレーダー，ゲアハルト　175, 178, 180

蔣介石　7-9, 39, 44, 94, 102

蔣経国　94, 144, 147, 202

ジョンソン，リンドン　15-17, 58-60, 63, 83, 84, 90, 100, 266

シラク，ジャック　179, 215

スィースィー，アブドゥルファッターフ　252, 258, 259

スターリン，ヨシフ　2-4, 7-10, 12, 13, 15, 17, 19-21, 25, 26, 41, 42, 46, 49, 51, 58

タ行

田中角栄　95, 102-104, 213

ダレス，ジョン　10, 48, 50

チェルネンコ，コンスタンティン　118, 155

チェルノムイルジン，ヴィクトル　　179
チトー，ヨシプ　32, 172
チャーチル，ウィンストン　2-5, 18-20, 47
チャウシェスク，ニコラエ　130
趙紫陽　148, 149
全斗煥　147, 155
陳水扁　202, 203
鄧小平　97, 123, 145, 146, 148, 149, 155, 204, 263
ド・ゴール，シャルル　71-73, 76, 89
ドプチェク，アレクサンデル　73, 75
ドラーギ，マリオ　240
トランプ，ドナルド　223, 226, 229-236, 247, 248, 250, 256-259, 267-271, 281
トルーマン，ハリー　3-7, 9, 10, 14, 20, 30, 31, 46-48
ドロール，ジャック　129

ナ行
中曽根康弘　51, 153-155, 157, 158, 209
ナジ・イムレ　26
ナジーブッラー，モハンマド　137, 193
ナセル（ナースィル），ジャマール・アブドゥン　31-36, 51, 80, 81, 84
ニクソン，リチャード　61-69, 76, 77, 84, 85, 90, 93-95, 100-103
ネタニヤフ，ベンヤミン　193
ネルー，ジャワハルラール　32, 43, 45
盧泰愚　150, 200

ハ行
バイデン，ジョセフ　234-236, 258, 281
馬英九　269
橋本龍太郎　213, 214
鳩山一郎　49, 50
バラク，エフード　193
ヒトラー，アドルフ　19, 25
プーチン，ウラジーミル　185, 186, 206, 214, 216, 228, 234, 236-238, 242, 243, 247, 248, 250, 277-281
フォード，ジェラルド　62, 65, 67, 68, 86, 90, 155
福田赳夫　102, 105, 106
フセイン，サッダーム　137, 138, 164, 170, 187-191, 194, 195, 209
ブッシュ，ジョージ・H・W　120, 122, 125, 130, 132, 163, 164, 166, 167, 188, 189, 191
ブッシュ，ジョージ・W　167-171, 180, 194-196, 201, 215, 257, 272
ブラント，ヴィリー　73, 74, 76, 131
フルシチョフ，ニキータ　12, 13, 15, 17, 26, 58, 60, 75, 82, 83, 89
ブレア，トニー　175, 178, 179
プレヴァン，ルネ　22
ブレジネフ，レオニード　58-60, 65, 66, 72, 75, 76, 83, 90, 103, 118, 121-123, 146, 153
ホー・チ・ミン　40, 41, 92
ホーネッカー，エーリッヒ　122, 129
ホメイニー，ルーホッラー　114, 134, 135, 137
ポンピドゥー，ジョルジュ　66, 76

マ行
マルコス，フェルディナンド　144, 147, 154
ミッテラン，フランソワ　127, 130
ミロシェヴィッチ，スロボダン　178
ムバーラク，フスニー　195, 251, 258
文在寅　279, 280
メルケル，アンゲラ　243-246
毛沢東　7-10, 14, 39, 41-44, 60, 61, 89, 90, 92, 93, 145, 146
モサッデク，モハンマド　28, 31
モネ，ジャン　22, 23
モハンマド・レザー・パフラヴィー（パーレビ国王）　28, 31, 114, 134, 135, 137

ヤ行
吉田茂　48, 49, 101

ラ行
ラビン，イツハク　193
ラムズフェルド，ドナルド　180
李登輝　147, 202
ルペン，マリーヌ　245
レーガン，ロナルド　96, 115-117, 120-122, 126-128, 138, 152-154
ロウハーニー，ハサン　229, 256
ローズヴェルト，フランクリン　1, 2, 4, 6, 19

ワ行
ワレサ，レフ　121

【事項】

ア行

アイゼンハワー・ドクトリン　15, 34

アサド政権　82, 225, 234, 243, 244, 252, 254–256

アジア太平洋経済協力会議（APEC）　144, 145, 198, 199, 207, 247, 276

アジア通貨危機　199, 200, 204, 208, 214

アジアNIES　143, 144, 146, 150

（ソ連の）アフガニスタン侵攻　70, 107, 113–115, 123, 133, 136, 142, 151

アフガニスタン戦争　168, 180, 193, 194

アフリカの年　25

アメリカ第一（ファースト）　223, 229, 231, 236

アメリカ同時多発テロ事件　168, 171, 180, 185, 193, 194, 207, 208, 215

アラブの春　225, 243, 244, 250–252, 258, 261, 262

アル＝カーイダ　135, 168, 169, 193, 194, 234, 252, 253

イスラーム国（ISIS）　223, 228, 231, 234, 244, 245, 252–255, 257

一帯一路　233, 247, 259, 264, 265, 270, 281, 282

イラク戦争　138, 170, 171, 180, 185, 187, 194, 216

イラン・イラク戦争　113, 133, 137–139, 142, 187–189

イラン核合意　230, 234, 255

イラン革命　114, 137, 139, 235, 236

イラン・コントラ事件　118, 138

インティファーダ　190, 193, 195, 197

印パ戦争　41

ウイグル人権法　233

ヴェルサイユ条約　19

ウォーターゲート事件　62, 66, 67

ウクライナ危機　186, 228, 237, 240, 241, 243, 247, 250

ウルグアイ・ラウンド　171

エリゼ条約　71

欧州安全保障協力会議（CSCE）→その後、欧州安全保障協力機構（OSCE）　66, 74, 79, 133, 175, 178, 183, 242

欧州経済共同体（EEC）　23, 25, 53, 71–73, 75

欧州原子力共同体（EURATOM）　23, 73

欧州自由貿易連合（EFTA）　23

欧州政治協力（EPC）　76, 77

欧州石炭鉄鋼共同体（ECSC）　22, 73

欧州対外国境管理機関（FRONTEX）　244, 245

欧州中央銀行（ECB）　130, 174, 240, 249

欧州通貨制度（EMS）　78

欧州通常戦力（CFE）条約　66, 183

欧州防衛共同体（EDC）　11, 22, 23

オーデル・ナイセ線　74, 131

沖縄返還　52, 57, 99–101, 106, 274, 275

カ行

カーター・ドクトリン　115, 136

改革開放　97, 106, 113, 145, 146, 148, 149, 158, 204

外交三原則　51

開発独裁　94, 144

化学兵器　23, 139, 164, 165, 188, 235, 236

核心的利益　263, 264

核戦争防止協定　65

核戦力　11, 12, 16, 17, 59, 64, 70, 79, 116, 120, 127

「核なき世界」演説　236

核の傘　70, 89, 128

核兵器　6, 11, 12, 14, 16, 17, 23, 51, 52, 59, 62, 70, 71, 79, 89, 100, 101, 116, 125, 155, 164, 165, 181, 186, 201, 211, 215, 216, 256, 273

核兵器不拡散条約（NPT）　58, 71, 101, 106, 125, 133, 165, 201, 207, 255

カラー革命　168, 186, 187, 267

関税と貿易に関する一般協定（GATT）　2, 98, 145

環太平洋パートナーシップ協定（TPP）　227, 230, 232, 274, 277, 281

カンボジア和平　197, 198, 208, 210

「関与と拡大」戦略　164, 165

気候変動に関するパリ協定　236, 230, 281

北大西洋条約機構（NATO）　8, 11–13, 17, 21, 23, 25, 31, 32, 70, 71, 73, 77, 79, 98, 116, 117, 120, 123, 125, 127, 128, 131–133, 139, 165, 172, 173, 175, 177–180, 183, 184, 186–188, 194, 225, 228, 237, 240, 251, 257, 259

北朝鮮核危機　200

キャンプ・デイヴィッド合意　87, 193

キューバ危機　17, 18, 57, 60, 98

共産党

　ソ連――　5, 9, 10, 13, 14, 58, 60, 118, 119, 121

300

東欧諸国の―― 4, 7, 8, 10, 20, 21, 75, 121
中国――→中国共産党
朝鮮―― 37
ベトナム―― 41
日本―― 99
中東諸国の―― 33
共通外交・安全保障政策（CFSP） 130, 174
共通農業政策（CAP） 72, 78
京都議定書 171
緊張緩和→デタント
金・ドル本位制（金・ドル兌換制） 2, 63, 64, 69, 76
グアンタナモ米軍基地 169
九段線 267
クリーン・エネルギー 226
クリミア併合 179, 242, 243, 250
クルド人 137, 138, 189, 225, 253-255, 259
グレナダ侵攻 118
グローバル金融危機 223, 238, 262, 263, 265
経済通貨同盟（EMU） 76, 130, 174, 175
原子爆弾（原爆） 3, 9, 10, 12, 41, 46, 89
恒久通常貿易関係（PNTR） 166
航行の自由作戦 267
光州事件 147
国際刑事裁判所 171
国際通貨基金（IMF） 2, 98, 199, 207, 260
国際復興開発銀行（世界銀行） 2, 207
国際連合 1, 4, 25, 29, 37, 41, 42, 48-51, 53, 81, 83, 84, 86, 90, 92-94, 102, 140, 150, 164, 166, 167, 169, 170, 173, 178, 179, 181, 188-191, 194, 197, 198, 209, 212, 225, 229, 236, 237, 251, 256, 257, 266, 275, 277
――安全保障理事会（安保理） 42, 48, 49, 81, 83, 84, 86, 93, 139, 140, 164, 167, 169, 170, 178, 179, 188-191, 194, 225, 229, 251, 256, 257
――平和維持活動（PKO） 210
コソヴォ解放軍（KLA） 178
コソヴォ国際安全保障（KFOR） 179
コソヴォ紛争 166, 176-179, 184, 186, 242
国家安全保障戦略（アメリカ） 165, 169, 230, 236, 270
国家保安委員会（KGB） 75, 238
国家防衛戦略（アメリカ） 230
国共内戦 8, 9, 39
コミンフォルム 7, 13, 21

コメコン（経済相互援助会議） 7, 13, 21, 75, 96

サ行
サッチャリズム 127
「砂漠の嵐」作戦 164, 188
サンフランシスコ講和会議 48, 51
サンフランシスコ講和条約 10
シーア派 134, 137-141, 189, 225, 254
シェンゲン（実施）協定 129, 175, 176, 244, 245, 249
事前協議制度 52, 100
司法・内務協力（CJHA） 174
社会主義市場経済 149, 204, 205
ジャスミン革命 225
上海協力機構 186, 207, 246, 265
上海コミュニケ 64, 93, 94
上海ファイブ 184, 186, 207
集団的自衛権 277, 278
自由で開かれたインド太平洋 233, 270, 281, 282
柔軟反応戦略 15, 16
自由貿易協定（FTA） 171, 200, 227, 232
シューマン・プラン 22
ジュネーヴ会議 40, 42, 43, 86, 87
新型コロナウイルス 232, 235, 236, 248, 260-262, 270-272, 281
新型大国関係 262
人権外交 68, 70, 79, 116
新興工業国（NICs） 94
新思考外交 118, 119, 125, 129, 157
新自由主義 125-127, 133, 156, 157, 175, 209, 272, 273
新日米安保条約 52
新保守主義派 167
進歩のための同盟 16
新冷戦 57, 113-116, 118, 120, 123, 125, 128, 133, 142, 145, 146, 152, 154, 158, 198
スターリン・ノート 25
スターリン批判 13, 26
スプートニク（打上げ） 11, 13, 52, 248
スミソニアン合意 64, 102
スンナ派 139, 141, 225, 228, 253-255
世界の警察官 224
世界貿易機関（WTO） 166, 171, 204, 236
世界保健機関（WHO） 236, 271

石油価格の上昇　77, 84-86, 88, 134, 185, 260
石油危機（石油価格上昇）　77, 103, 104, 126, 143, 151, 157
石油輸出国機構（OPEC）　85, 86, 88, 139, 188
尖閣諸島　266, 275, 276, 278, 281
先進国首脳会議（サミット）　77, 151, 154, 156, 158, 165, 272, 282
戦略兵器削減条約（START）　122, 165, 227, 234, 240
戦略兵器制限交渉（SALT）　59, 64, 65, 67, 68, 115, 116
戦略防衛構想（SDI）　117, 120, 128, 157
戦狼外交　271
相互均衡兵力削減（MBFR）　66, 74
ソ連の解体（崩壊）　115, 119, 122, 124, 149, 164, 165, 172, 181-184, 238

タ行
ターリバーン　135, 169, 170, 194, 224, 235, 257
対テロ戦争　168, 169, 171, 195
太平洋安全保障（ANZUS）条約　14
大陸間弾道ミサイル（ICBM）　12, 13, 17, 59, 65, 231
大量破壊兵器（WMD）　164, 170, 189, 190, 194, 240
台湾海峡危機　44, 89, 213
台湾関係法　69, 96
多角的核戦力（MLF）　70
多国籍軍　141, 164, 167, 188, 189, 209, 215
単一欧州議定書　128, 129
弾道弾迎撃ミサイル（ABM）　59, 65
　　──制限条約　168
単独行動主義　169, 171, 180, 185, 187
小さな政府　126
チェルノブイリ原発事故　119
中越戦争　92, 96, 97
中印国境紛争　44, 45, 207, 265
中距離核戦力（INF）　79, 127, 128, 154
　　──全廃条約　120, 125, 127, 128, 234
中国共産党　7, 9, 10, 38, 39, 43, 93, 98, 102, 145, 146, 148, 149, 171, 204, 235, 263, 264
中ソ国境紛争　92
中ソ対立　60, 89, 92, 105-107, 113, 146, 149
中ソ友好同盟相互援助条約（1950年）　8, 9, 47, 69

中東戦争　27, 29, 32-34, 57, 67, 77, 80-86, 88, 103, 104, 140
中東和平プロセス　80, 81, 86-88, 190, 196, 197
中立化　13, 17, 26, 42, 92
朝鮮戦争　10-12, 18, 22, 31, 41, 42, 44, 48, 53
追加関税　232
通商法第301条　121, 156
デタント（緊張緩和）　17, 18, 27, 57, 58, 61, 62, 66-70, 73, 74, 76, 79, 80, 88, 93, 97, 98, 102, 105, 107, 113-116, 125, 127, 128, 133, 136, 149-151, 158, 197, 201, 208, 211
「鉄のカーテン」（フルトン）演説　5, 20, 47
天安門事件　113, 122, 124, 148, 149, 158, 201, 204, 211
ドイツ統一　122, 123, 125, 130-133, 173
ドイツのための選択肢（AfD）　245, 246
東欧革命　122, 125
東南アジア集団防衛条約（マニラ条約）　14
東南アジア諸国連合（ASEAN）　57, 91, 92, 105, 144, 150, 151, 154, 156, 198-200, 203, 266, 271, 272
東方政策　73, 74, 76, 79, 130, 131
独ソ不可侵条約　3
独立国家共同体（CIS）　124, 184, 187, 239
トルーマン・ドクトリン　6, 7, 20, 30, 47
ドンバス紛争　243

ナ行
ナチス・ドイツ　2, 3, 18
ニクソン・ショック　63, 76, 102
ニクソン・ドクトリン　62, 63, 69, 102, 134
（NATOの）二重決定　79, 116, 127
二重の封じ込め　21, 23
日米安全保障条約　14, 45, 49, 51, 52, 93, 100-102, 151, 152, 212, 213, 217, 281
日米デジタル貿易協定　232
日米貿易協定　232
日韓基本条約　91, 99
日ソ共同宣言　50, 210, 214, 280
日中国交正常化　95, 102, 106, 274
日中平和友好条約　105-107, 152, 216
二・二八事件　39
日本国憲法　47, 49
二面封じ込め　189, 196
ニュールック戦略　11, 51

ネオコン（新保守主義派）　167, 194

ハ行
バアス党　35, 36, 81, 82, 135, 137, 138, 194, 197, 252–254
パーセンテージ協定　19
ハイブリッド戦争　243
白色革命　36, 134
バグダード条約　31, 32, 34, 36
破綻国家　163, 166
パテト・ラオ　17
ハマース　193, 195, 196, 254
パリ和平協定　65, 90, 103
パレスチナ難民　30, 81, 82
パレスチナ問題　28–30, 81, 82, 86–88, 190–196, 258
バンドン会議（第1回アジア・アフリカ会議）　15, 42–44, 51
非核三原則　100, 101, 106, 154, 155, 157, 274
東アジア首脳会議（EAS）　199, 200, 236, 246
東日本大震災　275
ヒズブッラー　141, 190, 254, 256
「一つの中国」政策　94, 123, 202, 269
標的殺害　225
美麗島事件　147
封じ込め　5, 6, 9, 10, 21, 42, 64, 93, 95, 116, 120, 148, 164, 242
福田ドクトリン　105, 106, 152
ブッシュ・ドクトリン　169
部分的核実験禁止条約（PTBT）　58
プラザ合意　121, 156
プラハの春　73, 75, 122
フルトン演説→「鉄のカーテン」演説
ブレジネフ・ドクトリン　75, 76, 121, 122
ブレトンウッズ体制　2, 63, 77
文化大革命　61, 89, 90, 92, 93, 99, 145, 146, 263
米華相互防衛条約　14, 15, 44, 69, 96
米韓相互防衛条約　14
米国際開発庁（USAID）　16
米州相互防衛条約（リオ条約）　7, 14
米中国交正常化　94, 96
米中接近　57, 65, 92, 94–96, 102, 103, 106, 107, 114
米朝首脳会談　231, 236, 268
米比相互防衛条約　14

平和共存　12, 13, 22, 26, 43, 44, 49, 58, 60
　　──5原則　43, 146
平和のためのパートナーシップ（PFP）　165, 183, 184
平和部隊　16
ベトナム化　62, 63
ベトナム戦争　16, 57, 59–61, 63–65, 73, 90–92, 100
ベトナムのカンボジア侵攻　92
ヘルシンキ最終文書　66, 74, 79, 126
ベルリン危機（第1次、第2次）　9, 17, 26
ベルリンの壁　26, 27, 70, 71, 73, 74, 122, 125, 129, 130, 133
ペレストロイカ　119, 121, 129, 157, 210
包括的核実験禁止条約（CTBT）　170
包括的共同作業計画（JCPOA）、イラン核合意　229, 256, 259
ポーランドの民主化運動　121, 122, 129, 130
北米自由貿易協定（NAFTA）　164, 171, 230, 232
ポツダム会談　3, 20
ポツダム宣言　46, 50, 95
北方領土（問題）　46, 49, 99, 103, 105–107, 208, 210, 211, 213, 217, 247, 277, 280–282
香港国家安全維持法　233, 271
香港自治法　233

マ行
マーシャル・プラン　6, 7, 20, 21, 47
マーストリヒト条約　173, 174, 180, 186
マスク外交　249, 271
マドリード会議　191, 258
マルタ（米ソ首脳）会談　122, 158
ミサイル・ギャップ　12
南シナ海に関する行動宣言　204
民主化の「第三の波」　147
ミンスク合意　242
民族浄化　173
ムジャーヒディーン　115, 118, 136, 137, 169, 193, 194
村山談話　212, 217
モスクワ条約　66, 74

ヤ行
ヤルタ会談（協定）　3, 8, 9, 18, 19, 46, 50

ユーロ危機　227, 237, 240
ユーロミサイル危機　116
ヨーロッパ防衛共同体（EDC）　11, 22

ラ行
ラオス危機　17
リーマン・ショック　208, 217, 223, 238, 240,
　　272, 273
リクード　87, 193
「リセット」（米露関係）　227, 240
「（アジアへの）リバランス」戦略　226, 267
リンケージ論　188, 191
ルクセンブルクの妥協　72
レーガン・ドクトリン　117
歴史認識問題　158, 217, 277-279, 282
連帯（ポーランド）　121, 127, 129
六者会合　168, 170, 201, 205, 207, 216, 229, 246
ロシア・ゲート疑惑　234, 247
ロシア・ジョージア戦争　187, 238-240

ワ行
ワクチン外交　248, 260, 272
ワルシャワ条約機構　13, 23, 26, 73, 75, 122, 123,
　　132, 183
湾岸危機（湾岸戦争）　138, 142, 163, 164, 169,
　　187-191, 197, 208-210, 214, 215, 278
湾岸協力会議（GCC）　138, 229

英数字
ABM（弾道弾迎撃ミサイル）制限条約→弾道弾
　　迎撃ミサイル（ABM）制限条約
ABM→弾道弾迎撃ミサイル
AfD→ドイツのための選択肢
ANZUS→太平洋安全保障条約
APEC→アジア太平洋経済協力会議

ARF→ASEAN 地域フォーラム
ASEAN→東南アジア諸国連合
ASEAN 地域フォーラム　198, 199, 212
ASEAN＋3　200
BRICs　185, 206, 223
CTBT→包括的核実験禁止条約
FRONTEX→欧州対外国境管理機関
FTA→自由貿易協定
G7　57, 105, 143, 151, 154, 156, 158, 165, 236, 243,
　　262, 282
G20　223, 262, 272, 281
GCC→湾岸協力会議
ICBM→大陸間弾道ミサイル
IMF→国際通貨基金
INF→中距離核戦力
ISIS→イスラーム国
JCPOA→包括的共同作業計画、イラン核合意
KFOR→コソヴォ国際安全保障部隊
KGB→国家保安委員会
KLA→コソヴォ解放軍
NAFTA→北米自由貿易協定
NATO→北大西洋条約機構
NICs→新興工業国
NIES→アジア NIES
NPT→核兵器不拡散条約
NSC 68　9-11
PKO→国連平和維持活動
PNTR→恒久通常貿易関係
SALT→戦略兵器制限交渉
SDI→戦略防衛構想
START→戦略兵器削減交渉
TPP→環太平洋パートナーシップ協定
USAID→米国際開発庁
WHO→世界保健機関
WTO→世界貿易機関

〈執筆者紹介〉（執筆順）

森　聡（もり　さとる／Satoru MORI）　編者、担当：アメリカ
法政大学法学部教授。1972年生まれ、京都大学大学院法学研究科修士課程修了、米コロンビア大学ロースクール修了、東京大学大学院法学政治学研究科博士課程修了。博士（法学）。1996〜2001まで外務省。専門分野：アメリカ外交史、現代国際政治。主要著作：『ヴェトナム戦争と同盟外交—英仏の外交とアメリカの選択：1964-1968年』（東京大学出版会、2009年、アメリカ学会清水博賞受賞）、『アフターコロナ時代の米中関係と世界秩序』（共編、東京大学出版会、2020年）、*Ironclad: Forging a New Future for America's Alliances*（共著、the Center for Strategic and International Studies, 2019）など。

福田　円（ふくだ　まどか／Madoka FUKUDA）　編著、担当：アジア
法政大学法学部教授。1980年生まれ、慶應義塾大学大学院政策・メディア研究科後期博士課程単位取得退学。博士（政策・メディア）。専門分野：東アジア国際政治、現代中国・台湾論。主要著作：『中国外交と台湾—「一つの中国」原則の起源』（慶應義塾大学出版会、2013年、アジア・太平洋賞特別賞）、*Taiwan's Political Re-Alignment and Diplomatic Challenges*（共著、Palgrave Macmillan, 2019）など。

溝口　修平（みぞぐち　しゅうへい／Shuhei MIZOGUCHI）　担当：ソ連／ロシア
法政大学法学部教授。1978年生まれ、東京大学大学院総合文化研究科国際社会科学専攻博士課程満期退学。博士（学術）。専門分野：比較政治学、現代ロシア政治外交。主要著作：『ロシア連邦憲法体制の成立—重層的転換と制度選択の意図せざる帰結』（北海道大学出版会、2016年）、「大統領任期延長の正統性—旧ソ連諸国における長期独裁政権の誕生」『国際政治』第201号、2020年など。

妹尾　哲志（せのお　てつじ／Tetsuji SENOO）　担当：ヨーロッパ
専修大学法学部教授。1976年生まれ、ボン大学博士課程修了。Dr. phil.（Politische Wissenschaft）。専門分野：ヨーロッパ国際政治、ドイツ外交史。主要著作：『戦後西ドイツ外交の分水嶺—東方政策と分断克服の戦略、1963〜1975年』（晃洋書房、2011年）、『歴史のなかのドイツ外交』（共編著、吉田書店、2019年）など。

小野沢　透（おのざわ　とおる／Toru ONOZAWA）　担当：中東
京都大学大学院文学研究科教授。1968年生まれ、京都大学大学院文学研究科博士後期課程退学。博士（文学）。専門分野：アメリカ史、国際関係史。主要著作：『幻の同盟—冷戦初期アメリカの中東政策』（名古屋大学出版会、2016年、アメリカ学会清水博賞）、『論点・西洋史学』（共編著、ミネルヴァ書房、2020年）など。

中島　琢磨（なかしま　たくま／Takuma NAKASHIMA）　担当：日本
九州大学大学院法学研究院准教授。1976年生まれ、九州大学大学院法学府博士後期課程修了。博士（法学）。専門分野：日本政治外交史。主要著作：『沖縄返還と日米安保体制』（有斐閣、2012年、毎日出版文化賞、サントリー学芸賞）、『第二の「戦後」の形成過程—1970年代日本の政治的・外交的再編』（共著、有斐閣、2015年）など。

入門講義　戦後国際政治史

2022 年 2 月 25 日　初版第 1 刷発行

編著者―――――森聡・福田円
発行者―――――依田俊之
発行所―――――慶應義塾大学出版会株式会社
　　　　　　　〒 108-8346　東京都港区三田 2-19-30
　　　　　　　TEL〔編集部〕03-3451-0931
　　　　　　　　　〔営業部〕03-3451-3584〈ご注文〉
　　　　　　　　　〔　〃　〕03-3451-6926
　　　　　　　FAX〔営業部〕03-3451-3122
　　　　　　　振替　00190-8-155497
　　　　　　　https://www.keio-up.co.jp/
装　丁―――――Boogie Design
印刷・製本――株式会社理想社
カバー印刷――株式会社太平印刷社

慶應義塾大学出版会

入門講義 戦後日本外交史

添谷芳秀著　憲法、日米安保、歴史認識問題、沖縄基地問題、北方領土問題……。日本が抱える外交問題の起源はここにあった。占領期から現在までの日本外交を、変動する国際政治のなかで読みとき、将来への視界を切りひらく、日本外交史入門の決定版。　定価 2,640 円（本体 2,400 円）

入門講義 安全保障論

宮岡勲著　これからの安全保障を考えるために──。欧米の政治思想や国際政治理論をベースに、国際環境や日米の国家戦略、さらには海洋・宇宙・サイバー空間をめぐる課題までを一望する入門書。　定価 2,750 円（本体 2,500 円）

戦後国際関係史
──二極化世界から混迷の時代へ

モーリス・ヴァイス 著／細谷雄一・宮下雄一郎監訳
国際政治史の世界的権威が、激動の戦後史を外交や軍事のみならず、経済・社会・文化の広い視点からダイナミックに描き出す。日本や中国を含む東アジア地域についての記述を大幅に追加した最新版の翻訳。
　　　　　　　　　　定価 3,850 円（本体 3,500 円）